용서치료

분노해소와 희망찾기의 근거중심적 안내서

로버트 D. 엔라이트, 리처드 P. 피츠기본스 지음

신싱만 조성봉 김준영 김이삭 정정운
류리나 김재영 이아람 현정인 옮김

용서치료: 분노해소와 희망 찾기의 근거중심적 안내서

2024년 9월 20일 초판 2쇄
2021년 9월 15일 초판 발행

저 자 Robert D. Enright and Richard P. Fitzgibbons
역 자 신성만 · 조성봉 · 김준영 · 김이삭 · 정정운 · 류리나 · 김재영 · 이아람 · 현정인
발행인 이 구 만
발행처 유원북스
04091 서울특별시 마포구 토정로 222, 416호(신수동, 한국출판콘텐츠센터)
전화번호 (02)593-1800 FAX (02)593-1801
등록 2011. 9. 6. 제25100-2012-3호
www.uwonbooks.com uwbooks@daum.net

정 가 28,000원 ISBN 979-11-6288-142-2 93180

역자 서문

용서는 분노로부터 시작된다. 오늘날, 분노는 결코 낯선 감정이 아니다. 분노란 일상생활의 가벼운 사건을 통해서도 흔하게 경험할 수 있는 감정이다. 특히, 불의를 겪은 사람들은 분노라는 강렬한 감정으로 인해 심한 고통을 느끼며, 과거의 상처에 머물게 되는 등 삶 전체에 악영향을 받을 수 있다. 용서란 이러한 분노를 감소시키기 위한 적극적인 노력인 동시에 분노를 진압할 수 있는 분노의 해독제이며, 현대 사회에서 매우 필요하고 중요한 주제이다.

용서치료는 과거 자신에게 상처를 준 가해자에게 분노하며 그 영향력 아래 자신을 놓아두는 것이 아닌 그 가해자를 용서하기로 '선택'함으로써 상처를 준 사람과 그에게서 받은 상처로부터 진정으로 자유로워질 수 있도록 돕는다. 즉, 용서는 과거 상처에 머물러 있던 '나'를 '지금-여기'의 삶으로 초청한다.

이 책이 주는 유익에 대해 다음과 같이 정리할 수 있다. 먼저, 용서의 개념에 대한 정확한 이해가 가능하다. 대부분의 사람들은 용서라는 단어 자체에 불편함을 느끼거나 회의적인 관점을 지니고 있으며, 우리가 살아가고 있는 이 사회 또한 용서를 장려하지만 용서가 무엇을 의미하고 어떻게 실천할 수 있는 것인지 또는 용서의 유익이 무엇인지에 대해서는 잘 언급하지 않는다. 또한 많은 사람들이 용서에 대한 왜곡된 정보로 인해 용서의 의미를 오해하고 있다. 이 책에서는 용서와 혼동되는 다양한 개념을 비교하여 살펴봄으로써 용서의 올바른 의미를 정확하고 심도 있게 이해할 수 있다.

둘째, 체계적인 용서단계를 경험할 수 있다. 개방-결정-작업-심화의 네 가지 단계로 구성되어 있는 용서치료의 과정모델을 통해 용서치료의 진행과정을 세부적이고 체계적으로 이해할 수 있다. 과학적으로 검증된 용서의 단계 모델의 각 단계 목표와 구성요소를 이해함으로써 용서의 발달과정에 대한 깊은 이해가 가능하다.

셋째, 내담자와 상담자 모두에게 도움이 되는 정보를 제공한다. 이 책에서는 용서의 올바른 의미를 정확하게 이해하고 실천하도록 도와 내담자를 치유의 과정으로 안내하는 방법을 섬세하고 친절하게 설명하고 있어 용서치료를 처음 접하는 상담자들에게도 매우 유용한 지침서가 될 것이다.

이 책은 타인으로부터 깊은 상처를 받았거나 분노, 우울증, 복수심에 갇혀 있는 사람들이 도움 받을 수 있는 책이다. 용서란 무엇인지, 또 다양한 장면에 있는 전문가들이 용서를 어떤 관점으로 바라봐야 하는지에 대해 깊이 있게 서술한 용서에 대한 지침서라고 할 수 있다. 부디 이 책을 읽으면서 독자들이 용서의 올바른 의미와 용서가 주는 유익에 대해 알아가길 바라며, 이 책을 읽는 모든 분들이 나를 용서하고 타인을 용서하는 첫 발을 디딜 수 있기를 기대해본다.

이 책의 번역에 도움을 주신 많은 분들께 감사의 인사를 전한다. 먼저 번역을 허락해주신 원서의 저자 Robert D. Enright와 Richard P. Fitzgibbons와, 책을 출간하기까지 도움을 주신 유원북스 이구만 사장님께 다시 한 번 깊은 감사를 전한다. 유원북스의 편집부와 특히 책의 교정에 수고해주신 전충영 편집자, 함께 원고를 읽으며 도움이 되는 의견과 지지를 보내준 한동대학교 황분홍, 이다인 선생에게 고마움을 전한다.

2021년 가을

역자대표 신성만

서 문

우리는 이제 "용서치료"라는 이름으로 나오는 "Helping Clients Forgive" 제2판의 서문을 준비하면서, 우리의 용서치료와 교육에 관한 일에 대해 궁금해 하는 아프리카의 평화노동자에게 서신을 보냈다. 최근 몇 주 동안 가나, 케냐, 몬로비아, 시에라리온, 수단의 사람들과 연락을 주고받았다. 또한 예루살렘, 이란, 슬로바키아, 체코의 사람들과도 이야기를 나누었다. 용서치료에 관한 우리의 자료는 남극을 제외한 전 세계의 모든 대륙에서 사용되고 있다. 어쩌면 우리의 자료를 이용하고는 있지만 우리와 연락이 닿지 않는 전문가가 있을 수도 있겠다. 만약 이 서문을 읽고 있는 당신이 그렇다면, 당신의 이야기를 듣고 싶으니 우리에게 이메일을 보내주기 바란다.

요점을 말하자면, 이 책의 내용이 우리가 초판의 서문을 쓰기 시작했을 때 상상했던 것보다 훨씬 더 큰 영향을 끼쳤다는 것이다. 사람들은 이 책에 내포되어 있는 신념에 매력을 느낀다. 왜 이러한가? 우리의 용서치료와 교육이 누군가에게 도움을 주는 전문 분야에 확고히 자리잡아 활력을 주기 때문이라고 생각한다. 용서치료는 부당한 상처로 인한 정서적 고통을 해결하는 것과 나아가서는 잃어버린 자신의 삶을 되찾는 것에 도움을 줄 수 있다. 사람들은 과거의 포로로 남을 필요도, 다른 사람들의 골치 아픈 행동의 희생자가 될 필요도 없다. 이처럼 용서치료는 어른들과 젊은이들을 자유롭게 할 수 있다. 우리는 많은 사람들이 이를 이해하고 이러한 일이 일어나는 것을 목격하고 있다는 사실에 기쁨을 느끼고 있다.

용서치료의 목소리는 다양한 전문적 영역에 걸쳐 울려 퍼지고 있다. 정신과 의사, 심리학자, 심리치료사, 발달사회심리학자, 사회복지사, 부부 및 가족치료사, 소아과 의사, 변호사 등이 타인을 섬기는 것과 용서를 통합하고 있다. 다음은 변호사 Thurman W. Arnold 3세가 Amazon.com에 쓴 이 책 초판에 대한 평론이다.

> 나는 변호사가 예민함, 겸손함 및 동정심과의 결별을 통해 내담자를 이끄는 데 더 큰 역할을 해내기를 바라는 이혼전문 변호사이다. 나는 개인 관계, 조정, 협력 과정과 관련된 분쟁의 영역을 다루는 다른 변호사들과 이혼전문가들이 나의 리뷰를

곤경에 처한 고객들에게 어떻게 반응하면 좋을지에 대한 틀을 짜는 수단으로 활용하기를 희망한다. 여기에는 무언가 중요한 것이 있다. 이것은 공개되어야 한다.

"여기에는 무언가 중요한 것이 있다." 지난 세월을 되돌아보면, 우리는 Arnold의 말에 동의하지 않을 수 없다. 용서치료는 매우 중요하고, 널리 알려져야 하며, 그렇게 되고 있다. 두 번째 판에서 우리가 의도하는 바는 다른 사람들을 돕는 것이다. 실제로 가정, 학교, 지역사회에서 비롯한 강력한 분노 정서의 치료와 예방 그리고 자기 숙달을 가르치는 데 있어 용서치료는 매우 중요하다. 불화와 분열이 있는 곳이라면 어디든지 용서치료의 사용을 진지하게 고려할 필요가 있다.

독자들은 우리가 두 번째 판에서 많은 주제를 바꿨다는 것을 알게 될 것이다. 용서교육에 관한 장이 새로 등장한다. 아이들과 청소년들은 부당한 대우를 받고 나서 용서 여부의 결정대상이 되는 사람들과 어울리고, 그리고 용서를 선택했을 때 어떠한 일이 일어나는지 관찰함으로써 도움을 받는다. 선생님들과 부모님들은 학생들에게 이 귀중한 서비스를 제공하는 사람들이 될 수 있다. 유산에 대한 새로운 장도 있는데, 이 장에서는 상담자와 내담자가 죽을 때 이 땅에 남겨두게 될 것이 무엇인지에 대해 다룬다.

우리는 몇몇 장(용서의 사회인지적 발달, 섭식장애)을 삭제했다. 사회인지에 관한 자료는 임상심리 분야보다는 발달에 관한 연구에 더 적합해 보이며, 불안이나 우울증 같은 섭식장애 증상은 다른 장에서 다루어진다. 우리는 용서치료가 사용되는 여러 분야에서 나타난 새로운 연구 및 임상적 관찰의 결과들을 추가했다. 모든 사례연구는 하나의 특정인을 나타내는 것이 아니며 복합적으로 구성되었다는 점에 유의해야 한다. 우리는 나이 등 세부사항들을 변경하여 한 명의 내담자도 식별할 수 없도록 했다. 알다시피, 용서치료는 경험적으로 뒷받침되는 근거 기반 치료로서 강력한 과학적 토대 위에 있다. 제1판부터 이번 판 사이에서 생긴 발전과 같이 앞으로도 용서치료와 교육이 계속해서 성장하길 바란다.

이 책이 나올 수 있도록 함께해준 팀원들에게 감사를 전달하고자 한다. 먼저 American Psychological Association Books의 유능한 편집자인 Mary Lynn Skutley의 비전에 대해 그녀에게 감사를 전하고 싶다. 그녀는 대부분의 사람들이 그렇지 못할 때, 사회과학에서 용서의 잠재력을 보았다. Susan Reynolds와 Andrew Gifford, 그리고 Harriet Kaplan은 줄곧 일류 편집자였고, 우리는 이들에게 빚을 지고 있다. Philippines-Diliman 대학교의 Mary Jacqueline Song에게도 이 책의 편집에 특별한 도움을 준 것과 특히 참고자료들에 대해 감사를 표한다. 또한 이 책을 개선하기 위한 피드백을 제공하는 데 많은 노력을 기울인 두 익명의 평론가들에게도 감사하고 싶다. Fitzgibbons 박사는 펜실베니아 대학 병원에서 초기 인지행동치료의 훈련을 받은 것에 대해 Aaron T. Beck 박사에게 감사를 전하며, 이 책을 지지해준 그의 동료들인 Carolyn Defer와 Peter Kleponis에게도 감사를 표한다.

차 례

제Ⅲ부 용서치료에 있어서 교육, 측정, 심화하기

도 입
왜 용서와 용서치료에 대해 배우는가?

상담사 Paul Coleman 박사는 서로 적의에 차서 찾아온 한 커플과 40회기의 상담을 진행했다. 그들은 40회기에 Coleman의 조언을 듣고 과거의 실수를 잊고 새 출발을 하기로 마음을 먹었다. 그의 조언은 "서로를 용서하도록 노력해야 합니다." 였다. 부부는 회기의 끝에서 "**용서**"란 말 한마디가 그들의 결혼생활에 큰 영향을 끼쳤다고 Coleman 박사에게 알려주었다. 회기를 돌이켜 보면, 그는 그 말을 했던 것조차 기억하지 못했다. 사실, 용서에 대한 그의 평소 생각은 "삶과 함께 앞으로 나아가라" 또는 "분노를 떨쳐버려라"와 같은 말들이었다. 그는 용서라는 단어를 거의 사용하지 않았다. 그러나 그날 Coleman 박사는 무의식적으로 용서란 단어를 사용함으로써 부부의 삶을 변화시켰고, 상담에서는 활력이 생겨났다(Coleman, 1998).

용서라는 것은 얼마나 강력한가? 내담자들은 상담자들과 용서작업을 하면서 실질적인 도움을 받는다. 사례연구 및 상담자의 관찰을 담은 초기 발표들은 타인으로부터 받은 깊은 상처의 용서는 여러 가지 면에서 심리적으로 치유될 수 있다고 제안한다(다음을 참조하라: Bristol & McGinnis, 1982; Fitzgibbons, 1986; Hootman & Perkins, 1982; Hope, 1987; Weil & Winter 1994; Wolter, 1989). 이 책의 5장에서도 언급하겠지만, 우리는 심리적인 건강을 회복하기 위한 용서치료의 효과에 대해 실질적인 과학적 근거를 가지고 있다(Enright, 2012, 제2장도 보라). 만약 내담자들이 Coleman 박사가 상담했던 부부가 그랬던 것처럼 용서하는 것의 이점을 본다면, 그리고 이 용서란 주제에 대해 많이 들을수록, 의심할 여지없이 상담자들은 그들로부터 용서치료를 해달라는 많은 요청을 받을 것이다.

이 책의 초판에서, 우리는 상담사들이 내담자들이 용서할 수 있도록 도울 수 있는 용서의 과정을 설명하는 경험적 연구에 기초한 책이 없다고 말한 바 있다. 이 두 번째 판은 이러한 내용을 담은 유일한 책이다.

물론 용서가 내담자의 모든 문제를 해결하지는 못한다. 용서는 특정한 임무를 안고 있다. 즉, 용서는 자신을 부당하게, 때로는 잔인하게 대했던 사람들에 대한 분노, 쓰라림, 심지어 증오까지 극복하도록 돕는 것이다. 즉, 용서는 상처 입은 개인을 쇠약하게 하는 종류의 분노를 진압하는 데 전문적인 방법인 것이다. 지나친 분노라는 주제는 상담자에 의해 항상 주목받는 것은 아니지만 현재 연구 결과를 통해 점점 더 인식되고 있다(DiGiuseppe et al., 2012; Ozen, Bez, Ari, & Ozkan, 2010). 우리는 위스콘신 대학교 매디슨 캠퍼스의 연구와 필라델피아 지역의 임상 연구를 통하여 다양한 맥락과 장애에서 지나친 분노를 해결하는 도구로서 용서의 효과에 대한 실질적인 근거를 축적해왔다. 우리의 작업은 텔레비전, 미국 및 캐나다의 라디오 방송, 국내 잡지 및 전문 저널, 컨퍼런스 및 워크숍(미디어 연락처는 http://www.internationalforgiveness.com/about-us/contact-us/에서 볼 수 있음)에서 공개되었다. 사람들은 이 주제에 대해 더 많이 배우고 있으며 치료를 요청하고 있다. 따라서 전문가들은 용서의 효과, 치료적 환경에서 용서의 사용방법, 용서가 무엇을 할 수 있고 할 수 없는지에 대한 명확한 개요, 용서의 사용이 효과적일 수 있는 영역, 그리고 용서가 지나친 분노를 예방하거나 줄이기 위해 어떻게 사용될 수 있는가에 대한 연구에 접근할 수 있어야 한다. 그렇게 함으로써 아동, 청소년, 성인의 많은 장애에 대한 치료에 도움을 줄 수 있다.

이 책은 심리학자, 정신과 의사, 사회복지사, 의료진, 상담자, 호스피스 팀원, 직원 보조원, 성직자, 결혼 및 가족 상담자, 교육자 및 형사사법 제도의 사람들, 그리고 지나친 분노를 해결하기 위해 새로운 방법을 모색하고 있는 개인을 대상으로 한다. 용서에 대한 신중한 설명이 없다면, 매우 유망한 치료 접근법의 신뢰를 떨어트리는 오해와 오용이 발생할지도 모른다. 경험적 근거와 철학적 기초, 그리고 특정 임상문제에 대한 용서의 작업방법이 정리되어 있는 이 책은 내담자와 용서를 작업하거나 공부, 또는 연구하기 원하는 모든 이들의 지침이 될 것이다.

우리는 이 책을 읽는 수많은 임상가들이 많은 자료를 읽을 충분한 시간이 없다는 것을 이해하지만 용서와 용서치료를 연구하는 데 충분한 시간을 할애할 것을 다음의 네 가지 이유를 들어 권고한다. 첫째, 용서는 내담자의 분노, 불안, 우울증을 줄이는 동시에 희망과 자존감을 높이는 데 효과가 있는 것으로 나타났다(이 책 제5장). 둘째, 많은 내담자들이 치료를 받으러 온다. 왜냐하면 그들은 때때로 타인으로부터 상당한 불의를 경험했기 때문이다. 용서는 불의가 낳은 분노를 건설적이고 치유적인 방법으로 다루는 직접적인 길 중 하나이다. 셋째, 용서치료의 원리는 특별히 어렵지 않다. 임상가들은 철학, 심리학, 정신의학을 포함한 다양한 분야의 관점으로부터 용서치료를 이해해야 한다는 도전을 받게 되지만, 용서치료의 개념이 이질적이지 않기 때문에 당황스러움을 느낄지도 모른다. 사람들은 수천년 동안 용서에 대해 생각하고 이야기해왔다. 이는 새로운 용어를 배워야 할 정도의 새로운 개념이 아니다. 넷째, 제1장의 첫 사례에서 볼 수 있듯이 내담자 및 환자가 스스로 용서에 대해 마음을 열 때 도움을 요청한다. 진정한 윤리적 접근은 내담자가 원하고 필요로 하는 방식으로 내담자를 돕는 것이다. 용서치료에서 무엇보다 중요한 것은 내담자들을 존중하는 것이다.

우리는 몇몇 임상가들이 종종 "하지만 나는 용서치료가 아닌 특정 치료모델에 대해 교육을 받았다. 이걸 위해 내 이론적 방향을 바꿔야 할 것인가?"라고 말하는 것을 들을 수 있다. 우리의 대답은 "아니오"이다. 그 이유는 용서치료는 비록 특정한 형태의 치료로서 자립할 수 있지만, 광범위한 방향 안에서 일어날 수 있기 때문이다. 예를 들어, 정신역동적 관점을 지향하는 치료사들은 여전히 내담자의 과거 사건들에 대한 문제를 추적할 것이다. 그들은 자신과 다른 사람들이 이러한 과거의 만남 속에서 어떻게 취급받았는지에 대해 얻은 내담자의 통찰에 초점을 맞춘다. 상담자는 대개 내담자의 원가족과의 관계에서 비롯된 수치심, 분노, 실망 등의 감정을 전이의 분석을 통해 조사한다는 익숙한 영역에 있을 것이다. 그들은 이 익숙한 과정에 용서의 적극적인 접근을 추가할 수 있다.

인지행동치료사들은 현재의 강화물을 검토하고 변경하는 것을 시도하여 부적응적인 인지나 행동을 방해하는 일련의 작업을 설정하고, 인지도식을 바꾸는 일을 할 것이다. 사실 용서치료는 과거의 사건들과 내담자들에게 불의했던 사람들에 대한 생각을 바꾸기 위한 분명한 접근법을 제공한다. 상담자들은 과학적으로 효과적인 추가 자료를 제공받게 될 것이며, 상처를 받거나 충격적인 경험을 가진 사람을 도울 것이다.

그리고 가족체계치료사들은 다른 사람들의 웰빙에 영향을 미칠 수 있는 가정, 사무실, 또는 다른 환경에서 분노와 좌절로 이어지는 사람들의 의사소통 패턴을 계속 탐색할 것이다. 또한 이들은 증오, 복수에 대한 환상, 심지어 폭력으로까지 발전할 수 있는 분노를 줄이는 데 적극적이고 도움이 되는 접근법을 가질 것이다.

임상가는 때때로 분노에 사로잡힌 것처럼 보이거나 분노관리에 문제가 있는 내담자들과 함께 작업한다. 이때, 최선의 접근법을 사용한다고 하더라도 분노를 줄이거나 제거함으로써 정서적, 관계적 안녕감을 회복하기에 충분하지 않을 때도 있다. 용서는 분노에 휩싸인 내담자나 환자들에게 기존의 접근법과 함께 사용됨으로써 기존의 접근법을 더 효과적으로 사용할 수 있게끔 돕는다. 또한 여러 접근법이 실패했을 때, 용서치료를 시도해보고 싶어할지도 모른다. 얼마 후에는 새로운 내담자, 부부, 또는 가족의 요청으로 용서치료가 여러 접근법 중에 상위를 차지하고 있을 수도 있다.

용서치료란 무엇인가?

용서치료에서는 내담자와 상담자가 함께 내담자가 부당하게 대우를 받았던 상황을 탐색한다. 이를 통해 내담자는 대상에 대한 분노를 서서히 줄이는 방법을 배우게 되고, 시간이 지남에 따라 내담자가 가해자에게 선의의 도덕적인 반응을 할 수 있게 된다. 이 과정은 수개월 또는 수년이 걸릴 수 있다.

용서치료는 내담자의 요구를 무시하지 않으면서도 자신에게 상처를 입힌 사람에게 도덕적인 방법으로 향하게 하는데, 이때 치유되는 사람은 바로 내담자라는 것이다. 독자들은 "도덕적인" 반응에 대한 우리의 강조가 용서치료를 이해하는 데 불가결한 것이라는 점을 알게 될 것이다. 상담자가 내담자에게 자신을 화나게 하고 좌절시키는 상대에 대해 연민을 갖거나 해치는 것은 안 된다며 도전하게 할 때 새롭고 신기한 일이 일어난다.

용서치료는 내담자들이 다른 사람이나 자신을 해치지 않고 그들의 분노를 해결하는 것을 배우는 데 도움이 되는 혁신적이고 실용적인 방법을 상담자에게 제공한다. 가해자를 용서하고, 이해하려고 노력하는 과정을 통해, 내담자들은 그들 자신의 분노가 주는 부정적인 영향이나 독성으로부터 해방될 것이다. 이제까지 정신건강 분야에서는 분노를 다룰 때, 주로 분노를 표현하는 것과 분노의 감정을 다루는 방법을 알려주는 것 또는 약물의 사용 등에 의존해왔다. 우리는 아동, 청소년, 성인들이 진솔하게 분노에 직면하고 건강하고 효과적인 방법으로 분노를 해결하는 심리치료적인 접근법을 제공하고 있다.

많은 내담자들은 이 분노라는 강력한 감정이 의식으로 드러나면 이를 통제할 수 없을까봐 두려워 계속 분노를 부정하고 있다. 다른 이들은 이 감정을 대체하기 위해 분노의 표현에 지나치게 의존하고 있으며, 그렇게 함으로써 수많은 부정적인 결과를 겪을 수 있다. 용서는 표현을 통해서가 아닌 새롭고 효과적인 방법으로 분노를 줄일 수 있게 하지만 분노를 적절하게 표현하게도 한다.

용서의 과정

용서란 때로 많은 시간을 필요로 하기 때문에 용서치료는 결코 서두를 수 없다. 사람들은 분노를 드러낼 시간이 필요하다. 특히 몇 해에 걸쳐 그 사람과 함께 해온 분노는 더욱 그렇다. 용서하기로 결정하는 것부터 시간을 필요로 한다. 내담자는 먼저 용서가 무엇인지 정확히 이해하고 기꺼이 선택해야만 하기 때문이다. 치료에서 용서는 가해자를 새로운 방식으로 바라보고 공감의 감정이 나타나도록 하는 것이다. 내담자에게 고통의 기간을 허락하는 것 또한 용서치료의 한 단면이다. 사람은 성장함에 따라 자신이 견뎌낸 고통의 의미에 대해 의문을 갖게 될 것이다. 그리고 용서의 문제를 새롭게 드러나는 정체성에 통합할 시간이 필요할 것이다. 용서는 특성한 치료기법이 아닌 사람들의 변화에 관한 것이다.

또한 용서는 유태인, 기독교인, 이슬람인, 불교인, 힌두교인을 포함한 많은 종교적 전통에 내재되어 있기 때문에, 상담자는 내담자의 종교적 신념에 대해서도 알아야 할 것이다. 철학자 Yandell(1988)은 가해자를 우주적인 관점－폭 넓고 영적인 맥락에서－의 시선에서 바라본다고 하였다. 용서를 시작한 내담자들은 “그 사람이 하나님으로부터 사랑을 받는가?”, “그 사람은 죽으면 어디로 갈까?”, “변화하여 선을 행할 수 있는 사람인가?” 등과 같은 질문을 한다. 우리가 볼 때 상담자의 임무는, 내담자의 신념체계에 비추어 상황을 탐구하는 데 열려있는 것이다. 물론 상담자는 여기서 자신의 견해를 강요하는 것을 피할 것이다. 존경받는 상담자인 Viktor Frankl(1959)은 상담자들에게 내담자들의 이러한 차원을 무시하지 말 것을 권고했다. 실제로 갤럽 여론조사에 따르면 미국인의 80% 이상이 “신의 도움 없이는 마음으로부터 깊이 용서할 수 없다”고 믿는 것으로 나타났다(Poloma & Gallup, 1991, p. 91). 11년 후 보고된 이 여론조사의 후속 조사에서는 응답자의 84%가 “내가 믿고 있는 신앙으로 인해 나를 깊이 상처 준 사람들을 용서했다”는 말에 동의하는 것으로 나타났다(Winesman, 2002). 이러한 것들은 도전을 필요로 하지만 내담자들에 대해 민감하고 존중하는 태도로 다루어질 수 있는 이념들이다.

용서치료에 대해 배우기

용서치료가 필요하다고 생각하는 독자들이 용서치료에 대한 확실한 방법을 효율적이고 효과적으로 배울 수 있을 것으로 확신한다. 여기서 제시하는 용서치료의 과정모델은 어떤 전통에 얽매이지 않는 것이 가장 큰 강점이다. 또한 쉽게 따라 할 수 있으며 여러가지 임상적인 경험을 바탕으로 하고 있다. 정신역동과 인지 및 사회인지적 측면을 포함하여 창의적인 생각과 실험 등의 어떠한 접근방법에도 맞도록 조정하여 사용할 수 있다.

이 책의 계획

이 책은 다양한 사람들이 독자가 될 수 있다. 내담자 및 환자와 직접 일하는 임상의를 위한 것이며, 임상과정에 대해 가르치고 배우는 학자를 위한 것이다. 또, 우리가 제시한 것을 연구, 검증 및 확장하고자 하는 과학자를 위한 것이다. 우리는 이 세 가지 다양한 그룹이 동일할 필요가 없다는 것을 인식하고 있다. 임상가들은 때로는 실용적인 자료를 먼저 읽음으로써 '본론으로 들어가기'를 원한다. 반면에, 학자들은 종종 뒤로 물러나서 가정, 구성과 모델을 검토하기 원한다. 과학자들은 반복과 확장이 가능한 정확한 정보를 요구한다. 우리는 이 모든 전문가들에게 정보를 제공한다.

우리는 이 책을 세 부분으로 나누었는데, 제 I 부에서는 용서치료를 이해하는데 필요한 배경과 용서 그 자체의 구조를 제시한다. 용서치료에 대한 간단한 토론으로 시작해서 용서란 무엇이고 그렇지 않은 것은 무엇인지 더 깊이 살펴볼 것이다. 이 모든 것은 독자가 실제 강의실 또는 실험실에서 용서치료를 적용해보기 전에 구조를 이해하기 위해 필요하다. 특히 4장은 용서치료에 사용되는 우리의 과정모델을 제시하므로 모든 부분을 주의 깊게 읽어야 할 것이다. 우리는 특히 상당히 철학적이고 과학적인 깊이로 가는 부분에서 임상적인 측면보다 학술적인 측면을 더 많이 언급할 것이다. 제5장은 우리의 모델에 대한 과학적 검증의 한 예다.

이 책의 제 II 부에서는 우울증, 불안장애, 중독장애, 아동 및 청소년 장애, 부부 및 가족치료, 그리고 양극성 및 관련 정신장애에 대한 용서치료를 통해 상담자들이 내담자들의 과도한 분노의 확인과 해결을 돕도록 하고 있다. 과도한 분노는 현재 인식되는 것보다 이러한 장애에서 더 일반적이며, 주기적으로 치료를 방해한다. 우리는 각 장애의 분노에 대한 과학적 문헌을 검토한다. 그런 다음, 용서의 심리치료적 사용이 어떻게 이 분노와 관련된 감정적 증상들을 감소시킬 수 있는지를 보여주는 사례 연구 설명을 제시한다. 내담자가 용서할 때에는 분노가 줄어들 뿐만 아니라 우울증이나 불안과 같은 다른 심리적 증상들도 줄어든다. 용서는 다양한 장애에서 상태를 안정시키는 데 효과적인 것으로 보인다.

우리는 용서만으로 모든 심리적 문제를 해결할 수 있다고 주장하는 것이 아니다. 용서에 대한 내용은 많은 경우 전반적인 치료계획의 일부이다. 그러나 불공정함에서 비롯된 분노의 문제와 용서를 통한 분노의 감소가 현재의 임상현장과 대부분의 연구에서 충분한 관심을 받지 못하고 있다. 한 연구진은 20세기 말 분노의 문제와 관련해 "분노는 정신장애 환자 사이에서 흔하지만 인식되지 않는 문제"라고 보았다(Mammen, Shear, Greeno, Wheeler, & Hughes, 1997, p. 105; Snaith & Taylor, 1985). 이 통찰은 아직 정신과 치료에 깊이 접목되지 않았다. 만약 우리의 생각과 같이 용서가 다양한 진단을 하는 사람들의 분노와 관련 감정을 줄이고 심지어 해소할 수 있다면 우리는 임상가에게 의뢰인과 내담자 및 환자를 도울 수 있는 중요한 절차를 제공할 것이다. 이 분야가 비교적 최신인 1980년대에 출현한 것을 볼 때 이 책에서 언급되는 것이 최종적인 결말이 아니라는 것을 다시 한번 강조한다. 우리는 지식이 진전함에 따라 피드백과 변화에 개방적이다.

제Ⅲ부에서는 용서교육, 내담자나 환자의 평가, 이 새로운 형태의 치료에 대한 회의적인 견해, 그리고 용서라는 개념을 도입하고 보존해 온 고대의 전통을 소개함으로써 용서치료의 인식과 실천을 넓히고자 한다. 이 마지막 부분은 새로운 아이디어로 시작하며, 교실, 가족, 그리고 예배 장소에서의 용서교육을 통한 아동, 청소년들의 예방과 보완 작업을 다룬다. 보다시피, 이 연구는 도전적인 환경에서 성장하는 아이들의 분노를 조절할 수 있는 가능성을 보여준다. 우리가 제시하는 척도는 용서해야 할 사람을 결정하고 용서의 과정모델에서 진전을 평가하고, 용서의 정도를 평가하여 내담자를 도움으로써 치료를 강화하기 위한 것이다. 다음으로, 우리는 용서와 그 실천에 대한 비판에 대해 깊이 연구한다. 이는 용서가 무엇인지에 대해 논의한 제Ⅰ부와는 다르다. Ⅰ부의 중심은 용서의 본질과 철학에 있었지만 제Ⅲ부에서는 치료 및 개인적인 맥락에서 용서의 실천에 제기되는 반대의견을 다룬다. 현재 용서에 대해서 회의론적인 사람들이 많이 있다. 독자들은 제14장에서 용서의 실천에 대해 반대하는 주장을 볼 수 있다. 특히 최근까지 사회과학자들과 상담자들이 이 주제에 대해 거의 논의하지 않았다는 점을 감안해서, 우리는 독자들에게 제15장을 읽어볼 것을 권고한다. 이 장은 또한 내담자의 철학적, 종교적 세계관을 더 잘 알기 원하는 상담자에게 적절할 수 있다. 우리는 상담자와 환자 모두에게 다음과 같은 도전을 남기며 끝을 맺는다. "당신의 유산은 무엇인가?", "당신이 죽으면 이 세상에 무엇을 남길 것인가?" 어떤 이는 분노를 남기고 어떤 이는 자비와 사랑을 남길 것이다. 용서치료는 사람들 모두가 이 어려운 문제에 대해 생각할 수 있도록 돕는다.

특히, **내담자**(client)와 **환자**(patient)라는 단어에 대한 명확한 개념이 하나 필요하다. 우리는 많은 전문가들과의 상담을 통해 몇몇은 내담자(client)라는 용어를, 또 다른 이들은 환자(patient)라는 용어를 사용한다는 것을 알게 됐다. 심리학자들은 전자를 선호하는 경향이 있으며 일부 정신과 의사는 후자를 선호한다. 심리학자, 정신과 의사 및 다른 사람들을 돕는 모든 전문가를 대상으로 이 책을 쓰고 있기 때문에 단 하나의 용어로 통일시키는 것을 고집하지 않았다. 우리는 때로는 내담자 그리고 때로는 환자라는 단어를 사용하기로 타협을 보았으며, 이에 독자들이 원치 않는 용어가 사용될 수 있음에 관용을 구한다.

용서: 잃어버린 고리

용서는 많은 내담자의 치유과정에서 결여된 문제 중 하나일 수 있다. 그들은 다른 사람들에 의해 부당한 대우를 받고 종종 상담을 받으러 온다. 우리가 아는 바로는, 부당함에 대처하고 분노를 통해 정서적 건강을 얻기 위한 체계적인 접근법을 제공할 수 있는 것으로 용서치료 이외의 전문적인 접근법은 없다.

우리는 분노에 휩싸여 좋은 직장을 구할 에너지가 없는 사람들을 보아왔다. 용서는 그들이 일자리를 구할 뿐만 아니라 더 나은 제안을 이용하기 위해 그들이 살았던 도시에서 벗어나도록 해주었다. 우리는 몇 년 동안 가족과 소원해진 사람들이 긍정적이고 의미 있는 관계로 되돌아가는 것도 볼 수 있었다. 우리는 또한 스스로를 "미친 사람"이라고 부르는 사람들이 자신의 기분을 상하게 하는 사람에 대해 정당한 불만을 가지고 있음을 깨닫는 것을 보아왔다. 용서는 불의에 맞서고, 정서적인 고통을 인식하고, 쇠약해지는 분노를 놓아주고, 스스로에게 붙인 패배자라는 꼬리표를 던져버릴 용기를 주었다. 이 책에 제시된 사례들은 독자들에게 용서가 무엇을 할 수 있는지에 대한 무수한 통찰력을 안겨줄 것이다.

우리는 독자들이 용서치료의 세계를 탐구하며 얻은 창의성과 경험, 그리고 지혜를 우리와 공유하기를 바란다. 용서치료는 앞으로의 발전 가능성이 열려 있으며, 이 분야에 관심을 가진 사람들의 협력을 통해 계속해서 성장하고 심화될 것이다.

제 I 부

심리치료의 핵심으로서 용서

제 1 장
용서치료: 개요

내담자들에게 최선의 서비스를 제공하기 위해 매월 상담사, 임상심리학자, 사회복지사, 목회상담사들이 한자리에 모여 사례회의를 하고 있을 때의 일이다. 모임 중에 로레토박사가 20년간 결혼생활을 통해 4명의 자녀를 둔 43세 여성인 샐리에 관한 어려운 사례를 보고했다. 샐리는 결혼생활에서 발생하는 갈등으로 인해 어려움을 경험하고 있었다. 지난 3년 동안 샐리와 남편인 제임스는 수차례 별거를 하고 또 재결합을 하면서 생활하고 있었다. 두 사람 사이에 신뢰가 없었기 때문에 무늬만 재결합이었고, 두 사람 사이는 늘 불안정하였다. 샐리와 제임스는 곧 발생할 다툼을 대비하면서 노심초사하며 생활했다.

로레토박사는 "샐리는 분노에 차 있습니다"라고 설명했다. "그녀는 화가 나 있어요. 남편과 신뢰를 쌓는 것은 물론이고 두 사람 사이에 문제가 있다는 것을 받아들이는 것조차 힘들어 합니다. 제임스가 상담에 참여하는 것을 원하지 않는 것이 두 사람 사이의 거리를 회복하는 데 어려움이 됩니다. 저는 그녀에게 이완기법과 여러 스트레스 감소기법을 시도하였는데, 그렇게 큰 도움이 되지 않는 것 같습니다. 다른 방법이 있을까요?"

"샐리는 어쩌면 결혼생활에서 일어난 일들을 재해석할 필요가 있어 보입니다. 결혼생활에서 일어난 갈등으로 인해 오히려 샐리가 이전보다 좀 더 강한 사람이 되었는지 상담해보는 것은 어떨까요?" 지역병원 정신과 의사인 막스박사가 제안하였다.

"물론 그러한 접근을 해볼 수 있을 것 같습니다. 하지만 선생님도 아시겠지만 샐리가 남편과 싸울 때마다 두 사람의 관계는 망가졌고 그녀의 자신감은 떨어졌습니다."

"그렇다면 샐리가 자신이 왜 화가 나는지 알고 있나요? 그리고 자신이 얼마나 화가 나 있는지 알고 있나요?" 보훔목사가 질문을 하였다.

로레토박사는 다음을 분명히 하였다. "아니요, 샐리는 스스로가 화가 나는 것에 대해 잘 알고 있는 것 같지 않습니다." "일이 복잡해질 수도 있겠지만, 샐리에게 자신의 상태를 알아차릴 수 있도록 격려해주어야 합니다. 갑자기 샐리가 화를 표출하고 난 다음에는 어떻게 해야 할까요? 현재 샐리는 굉장히 불안정한 상태라서 제임스와 이혼하는 것이 샐리에게 실제적인 도움이 될 수도 있을 것이라는 생각까지 듭니다. 하지만 저는 이런 상황에서 두 사람이 이혼하는 것을 원하지 않습니다."

"당신은 한동안 샐리와 작업을 해오셨으니까요." 보훔목사가 말했다. "샐리에게는 결혼생활을 유지하려는 동기가 클 수도 있겠군요."

임상심리학자인 로렌스박사는 Freedman과 Enright(1996)의 논문을 다른 전문가들에게 돌렸다. "이 연구는 친족 성폭행 생존자들의 감정에 대한 연구인데, 용서치료가 그들을 어떻게 도왔는지를 다루고 있습니다. 샐리가 심하게 화가 나 있는 상태라면, 용서치료 접근이 도움이 될 수 있다고 봅니다."

모두가 논문을 훑어보고 난 뒤에 로레토박사는 "샐리가 자신이 화가 나 있다는 것을 인정한 상태에서 용서치료는 그녀에게 도움이 되는 접근이 될 수 있을 것 같습니다. 하지만 저는 이 치료접근에 익숙하지 않습니다."라고 언급했다. 다른 전문가들도 동의를 하며 고개를 끄덕였다. 그들은 이 접근법에 관심을 보였지만, 어떻게 시작해야 하는지에 대해서는 경험이 부족한 상태였다.

로레토박사가 리더십을 발휘하였다. 그는 관심있는 사람들이 있다면 함께 앞으로 몇 달 동안 용서치료와 관련된 사례와 자료를 모아 소집단에서 논의하는 방식으로 공부하는 것이 어떻겠냐고 제안하였다. 로레토박사는 용서치료를 심도있게 공부하면서 집단내 몇몇 사람들과 따로 모임을 가졌다. 그는 중요한 논문들을 읽으면서 다른 전문가들과 임상현장에서 용서의 역할에 대해서 논의를 하였다.

몇달 후, 로레토박사는 "샐리는 제임스를 용서하려고 애쓰고 있습니다. 나는 '용서'가 샐리 자신과 남편과의 관계를 보다 긍정적이고 희망적이게 한다는 것을 보았습니다. 제가 발견한 가장 놀라운 일은 '용서'를 통해 샐리가 자신의 삶에서 다른 의미있는 관계들을 새롭게 바라보게 되었다는 것입니다. 샐리가 자신의 아버지와 관계를 맺는 방식은 현재 자신의 남편과 관계를 맺는 방식과 매우 비슷합니다. 샐리는 자신의 아버지의 고압적인 태도와 고집불통인 의사소통방식에 화가 나 있었는데, 남편인 제임스 역시 이러한 방식으로 자신을 대할 때 정말 화가 난다고 했습니다. 상담을 통해 샐리가 아버지를 용서하는 작업을 하는 과정에서 샐리는 제임스와의 결혼생활을 객관적으로 바라보게 되었고, 둘 사이의 관계패턴에 대하여 이해를 하기 시작하였습니다. 예를 들어, 제임스는 샐리의 기분을 어떻게 맞춰야 하는지 잘 알지 못하였기 때문에 어떠한 상황이 발생하였을 때, 자신의 방식으로 욕을 하는 등 공격적인 방식으로 대화를 하였다는 것을 알기 시작하였습니다. 그럴 때마다 샐리는 어린 시절 아버지에게 했던 것처럼 남편에게도 똑같이 반응했던 것입니다. 상담을 통해 아버지를 용서하기 시작하면서 샐리는 제임스와의 관계에서 이전보다 성숙한 태도로 임했고 덜 공격적인 태도를 보였습니다. 그들은 아직도 해결해야 할 숙제가 있고, 걸어가야 할 길이 있지만, '용서'를 통해 샐리와 제임스 두 사람에게 이전에는 볼 수 없었던 희망을 발견할 수 있었습니다."라고 보고했다.

임상실천에서 용서 적용하기

20년 전만 하더라도 내담자가 용서와 관련된 이슈를 가지고 치료를 받으러 오는 경우는 거의 없었다. 최근 들어 사람들이 용서와 화해에 관한 이야기와 익숙해지면서 이러한 양상으로 변하고 있으며, 이 중 많은 내용은 국제용서협회 웹사이트(https://internationalforgiveness.com/)에서 찾을 수 있다. 그러나 내담자의 대다수는 여전히 용서를 분노완화와 치유에 대한 접근으로 고려하지 않는다. 여기서 치료사들이 적극적인 역할을 해야 할 것이다.

용서치료는 옳고 그름, 정의와 자비에 대해 침묵하는 기법과 양립하지 않는다. 즉, 용서치료는 가치 중립적인 치료와 일치하지 않는다. 용서치료를 실천하기 위해서 치료사는 특정 행동이 잘못되고 불공정하다고 판단하도록, 그리고 자비와 같은 행동들은 올바르다고 판단할 수 있도록 내담자를 도와줄 수 있어야 한다. 치료사는 이러한 형태의 치료를 실천하는 데 있어서 도덕적인 문제를 다루는 것에 편안해 해야 한다.

분노로 시작하기

용서치료의 주요 특징은 건강에 해로운 분노를 이해하고, 직면하고, 분노를 완화시키거나 없애는 것이다(아래에 자세히 설명되어 있음). 분노는 감정과 생각을 모두 포함하는 내적인 상태이며, 언어 및 행동으로 표현되는 외적인 상태이다. 우리는 화가 날 때 생리적 반응과 불공평한 처우나 좌절감과 관련된 정서적 고통을 겪는다. 여기에는 불의 또는 좌절(보통 슬픔의 감정과 관련된)에 대한 인식과 어떻게 대응할지에 대한 계획(종종 즐거움과 관련이 있음)을 포함하는 사고가 수반된다. 우리는 아무런 인식 없이 분노할 수 있다. 하지만, 분노를 유발하는 문제를 인식하는 것은 회복의 핵심이 된다. 용서치료의 핵심이 되는 분노는 아래의 일곱 가지 특징을 가진다.

1. 분노는 타인에게 집중된다.
2. 분노는 강렬하게 경험된다(적어도 단기간 동안).
3. 분노는 때로는 분노의 원인이 아닌 다른 사람들에 대한 성가심, 염려 및 불편한 감정 등 학습된 양상으로 연결된다.
4. 분노는 수동성 또는 명백한 적개심의 방식으로 극단적으로 경험될 수 있다.
5. 분노는 때로는 퇴행적이며, 어린 사람들에게 적합하다.
6. 분노는 오랫동안 지속된다.
7. 분노는 불공평과 상처를 기반으로 하며, 비합리적으로 감지된 어떤 특별한 사건이 아니다.

용서는 여러 가지 임상적 장애에서 이러한 종류의 분노에 대한 해독제이다. 이 책의 제Ⅱ부에서는 출간된 문헌들에 기반한 임상장애에서 과도한 분노의 심각한 유병률을 다루고 있다. 치료과정에서 대부분의 환자들이 분노를 깨닫게 되었을 때 놀라는 것처럼, 많은 치료사들은 자신의 환자가 심각한 수준의 분노가 있다는 것을 확인하게 될 때, 굉장히 놀라게 될 것이다. 제Ⅱ부에 소개되는 6개의 장에서는 여러 임상사례를 활용하여 우리가 개발한 정신치료에서 용서를 활용하는 모델을 소개하고 있다.

우리는 치료사들이 내담자에게서 분노와 복수를 하고자 하는 사고를 발견하는 데 더 관심을 기울이기를 바란다. 치료의 초기단계에서 치료사들이 몇 가지 어려운 점을 맞닥뜨리게 될 수 있다. 몇몇 치료사들은 분노를 다루는 데 불편해 하거나, 내담자가 특정한 관계에서 유발되는 분노를 부정하는 경우도 있다. 우리는 정신적 증상에 영향을 주고 치료와 회복을 방해하는 의식과 무의식의 분노를 해결하는 용서라는 강력한 치료접근법을 사용하는 방법을 시연함으로써 치료사들을 돕기를 희망한다. 환자들이 분노에 대해 강력하게 방어하기 때문에 그리고 그들의 분노를 드러내는 것은 어렵고 많은 것을 요구하는 과정이기 때문에 치료사들이 용서치료의 효과성에 동의하고 이를 학습하는 것은 필수적이다.

현재 정신건강 분야에서는 우울증 및 기타 질환에 있어서 분노의 성격, 역할 및 치료에 대한 합의가 이루어지지 않고 있다. 예를 들어, 인지행동 치료적 접근들은 우울증 치료에 있어서 분노의 역할을 드물게 다루고 있다. 많은 치료사들은 특히 분노가 불안증세와 관련이 있을 때 분노를 다루는 주요 방법으로 분노를 표현하는 데 의존해 왔다. 앞서, 정신분석이론은 우울증을 분노가 내면으로 향한 상태로 보았기 때문에, 치료의 중요한 측면으로 환자들이 분노를 표출하도록 독려하였고, 분노가 표현되면 우울증상이 완화된다고 가정하였다. 그러나 심한 우울증을 앓고 있는 환자들뿐만 아니라 경미하거나 중간 정도의 우울증을 앓고 있는 환자들도, 모두 분노를 표출한 뒤에는 우울증상이 개선되지 않았다. 또한 어떤 경우에는 분노표출 뒤에 우울증상이 더 심하게 나타났기 때문에 결국 분노표출방식은 우울증상의 개선에 도움이 되지 않았다.

우리는 환자들의 분노를 치료하려는 치료사들이 이 책을 읽은 후 용서치료를 적극 활용하여 치료하기를 권한다. 그것은 내담자에게는 실제적인 도움을 줄 것이고 치료사에게는 만족감과 치료의 효능감을 안겨줄 것이라 생각한다. 지금까지 발표된 용서에 관한 연구조사에 따르면 우울증상의 감소, 불안의 감소, 희망의 증가, 자존감의 향상, 분노를 유발한 사람에 대한 집착적 사고의 감소 등 환자에게 많은 효과성을 가진다고 증명되었다. 덧붙여, 35년 이상 임상현장에 용서치료를 적용하면서 내담자의 정서 안정감이 향상되고, 충동적인 행동이 감소되며, 분노에 과잉반응하거나 잘못된 방향으로 투사하는 것이 아닌 방식으로 분노의 감정을 통제하는 기능이 향상되는 것을 확인하였다. 또한 용서는 결혼생활 및 가족관계 개선, 강박사고 및 강박행동 감소에 효과가 있다고 보고되었다.

이 책에서 임상실천을 다루는 장들에서는 용서의 작업단계에 핵심초점을 둔다. 작업단계에서는 용서를 실천하는 다양한 방식들이 의식수준과 무의식수준의 다양한 삶의 단계에서 환자들이 분노를 해결하는 데 적용되었다. 이러한 과정을 돕기 위해 환자들이 상담회기 사이에 집에서 수행할 수 있는 연습지가 제공되었다. 또한, 환자들은 상담회기 중에 분노를 유발한 사람들을 대상으로 용서기법을 사용하도록 격려될 수 있다. 누군가에게 상처를 받았거나 실망했을 때, 용서를 한다는 것은 어느 정도 분노를 완화하는 것으로 보인다. 분노가 해결되면 환자들은 안도감을 경험한다. 그러나 환자들은 고통과 분노의 정도에 따라 치료에 어느 정도 시간이 걸릴 것이라는 것을 알게 된다. 어떤 경우 환자들이 자신이 진정으로 용서한다고 느끼지 못하는 경우가 있다. 하지만 그들은 자신의 병이 치유될 것을 바라며 인지적으로 용서를 시도한다.

이 책에서는 삶의 다양한 단계에서 슬픔과 관련된 분노를 완화하는 데 용서를 사용하는 것이 어떻게 우울증 치료를 촉진하는지를 보여주는 다양한 임상사례를 제시하고 있다. 우리는 또한 용서가 어떻게 다양한 여러 정신장애를 치료하고 회복하는 데 도움이 되는지 제시하고 있다. 우리는 이 질병들과 관련된 과도한 분노를 치료하는 데 있어서 용서를 사용하는 수많은 측면을 기술하고 있으며, 저항과 갈등을 다루는 (어떤 경우에는 치료사와 관련된) 방법들을 다루고 있다. 용서가 치유에 영향을 미치는 기제에는 내담자가 자신의 상당한 분노(그리고 슬픔과 같은 다른 관련된 감정)를 인정하는 것, 가해자가 갖는 감정의 상처를 이해하는 것, 일어난 일 “때문”이 아니라 “그럼에도 불구하고” 가해자에게 연민(compassion)을 느끼게 하는 것이 포함된다. 치유를 위한 모든 필요한 기제는 아직 완전히 규명되지 않았고, 추가적인 연구가 필요한 상황이다. 현재 용서는 연구와 임상실천을 통해 효과적인 정신치료적 접근방법으로 확인되고 있다.

저널링(journaling)과 용서치료

용서치료에서 내담자에게 일기를 쓰도록 하는 것(저널링)이 유용할 수 있다. 교육과 학습이 포함되는 저널링과 같은 방식의 치료법을 통해 내담자는 용서의 의미, 누가 나에게 상처를 주었는지, 분노의 깊이와 시간이 지나면서 분노가 어떻게 변형되었는지, 상처를 준 사람에 대한 인식과 인식의 변화, 그리고 용서과정의 다른 측면들에 대해서 고찰해 볼 수 있는 기회를 가지게 된다. 우리는 과학적 개입법으로 저널링을 사용하기 시작했다. 저널링의 장점에 대한 데이터가 아직 없지만, 이 기법을 도입한 초기단계로서 현재 우리는 저널링이 내담자와 환자가 집중하고 인식을 체계화하는 데 도움이 된다고 본다. 저널링은 치료진행 상황을 측정하는 훌륭한 방법으로 보이며, 내담자가 어느 정도 시간이 지난 후 문제를 다시 직면할 필요가 있다고 느낄 때 유익하다. 예를 들어, 내담자는 자신이 이미 가해자에 대한 분노를 다스렸다고 느낄 수 있다가도, 어느날 아침 눈을 떴을 때 갑자기 다시 심하게 화가 나기도 한다. 내담자가 과거에 기록해 놓은 것들을 검토하는 것은 이 문제를 다시 직면하도록 하는 촉진제 역할을 할 수 있다. 아마도 더 빠른 통찰로 인해 내담자가 더 빠르고 효율적으로 치유되는 것을 도울 수 있다. 우리는 제4장에서 저널링에 대해 보다 깊이 다루고 있다.

용서 단계모델

용서치료의 기본 모델인 용서 단계모델은 과학적으로 검증되었으며 내담자에게 매우 유용한 것으로 확인되고 있다. 제5장에서 과학적 세부사항을 논의하고 있다. 여기서는 용서의 발달과정을 구성하는 4가지 단계와 함께, 각 단계에서 발생하는 다양한 개인차에 대해 살펴보겠다. 모두가 같은 방식으로 또는 동일한 속도로 용서의 과정을 경험하는 것은 아니다. 각 단계에는 대부분의 사람들이 거치는 일련의 구성요소(unit)가 있다. 단계의 세부사항은 제5장을 참조하라. 여기서는 네 가지 단계, 즉 개방하기(uncovering), 결정하기(decision), 작업하기(work), 심화하기(deepening)에 대한 간략한 개요를 제시하겠다.

개방단계(Uncovering Phase)

첫 번째 개방단계에서는 불의에 대한 내담자의 통찰, 상처로 인한 감정표현, 불의를 경험한 이후 상처로 인해 자신의 삶이 손상되었는지 여부에 대한 통찰을 설명한다. 이 단계는 감정적으로 고통스러운 시간이 될 수 있다. 그러나 내담자나 환자가 타인이 저지른 불의로 인해 정서적으로 고통을 겪고 있다고 결론을 내린다면 이것은 변화의 동기가 될 수 있다. 감정적 고통은 용서를 고려하고 구하는 동기가 될 수 있다. 정서적 고통에 대한 통찰은 또한 임상가와 내담자에게 치료에서 다루어야 할 문제를 알려준다. 예를 들어, 내담자가 그 누구도 신뢰할 수 없다는 비관적인 세계관으로 힘들어 해왔다면, 이를 드러내고 해결해야 한다.

결정단계(Decision Phase)

이 단계에서 내담자는 무엇이 용서인지, 무엇이 용서가 아닌지에 대해 생각하는 시기이다. (제2장과 제3장에서 보다 자세하게 다루겠지만, 여기서는 간략한 방식으로 전문적 언어를 지양하여 설명하고자 한다.) 용서하기를 결정한 것은 인지적인 과정이며, 용서는 완료된 과정이 아니다. 내담자는 용서하기로 다짐한 과정을 용서과정에 포함된 다른 단계들과 구별해야 한다. 그렇지 않으면 용서하겠다고 다짐하는 과정에서 내담자는 용서작업이 거의 끝났다고 결론을 내릴 수 있다. 하지만 이 단계는 단지 시작에 불과하다.

작업단계(Work Phase)

이 단계에서 내담자는 가해자가 그가(가해자) 저지른 가해(또는 범죄) 이상의 존재라는 사실을 이해하기 시작한다. 용서를 하는 사람은 가해자에게 어느 정도 연민을 경험할 수 있다. 개방단계에서는 초점의 중심이 자신이었다면 여기서는 가해자에게로 초점이 이동된다. 이 단계에서, 용서치료는 전통적인 치료방식과 차이를 보이기 시작한다.

내담자는 인지운동을 통해 통찰을 갖기 시작한다. 이는 Fitzgibbons(1986)가 깨달은 것처럼 가해자를 이해하는 것이 그 사람을 공감하거나 연민을 느끼는 것보다 쉽기 때문이다. 이 시점에서 내담자는 가해자를 용서하고 싶지 않다고 느끼더라도 용서해 볼 것을 생각해 본다. 용서하기로 한 인지적 결정과 통찰에 따라, 가해자에 대한 감정적 변화가 나타날 수 있다. 우리의 견해로는, 가해자에 대해 새롭게 생각하고 새롭게 느끼는 것은 일련의 발달과정이다. 분노의 수준이 감소하면서 사람들은 더 많이 이해하게 되고 연민을 느끼며 용서할 수 있게 된다. 전형적으로, 첫 번째로 인지, 그 다음으로 정서가 따르는 것으로 보인다. 핵심은 내담자가 새로운 방식으로 가해자를 보게 되고 새로운 방식으로 대응할 수 있게 된다는 점이다.

심화단계(Deepening Phase)

가해자에 대한 통찰은 종종 다른 생각을 촉진한다. 내가 견뎌낸 모든 고통은 어떤 의미가 있는가? 나는 과거에 다른 사람의 용서가 필요했는가? 용서받았을 때 무엇을 경험했는가? 나는 가해자와 다른 사람들과 새로운 방식으로 관계하도록 동기를 부여 받았나? 이 질문들에 대한 대답은 다른 단계들로 되돌아가도록 할 수 있다. 이번에는 더 깊고 통찰력있는 방식으로 그 단계들을 거치게 된다. [그림 1.1]은 이 단계를 시각적으로 표현한 것이다. 용서는 움직이는 표적이다. 내담자들은 용서하는 것을 배워나가면서, 더 깊이있는 용서를 하기로 선택할 수 있다. 이후, 그들은

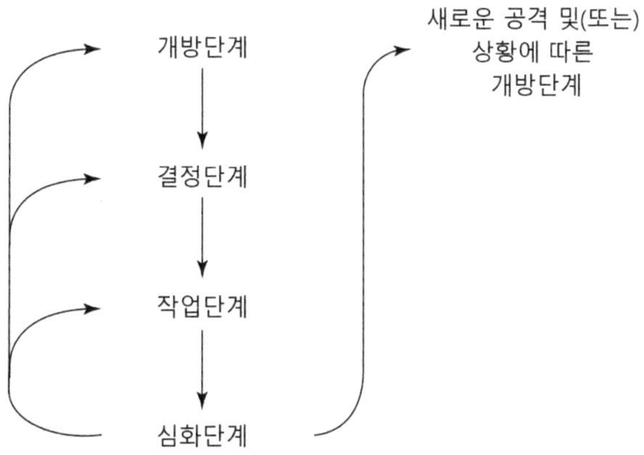

그림 1.1 ▌용서의 단계

Reprinted from R. D. Enright and R. P. Fitzgibbons, *Helping Clients Forgive: An Empirical Guide for Resolving Anger and Restoring Hope* (p. 19), 2000, Washington, DC: American Psychological Association. Copyright 2000 by American Psychological Association.

새로운 상황과 사람들에게 이 학습을 일반화시켜 적용해나갈 수 있다.

단계모델의 발달적 특성

우리는 용서모델이 발달적 단계라고 본다. 즉, 개방단계가 다른 단계들을 앞선다고 가정한다. 또한 결정단계가 작업 및 심화단계를 선행한다고 가정한다. 이 모델은 내담자가 개방단계에서 시작하여 마지막 단계까지 진행해야 하는 엄격한 방식을 취하는 단계별 모델이 아니다. 예를 들어, 어떤 내담자는 가해자에 대한 공감을 느낄 수 있으며(작업단계에서), 이는 개방단계에서 정의롭지 못한 처우를 받은 경험의 세부적인 사항과 그에 수반된 감정적 상처를 탐색하는 데 관심을 갖도록 촉진한다.

타임라인

어떤 사람이 언제 용서할지에 대해 기대하는 날짜를 정할 수 없다. 물론, 이것은 치료를 위한 상담회기의 횟수와 관련된 비용 문제와 충돌한다. 우리는 이 문제에 대한 해결책을 가지고 있지 않다. 사실 용서치료는 대부분의 경우 시간이 걸리기 때문에 이 문제를 심화시킬 수 있다. 치료사들은 용서치료를 찾는 사람들을 의미있게 도울 준비가 되어 있어야 한다.

사 례

미리엄(40세, 기혼)은 직장에서 공황발작을 일으킨 후 치료를 받기 시작했다. 최초 상담장면에서 그녀는 우울하고 불안해보였다. 그녀는 자신의 고통을 아동기와 사춘기 때 분노로 차 있던 아버지에 대한 기억 때문이라고 하였다. 그녀는 아버지와 대화를 나누고 남편과 어머니의 도움을 구하는 방식으로 대응하였다. 공황발작을 일으키기 전 미리엄은 아버지가 본인의 잘못을 부인하는 것과 어머니의 이해부족으로 인하여 몇 주 동안 슬퍼했고 화가 나 있었다.

용서는 미리엄에게 아버지와 관련된 정서적 고통을 이해하고 또 해결하는 데 도움이 되는 치료적 개입으로 설명되었다. 그녀는 아버지가 본인의 어려웠던 가족배경으로 인해 고통스러워했으며, 의도적으로 그녀에게 상처를 입힌 것이 아니라는 것을 깨달았다. 그녀는 아버지를 용서하기 위해 노력하기로 결심하였고, 이것이 자기의 분노, 불안 및 우울의 치료에 도움이 될 것이라는 희망을 가졌다. 그녀는 아버지를 용서한다고 하더라도 아버지에게 정직한 마음을 표현하는 것이 어려워진다거나 그녀가 아버지에게 나약하게 되는 일은 아니라고 말했다.

첫 번째 회기가 끝날 때 미리엄은 인지적 용서연습을 할 수 있도록 작성된 메모장을 받았는데, 거기에는 다음의 내용이 명시되어 있었다.

1. 아버지가 당신에게 얼마나 상처를 주었는지 아버지에게 말하는 십대 소녀라고 상상해 보십시오.
2. 그리고 나서 “나는 아버지를 이해하고 용서하고 싶다”고 생각하세요.

그녀는 치료회기 동안 용서작업을 시도하였고, 집에서도 정기적으로 용서연습을 지속하였다. 그녀는 이 인지적 용서연습을 하루에 두 번씩 몇 분 동안 사용해보도록 요청받았다. 또한 그녀가 상당한 정서적 고통을 겪을 때 이를 사용하도록 권유받았다. 매일의 용서연습은 후속 회기에서 검토되었으며, 용서연습을 하는 것과 관련된 여러 어려움들을 논의하였다.

남편 루이스와 관련된 다른 주요 갈등이 상담회기 가운데 명백해졌다. 루이스는 미리엄에게 화를 표현했다. 그는 몇 년 동안 미리엄이 아버지에게 향했어야 하는 분노와 불신이 루이스 자신에게 잘못 향해졌다고 주장했다. “내가 아닌 당신 아버지에게 문제가 있었던 건데 당신은 나를 화가 난 당신 아버지로 착각하고 있군요.”

미리엄은 때로는 자신이 과민반응을 보일 수도 있었다고 시인했다. 그러나 치료 중에 처음으로 그녀는 루이스의 분노, 통제, 무감각한 행동에 관한 많은 예를 인지하였다. 그녀는 "여보, 당신은 심각하게 화를 조절하지 못해요. 당신은 내 아버지보다 더 나에게 상처를 주었어요."라고 말했다. 결혼생활에서 일어난 분노가 드러나자, 루이스는 자신의 분노를 거의 통제하지 못하고 미리엄에게 고함을 지르며 결혼생활을 끝내겠다고 위협하고 상담 중에 나가버렸다. 미리엄은 눈물을 흘리면서 루이스에게 정서적으로 학대받은 행동을 공개했다.

이후 치료의 초점은 결혼의 슬픔, 두려움, 분노로 이동하였다. 미리엄은 루이스의 분노 행동이 루이스의 어머니에게 언어 및 신체 학대를 가했던 자신의 아버지를 모델링한 한 결과이며, 이것은 미리엄이 어렸을 때 자신의 아버지가 보인 행동을 상기시켰다. 루이스를 용서하게 되는 것은 결혼생활에서의 갈등이 해결되고 보다 당당하게 루이스에게 대하는 것을 도와줄 것이라는 심리요법과정으로 설명되었다. 그녀는 용서를 통해 어린 시절 상처를 준 아버지에 대한 감정이 완화되는 것을 경험하기 시작하면서, 루이스에 대한 용서작업을 시작하기로 했다.

치료사가 루이스의 가족사를 확인한 후, 미리엄은 다음과 같이 쓰여진 인지적 용서치료를 처방받았다.

1. 매일, "나는 루이스의 과거 상처를 이해하고 그를 이해하고 용서하기를 원한다."고 생각하십시오.
2. "루이스는 어머니의 감정적인 부재와 아버지의 분노로 인해 어렸을 때 받은 상처로 인하여 사람들을 신뢰하지 않는다."라고 생각해보세요.

그녀는 이 용서작업을 몇 달 동안 매일 두 번씩 수행했다. 또한, 그녀는 극도의 불안이나 우울감이 들었을 때 그리고 루이스의 행동으로 스트레스를 받았을 때도 이 활동을 여러 번 수행해야 했다. 미리엄은 계속되는 루이스의 섬세하지 못한 행동을 용서하는 것보다 어린 시절의 상처에 대해 아버지를 용서하는 것이 훨씬 쉽다는 것을 알게 되었다. 그녀는 종종 새롭게 인식하게 된 분노와, 루이스에 대한 분노 및 불신을 다루는 데 도움을 받기 위해 치료회기 밖에서도 치료사에게 전화를 걸어야 했다.

미리엄은 용서활동을 사용함으로써 안도감을 느꼈다. 그녀는 루이스 내면에 있는 정서적으로 상처입은 어린 소년 루이스에게 민감할 수 있었기 때문에 여러 달 동안 용서활동을 수행할 수 있었다. 루이스의 아버지에게 정서적인 학대를 받은 루이스의 어머니는 우울증을 앓게 되었고, 그로 인해 루이스의 어머니가 루이스에게 무언가를 해 줄 수 있는 능력은 제한적이었다. 루이스 아버지의 성질은 루이스에게 상처를 입혔다. 루이스의 알게된 것, 즉 루이스의 어린 시절의 고통으로 인하여 루이스가 미리엄을 신뢰하는 데 어려움을 겪고 있다는 것을 이해하는 것은 미리엄이 용서작업을 지속하는 데 도움을 주었다. 미리엄은 루이스에 대한 자신의 분노를 이해하고 그것을 다룰 수 있게 되면서 점점 내면의 힘을 얻어가게 되었다.

미리엄이 치료를 통해 변화하기 시작하면서 루이스의 불만이 커지는 바람에 용서치료 작업이 쉽지만은 않았다. 미리엄의 건강이 향상되면서 그녀는 루이스의 행동에 대한 확고한 선을 설정하기 시작했고, 루이스는 자신이 미리엄을 통제할 수 없다는 것을 느꼈다. 결국 치료사의 노력에도 불구하고 루이스는 치료에 참여하는 것을 거부했다. 미리엄은 루이스에 대한 분노점검표를 작성하는 것을 완수하였다. 그녀는 루이스의 직접적인 분노와 수동-공격적인 행동을 정리한 체크리스트를 루이스에게 주어서 그가 자신의 분노를 인지하도록 하였다. 그 후, 치료사는 다음과 같은 용서처방전을 루이스에게 보냈다.

1. 아버지가 자신의 성질 때문에 스스로와 당신의 어머니에게 미친 상처를 이해하고 용서하는 것에 대해 생각해보십시오.
2. 매일 다음과 같이 생각해보십시오. "나는 내 아버지처럼 화를 내고 싶지 않다. 그런 아버지에게 영향을 받고 싶지 않다."

미리엄은 루이스의 분노와 불신을 확인하면서 그의 이러한 감정들이 그 자신의 행동에 어떤 영향을 미쳤는지 계속해서 확인해 갔다. 동시에 그녀가 루이스에 대해 자기 주장을 펼칠 수 있도록 내면의 힘을 키워 갔다. 미리엄은 자신이 용납할 수 있는 것과 용납하지 않을 것에 대해 분명하게 정리해 갔다. 미리엄은 루이스가 자신의 아버지가 했던 정서적인 학대행동을 그대로 하고 있다는 것과 이제 아버지를 용서할 것을 반복해서 이야기하기 시작했다. 루이스는 미리엄이 점진적으로 그녀의 부모를 용서해 가는 것을 보면서, 자신의 분노에 대해 덜 방어적으로 말하기 시작했다. 결국, 그는 부부치료 회기에 다시 참여하게 되었다.

미리엄의 불안과 우울증상이 감소하였는데, 이는 부분적으로 남편과 그녀의 원가족과의 분노를 해결한 결과이다. 루이스가 자신의 아버지를 용서하는 작업을 시작하면서 미리엄과 루이스의 관계는 눈에 띄게 향상되었다. 이 책의 뒷부분에서, 우리는 불안과 우울장애의 치료 및 결혼치료에서 용서를 정신과적 문제의 치료에 활용하는 방법을 자세하게 기술할 것이다.

용서의 의미

우리는 먼저 용서를 구성하는 두 가지 핵심요소인 도덕과 변화에 대해 논의한 뒤, 용서에 대한 학술적인 정의를 제시하고자 한다.

도 덕

용서는 도덕성에 중심을 두고 있으며, 가장 단순한 형태는 선을 추구하는 것과 관련이 있다. 사람들이 선을 추구한다는 의미는 타인과의 관계에 기반한다. 따라서 도덕성은 대인관계적 특성을 갖는다. 그것은 자기만족, 쾌락주의의 추구가 아니다. 어떤 사람이 도덕적이라는 뜻은 도덕적인 사람으로 자격을 갖추기 위해 특정한 언어나 행동양식을 구현해야 한다는 의미가 아니다. 도덕성은 관계와 타인에 초점을 두고 그들에 대한 선한 의도를 추구한다는 것을 의미한다.[1]

용서와 관련된 인간의 선의 두 가지 측면에는 정의와 자비라는 때로는 서로 충돌하는 고대 도덕성 형태의 개념이 포함된다. 히브리 사회의 **렉스 탈리온**(눈에는 눈, 이에는 이)은 이웃에 대한 사랑과 대조된다. 우리는 그리스도가 성전에서 상업행위를 하는 자들에게 채찍질을 하였으나, 그같은 죄인들을 위하여 십자가에서 죽은 모습을 보았다. 이슬람에서 알라는 벌과 용서(자비를 의미함) 모두를 포함하는 것으로 간주한다. 철학자 Gouldner(1973)는 **호혜성**(받은 것에 대한 보답)과 **선행**(대가를 기대하지 않은 베풂)을 대조하며, 이 개념들이 우리 사회 내에서 충돌하는 원칙이라고 언급하였다.

누군가 용서를 할 때, 정의의 문제가 자비보다 앞선다. 용서를 하는 사람은 다른 사람이나 집단에서 불공평하게(불의하게) 대우를 받아왔다. 용서는 이 불의에 대

1 우리는 도덕성이 자신에 대한 선함을 무시하는 것을 의미하지 않는다. 그와는 반대로, 도덕성이 관계의 중심에 있을 때, 거기에는 자기가 포함된다. 여기서 타인을 돕기 위해 자신의 권리를 포기하는 이타주의는 제외가 된다.

한 자비의 반응이다. 즉, 용서를 하는 사람은 옳고 그름에 대한 분명한 감각을 가지고 있으며, 다른 사람의 행동은 잘못된 것이며 그에 대하여 자비를 베풀었다고 결론 내린다.

용서는 용서하는 사람의 내면에 자기를 부당하게 상처입힌 사람을 향한 선함이 중심에 있다.[2] 어떤 사람이 자비로울 때, 그 사람은 (불의한 행동으로 인해) 자격이 없는 사람에게 선을 행하며, 복수나 처벌을 억제한다. 정의는 자비에 앞설 뿐만 아니라 용서와 공존하기도 한다. 잘못을 당한 사람이 용서와 정의를 동시에 선택할 수도 있다. 일례로, 누군가에게 2만원을 도둑 맞은 사람은 돈을 훔친 사람을 용서하면서도 그 돈을 돌려달라고 요구할 수 있다.

변 화

용서에 대한 아이디어를 고대 종교전통이나 현대철학 또는 사회과학 분야 그 어디에서 검토하든 용서는 변화를 수반한다. 즉, 다음을 포함한 다양한 영역에서 질적인 변화가 이루어진다: (a) 용서를 하는 사람이 가해자에 대한 기존의 반응을 변경한다. (b) 용서하는 사람의 감정상태가 나아질 수 있다. (c) 관계가 개선될 수 있다. 용서는 관점, 감정, 태도, 행동 및 상호작용을 변화시키는 발달적인 특성을 가진다. 여기서 변화는 비판적인 자세에서 이해하는 자세로, 분노에서 사랑으로, 불안한 상태에서 좀더 편안한 상태로, 갈등에서 협조하고자 하는 의지와 같이 새로운 방향으로 나아가는 것을 의미한다.

용서의 정의

여기서는 용서에 대한 보다 공식적인 정의를 소개하고자 한다. 이 정의는 이 책의 전반에 걸쳐 적용되며, 용서치료 과정모델의 기반이 된다. 우리는 외부의 주장이나 예제로 쉽게 침몰하지 않는 "방수성"을 갖는 정의를 도출하고자 한다. 어떤 비평가가 우리가 제시한 정의의 범위 내에서 용서 이외의 현상을 분명하게 설명하는 예시를 제시한다면, 우리는 그 정의를 수정하거나 완전히 변경해야 할 것이다.

North(1987)의 논의에 따라 우리는 용서를 다음과 같이 정의한다:

---

2 이것은 자신의 이익에 좋은 것처럼 보이는 모습과는 대조적이다.

> 사람들은 자신들이 불공정한 대우를 받았다고 판단했을 때, 의지적으로 화를 내는 반응(용서를 하는 사람에게는 권리가 있음)을 버리고, 부당한 사람에게 자비, 무조건적인 가치, 관대함, 도덕적 사랑(상처를 주는 행위의 본질상 가해자에게는 권리가 없음)을 포함하는 선의의 도덕적 원칙에 기초하여 반응하고자 노력한다.

우리는 다음 장에서 이 정의의 다양한 양상들에 대해 자세히 설명하고, 제13장에서는 철학적 방법으로 이 정의를 논의한다. 제3장에서 우리는 용서가 아닌 것을 검토하면서 용서의 정의와 관련된 주제들을 계속해서 다룰 것이다. 우리의 견해와 관련 근거를 제대로 이해하고자 하는 사람들은 제2장, 제3장, 제13장을 순서대로 읽어 볼 것을 권한다.

비록 임상가들이 환자에게 어떤 개념의 정의를 제시하는 것이 일반적이지 않지만, 어떤 환자가 용서가(또는 용서하지 못하는 것이) 갈등에 얼마나 중요한지 이해하고자 애쓸 때 치료사가 교육자가 되어 용서의 개념을 설명해 주는 것은 중요하다. 치료사는 용서에 대한 내담자의 이해를 돕고, 오해를 줄이며, 치료가 진행됨에 따라 내담자가 용서라는 개념을 깊이 이해하도록 준비되어야 한다.

예를 들어, 필리스는 용서와 화해의 행위를 동일시했기 때문에 추기에 용서치료에 참여하는 것을 주저했다. 필리스는 학대 가정에서 성장했다. 그녀의 어머니는 아이들에게 신체적인 학대를 가했는데, 조금이라도 잘못하면 그들을 때리고 방임했다. 필리스의 남편인 브랜든은 그들의 결혼생활에서 비슷한 태도를 보였는데, 술을 마실 때마다 필리스를 신체적으로 학대했다. 필리스의 초기 두려움은 그녀가 브랜든을 용서한다면 자동적으로 그와의 결혼생활로 돌아가야 한다는 것이었다. 그녀는 용서가 브랜든과 그의 학대행동에 대한 자신의 내적인 반응이며, 그를 신뢰하겠다는 결정이나 맹목적인 화해가 아니라는 것을 깨달았을 때, 용서할 의지를 더 갖게 되었다.

용서가 아닌 개념에 대하여 아는 것은 치료사로 하여금 내담자가 용서를 오해하고 있는지 아니면 이러한 접근에 단순한 흥미를 가지는 것인지를 결정하는 데 도움이 된다. 필리스와 마찬가지로 우리의 용서에 대한 공통적인 오해는 용서와 화해를 혼동한다는 점이다. 용서에 대한 잘못된 이해로는 잊기, 묵과하기, 양해, 심지어 도덕성이 부족하다고 인정하는 것과 동일시하는 것이 있다. 치료사들은 어떤 내담자가 용서와 정의를 생각할 때, 용서를 한다면 더 이상 정의로운 해결책은 필요없다고 생각하고 있다는 것을 인식하고 있어야 한다. 왜 어떤 미덕을 실천하기 위해 다른 미덕을 버려야 하는가? 예를 들어, 친절은 때로 인내를, 용기는 지혜를 수반한다. 제3장에서는 현대사회에 만연한, 본래의 진정한 의미와는 거리가 먼 용서에 관련된 많은 생각들을 논하고 있다. 독자들은 용서하는 것을 비판하는 회의론자들의 생각에 대해 논하고 있는 제14장을 통해 용서에 대한 오해들에 더 깊은 통찰을 얻을 수 있다. 용서에 대한 깊은 이해가 부재하고 이러한 다른 생각들을 확고히 이해하지 못하는 치료사는 의도하지 않더라도 본래적 개념과 관련이 없는 용서의 길로 내담자를 인도할 수 있다.

주의사항

용서치료에 관한 논의를 시작하면서 임상가들이 반드시 고려해야 할, 용서치료가 내포하고 있는 장애물이 있다는 것을 알고 가는 것은 중요하다. 다음의 7가지 사항을 고려해 보라.

1. 임상가가 아무리 용서의 개념에 열정을 가지고 있다 하더라도 내담자가 그 견해를 공유한다는 것을 의미하지는 않는다. 용서는 늘 선택사항이며, 내담자가 자유롭게 선택하거나 거부할 수 있다. 내담자에게 용서를 하라는 은근한 압박감을 주어서는 안 된다. 그러나 동시에 어떤 내담자들은 처음에는 용서에 대해 냉담하지만, 이후에 마음을 바꾸기도 한다. 용서에 대한 내담자의 초기입장이 반드시 지속되지는 않는다. 치료사는 내담자의 변화에 대해 마음을 열고 있어야 한다.
2. 내담자가 기꺼이 용서하려고 시도하더라도 시간이 흘러 그 내담자의 마음이 바뀔 수 있다. 오래된 상처를 드러내는 여느 일과 마찬가지로, 용서작업은 때로는 분노, 슬픔 또는 불안을 증가시킬 수 있다. 내담자가 일시적으로나 영구적으로 문제를 덮어둔다고 하더라도 그것은 그들 자신의 선택이다. 우리의 경험에 따르면, 용서의 개념을 제대로 이해한 사람이 용서하기로 결정하고 나서 그만두는 것은 드문 일이다. 그렇다고 하더라도, 이런 상황에서는 내담자에게 대안적인 접근이 제시되어야 한다.
3. 용서를 하라는 가족들의 압력이 존재하기도 하는데, 이는 환자를 비참하게 만

든다. 가족구성원의 영향으로 환자가 용서치료를 하겠다고 말하기도 하는데, 이때에는 환자가 용서하기로 결정한 것인지 여부를 분명히 해야 한다. 특히 가족들에게 용서할 것을 압박받는 상황에서 환자가 용서치료를 거절할 때면 그 사람은 희생양이 되기 쉽다.

4. 가족 중 누군가가 용서를 "무기"로 사용하고 있는지 확인하라. 그것은 흔히 있는 일이 아니며, 특히 다른 가족구성원이 용서를 잘못 이해하고 있는 상황이라면 다른 가족원이 내담자가 성급하게 화해하도록 교묘히 조작하고자 할 것이다. "물론이죠, 당신은 용서의 언어를 사용하고 있지만, 나에게 두 번째 기회를 주지 않는군요." 이런 상황에서 내담자가 갖는 죄책감의 수준을 확인하라. 치료회기에서 다른 가족구성원들이 용서에 대해 잘못 이해하고 있는 점이 분명히 규명될 수 있다.
5. 일부 가족이나 친구들은 용서에 대한 생각에 강경하게 반대할 수 있다. 한 내담자는 이 말에 동의하였는데, 자신이 친족 성폭행의 맥락에서 용서를 숙고하기 시작하였을 때, 그녀의 친구들은 농담조로 보다 실용적인 대안으로 "복수집단"을 형성해 볼 것을 언급했다. 물론 그 내담자는 친구들이 농담을 한다는 것을 알았지만, 그녀는 용서를 하는 것에 대해서 양가감정을 느끼기 시작했다. 이런 상황에서는 환자가 치료회기에서 정확히 무엇을 할 것인지 다시 한번 알려주는 것이 최선이 될 수 있다. 용서에 대한 대부분의 비판은 용서가 무엇인지에 대한 오해에서 비롯하기에, 여기서 우리는 이와 관련하여 논하고 있다.
6. 최선의 설명과 인내에도 불구하고, 일부 내담자들은 용서가 무엇인지에 대한 오해를 지속할 수 있다. 자신이 원하는 방식으로 용어를 자유롭게 정의할 수 있는 상대주의 시대에 중요한 개념에 대해 서로 근본적으로 다른 정의를 가지고 있다면 합리적인 대화를 지속하는 것은 쉽지 않다. 만약 최선의 노력에도 불구하고 환자가 용서하는 것이 자신에게 위험한 화해의 한 모습이라고 주장한다면, 임상가는 다른 형태의 치료법을 시도하거나 환자를 다른 치료사에게 의뢰해야 할 수도 있다. 이러한 상황은 드물게 발생할 수 있다.
7. 치료사는 용서가 치료적 맥락에서 부적절하거나 적어도 잠재적으로 위험하다고 생각하는 동료 치료사들로부터 큰 반대를 받을 수 있다. 이러한 태도는 1970년대와 1980년대에 많이 나타났지만, 오늘날에도 여전히 직면할 수 있다 (Lamb & Murphy, 2002; McNulty, 2011). 그렇다면 치료사는 용서치료에 회의적

인 입장을 갖는 동료와 대화를 통해 치료에 용서를 도입하는 것이 어떤 점에서 부적절하고 위험한지, 분노를 치료하는 데 있어서 현재의 접근법들이 어떤 한계를 갖는지를 논의해야 한다. 우리의 경험에서 볼 때, 이러한 회의적인 태도에는 두 가지 이유가 있다. 첫째, 치료사는 그들의 과거로부터 미해결된 깊은 상처를 가지고 있다. 불의를 부인하거나 불만을 극대화하는 방식의 삶의 태도를 가지고 있는 전문가들은 대개 용서에 대해 반대한다. 그들의 미해결된 고통이 용서라는 잠재적으로 도움이 되는 형태의 치료법을 점검하는 것을 제한해서는 안 된다. 둘째, 치료사는 용서가 의미하는 바를 오해한다. 회의적이지만 개방적인 태도를 갖고 있는 전문가와의 대화를 통해 용어를 정확하게 정의하고, 치료에서 용서가 어떻게 작용하는지를 논의하는 것은 긍정적인 효과를 가져올 수 있다.

이런 주의사항을 염두에 두고, 핵심용어들에 대한 정의를 시작으로 정신치료 측면에서 용서를 계속해서 논의하고자 한다.

제 2 장
용서-더 깊이 이해하기

용서치료가 효과적이기 위해서 치료자는 반드시 **용서**(forgiveness)의 의미에 대해 충분히 이해하고 숙지해야 한다. 이것이 얼마나 중요한지는 아무리 강조해도 지나치지 않다. 용서의 의미에 대한 명확한 이해를 갖고 치료를 제공해야 이에 대한 내담자의 이해를 도울 수 있는 것이다. 우리의 경험에 따르면 용서치료를 받으러 오는 대다수의 사람들이 이 용서라는 단어를 자주 사용함에도 불구하고(예를 들어 "지각한 것을 용서해 주세요." 또는 "이런 말씀을 드리게 된 것을 용서해 주시면 좋겠습니다만…") 그 개념에 대해 제대로 이해하지 못하고 있다. 용서치료를 구성하는 한 부분은 바로 교육이다. 치료가 진행됨에 따라 치료자는 내담자가 갖고 있는 용서에 대해 잘못된 개념을 수정하고, 이를 잘 이해하도록 도움으로써 용서에 대한 보다 깊은 이해로 안내한다.

용서의 정의

여기에서는 앞서 제1장에서 소개한 **용서하기**(forgiving)의 정의와 그와 관련하여 우리가 사용하는 용어들의 의미를 명확하게 짚으면서 다시 한번 살펴보고자 한다.

> 용서한다는 것은, 이성적으로 판단하기에 자신이 부당한 대우를 받았다고 생각하는 사람들이, (자신이 그럴 자격있다 여기는) 분노 및 연관된 반응들을 의도적으로 포기하고, 불의를 행한 자에게 선을 바탕으로 한 도덕적 원칙들, 즉 연민, 무조건적인 가치, 너그러움, 도덕적 사랑 등에 따라 반응하려고 (그들의 행동을 고려하면 전혀 받을 자격 없지만) 노력하는 것을 말한다.

이성적으로 판단한다라는 표현은 당사자(용서하는 자)가 가해자를 성급하게 판단하지 않고, 현실의 왜곡으로 인한 심리적 결함으로부터 자유로우며, 상대방이 도덕적인 잘못을 했다는 것을 이해함을 의미한다. **의도적으로(willfully) 포기한다**는 말은 당사자가 분노의 반응을 바꾸기 위해 적극적으로 노력함을 의미한다. 용서는 수동적인 반응이 아니라 투쟁과 양가감정의 경험으로 가득 차 있다. 이 모든 일에는 결단과 의식적 과정이 동반되기 때문에 의도적으로(willfully) 포기한다는 것이 기꺼이(willingly) 포기한다는 것을 의미하지는 않는다. 우리 경험에 비춰 볼 때, 어느 날 아침에 자신의 분노를 포기하기로 결정했다고 해서 그 분노가 그날 사라지는 것은 아니다. 이 내적 투쟁은 수개월 또는 몇 년 동안 지속될 수 있다.

여기서 사용되는 **반응, 반응하다**라는 표현은 분노에서부터 선함에 이르는 넓은 범주에서 나타나는 정서, 생각, 행동들을 의미한다. 분노하기를 포기하는 개인은 상대방에게 (a) 짜증(부정적인 정서들의 "가벼운" 편에 속하는)에서부터 증오(부정적인 정서들의 "심각한" 편에 속하는)에 이르는 부정적인 정서들, (b) 상대방을 부적절하다고 판단하는 것에서부터 악마 같다고 판단하는 범위에 이르는 부정적인 생각들, 그리고 (c) 일시적인 무시나 아무렇지도 않은 척하는 반응에서부터 복수의 기회를 노리는 행동에 이르기까지의 여러 부정적인 행동들을 덜(fewer)[1] 보이는 경향이 있다. 선의에 따라 반응할 때 개인은 (a) 상대방을 어느 정도 좋아하는 것에서부터 상대방을 온전히 사랑하기에 이르는 긍정적인 정서들(예를 들어 용서의 일부라 볼 수 있는 연민, 돌봄, 염려와 같은 여러 도덕적 정서들), (b) 그 사람이 잘 지내기를 바라는 정도에서부터 무조건적인 존중으로 대하려 하는 것(그 사람의 비도덕적인 행위 때문이 아니라 그도 한 사람이고 모든 사람은 존중받을 가치가 있기 때문에)에까지 이르는 긍정적인 생각들, 그리고 (c) 눈을 맞추거나 미소를 짓는 것에서부터 상대방의 안녕을 위한 적극적인 관심을 기울이는 것에까지 이르는 긍정적인 행동들을 더(more)[2] 나타낼 가능성이 있다.

다음으로 우리는 선행에 대한 도덕적 원칙과 그와 관련된 표현에 대해 정의해 보려 한다. **선행**은 "다른 사람들이 자신에게 해준 것이 있거나 해줄 것이라는 판단

---

1 덜(fewer)이라는 단어는 두 가지 패턴을 암시할 수 있다. (a) 동일한 사람에게서 이런 특성들이 점차 줄어드는 것, 또는 (b) 동일하게 부당한 대우를 받았지만 용서한 사람이 용서하지 않은 사람들보다 이런 특징들을 더 적게 보이는 것.

2 더(more)라는 단어는 두 가지 패턴을 암시할 수 있다. (a) 동일한 사람에게서 이런 특징들이 점차 늘어나는 것, 또는 (b) 동일하게 부당한 대우를 받았지만 용서하는 사람이 용서하지 않은 사람들보다 이런 특징들을 더 갖는 것.

없이 다른 사람들을 돕는" 진실된 선함(Gouldner, 1973, p. 266)[3]이다. 이는 자선이나 환대와 같은 보다 구체적인 원칙들을 포함하는 포괄적인 용어이다(Gouldner, 1973). 물론 이 원칙은 선행이 한정적이고 특정한 부당함의 맥락에서 표현될 때까지 용서의 도덕적 문제를 다루지 않을 것이다.

연민은 당사자가 가해자에 대해 갖는 도덕적 정서이다(도덕적 정서에 관하여는 Sherman, 1990을 참고). 이 표현은 예를 들어, '해리가 메리를 용서한다'고 해서 메리가 자신이 한 일을 후회하기 때문에 그가 그녀가 불쌍하다고 느끼는 것을 의미하는 것은 아니다. 사실 이와 반대로 범죄자들 중에는 자신의 범법행위를 스스로도 인정하지 않는 경우도 있다. 여기에서의 연민은 메리의 부당한 행동 또는 그 행동 이후의 반응에도 불구하고, 그녀가 연약한 인간이기 때문에 해리가 메리에 대해 동정의 감정을 가진다는 것을 암시한다.

무조건적인 가치는 그 가해자도 한 인간임에 대한 자각이다. 그 사람이 무엇을 했느냐가 아니라, 그럼에도 불구하고 그가 인간이라는 사실이 그에게 중요성을 부여하는 것이다. 용서하는 자는 다른 사람이 무엇을 하든지 관계없이 그 인간됨 때문에, 그가 여전히 가치 있고 존중받을 가치가 있음을 본다(가해자에 대한 무조건적인 가치와 존중에 관해서는 Enright, 2012; Enright & the Human Development Study Group, 1994; Holmgren, 1993, 1997을 참고).

너그러움 또한 가해자가 받아 마땅한 것 이상을 주는 것과 관련되는데, 이것은 그를 여전히 가치 있는 사람으로 보기 때문이다. 용서의 맥락에서 너그러움은 가해자의 부당함으로 인해 그에 대한 자비의 마음을 갖는 것이다.

도덕적 사랑은 상대방의 안녕(well-being)을 위해 투자함으로써 너그러움과 선행을 확장하는 것을 말한다. 아리스토텔레스(McKeon, 1947을 참고)는 사랑의 네 가지 유형을 구분하였는데 이는 (a) 스토게(storge), 즉 상호간 애정의 감정, (b) 필리아(philia), 즉 형제와 같은 우애, (c) 에로스(eros), 즉 로맨틱한 끌림, 그리고 (d) 아가페(agape), 즉 상대방의 긍정적인 행위 때문이 아닌, 사랑하는 사람에 대한 관심과 존중이 주 요소가 되는 도덕적 사랑(C. S. Lewis, 1960; Outka, 1972를 참고)을 포함한다. 수세기에 걸쳐 아가페는 다른 의미들을 취해 왔다. 아리스토텔레스에 의하면 사람들은 폴리스 즉, 문명화된 사회의 구성원들에 대한 도덕적인 사랑을 갖는

3 진실(genuine)의 단어에서 우리는 용서자가 "용서"에서 자기 독점적인 이득과 같은 이면의 동기를 가지고 있지 않음을 의미한다.

데, 이는 아가페적 사랑을 하는 사람들과 마찬가지로 이들도 상호 존중과 애정을 나타낼 수 있었기 때문이다. 대조적으로, 초기 기독교의 경우 아가페는 구원이 필요한 모든 사람들에게 사람의 형상인 그리스도를 통해 하나님으로부터 풍성하게 흘러나오는 무조건적인 사랑으로 보았다. 자신이 용서를 받음으로 인해, 그들 자신도 용서하도록 인도된다(요한복음 15장의 경우를 참고할 것). 폴리스에서의 이런 상호성은 사랑하는 사람은 사랑받는 사람보다 더 많은 것을 줄 수 있다는 섬김정신으로 대체되었지만, 이런 주고받음의 불균형은 아가페적 사랑을 하는 사람에게는 중요하지 않다. North(1987)를 비롯한 현대 철학자들은 이 사랑을 자격이 없는 사람을 향한 "부드러운 마음"으로 보았다. 현대과학은 이런 유형의 사랑이 심리적, 관계적 건강에 중요한 역할을 한다는 것을 보여주고 있다(Enright, 2012 제1장을 참고).

치료자들은 내담자들이 선행, 연민, 도덕적 사랑을 경험하기에 앞서 치료를 통해 그들이 해결해야 할 엄청난 양의 분노를 발견하게 될 것이다. 치료자들은 내담자들이 용서치료의 초기부터 연민이나 사랑의 마음을 경험해야 한다는 기대를 전달해서는 안 된다. 이같은 선함을 향해 나아가기 위해서는 치료를 통한 어렵고 긴 작업이 요구된다.

위의 정의에는 두 가지 역설들이 담겨 있다.

1. 개인은 그가 갖는 당면한 권리를 포기한다(이 경우, 분노 및 관련된 반응들).
2. 정의의 원칙에서 볼 때엔 상대가 받을 자격이 없는 것들(선함이라는 도덕적 원리를 반영하는 생각, 감정, 행동들)로 자비롭게 대한다.

우리의 경험에 미루어 볼 때, 용서치료를 처음 접하는 내담자들은 다음의 조건들, 즉 행동하기에 앞서 상대방의 잘못된 행동에 대해 충분히 숙고하는 것의 필요성, 분냄을 포기하고 선함으로 대하는 것, 그리고 용서가 역설적이라는 사실을 중요하게 여기지 않을 확률이 높다. 이로 인해 그들이 용서하려는 좋은 의도를 갖고 있더라도 쉽게 혼란을 경험하게 될 수 있다.

심리학에 기초해서 개념들 재정의하기

기존 심리학의 관점을 기반으로, 용서에 대한 정의를 반영하거나 더 깊게 하는 14가지 개념들을 제시한다.

용서는 연속성을 갖는다

용서는 "완전히 또는 전혀"와 같이 이분법적으로 볼 수 있는 문제가 아니다. 아마 한 개인이 용서하는 그 때마다 어느 정도의 분노가 상처로부터 제거될 것이다. 달리 말하자면 용서의 정도는 약간에서부터 완전히에 이르기까지 그 정도가 다 다르다(Enright & Rique, 2004; M. K. Nelson, 1992를 참고). 만일 우리가 100명의 개인에게 그들의 용서 정도에 대한 점수를 측정한다면, 그들의 대답은 종형곡선 모양으로 다양하게 나타날 것이다. 또 다르게 해석해 보자면, 만일 질에게 동일한 용서 테스트를 1년에 걸쳐 반복적으로 제시하였을 때, 용서치료가 성공적이라면 테스트 점수가 점점 높아지는 경향을 확인할 수 있을 것이다.

원칙을 인지하고 있는 것과 원칙을 사용하는 것

용서자가 항상 도덕적 원칙에 대해 인식하고 있는 상태에서 용서를 전달하는 것은 아니다. 예를 들어, 한 사람이 다른 사람에게 "나는 지금 도덕적 사랑의 원칙을 실천하기로 결심했습니다."라고 말하지 않은 채 도덕적 사랑을 표현하기 시작할지도 모른다. 용서자는 더 친절해지기로 결심하지만 그의 내면적, 혹은 외형적 언어가 반드시 이 원칙을 명확하게 드러내야 하는 것은 아니다.[4] 무조건적 가치라는 도덕적 원칙의 실천의 경우도 마찬가지이다. 용서하는 자는 상대방의 행위 여부에 상관없이, 그 정도가 모호하다고 하더라도, 그를 존중할 가치가 있는 사람으로 대하기 시작할 수 있다. 그렇지만 이 용서자가 의식적으로 "나는 상황과 상관없이 그 사람을 가치 있는 존재로 보기로 노력할 것입니다. 나는 이 사람을 그 행동이 아닌 그가 가진 고유한 자질로 정의할 것입니다."라고 지각하고 있거나 이를 언어적으로 명확히 표현하지 않을 수 있는 것이다.

용서는 불안정하거나 안정적이다

용서 테스트의 점수 또한 불안정에서 안정에 이르기까지 다양하게 나타날 수 있다. 질이 자신의 친구 슈가 한 일에 대해 수개월간 분노하는 동안에는 반복된 용

4 우리는 고려되고 있는 원칙을 정확하게 말할 수 있는 사람이 더욱 발달상으로 앞서 있을 수 있으나, 용서에 필수적인 것이 아닐 수 있다는 Kohlberg(1969)의 의견에 동의한다.

서 테스트에서 지속적으로 매우 낮은 점수를 보고할 것이다. 하지만 질이 용서하기를 시작한 이후로는 이 테스트로부터의 점수는 한동안 높고 낮음을 오가는 형태를 보일 수 있고, 나아가 시간이 몇 개월 더 흐른 뒤엔 상당히 높은 편의 점수를 안정적인 패턴으로 보고하게 될 수도 있다.

용서는 표면적이기도 하고 깊기도 하다

그 뿐 아니라 질은 간과하기 쉬운 용서의 측면, 즉 얕은 수준에서 깊은 수준의 용서에 이르기까지, 그 정도에 있어 다양할 수 있을 것이다. 한편으로 그녀는 용서 테스트에서 높은 점수를 받지만 자신의 결정과 연관된 원칙들을 이해하지 못할지 모른다. 다른 한편으로, 배신을 당한 지 얼마되지 않았고 그 상처가 깊기 때문에 용서 테스트 점수는 낮다 하더라도 그녀는 어느 방향으로 자신이 나아가고 있는지를, 즉 슈를 향한 더 나은 선행, 연민, 무조건적인 가치, 도덕적인 사랑과 같은 것들을 추구하고 있음을 인식하고 있을지도 모른다. 물론, “낮음-높음”과 “얕음-깊음”의 차원 사이의 동시성을 관찰하는 것도 가능하다. 즉 그녀는 용서 테스트에서 높은 점수를 받고 자신이 왜 높은 점수를 받았는지를 잘 이해할 수도 있다. 반대로 낮은 점수를 받고 이에 대한 이해가 부족할 수도 있다.

얕음-깊음의 차원은 심리학의 범주인 정서, 인지, 행동의 영역에서도 적용될 수 있다. 앞서 제시된 예시는 인지 혹은 도덕적 원칙에 대한 인식에 초점을 둔다. 정서의 영역에서, 개인은 가벼운 수준의, 혹은 깊고 안정적이며 오래 지속되는 연민을 가질 수 있을 것이다. 행동의 영역에서, 너그러움과 도덕적 사랑의 표현은 자기보호적이고 신중하거나 혹은 이타적일 수 있다.

용서가 가변적일 수 있도록 만드는 또 다른 깊이의 차원은 동기이다. 우리는 많은 사람들이 불안이나 계속되는 분노와 같은 원치 않는 감정으로부터 자유로워지거나 상처를 주는 사람들로 인한 감정적 어려움을 끝내고자 심리치료를 시작한다는 것을 알게 되었다. 이는 존중받을 만한 일이고 심리적으로 더 나아지기 원하는 그들의 강인함을 반영한다. 용서가 처음에는 상처입은 사람의, 그리고 시간이 갈수록 상처를 입힌 사람의 심리적 안녕에 초점을 맞추기 때문에 용서하려는 동기는 보통 자기자신으로부터 타인에게로 옮겨가게 되며, 상처를 입힌 사람에게 도덕적으로 반응하고자 하는 욕구 또한 표면적 수준에서 더 깊은 수준으로 나아가게 된다.

용서는 발전적인 것이다

용서는 점차 발전한다. 대부분의 경우 무슨 일이 일어났는지 깨닫게 됨에 따라 혼란과 상처를 겪는 것에서 시작한다. 그 다음으로는 무슨 일이 일어났는지 보다 구체적으로 정리하는 것, 용서하기로 결심하는 것, 그리고 상대를 향한 분노를 버리고 선의로 반응하기 위하여 고군분투하는 것으로 이어진다. 이런 발전의 과정은 재촉되어서는 안 되고, 내담자마다 다르게 경험한다.

용서는 사람 중심이다

용서는 사람 간에 일어나는 것이지, 사람과 무생물인 대상, 즉 태풍이나 홍수와 같은 것에 대한 일이 아니다(Enright, 2012; Kolnai, 1973-1974; Lambert, 1985; Murphy, 1982; Smedes, 1984). 우리는 용서의 도덕적 특성 때문에 이렇게 말한다. 사람이 어떻게 홍수에게 선하게 대할 수 있는가? 더 나아가 사람들은 신으로부터의 용서를 구하는 것을 말하고 신이 그들을 용서하는 것에 대해 이야기하기도 하지만, 우리는 사람 대 사람의 용서 형태에 초점을 둔다.

부당함의 질은 각기 다르다

용서자가 경험한 부당한 일은 신체적, 심리적, 감정적, 혹은 도덕적 피해일 수 있다(Kolnai, 1973-1974; Murphy, 1982; Murphy & Hampton, 1988; Smedes, 1984). 사례들을 살펴보면 피해의 경우가 이들 중 몇몇의 경우 혹은 모두의 조합을 포함하고 있기도 한다(Eastin, 1988).

부당한 일의 깊이는 다를 수 있다

이전의 저술을 통해(Enright and the Human Development Study Group, 1991), 우리는 용서가 대개 깊은 상처의 맥락에서 일어난다고 말했다. 그러나 우리는 더 이상 이에 동의하지 않는다. 우리의 경험상 일상생활의 가벼운 상처조차도 분노를 유발할 수 있고, 이는 용서가 필요한 일일 수 있기 때문이다. 제4장에서 기술한 용서의 과정은 가벼운 상처 및 깊은 상처에 적용할 수 있다. 가벼운 상처를 가진 경우는 보통 이런 해결에 더 빨리 도달하고, 이런 맥락에 있는 용서는 건강하지 않은 분노가 쌓이지 못하게 하는 좋은 연습이 된다. 또한 우리 경험에 따르면 더 깊은 상처를 용서하는 사람이 자신들의 안녕에 대해 더 확고한 영향을 미칠 수 있다.

부당한 일은 주관적인 것이 아니라 객관적인 것이다

부당한 일은 단순히 지각하거나 상상하는 것이 아니라 객관적인 것이다. 이는 용서가 합리적인 결단의 맥락에서 일어난다고 내리는 우리의 정의와 연관되어 있다. 어떤 사람들은 우리의 인식 밖의 모든 것이 중립적인 것이기 때문에 용서도 기본적으로 지각적 활동이라고 주장한다(Kahrhoff, 1988을 참고). 옳고 그름에 대한 판단은 개인의 내적 의견에 기반하지 않는다. 예를 들어, 우리는 강간이 도덕적으로 중립적인 경험이라고 말하는 사람을 결코 만나보지 못했다. 누군가 이것이 도덕적으로 중립적이라고 주관적으로 느낀다면 이는 잘못된 일이다.

용서의 질은 다양한 요인들에 달려 있다

용서의 질은 원 공격의 심각한 정도, 상대방과의 기존 관계, 그리고 가해자의 이어진 행동과 같은 이슈들에 따라 다르게 나타날 수 있다(Newman, 1987를 참고). 또한 용서에 대한 이해, 그리고 이전에 얼마나 용서를 실천해 왔는지에 따라 다를 수도 있다.

용서의 표현은 문화와 종교에 따라 다를 수 있다

각각의 문화들은 고유하고 특징적인 의식들을 가지고 있긴 하지만, 타인에게 용서를 표현하는 하나의 정해진 방법은 없다(예를 들어, Hoffman & Terry, 2011; Loewen, 1970a, 1970b를 참고). 유대인의 용서의식의 한 예인 욤 키퍼(Yom Kippur)와 기독교의 형식의 예인 카톨릭과 성공회의 고해성사의 경우 용서의 표현이 다양한 형식을 취할 수 있음을 보여준다. 치료자들은 내담자가 용서에 관한 문화적, 종교적인 배경을 숙지할 시간을 가져야 할 수도 있다.

용서의 표현은 인지적, 정서적, 행동적, 그리고 영적일 수 있다

Fitzgibbons(1986, 1998)는 임상현장에서 사람들이 때때로 내면적으로(인지적으로) 그들이 용서한다고 말하는 것을 통해 이 과정을 시작한다는 것을 관찰하였다. 용서하기를 계속하겠다는 확신과 결심은 있지만, 용서에 대해 느끼는 감정이나 상처를 입힌 자를 향한 사랑이나 연민은 없다. 나중에야 몇몇은 가해자에 대해 더 이해하게 되고, 그런 후에는 연민을 느낄 수 있으며, 그리고 나서야 용서하고 있음을 느낄 수 있게 된다. Fitzgibbons(1986)는 이를 **정서적 용서**라고 설명했다. 한편 타인에게 깊은 상처를 받은 사람들의 경우 용서하기를 원함에도 불구하고, 용서하겠다고 스스로에게 말하는 것조차 못할 수도 있다. 이런 경우에는 신에게 의지하며 용서할 수 있도록 도움을 구한다. 때가 되면, 사람들은 미소를 보이거나 전화를 받는 등 그들이 용서한다는 것을 행동적인 표현을 통해 제시할 수 있게 된다. 여러 사람들의 경우 가해자에 대한 인지적, 감정적, 행동적 그리고 영적 용서들을 오가지만 결국에는 이들을 통합할 수 있게 된다.

가해자와 피해자가 항상 분명하지는 않다

용서에는 가해자와 피해자의 구분이 항상 분명한 것은 아니다. 때때로 해리와 메리는 서로가 상대방의 기분을 상하게 할 것이다. 이 외에도 여러 가지 조합이 있을 수 있다. 예를 들어, 한 개인이 그 가족을 용서하고, 한 가족이 개인을 용서하고, 집단들이 다른 집단들을 용서할 수 있다(Enright et al., 2013; Shriver, 1995를 참고).

용서의 질은 항상 분명하지는 않다

심리학적 관점에서 용서는 기술, 대처전략, 그리고 헌신과 비슷해 보인다. 예를 들어 기술의 경우와 같이 용서는 연습을 해야 하고 배우는 데 시간이 걸린다. 어느 정도 축적이 되어야지 궁극적으로 능력이 향상되고 또 유지되는 것이다.

용서는 또한 대처전략처럼 보인다. 용서하는 사람은 어려운 상황 속에서의 생존과 호전에 초점을 맞추고 있다. 대처전략의 적용은 심리적 기능의 호전을 가져오는데, 이는 용서할 때에도 마찬가지로 일어난다(제5장 참고). 때로 용서는 헌신(다른 사람의 행복에 대한)처럼 보인다. 용서에는 일종의 헌신과 의도적인 선택이 포함되어 있다.

비록 용서가 기술, 대처전략, 그리고 헌신과 그 질적인 부분들을 공유하지만, 도덕적 미덕의 특성들도 가지고 있다. 따라서 혹 우리가 기술이라는 개념을 분리해

내어 그것이 용서의 진정한 의미를 충분히 담아낸다고 주장한다면 우리는 그 의미를 왜곡시키게 될 것이다. 슈에 대해 분노하고 있는 질의 경우, 테니스를 배워서 강한 포핸드로 공을 치면서 이를 카타르시스처럼 사용할 수 있지만, 이런 경우 그녀는 도덕적 입장을 취하지 않는다. 기술에는 도덕관념이 없기 때문에 기술은 도의적 미덕이 없는 용서의 풍성함, 혹은 선하게 살아가는 개인의 삶의 방식을 결코 담아낼 수 없을 것이다. 도덕적 미덕으로서의 용서의 개념은 철학적으로 그 내용이 복잡하고 미묘하기 때문에, 우리는 이러한 미덕으로서의 용서에 관한 논의를 제12장에서 다시 살펴볼 것이다.

제3장 용서가 아닌 것

우리가 처음 할 일은 용서를 구성하고 있는 개념에 대해 알아보는 것이다. 이제 우리는 사람들이 용서와 자주 혼동하는 몇 가지 개념과 표현에 대해 알아보고자 한다. 치료를 더욱 깊이 진행하기에 앞서 임상가가 해야 할 일 중 하나는, 내담자 및 환자가 용서에 대해 가지고 있는 불완전하거나 부정확한 정보에 대해 확인하는 것이다. 용서와 혼동되는 개념을 나타낼 때 우리는 다음과 같은 질문을 던진다. "용서의 정의와 혼동되는 특정 개념이 공유하고 있는 특징은 무엇인가? 그 개념이 용서의 실제 구성개념과 어떻게 다른가?"

우리는 이 논의가 그저 훗날 타인에 의해 반박될 수 있는 단순한 의견에 그치길 원치 않는다. 만일 우리가 "묵과(condonation)는 용서와 달라"라고 말하고, 다른 저자들이 "묵과는 용서의 동의어야"라고 말한다면 아무것도 얻을 수 없을 것이다. 우리의 견해에 정당성을 부여하기 위해 우리는 기본적으로 다음과 같이 접근한다. 먼저 엄격한 현재의 검증 하에서 묵과와 같은 개념의 타당한 예를 만들어낸 후, 그 예가 용서와 얼마나 동떨어져 있는지 보여줄 것이다. 몇몇 개념은 해당 개념이 이용되는 특정한 협의의 예시에서 용서와 매우 흡사한 것처럼 보일 수 있다. 그러나 용서와 동의어가 되기 위해서는, 해당 개념의 합리적인 예시가 용서의 개념을 벗어나서는 안 된다.

일부 독자들은 개념의 정립이라는 이 주제에 대해 세부적인 내용까지 알아야 할 필요성을 느끼지 못할 것이다. 그러한 경우, 독자들은 우리의 주장을 생략하는 대신, 각각의 잘못된 개념들이 무엇인지 이해할 수 있을 때까지 해당 개념에 초점을 맞추고 싶어할 것이다. 개괄을 위해 우리는 23개의 오개념 체크리스트를 명시해 두었다([그림 3.1] 참조). 이 체크리스트는 내담자를 위한 요약본으로, 특정한 오개념을 신속히 확인할 수 있도록 도울 것이다. 그 후 치료사들은 더 깊은 통찰을 위해 내담자의 이해와 명확화를 돕는 이 챕터의 내용을 참고할 수 있을 것이다.

〈용서의 정의에 부합하지 않는 개념 체크리스트〉

용서(Forgiveness) 그리고 관련 개념 사이의 철학적 갈등

- 사면, 법적 자비, 너그러움(법적 판결을 내리는 이는 피해를 입은 당사자가 아니다.)
- 면죄(종교적 맥락에서의 용서를 말한다.)
- 묵과와 양해(불의를 참거나 그냥 내버려두는 것을 말한다.)
- 관용(불쾌한 행동을 하는 타인의 권리를 존중하는 것을 말한다.)
- 상대방의 사과를 받아들이는 것(분노하면서도 그렇게 할 수 있다.)
- 화해(두 사람이 다시 잘 지내는 것을 말한다.)
- 회유(가해자를 달래고 위로하는 것을 말한다.)
- 정당화(불의를 행한 사람의 행동이 공정하다고 믿는 것을 말한다.)
- 잊어버림(범죄에 대해 기억하지 않는 것으로, 이는 또 다른 사람을 범죄에 취약하게 만들 수 있다.)
- 덜 실망하기(부당한 대우를 받지 않았음에도 실망할 수 있는 것처럼, 가해자의 행동을 용서하고도 여전히 실망할 수 있다.)
- 저울 균형(자신이 당한 것을 되갚아주는 방식으로 범죄자를 처벌하는 것을 말한다.)
- 자기 중심성(범죄자가 아닌 자기 자신에게만 초점을 맞추고, 자신을 위해서만 용서하는 것을 말한다.)

용서에 대한 환원주의적 관점

- 시간에 맡겨두기(능동적이기보다는 수동적인 것이다.)
- 분노를 포기하는 것(분노를 버리면서도 가해자에 대해 냉정하고 냉담한 태도를 취할 수 있다.)
- 타인에 대한 긍정적 느낌 갖기(불공정하지 않은 사람에게조차 긍정적인 감정을 가질 수 있다.)
- "당신을 용서합니다"라고 말하기(특정 단어를 사용하지 않고도 용서할 수 있다.)
- 용서하기로 결정하기(용서하기로 결정하는 것은 용서의 전부가 아닌 일부분이다. 대학에 가기로 결심한 사람은 학위과정이 다 끝나기 전까지는 학위를 받지 못한다.)

용서와 혼동되는 흔한 표현들

- "용서가 빠른 해결책이다."(용서는 시간이 걸리는 투쟁이 될 수 있다.)
- "일어난 일을 받아들여라."(사건에 관련된 사람을 용서하지 않고 사건만 수용할 수 있다.)
- "나는 하나님이 그/그녀를 벌할 것이라는 것을 알기에 일어난 일을 받아들인다(이것은 은폐된 복수일 수 있다.)"
- "나는 나아가고 있어."(사람을 용서하지 않고도 나아갈 수 있다.)
- "그 사람이 내게 접근하지 않도록 하는 데 만족해."(은폐된 복수일 수 있다.)
- "나는 그/그녀가 나에게 얼마 만한 빚을 졌는지 말하는 것을 좋아한다."(일종의 은폐된 복수일 수 있다.)

그림 3.1 ▌ 용서의 정의에 부합하지 않는 개념 체크리스트

우리는 논의를 세 영역으로 구분했다. 첫 번째 영역은 저자가 용서의 세부적인 부분을 다룰 때 주로 철학적 영역에서 나타나는 차이점에 대해 이야기한다. 두 번째 영역은 개인이 용서에 대해 정확하지만 불완전한 관점을 가지고 있는 예를 다룬다. 저자는 용서의 일부분을 이해하고 있지만, 용서가 무엇인지를 논함에 있어 전체적인 관점을 갖지는 못했을 것이다. 누군가가 비행기는 날개와 계기판, 방향타, 착륙기어로 이루어진다고 말하면서 엔진에 대해 언급하는 것을 잊는다면, 다양한 측면이 포함되었지만 이는 비행기에 대해 정확히 묘사하지 않은 것이다. 세 번째 영역은 용서의 의미를 왜곡함에도 불구하고 자주 사용되는 흔한 구어적 표현을 다룬다.

이 장의 마지막에서 독자들은 용서가 아닌 것에 대해 살펴봄으로써 용서의 의미를 한층 명확히 알 수 있다. 상담자로서 내담자가 용서의 의미를 어떻게 오해하고 있는지 인지하게 된다면 그들이 용서에 대해 더욱 정확한 시각을 가지는 데 도움이 될 것이다.

용서와 연관된 개념들에 대한 철학자들의 구분

20세기의 마지막 30년 동안, 철학은 그 어떤 학문보다 용서의 의미에 대해 깊이 탐색했다. 이러한 추세는 21세기에도 지속되었다. 철학자들은 수많은 연관 개념들과 용서를 구별하는 데 중요한 성취를 이루었다. 이러한 학문이 없었다면 용서의 개념은 여전히 피상적인 채로 남아있었을 것이다. 용서(forgiving), 사면(pardoning), 화해(reconciling), 양해(excusing)의 의미는 매우 유사해 보일 수 있다. 내담자 및 환자가 이미 알고 있는 용서의 개념에 더해 부가적인 의미를 알아보려 사전을 찾아본다면, 그들은 혼란에 빠질 수 있다.

사면(Pardon), 법적 자비(Legal mercy), 너그러움(Leniency)

철학계에서는 오랫동안 용서와 사면이 다르다는 것에 대한 동의가 이루어져왔다(Downie, 1965; Enright, 2012; Enright & the Human Development Study Group, 1991; Hunter, 1978; Kolnai, 1973-1974; Lauritzen, 1987; Murphy, 1982; Murphy & Hampton, 1988; O'Shaughnessy, 1967; Roberts, 1971; Smart, 1968; Twambley, 1976).

두 가지 모두 자비의 영역에 속하며, 가해자에게 과분한 사회적 또는 도덕적 선을 베푼다. 이제 대인적 맥락과 법적 맥락에서의 사면에 대해 알아보도록 하자.

엄마가 아이를 한 시간 동안 방에 가두는 것으로 처벌하는 경우를 가정해보자. 30분 후, 엄마는 아이가 그의 방에서 나오도록 해주어 아이를 사면한다. 사면이란 마땅이 받아야 하는 처벌을 줄이는 것이므로 이러한 행동은 사면이 될 수 있다. 그러나 용서란 '더 큰 사랑을 향해 마음의 내적 변화를 이루어내는 것'과 같이 더 많은 무언가를 포함하는 개념이므로, 사면을 용서라고 하기에는 충분하지 않다. 처벌을 면제하는 것과 사랑하는 것은 다르다. 사랑은 더욱 어려운 도전이기 때문이다. 즉, 사랑이나 연민 없이도 사면을 베풀 수 있는 것이다.

법적 맥락에서 사면은 용서와 직접적인 관련이 거의 없는데, 이는 판사가 처벌을 면제해주는 중립적인 제삼자이지 피해를 당한 피고인 측이 아니기 때문이다. 제삼자는 용서하지 않는다. 오직 피해를 당한 사람만이 용서한다(친구들이 딸을 괴롭히는 것을 보며 상처받은 아버지의 예처럼 이차적 용서 또한 나타날 수 있다).

만일 내담자가 용서와 사면에 대해 혼란을 겪는다면, 그들은 아마 치료과정 내에서 용서에 대한 탐색을 주저할 것이다. 결국 내담자는 가해자들이 처벌받지 않고 풀려난다고 느낄 것이다. 우리는 법적 고소를 취하하거나 공평하고 공정한 처벌을 면제하는 것이 용서의 정의와 다르다는 사실을 꼭 기억해야 할 것이다.

면죄(Absolving)

면죄는 종교적 맥락에서 나타난다. 면죄받는 것은 누군가의 죄를 없애주는 것이며 그 죄의 결과를 사라지게 만드는 것이다. 용서하는 사람은 가해자에게 죄인으로서 판결을 내리지 않는다(Enright, 2012). 용서하는 사람은 처벌을 내리거나 하나님이 된 척하거나 타인에 대한 정당한 권위를 행사하지 않는다. 타인을 용서하는 것과 면죄해 주는 것은 모두 자비를 동반하지만, 용서는 공적인 종교적 맥락이 아닌 비공식적 수준에서 개인에게 자비를 베푸는 것이다.

묵과(Condoning)와 양해(Excusing)

한 사람이 '묵과'하고 있다면, 그/그녀는 타인의 도덕적 잘못을 인식함에도 불구하고 환경의 압력으로 인해 그 잘못을 참고 있다는 뜻이 된다(Kolnai, 1973-1974).

예를 들어, 제니퍼라는 근로자는 일을 계속 하기 위해 관리자의 무례한 행동을 묵과할 것이다. 그녀는 앙갚음 하고 싶은 것을 참으며, 화가 날 때에조차 자신의 불만을 드러내지 않는다. 용서하는 사람 또한 묵과하는 사람과 같이 불의를 인식하지만, 그것은 도덕적인 이유에서 그러할 것이다. 제니퍼는 묵과하면서도 상사가 뱀같은 사람이라 생각할지 모르지만, 용서를 하게 되면 그녀는 상대방을 존중할 만한 가치를 지닌 인격체로 보기 위해 적극적으로 노력할 것이다. 이것은 상사의 행동에 의해서가 아니라, 그러한 행동에도 불구하고 이루어진다.

만일 내담자가 묵과와 용서를 혼동한다면, 치료자는 반드시 이 잘못된 인식을 바로잡기 위한 단계를 거쳐야 한다. 그렇게 하지 않는다면 내담자는 "용서"라는 미명하에 불공정함을 침묵하며 참아낼 것이므로, 상담자는 자신도 모르게 내담자의 분노를 심화시키게 될 것이다. 내담자의 임상적 증상이 개선되기는커녕 더 악화될지도 모른다.

양해하는 것은 어떠한 문제에 대해 언쟁할 가치가 없다고 결론 짓는 것이다 (Kolnai, 1973-1974). 묵과와 달리, 양해하는 사람은 타인에게서 반드시 도덕적 잘못을 발견하지는 않는다. 누군가가 식사 자리에서 유리잔을 깨트리거나 포크를 올바른 자리에 놓지 못했다고 하자. 그/그녀가 식사를 위해 테이블을 준비하는 아이처럼 이제 막 배우기 시작한 상태라면 우리는 양해해 줄 수 있을 것이며, 이것은 면죄나 묵과와 다른 것이다.

임상가들은 양해가 필요한 사례와 용서가 필요한 사례를 구별하는 데 주의를 기울여야 한다. 예를 들어, 한 내담자는 양육에 있어서 '완벽'하지 못했던 자신의 부모를 용서하길 소망할 것이다. 그러나 그 누구도 완벽에 다다를 수 없기 때문에 이 경우엔 용서할 것이 없게 된다. 대신 내담자는 부모에 대한 스스로의 기대를 검토할 필요가 있을 것이다. 어쩌면 그 기대가 너무 높았거나 여전히 높은 상태일 수도 있다. 용서란 상상 속의 불공정한 상황이 아닌 진솔한 맥락에서 이루어져야 한다. 도덕적 과오가 있었음이 확증되기 전까지는 누군가 타인에게 실망했다는 사실만으로 꼭 용서치료의 대상이 되는 것은 아니다. 분명 치료자는 내담자의 실망감을 다룰 수 있지만, 부당함이 발견되지 않을 때에는 용서의 문제를 피할 수 있는 것이다.

관용(Tolerating)

관용은 서로 다른 두 가지 의미를 가진다. 먼저, 묵과나 양해와 마찬가지로 관용은 어떤 행동을 "참는 것"이다. 묵과와 다르게 관용은 터무니 없이 불공정한 것을 견딘다는 의미는 아니다. 예를 들어, 누군가 친구들과 점심을 먹는 자리에서 휴대폰으로 통화를 하는 습관을 가지고 있다고 가정해보자. 통화를 하는 사람은 이것이 불쾌함을 주는 행동임을 인식하지 못하며 따라서 잘못을 저지르려는 의도가 없다. 그 행동 자체(전화를 거는 것)는 보통 짧게 이루어졌으므로 (다른 사람들에게 그 행동은 확실히 무례한 것처럼 보일 수 있지만) 과도하게 무례한 것은 아니었다. 관용을 베푸는 친구들은 통화를 하는 사람이 스스로의 행동이 잘못되었음을 모르고 있다는 사실과 그에게 나쁜 의도가 없다는 사실을 알고 있으므로, 이 상황에서의 관용은 양해와 더욱 비슷하다. 그러나 위의 예와 달리, 잘못을 인지하면서도 이루어지는 행동에 대한 관용은 양해와 다르다. 테이블을 잘못 놓은 아이의 예에서와 같이 양해에는 도덕적 실패가 아예 존재하지 않기 때문이다. 양해란 도덕적 행동이 아니라 학습의 실패의 경우에만 적용될 수 있다. 관용의 경우에는 점심을 함께 먹는 친구들이 휴대폰을 사용할 때 악한 의도까지는 아니지만 약간의 무례함을 느낄 수 있는 것처럼, 그리 심한 정도는 아니지만 도덕적 실패를 인식할 수 있다.

관용의 두 번째 의미는 타인의 행동이 싫을 때에조차 그들의 권리를 인식하고 존중하는 것이다. 예를 들어, 한 시민단체가 지역 공원에서 하루 동안 문화유산축제를 열기 위해 허가를 받았다고 가정해보자. 조용하고 평화로운 시간을 가지기 위해 그 공원에 들어갔던 누군가는 짜증스러울 수 있을 것이다. 그 날 시민단체의 권리는 그 공원을 방문한 개인의 평화와 정숙에 대한 권리보다 우선시되었다. 이러한 형태의 관용은 양해와 다르다. 이미 언급했듯이 양해는 어떤 형태의 잘못(테이블을 잘못 놓은 아이의 예에서와 같이)을 수반하는 반면 이 예에서 공원을 이용하는 시민단체 측에는 어떠한 잘못도 없기 때문이다. 용서란 다른 사람의 잘못에 대해 이루어지는 것이므로 이 형태의 관용은 용서가 될 수 없다. 권리의 행사(공원에서 집회를 가지는 권리)란 잘못이 아니며 가해 또한 아니므로 묵과나 양해, 용서할 것이 없다.

만일 내담자가 용서와 관용을 혼동한다면 명백히 잘못된 가해조차 참아야만 한다는 잘못된 결론을 내릴 것이다. 심지어 그는 가해자가 그렇게 행동할 권리가 있다고 여길 것이다. 관용의 의미 중 한 가지가 타인의 정당한 권리를 견디는 것이기 때문이다. 이러한 생각은 정확히 무엇이 옳고 그른 것인지에 관한 내담자의 추론을 왜곡할 수 있다. 관용과 용서를 혼동하게 되면 내담자의 분노는 이를 풀어줄 수 있는 정당한 수단 없이 쌓이게 되므로 정서적 건강에 잠재적으로 해로울 수 있다.

타인의 사과를 받아들이는 것

진솔한 용서를 나타내는 것 외에도 타인의 사과를 받아들이는 많은 이유가 존재한다. 예를 들어, 직장을 유지하기 위해 상사의 사과를 받아들이는 회사원을 상상해보자. 그는 용서 없이 원한을 품은 채 사과를 받아들일 수 있을 것이다. 또 다른 예에서 누군가는 사과하는 사람에 대한 선물로서 사과를 받아들이지만, 여전히 용서와는 거리가 먼 상태에 있을 것이다. 두 가지 경우 모두 완전한 용서라 볼 수 없다. 첫 번째 예에서는 아직 용서의 시작조차 하지 못한 것이다.

화해(Reconcilation)

용서와 화해는 가끔 동일시된다(Lauritzen, 1987). Hargrave(1994)는 치료회기 중에 내담자에게서 이러한 혼동이 나타났음을 보고했다. 두 개념은 모두 불공정하게 행동하는 사람을 받아들이는 것과 관련되어 있다. 그러나 차이점이 존재한다. 도덕적 미덕으로서의 용서란 분노를 버리고 잘못을 저지른 사람을 향해 더 친근한 태도를 취하기로 결심하는 한 사람의 개인적 선택이다. 용서는 피해를 입은 사람의 자유로운 선택이므로 가해자의 행동과 무관하게 무조건적이다. 화해는 도덕적 미덕이 아니며 두 명 이상의 사람들 사이에서 상호 신뢰관계를 회복하기 위해 취하는 협상전략이다. 화해란 언제나 두 명 이상의 사람들, 가해자와 피해자가 관여된다. 또한 심각한 도덕적 문제가 존재할 경우 화해는 가해자의 행동변화에 대한 의지나 능력에 따라 조건적으로 이루어질 수밖에 없다.[1] 이는 대부분 신뢰, 즉 관계에서의 안전감을 재확립하는 데 기여하는 사람의 능력에 달려있다. 예를 들어, 신체적으로 학대를 일삼는 파트너의 경우, 성급하게 "화해"하는 것은 생명을 위협할 수 있는 일이므로 가해자의 행동 변화는 매우 중요하다. 이렇듯 누군가 화해를 원할 때에는 언제나 상대 측의 논의, 협상, 협조를 기다려야만 하는 반면, 용서는 피해를 입은

---

1 만약 양쪽 모두 서로를 공격하는 상태라면, 관계를 재확립하기 위해서는 그들 모두 특정한 행동을 변화시켜야만 할 것이다.

사람이 원할 때 언제든지 시작될 수 있다.

용서는 본질적으로 내적 과정이며, 이후 행동을 동반한다. 화해는 어려움을 해결하기 위해 두 명 이상의 사람들이 관여하는 명백하고 행동적인 과정이다. 따라서 용서는 화해를 원하는 가해자에 의해 좌우되어서는 안 된다. 그렇게 된다면, 피해자는 가해자가 화해를 결심하기 이전에는 용서하지 못하는 상태에 빠지게 된다. 이것은 나쁜 행동을 한 사람에게 특별한 권한을 부여하는 것이 아닌가? 용서란 진실한 화해를 위해 필수적인 조건이지만, 화해하고자 하는 가해자의 의지는 용서를 위한 필수조건이 아니다.

이러한 생각에 관해 사람들과 나눈 많은 논의 속에서 어떤 사람들은 화해가 용서와 연결되어야 하는 이상이라고 주장한다. Augsburger(1981)[2] 같은 저자들은 이에 동의한다. 많은 경우에, 그리고 분명히 사소한 가해의 경우, 화해하는 것은 용서에 따라오는 도덕적 유익이다. 용서와 화해의 이러한 연관성은 긴 역사를 가진다. 유대와 기독교 전통 내에서 용서의 목표 중 하나는 이웃이나 하나님과 효과적인 화해를 이루는 것이다. 그러나 심지어 이러한 전통 내에서도 용서와 화해가 자동적으로 같다고 여겨지진 않는다. 예를 들어, 로마 사람들에게 쓴 서신(로마서 5장 8절)에서 바울이 한 말을 생각해보자. "그러나 우리가 아직 죄인이었을 때에 그리스도께서 우리를 위해 죽으심으로 우리를 향한 하나님의 사랑을 보여주셨습니다." 그러나 무조건적으로 용서하는 사랑의 행동이 모든 사람들로 하여금 자동적으로 하나님과 화해한 상태가 되도록 만들지는 않는다. 예를 들어, 동일한 서신에서 바울은 다음과 같이 썼다(로마서 1장 18절). "하나님의 분노가 불의로 진리를 억압하는 사람들의 모든 불경함과 사악함에 대하여 하늘로부터 나타납니다." 위의 경우, 기독교와 유대 전통에서는 용서가 이루어진 상태에서의 화해를 목표로 하지만, 용서에 뒤따르는 화해라는 목표가 항상 성취되는 것은 아니다.

누군가 타인을 용서할 때 화해가 항상 이상적인 목표인 것은 아니다. 우리는 앞서 신체적으로 학대하는 배우자의 예에 대해 이야기했다. 그리고 또 다른 예가 있다. 화해를 위한 상대방의 노력에도 불구하고 계속해서 불륜을 저지르는 파트너, 계속 가족의 돈을 가지고 도망쳐 상습적으로 도박을 하는 사람, 근로자의 혼신의 노력에도 불구하고 정당한 임금을 주지 않는 관리자 등 이러한 예는 많은 곳에서

---

2 특히 Augsburger(1981, p. 28) 참고.

찾아볼 수 있다.

용서와 화해 사이에 존재하는 이러한 차이는 미묘하며, 따라서 왜곡되지 않도록 주의깊게 살펴보아야 한다. 예를 들어, 한 친구가 우리 중 누군가에게 감사의 말을 한 적이 있다. “용서와 화해의 차이를 알려줘서 고마워요. 나는 지금까지 내 남편과 헤어질 이유를 찾아왔죠. 화해하지 않고도 내가 그를 용서할 수 있다는 것을 알았을 때, 나는 용서하면서 즉시 이혼절차를 시작할 수 있었어요.” 이 경우, 이 두 가지 개념을 구분하는 것은 그녀가 남편을 떠날 구실이 되었다. **즉시**라는 말은 그녀가 행동하기 이전에 깊이 생각하지 않았음을 나타낸다. 하지만 용서와 화해를 구분하는 것이 그 둘 사이에 어떤 관계도 없음을 나타낸다고 생각해서는 안 된다. 이러한 생각은 상황에 관계 없이 용서와 화해가 불가분하게 연결될 수밖에 없다고 가정하는 것만큼이나 잘못되었다.

임상가들은 용서와 화해가 무조건적으로 통합되어야 한다는 믿음으로 인해 위험한 관계로 되돌아가는 내담자 및 환자의 사례에 주의를 기울여야 한다. 화해와 용서를 완전히 분리시켜 이해하고 자신에게 중요한 관계를 끝내버리는 사례 또한 주의 깊게 검토해야 한다.

회유(Conciliation)

어떤 학자들은 회유 행동이 용서의 부분적 개념이라고 말한다(McCullough, Worthington, & Rachal, 1997 참고). **회유**라는 단어가 도덕적 측면을 갖지만(즉, 이 단어의 고전적 의미는 진실한 화해와 연결된다), 이 단어의 뉘앙스는 무도덕적이고 심지어 비도덕적이기까지 한 많은 것들을 전달한다. 예를 들어, 회유란 타인을 즐겁게 하는 행동을 통해 누군가와 원만한 관계를 맺거나 호의를 얻는 것을 뜻할 수 있다. 이 경우, 누군가는 부정직한 행동이나 부정을 묵과하는 것을 통해 호의를 얻을 수도 있다. 회유는 또한 달랜다는 의미를 지니고 있다. Satir(1988)가 지적했듯이 타인의 호의를 얻기 위해 계속해서 자기를 비하하는 사람은 회유적인 행동을 하고 있는 것이며. Satir는 가족치료 작업 내에서 이를 정신병리와 관련된 상태로 보았다.

회유의 행동이 용서와 융합될 때 내담자들은 달랜다는 명목 하에 자신의 권리를 부인하므로 위험에 처할 수 있으며, 어떤 사람들은 마키아벨리적 유익을 위해 타인을 자기 편으로 끌어들이려 할 것이기에 위험할 수 있다. 모호한 도덕적 의미를 가진 단어가 용서와 동일시될 때마다 용서의 행동과 의미가 와전될 수 있다.

정당화(Justification)

타인의 행동을 어떻게든 정당화하는 내담자는 두 가지 문제점을 야기할 수 있다. 첫째, 타인이 정당화될 수 있다는 것이 진실이라면 용서는 부적절할 것이다. 예를 들어, 자녀에게 한 달 동안 가족의 차를 이용하지 못하도록 한 부모가 있다고 가정해보자. 그 자녀는 처음에 화가 났었지만, 이후 자신의 운전습관이 잘못되었음을 깨닫고 부모의 훈육이 정당하다고 믿게 되었다. 부모에게는 도덕적 결함이 없기 때문에 여기에서 용서란 올바른 반응이 아니다. 반면 부모가 대학 등록금을 지불해 주는 조건으로 데이트를 금지하는 내담자의 예를 생각해보자. 그는 이미 스물 다섯 살이 되었지만 부모는 그가 "준비되지 않았기 때문"이라고 말한다. 만일 이런 내담자가 부모를 정당하다고 여긴다면, 정당한 행동이라는 표현의 의미를 다시 생각해 볼 필요가 있을 것이다.

치료사들은 진솔하고 합리적인 결론과 왜곡된 형태의 정당화를 구분할 수 있어야 한다. 그렇지 않으면 효과적인 용서치료를 진행하지 못할 것이다.

잊어버림(Forgetting)

우리는 "다 잊어버리고 용서하라"는 말을 너무 많이 들어왔다. 용서할 때 우리는 "지난날을 다 잊으려" 노력하기 때문에 아마 용서와 잊어버림은 사람들의 마음에서 결합되어 있을 것이다. 그러나 이 두 가지 개념은 다른 것이다(Kolnai, 1973-1974; Smedes, 1984). 용서할 때 우리는 잊기보다 새로운 방식으로 기억하는 경향이 있다. 가해자를 악의 현현으로 보기보다는 연약하고 잘못을 저지르는 사람으로 보게 된다. 우리는 무엇이 일어났는지 계속 기억한다. 사람들은 과거의 고통스러운 상황에 대한 기억을 몇 년간 간직한다. 어떤 사람은 어렸을 때 손목이 부러졌었던 고통의 감정을 정확히 기억하지 못할 수 있지만, 분명 그 사건 자체는 빨리 기억해 낼 수 있을 것이다.

내담자가 용서와 잊어버림을 혼동할 때 치료에서는 적어도 두 가지의 어려움이 발생한다. 첫 번째로, 어떤 내담자들은 용서하게 되면 과거를 잊어버리는 것 때문에 그들을 향한 부당함이 지속될까봐 불안해 할 것이다. 결국, 누가 왜 그들을 해쳤는지 잊는다면 사람들은 또 다시 취약해지기 때문이다. 이러한 믿음을 견지하는 내담자들은 용서치료를 받아들이지 않을 것이고, 이는 그들의 명분이 된다. 어떤 내담자들은 자신이 과거의 외상적 사건을 단 한 번도 잊은 적이 없음을 깨닫고는 용서가 도덕적 기억상실을 가져다주지 않는다는 사실을 알게 될지도 모른다. 이러한 내담자들은 결국 용서치료를 선택할 것이다.

두 번째 어려움은 용서하더라도 잊지 못할 것을 불안해하는 내담자들에게서 나타난다. 잊는다는 것은 그들에게 매우 중요한 것이다. 즉 어떤 내담자들은 과거의 외상을 간절히 잊고 싶어하며, 만일 용서를 통해 망각이 성취되지 않는다면 그들은 치료에 관심을 보이지 않을 것이다. 치료사는 치료의 실제적 목표가 기억을 잊어버리는 것이 아니라 우울, 불안, 희망의 결여와 같은 임상적 증상을 감소시키며 더욱 견고한 관계를 가능하게 하는 것임을 다시금 확신시킬 것이다. 용서가 과거의 사건에 대한 기억을 없애지는 못할지라도 이는 (절대적인 것은 아니지만) 임상적 증상을 감소시킬 것이다.

덜 실망하기

사람들은 많은 이유로 실망한다. 다른 사람들로부터 부당한 처우를 겪게 되는 상황에서는 늘 용서의 필요성이 존재하지만, 이것이 늘 실망감과 연관되어 있지는 않다. 누군가 용서를 하게 되면 잘못을 저지르는 사람에 대한 실망이 줄어들 수도, 줄어들지 않을 수도 있다. 예를 들어 앨리스는 그녀의 남편인 세스가 자신과 세 아이를 버리기 전까지 남편과 친근한 관계라고 생각했다. 앨리스가 그를 용서했을 때 그녀는 분노를 멈추었고 그에게 연민과 공감을 느끼기 시작했지만 그의 헌신이 부족했다는 것에 대해 여전히 실망한 상태였다. 부당함이 여전히 존재한다면 용서할 때에조차 상황에 대한 실망감도 여전히 존재한다.

만일 누군가 덜 실망하게 되는 것이 용서와 동등한 것이라고 믿는다면, 그 사람은 아마 용서를 왜곡하고 있을 것이다. 예를 들어, 마이클이 오른손의 관절염으로 인해 낙담한 상태라고 해서 그가 자신의 손을 용서하도록 권고할 것인가? 만일 샐리가 자기 집 왼쪽 벽면의 도색 페인트가 보기 흉하다고 느낀다고 해서 집을 용서해야 하는가? 흐린 날을 싫어하는 써니는 겨울철의 회색빛 하늘을 용서해야 하는 것인가?[3] 이렇듯 우리가 용서에 관한 적절하고 정확한 개념을 고수하지 않을 때, 용서의 개념이 얼마나 희미해져 가는지 알 수 있다. 우리가 불공정한 처우를 당했을 때 실망(낙담)은 분노를 동반할 수 있다. 하지만 실망이란 것은 불공정한 상황 이외에서도 발생하므로 실망(낙담)과 분노를 동의어로 취급할 수는 없다. 만일 그렇게 한다면 용서는 미덕(morale)의 영역을 벗어나게 되고, 이는 그 핵심을 왜곡하게 될 것이다.

저울 균형

Flanigan(1992)은 용서가 완료되기 이전에 가해에 대한 저울의 균형을 맞추는 것이 용서의 한 부분이라고 주장했다. 이는 피해를 입은 측이 그 사건을 잊기 전에 피해에 대한 어느 정도의 보복 또는 어떠한 형태의 처벌을 가해야 한다는 것을 의미했다. 예를 들어, 만일 전 남편이 이혼 합의에서 포르쉐 자동차를 받았다면 이 차의 비용을 지불하는 전 아내는 비슷한 값어치의 차를 얻어내기 전까지 전 남편을 용서하지 않을 것이다. 또 다른 예에서 남편과 화해한 한 아내는 그가 저지른 불륜 때문에 특정 기간 동안 남편과의 성적인 친밀감을 억제할 것이다.[4]

Flanigan(1992)이 이렇게 생각한 이유는 책의 집필을 위해 인터뷰했던 여성들이 용서를 할 때에 이러한 저울 균형 방법을 실제로 사용했다고 말했기 때문이다. 아마도 그들은 양가감정 속에서 약간의 복수와 정의를 함께 추구하는 측면을 용서의 과정에 혼합하고 있는 것으로 보였다.[5] 우리는 피면접자들이 말하는 새로운 측면을 용서의 정의에 포함시키는 것에 유의해야 한다. 종종 피면접자들은 인터뷰에 앞서 한 개념에 대해 몇 달 혹은 몇 년간 탐구의 과정을 거치지 않는다. 어떠한 개념에 대한 사람들의 자연스러운 생각을 (깊은 고려 없이) 사실로 수용하는 것은 잠재적인 왜곡의 가능성을 지니고 있다. 만약 연구자들이 피면접자들의 자료를 단지 용서에 대한 대중의 생각을 기술하는 것으로 한정하여 받아들인다면 문제는 없을 것이다. 하지만 더 나아가 발견한 것을 용서의 정의에 통합하는 것은 피면접자들의 자의적인 진술을 너무 많이 신뢰하는 것이다.

---

3 누군가 실망(낙담)했다면 치료사는 분명 치료에서 이를 다룰 것이다. 그러나 타인에 관한 실망이 도덕적 이슈의 중심을 이루지 않는 한 용서치료는 권장되지 않는다.

4 용서에 대한 정의적 측면에서 저자들 중 그 누구도 이와 같은 견해를 공유하지 않는다.

5 Flanigan(1992) 연구의 참가자들은 그들이 "용서할 수 없는" 상황이라 부르는 것에 대해 설명하고 있다. 따라서 그들은 양가감정을 느끼고 있었을 것이다.

저울 균형은 자비의 영역 내에 속하지 않는다. 적절한 수준에서 이루어진다면 이것은 정의의 영역에 속할 것이다. 그러나 우리는 사람들이 용서라는 이름을 가장하여 저울 균형 맞추기라는 미명하에 복수를 추구하는 것을 상상할 수 있다. 내담자가 저울 균형을 복수와 동일한 것으로 여기는지 확인하는 것은 중요하다. 화가 나 있는 사람이 저울 균형의 세부적인 사항을 결정하도록 내버려 둔다면 그 자신과 중요한 관계를 잠재적인 위험에 빠트릴 수 있을 것이다. 우리는 아내의 외도 이후에 저울 균형을 시도한 한 남자를 알고 있다. 저울의 균형을 맞추는 방법으로 그는 몇 달 동안 아내의 일상생활을 그에게 보고할 것을 요구했다. 당시 아내는 순응했지만 일년이 지난 지금 저울 균형 사건에 대한 아내의 분노와 남편의 죄책감은 그들의 갈등 중 가장 큰 영역이 되었다. 우리는 법정에서 피해자가 절대 판사석에 설 수 없는 이유를 기억해야 한다. 화가 난 사람은 진정한 정의를 수행하는 데 어려움을 겪는다는 점을 국가가 알기 때문이다. 분노는 사람들로 하여금 정의와 용서 모두에 대한 관점을 왜곡하게 할 수 있다.

자기 중심성

자기 중심성은 용서에 관한 오해 중 가장 심각한 것 중 하나인데, 이는 용서의 의미만이 아닌 용서치료의 전체적인 과정을 왜곡하기 때문이다. 어떤 사람들은 감정적 트라우마를 극복하기 위한 동기를 가지고 용서치료에 오게 된다. 이것이 부도덕한 것은 아니다. 우리도 알다시피 많은 사람들이 감정적 고통으로 인해 도움을 찾는다. 그러나 용서의 핵심은 최초의 동기와 구별되어야만 한다. 심지어 내담자가 만약 자신을 위해 용서치료를 시작했다고 해도, 이것이 치료 과정에서 자기 자신만이 용서의 중심이 됨을 의미하지는 않는다. 그와는 반대로, 누군가를 용서할 때에는 타인의 인간성에 초점을 맞추며 궁극적으로 용서의 대상에게 연민을 주게 된다.

또한 용서의 핵심은 누군가 용서를 한 후에 일어나는 결과들과 구별될 필요가 있다. 용서를 하고 나서 누군가 엄청난 감정적 안도를 느낀다고 해서, 이것이 "용서는 용서하는 사람을 위한 것"(우리가 매우 자주 듣는 표현)임을 의미하지는 않는다. 도덕적 미덕으로서 용서는 타인의 유익을 위한 것이며, 최우선적으로 정의롭지 않았던 누군가의 유익을 위한 것이다. 우리는 누군가 용서를 했을 때 나타나는 결과와 용서 자체를 구분할 필요가 있다.

용서에 대한 환원주의적 관점

앞 부분에서 논의한 대부분의 개념들은 공통적으로 한 가지 특징을 지닌다. 그 의미에는 용서를 정의하는 윤리적 요소가 포함되어 있지 않았다(사면의 개념은 예외가 된다). 이제 논의하게 될 부분에서는 대부분의 개념이 윤리적 요소를 공통적으로 가지고 있다. 그 개념들은 용서의 부분적인 개념이 될 수 있으나, 완전하지 않다. 앞에서 살펴본 것처럼, 용서를 그 정의에 포함된 특정 요소로 환원할 수 있다고 믿는다면, 용서의 의미를 왜곡하며 치료를 어렵게 만들 것이다.

시간에 맡겨두기

타인을 향한 분노와 부정적 감정을 감소시키는 것은 용서의 한 부분이다. 이는 보통 시간을 필요로 하게 된다. 그러나 수동적으로 시간이 상처를 치유하도록 기다리는 것과 용서를 혼동해서는 안 된다(Kolnai, 1973-1974). 용서란 분노를 감소시키기 위한 적극적인 노력이다. 이는 노력을 필요로 하며 어려움이 따를 수 있다. 만일 내담자가 치료를 주로 기다림의 문제라고 믿는다면 위와 같은 점을 놓치고 있을 것이다. 때로 (용서치료에 필연적으로 수반되는) 감정적 고통을 거부하는 내담자의 저항으로 인해 그들은 수동적인 접근을 취하게 된다. 우리는 누군가 타인의 불의로 인해 깊은 상처를 받았을 때 시간 그 자체가 반드시 임상적 증상을 감소시키는 것은 아니라는 경험적 결론을 얻었다. 한 예로, 중년의 남자가 아내의 전 연인의 차 밑에 폭탄을 설치하려 은밀하게 주 경계선을 넘는 여행을 한 경우가 있다. 아내의 외도는 16년 전 일이었으나 그의 증오는 줄어들지 않았고, 시간이 경과할수록 커져갔다.

분노를 포기하는 것

철학자 McGary(1989)는 용서가 가해자에 대한 분노를 경감시키는 것 그 이상이 아니라고 주장했다. 우리가 앞서 논의한 것과 다르게, 이것은 수동적이고 시간 의존적인 환원적 관점과 다르다. 용서에 대한 그의 정의는 이전 장에 우리가 다룬 용서의 두 가지 개념 중 첫 번째와 일치한다. 그러나 McGary는 용서의 두 번째 개념인 사람에 대한 더욱 공감적이고 온정적인 입장을 더하는 것에 반대했다. 그의 주장에서 흥미로운 것은 가해자에 대한 공감적 초점으로부터 동떨어진 개념으로서의 용서를 윤리적 영역 내부에 두려 노력한다는 점이다.

McGary(1989)의 주장은 다음과 같다. 한 사람이 분노를 포기하면, 그는 부정적 감정을 제거하고자 하는 욕구와 가해자가 아닌 다른 사람들과의 관계를 발전시키고자 하는 욕구에 의해 동기화된다. McGary는 화가 난 상태에서 고양이를 발로 차거나 아이들에게 고함을 치는 것과 같은 심리적 방어기제인 전치(displacement)에 대해 인지하고 있었다. 그가 정의한 바에 따르면, 용서가 윤리적인 이유는 누군가의 용서로 인해 고양이와 아이들이 더욱 평화로운 환경을 얻게 되기 때문이다.

이 정의에는 가해자를 향한 윤리감이라는 용서의 한 측면이 결여되어 있다. 내담자는 분노를 멈추고 정서적으로 거리를 둘 수 있지만 그렇다고 가해자에 대한 감정이 사라지는 것은 아니다. 분노를 포기하는 그 자체가 반드시 윤리적인 것은 아니며, 특히 가해자의 유익을 위해 용서하는 경우가 아닐 때 그러하다. 예를 들어, 앨리스는 세스로 인해 힘들어할 가치가 없다는 결론을 내리고 분노를 멈출 수 있다. 그녀는 세스가 윤리적으로 구제불능에 최악이라고 여길 것이다. 이때 그녀가 하는 것은 용서인가?

누군가 분노를 경감시킨다는 미명하에 무시무시한 비윤리적 행동을 저지르는 것은 불가능한 일일까? 한 예로 만약 자신의 차를 훔친 레기에게 매우 분노한 샘이 그를 죽여서 분노가 풀린다면 어떠한가? 그가 윤리적으로 행동한 것인가? 이후 샘이 분노를 풀고 레기의 무덤에 헌화하였다고 하여 그를 용서했다고 결론짓는 것은 허황된 말 아닌가? 이렇듯, 용서가 윤리적 영역, 즉 용서 받는 사람을 위한 공간을 만들어내는 그 영역에 집중하지 않는 한, 용서의 의미는 알아볼 수 없을 만큼 왜곡될 것이다. McGary가 말한 용서하는 사람들의 특징을 가진 내담자들은 사실 자신도 모르게 깊은 분노를 숨기고 있을지도 모른다.

타인에 대한 긍정적 느낌 갖기

McGary(1989)는 용서의 정의의 두 부분 중 첫 번째만을 선택하므로 용서의 의미를 축소시켰다. 또 다른 누군가는 두 번째 정의만을 채택하여 용서를 단지 연민, 사랑, 공감과 연관짓는다. 예를 들어 Casarjian(1992)은 "용서연습(forgiveness exercise)"이라는 것을 제안했는데 이는 길에서 낯선 사람을 지나칠 때 사랑의 느낌을 연습하는 것이다.[6] 타인의 평화로운 측면을 보는 것은 자신을 더 평화롭게 만들어준다. 우리는 타인의 선한 모습을 보기 위해 늘 노력해야 한다. 그러나 만일 누군가 내게 잘못을 저지르지 않는다면 우리는 타인을 용서할 수 없다. 우리는 용서하는 것이 용서 이외의 것이 아니라는 사실을 기억해야 한다. Casarjian이 추천한 그 연습은 아마 사람들이 더욱 연결감을 느끼며 소외감을 감소시킬 수 있도록 도울 것이다. 그러나 그것이 구체적으로 용서를 다루지는 않는다. 우리가 관심을 가지는 개념에 부합하지만 용서가 아닌 것들의 예를 다시금 살펴보자. 우리 팔에 안긴 아기나 마루에서 잽싸게 움직이는 강아지를 사랑의 눈으로 바라볼 때 우리는 그들을 용서하고 있는 것인가? 그들이 우리에게 용서받을 만한 해를 입혔는가? 모든 사랑의 감정과 행동이 용서인 것은 아니다. 그렇지 않다면 내담자나 환자들은 자신을 사랑해주는 사람들만을 사랑함으로써(적어도 그들을 싫어하지 않음으로써) 쉽지만 잘못된 길을 택하게 될 것이다. 용서는 우리를 사랑하지 않거나 혹은 우리에게 잘못을 저지른 사람을 사랑할 것을 요구한다.

"당신을 용서합니다"라고 말하기

언어는 용서의 상징이 될 수 있지만, 용서를 대체할 수는 없다. 심지어 누군가 겉으로는 올바른 말을 하는 경우에도 속으로는 분노를 감추고 있을 수 있다. 말은 그에 담긴 진실성이 중요한 것이다. 더 나아가 용서란 대부분 내적인 반응으로 매우 다양한 언어적, 행동적 표현을 동반할 수 있으며, 용서에 관해 언어적 표현이 동반되지 않을 가능성도 존재한다. 용서의 주체가 되는 사람이 만약 용서를 선언함으로 인해 발생하는 유익보다 해가 많다고 판단한다면, 그는 아무 말도 하지 않을 것이다. 우리는 누군가 기쁜 마음으로 용서를 선언하는 순간, 상대방이 말문을 잃고 멍하게 쳐다보며 다음과 같이 말하는 상황에 익숙하다. "뭘 용서해? 내가 도대체 너한테 뭘 잘못했길래?"

용서하기로 결정하기

어떤 사람들은 용서가 과정이라기보다 결정이라고 주장한다. Worthington과

---

6 Casarjian(1992)은 실제로 그녀의 책 어딘가에서 타인의 부정의와 용서를 연관시켰다.

DiBlasio(1990)는 구체적인 행동(예: 사람들 앞에서 비난하는 행동)에 대한 사과를 요구하는 커플들의 심리치료 내에서 용서회기를 사용하는 것에 대해 설명했다. 피해를 입은 사람은 준비가 되었을 때에만 용서하기로 결정한다. 이 커플이 용서회기로 들어가기 전 많은 준비가 필요했으며, 해당 회기에서는 각각 다섯 가지 가해에 대해 타인의 용서를 구한다.

용서를 구하는 10가지 행동과 용서를 받는 10가지 행동의 복합성을 처리하기에 한 회기면 충분한가? 만약 그 커플이 그 회기 이전에 많은 작업을 했으며 해당 회기가 일종의 정리(wrap-up)가 되었다면 우리는 더 자신감 있게 그러하다고 말할 수 있을 것이다. 만일 용서를 구하고 받는 가해의 수준이 비교적 경미하다면, 우리는 더 자신감을 가질 수 있을 것이다.

결정은 어떠한 윤리적 자질을 정의하기에 충분한 것인가? 예를 들어, 해리엇이 다음과 같은 결정을 내렸다고 가정해보자. "나는 수프 집에서 일하는 것을 통해 가난한 사람들에게 더 자비로운 사람이 될 것이다." 그녀의 결정은 윤리적 과정의 일부이다. 이제 그녀는 주방 관리자에게 연락하여 출근을 하며 국자를 냄비에 담구어야 한다. 만일 해리엇이 자비로워지기로 결정하는 것이 가난한 사람을 돌보는 데 필요한 조건이라고 생각한다면 조금 이상해 보일 수 있을 것이다. 만약 다른 상황에서 그녀가 "나는 엄마를 용서할거야."라고 결정한다면, 그녀는 이제 분노를 감소시키고 더욱 친절한 태도를 가지려 노력해야 할 것이다. 결정 그 자체가 윤리적 과정의 필요사항을 만족시키지 않는다. 해리엇은 이제 결정에 따른 행동을 해야만 한다.

이러한 접근의 특정 측면을 방어하기 위해 Worthington과 DiBlasio(1990)는 파트너가 용서를 확장시키기를 주저할 때 더 많은 시간이 필요하다는 점을 인정했다. 분노를 포기하고 자비로운 마음을 증가시키는 것은 강요될 수 없고 시간이 필요한 일인 데다가, 의지만으로 생겨나거나 사고과정에 의해 명령을 받지 않으므로 이러한 주장은 합리적인 것처럼 보인다. 원조 전문가로서 우리는 용서가 순조롭게 진행되지 않고 시작과 중단이 존재하며 결국 분노의 감소와 더 많은 연민으로 종결을 맞이하는 진행과정이라고 여긴다. 우리의 관점에서 용서의 정의란 위와 같은 내용이 필수적이다. 용서하기로 결정하는 것은 이러한 과정의 한 부분일 뿐이다.

용서와 혼동을 일으키는 흔한 관용적 표현들

이 영역에서 우리는 용서하기 위한 자신의 노력을 설명하는 내담자 및 환자로부터 자주 듣는 표현에 대해 생각해볼 것이다. 또 다시 우리는 이러한 진술들을 용서의 정의와 비교해보고 그 타당성을 살펴볼 것이다.

"용서가 빠른 해결책이다"

어떤 사람들은 용서가 문제를 해결하는 빠르고 손쉬운 길이라는 잘못된 생각을 가진 채 용서치료를 시작한다. 아마 이것은 Parger(1997)가 그의 에세이 "용서의 죄(The Sin of Forgiveness)"에서 반대했던 것일지도 모른다. 그는 고민과 노력, 시간을 투자하지 않고 사람들을 용서하게끔 만드는 사람들을 비판하며 용서의 "하향 평준화"라는 개념을 언급했다. 분명 모든 용서의 예가 체육관에서 숙련자만 사용할 수 있는 200파운드짜리 아령처럼 자물쇠로 잠겨 있는 것은 아니다. 때때로 용서가 노력과 고통을 요구하지 않으며 빠를 수 있지만, 사람들이 깊은 상처를 받았을 때 빠르고 고통 없는 해결책을 발견하는 것은 드문 일이다.

2006년 10월 2일 펜실베니아의 아미쉬 공동체에서 나타난 사건은 빠르게 발생하는 것처럼 보이는 용서의 한 가지 예와 관련되어 있다. 그 공동체는 교실에서 무고한 아이들을 총으로 쏴 죽인 남자를 용서했으며, 이 용서는 급격하게 일어난 것 같았다(Kraybill, Nolt, & Weaver-Zercher, 2010). 하지만 이것은 빠른 용서인 것처럼 보였으나 실상은 그렇지 않았다. 아미쉬 공동체 사람들은 작은 용서의 행동을 규칙적으로 실천했고, 그리하여 비극이 일어났을 때 그들은 미덕을 잘 실천할 수 있었다. 때때로 "빠른" 것에 대한 생각은 허상이다. 그렇게 용서하는 사람들은 몇 년에 걸쳐 연습을 해왔으며 그러므로 강력한 훈련을 받은 입장에서 반응하는 것이기 때문이다.

만약 내담자가 용서를 모든 삶의 문제에 대한 손쉬운 해답으로 여긴다면, 그 또는 그녀는 잘못된 기대를 가진 채 치료를 시작하고 있는 것이다. 내담자와 함께 용서의 과정을 검토하는 것은(제4장 참고) 앞으로 무엇이 일어날지에 대한 더욱 정확한 관점으로 이어질 수 있다. 아미쉬 사람들처럼 삶의 작은 부분에서 지속적으로 용서를 연습하는 사람들이 갖는 유익에 대해 알려준다면, 내담자가 비극적인 일을 저지르는 사람들을 용서할 수 있도록 강화시킬 수 있을 것이다.

"일어난 일을 받아들여라"

용서란 수용의 한 형태지만 모든 수용이 용서가 되는 것은 아니다. 만일 내담자가 일어난 사실은 수용하지만 그 일을 저지른 사람이 존중받을 가치가 있는 인간 존재라는 것을 받아들이지 않는다면, 그/그녀는 용서를 하고 있지 않는 것이다. 어떤 사람들은 과거와 평화롭게 지낼 수 있지만 과거의 사람들과는 그렇게 하지 않는다. 수용은 내담자의 특권이지만 내담자가 이것을 용서와 동등한 것으로 여긴다면 그/그녀는 상황을 왜곡하고 있을 것이다.

"하나님이 그/그녀를 벌하실 것을 알기에 일어난 일을 받아들인다"

때때로 사람들은 다른 사람들이 처벌하는 것을 허용한다. 그러나 대인관계적 용서의 정의 중 어디에도 처벌에 대한 언급은 없다. 만일 내담자가 이러한 태도를 취한다면 아마 그/그녀는 용서보다 정의에 초점을 맞추고 있는 것이다. 물론 그 두 가지는 자전거의 두 바퀴 같은 것이지만 이러한 형태의 정의 추구는 진정한 용서를 대체할 수 없다.

"나는 나아가고 있어"

누군가는 상황을 전혀 수용하지 않고도 "나아갈 수" 있다. 그 사람은 뒤돌아보지 않음으로써 스스로 씁쓸함을 느낄 기회를 차단한다. 나아갈 수 있는 방법은 많다. 우리에게 상처받은 사람과 연관된 방법, 마음을 부드럽게 하는 것과 연관된 방법, 타인이 변화하길 바라는 방법(용서), 가해자로부터 가능한 한 빠르고 격렬하게 도망치는 방법(이는 부정의 한 방법일 수 있지만 항상 그런 것은 아니다) 등이 있다. 나아가는 것에 타인에 대한 윤리적 고려가 결여된다면, 용서는 이것과 상관 없는 것일 수 있다. 용서란 오로지 내담자의 선택이지만, 만일 그들이 용서하길 원하면서 윤리관념이 없는 나아감과 용서의 개념을 혼동한다면 치료사는 용서의 의미에 대해 조금 더 가르쳐야 할 것이다.

“그 사람이 내게 접근하지 않도록 하는 데 만족해”

때때로 누군가는 미묘한 복수로 인해 다른 사람이 당황하도록 하기 위해 “용서”할 것이다. 타인에 대한 이익을 추구하고 유지하기 위한 방법으로 보여주는 용서는 거짓 용서의 한 형태이다(Augsburger, 1981).

“나는 그/그녀가 나에게 얼마 만한 빚을 졌는지 말하는 것을 좋아한다”

용서란 특정한 정도의 망각을 포함한다. 이는 피해를 입은 측이 기억하지 못하기 때문이 아니라 그 주제를 가해자에게 계속적으로 꺼내기를 거부하기 때문이다. 가해가 더 이상 가해자의 어떠함을 정의하지 않기 때문에 보통 피해를 입은 사람은 그 상황을 다시 꺼내오지 않는다. 특히 화해했을 때 그러하다. 앞의 예시와 같이, 이 표현은 가리워진 복수의 한 형태이다.

용서의 경이로움

내담자나 환자가 단지 용서라는 단어를 사용한다고 해서 그 의미를 이해한다는 뜻은 아니다. 사회에서 이 단어는 너무나 보편적으로 사용된다. “10분 늦은 것에 대해 용서해줘.” 우리가 본 것처럼, 용서의 의미는 자주 왜곡되며 양해와 같은 다른 많은 말 대신 사용된다. 내담자들은 잘못된 개념을 가지고 치료에 온다. 그들은 자신의 생각에 존재하는 오류를 인식하지 못하며, 각자 서로 다른 의미로 용서를 이해하고 있다. Freedman과 Chang(2010)은 용서의 의미가 무엇인지에 대해 49명의 대학교 학생을 대상으로 인터뷰를 진행했다. 용서에 대한 가장 흔한 이해는(응답자의 53%) “가해를 잊어버리는 것”이었다. 이는 묵과나 양해와 유사해 보이며, 가해 사실을 잊고도 여전히 가해자에게 화가 나 있는 상황도 존재할 수 있다. 용서에 대한 두 번째 흔한 이해는(20%) 우리가 앞서 논의한 것 중 “가해로부터 나아가는 것”이다. 세 번째로 흔한 것은 타인을 비난하지 않는 것과 용서를 동일시하는 것이다. 이는 정당화, 묵과, 양해가 될 수도 있으며, 비난하지 않은 이후에 과거에 일어났던 일을 잊어버릴 수도 있다. 응답자 중 단지 8%만이 용서란 과거에 일어난 일과 무관하게 타인의 내면에 있는 인간성을 보는 것이라고 이해했다.

치료사들은 용서치료를 깊이 진행하기 전에 용서의 올바른 의미를 소개하고,

내담자가 혼동하고 있는 부분을 처리할 수 있도록 적절한 시간을 허용한 다음 용서의 정의에 담긴 미묘한 의미에 대해 논의하는 시간을 가져야만 할 것이다. 치료사가 하나의 오해를 바로잡더라도, 내담자가 또 다른 오류에 빠질 수 있다는 사실에 유념하기 바란다. 교육자가 되는 것은 치료사의 일중 한 부분이다.

이미 언급했듯이 이 장의 초반에 나오는 [그림 3.1]은 다양한 오해를 정리해놓은 체크리스트이다. 치료사들은 매번 새로운 내담자나 환자와 작업을 시작할 때마다 이 체크리스트를 참고할 수 있을 것이다.

제4장
용서치료의 과정모델

조지(42세, 회사 간부)는 범불안장애로 인한 불편감을 호소하며 치료에 참여하였다. 그는 잠을 잘 자지 못하였고, 특히 집에서 아내 버니스와 네 명의 자녀들에게 자주 짜증을 냈다. 회사 중간평가에서 조지는 생산성 측면에서 낮은 점수를 받았다. 수년간 수행해온 회사업무에 대해서도 열의가 부족한 편이다.

조지는 심리치료를 통해 자신이 상사와 동료들에게 분노하고 있음을 깨닫기 시작했다. 지난 몇 년간 조지는 당연히 승진할 거라고 예상했지만, 무려 세 번이나 승진명단에서 누락되었기 때문이다. 그는 자신을 추월한 사람들에 대해서도 분노하기 시작했고, 소극적인 상사의 태도에 대해 어이없어했다. 직장에 대한 그의 분노는 그의 삶 전체에 영향을 주고 있었다.

제1장에서 우리는 용서과정의 단계모델을 개괄적으로 살펴보았다. 이 장에서는 용서과정의 각 단계를 대표하는 구성요소들을 자세히 살펴볼 것이다. 또한 각 단계에서 사용하기 유용한 치료요인들을 연습해 볼 것이다. 추후에 이 단계들은 새로운 실증적 근거들이 제시되면서 변화될 수 있다. 내담자들도 우리가 제시한 용서과정의 전단계를 따라가지 않을 수도 있다. 하지만, 독자들의 이해를 돕기 위해 용서과정의 모든 단계에서 조지가 밟아간 구체적인 절차들을 하나하나 제시하고자 한다. 내담자를 위한 용서치료 연습활동도 제시할 것이다. 제2부에서는 특정 임상문제에 적용된 용서치료에 대해 살펴보게 된다.

1985년 위스콘신-매디슨 대학교에서 한 모임이 시작되었다. 매주 금요일 아침 "우리는 어떻게 용서를 할까?"라는 질문으로 토론이 이루어졌다. 시간이 흘러 치료에 용서를 적용한 연구물들이 나타났다. 예를 들어, Smedes(1984)는 일반 대중을 위해 자신의 세미나의 연구결과를 책으로 출간했다. 그 책은 이제 고전이 되었고, 마음에 상처를 입은 많은 사람들에게 도움이 되고 있다. Linn(1978)은 Kübler-Ross의 사망과 죽음의 단계를 기반으로 한 용서모델을 다룬 영향력 있는 책을 출간했다. 그 외의 문헌으로는 치료에서 활용된 용서사례 연구(Hunter, 1978), 정신과 의사의 기록(Kaufman, 1984), 상담사(Close, 1970), Fitzgibbons(1986)의 논문, Hope(1987)의 에세이 등이 있다. 종교적 관점을 가진 책으로는 Augsburger(1970, 1988), Calian(1981), Donnelly(1982)의 저서가 있다. 마지막으로, Droll(1985)과 Trainer(1984)의 중요한 연구 논문도 있다.

우리의 목표는 사람들이 어떻게 용서하게 되는지를 가능한 한 정확하게 설명하는 것이다. 우리는 용서를 기술하는 데 있어서, 이론가들이 자칫 제한된 몇 가지 과정에만 초점을 두게 되는 환원주의의 함정에 빠지지 않도록 주의하였다. 대신 우리는 수년간의 연구 끝에 본 장에서 설명하는 용서치료모델을 구축했다. Denton과 Martin(1998)은 100명 이상의 임상 사회복지사들에게 용서치료가 일반적으로 어떻게 진행되는지에 대한 의견을 물었다. 사회복지사들의 설명은 우리가 기술한 용서과정의 모델과 유사했다. 우리는 심각한 범죄자를 용서했다고 보고한 82명의 사람들을 대상으로 연구를 수행했는데, 앞서 제안한 모델과 그들이 용서하는 방법에 대한 그들의 자기보고식 설명 간에 통계적으로 유의한 상관관계가 있음을 확인했다(Knutson, Enright, & Garbers, 2008).

우리의 접근방식은 부당하게 대우 받은 사람들이 자신을 부당하게 만든 사람들을 용서하고 싶을 때, 그러한 용서가 가능할 수 있도록 도울 수 있는 모델이라는 점에서 서술적인 것이라기보다 좀 더 규범적인 것이라 할 수 있다. 다양한 개별 토론들을 통해 수백 명의 사람들과 우리의 생각을 공유하면서, 우리는 용서과정의 본질을 포착했다고 만족할 때까지 우리의 모델을 수정하고 다듬었다. 그런 다음 우리는 용서치료의 단계모델을 실증적으로 검증하였고, 연구 참여자들을 통해 용서와 심리적 안녕을 도모하는 측면에서 이 모델의 타당성을 평가했다. 우리는 계속해서 이 모델에 대해 논의를 진행하고 있으며, 매년 수백 명의 사람들에게 피드백을 받으며 필요에 부합하도록 개선하고 있다.

용서치료의 단계모델

단계모델은 임상가들로 하여금 용서치료가 잘 진행되고 있는지를 확인할 수 있도록 유용한 인지적인 길잡이를 제공한다. 우리가 강조한 것처럼, 특정단계 또는 단계에 속하는 특정한 구성요소들은 내담자 또는 임상문제에 따라 가변적이다. 그

표 4.1 용서치료 단계의 목표

단 계	목 표
개 방	내담자는 자신이 경험한 부당한 사건과 그로 인한 손상으로 자신의 삶이 악화되었는지 여부와 그 정도에 대해 통찰을 얻는다.
결 정	내담자는 용서의 본질에 대한 정확한 이해를 얻고, 이해를 바탕으로 용서하기로 결정한다.
작 업	내담자는 가해자에 대한 인지적 이해를 기반으로 가해자를 새로운 시각으로 바라보기 시작한다. 이를 통해 가해자, 자기 자신 및 관계에 긍정적인 변화를 가져온다.
심 화	내담자는 고난에 대한 확장된 의미를 찾는다; 다른 사람들과 더 소속되어 있다고 느낀다; 경험은 부정적 영향을 감소시키며 때로는 인생에서 새로운 목적을 경험하게 만든다.

럼에도 불구하고 치료사들은 내담자와 함께 작업할 때 단계들과 그 구성요소들을 기억하고 있어야 한다. 예를 들어, 내담자가 치료과정 안에서 '정체'되어 있는 것처럼 보일 때, 특정 구성요소는 임상가가 이 과정을 검토할 수 있도록 하는 데 유용하다. 단계들과 구성요소를 검토함으로써 임상가들은 치료가 더 진전되기 위해 추가되어야 하는 과정이 무엇인지 확인할 수 있다. 각 단계의 치료목표는 [표 4.1]에 간략하게 설명되어 있다.

각 단계 내의 특정 구성요소는 [예시 4.1]에 설명되어 있다. 각 구성요소에 소요되는 시간, 그에 따르는 다음 단계의 요소, 내담자가 어려워하는 혹은 상대적으로 쉽게 다루는 요소는 각 내담자에 따라 큰 차이를 갖는다.

한 사람이 용서를 하는 데 얼마나 오래 시간이 걸리는지를 예측하는 것은 불가능하다. 예를 들어, 개방단계에서 어떤 사람은 자신의 분노를 직면하고 해결하는 데 2개월 이상의 시간이 걸리기도 한다. 이에 반해 어떤 사람들은 첫 번째 치료 모임에서 자신의 분노를 해결하기도 한다. 내담자가 용서하는 데 얼마나 시간이 걸리는지 알 수 없다는 것은 치료자가 치료를 위해 몇 회기를 산정해야 하는지를 결정하는 데 어려움을 준다. 사실, 내담자가 온전히 용서를 하는 데 필요한 작업이 얼마나 깊은지를 인식하게 될 때, 치료사들은 할당된 치료회기 안에서 과연 내담자의 목표를 달성할 수 있는지를 의심하게 된다. 우리가 살펴본 메타 연구에 따르면, 용서치료에 참여한 사람들은 12주 안에 상당한 수준의 향상을 보였다(Baskin & Enright, 2004). 검토 결과, (치료의 시작 시점에서 일정한 치료 횟수를 계획하는 것보다는) 내담자들이 용서했다고 느낄 때까지 치료를 지속하는 것이 가장 효과적인 것으로 나타났다.

예시 4.1 용서의 단계와 구성요소 그리고 수반되는 쟁점들

개방단계

1. 심리적 방어와 관련 문제들을 조사하기(Kiel, 986)
2. 분노에 직면하기. 요점은 분노를 품고 있는 것이 아니라 표출하는 데 있다.(Trainer, 1984)
3. 적절한 시기에 수치심을 인정하기(Patton, 1985)
4. 정서적 에너지가 고갈되었음을 인식하기(Droll, 1985)
5. 부당한 사건에 대해 인지적 재연을 경험하고 있음을 인식하기(Droll, 1985)
6. 내담자가 자신과 가해자를 비교하고 있을 수도 있다는 것을 통찰하기(Kiel, 1986)
7. 부당한 사건으로 인해 자신이 영구적으로 부정적으로 변할 수도 있음을 인지하기(Close, 1970)
8. "정의로운 세상"에 대한 관점이 변했을 수도 있다고 통찰하기(Flanigan, 1987)

결정단계

9. 이전의 해결 전략이 효과가 없었다는 것을 통찰하기(North, 1987)
10. 용서를 대안으로 삼겠다는 의지를 가지기(Enright, Freedman, & Rique, 1998)
11. 가해자를 용서하기로 결심하기(Neblett, 1974)

작업단계

12. 가해자를 맥락 속에서 바라보는 방식을 통해 재구조화하기(M. Smith, 1981).
13. 가해자에게 공감과 연민 갖기(Cunningham, 1985; Droll 1985)
14. 고통을 수용하거나 인내하기(Bergin, 1988)
15. 가해자에게 도덕적인 선물을 주기(North, 1987)

심화단계

16. 고통과 용서치료 과정 가운데 자신과 타인에 대한 의미를 찾기(Frankl, 1959)
17. 과거에 자기 자신이 타인의 용서가 필요했음을 인식하기(Cunningham, 1985)
18. 자신이 혼자가 아님을 통찰하기(보편성, 지지; Enright, Freedman, & Rique, 1998)
19. 손상으로 인해 자신이 새로운 삶의 목적을 가질 수 있게 되었다고 깨닫기(Enright, Enright, Freedman, & Rique 1998)
20. 부정적인 감정이 줄어들었음을 인식하기. 이때, 어쩌면 가해자에 대한 긍정적인 감정이 증가한 것을 인식하기; 내면적 정서적 해방감을 인식하기(Smedes, 1984)

이와 관련해서는 Freedman과 Enright(1996)의 연구와 Reed와 Enright(2006) 연구에서 확인할 수 있다.

우리는 치료자들이 다른 치료법들과 마찬가지로, 할당된 시간내에서 용서치료의 작업을 효과적으로 적용하는 방법을 찾을 것이라고 본다. 용서치료의 한 가지 긍정적 측면은 회기 간의 과제를 통해 진행과정을 촉진할 수 있다는 것이다. 제한된 회기 동안 내담자와 함께 일하는 치료자는 회기를 최대한 활용하기 위해 잘 계획된 과제를 회기 간에 배치할 수 있다. 또 다른 긍정적 측면으로, 용서치료는 집단형식으로 진행할 수 있기 때문에 내담자는 자신의 삶에서 용서하는 것을 배울 뿐 아니라 자신의 용서치료 과정을 진전시킬 수 있도록 다른 사람들의 삶에서 일어나는 용서의 과정을 목격할 수도 있다.

개방단계의 구성요소

개방단계의 주요 목표는 내담자가 부당했던 사건과 그에 대한 자신들의 기존의 반응이 심리적 건강에 어떤 영향을 주었는지를 잘 이해할 수 있도록 하는 데 있다. 여기에는 다양한 수준의 고통을 인식하고 다루는 것이 포함된다. 이 단계에서 내담자가 탐색하게 되는 고통에는 분노, 수치심, 고갈된 에너지, 인지적 재연, 가해자와 자기의 비교, 영구적인 손상 및 변화된 세계관 등이 포함된다. 각 내담자가 다루어야 하는 고통의 종류와 강도는 동일하지 않다.

개방단계에는 모두 여덟 개의 구성요소가 포함된다. 여기에는 불의에 대한 초기 감정적 반응 및 분노에 수반되는 합병증이 포함된다(예시 4.1 참조). 그리고 저널링 및 과제를 함께 다루고 있다.

심리적 방어와 관련된 쟁점을 검토하기

먼저 치료과정 중에 용서를 탐색하고자 준비된 내담자와 그런 의지 없이 치료사에게 배정된 내담자를 구별해야 한다. 이 두 내담자는 용서에 대한 준비에 있어 큰 차이를 가질 것이다. 전자의 경우, 용서치료를 기꺼이 받아들이는 내담자는 용서와 관련된 서적을 읽었거나 누군가와 용서의 가능성에 대해 이야기해 보았을 수 있다. 이 사람은 이미 용서를 가치있는 것으로 인식하고 있을 수 있다. 반면에 후자는 용서를 고려한 적이 없었을 것이다. 어쩌면 본인이 해를 입었다거나 감정적으로 혼란을 겪고 있다는 사실을 부인하고 있을 수 있다.

용서치료가 효과적이기 위해서 내담자는 "나는 해를 입었으며, 그것은 가슴아픈 일이었고 나는 이를 해결하고 싶다"라는 분명한 결론을 가지고 있어야 한다. 왜냐하면 철학적 관점에서 용서는 초월적 의무이며, 용서는 언제나 피해자의 권리이기 때문이다. 물론 내담자는 용서를 하지 않기로 결정할 수 있다. 어떤 내담자는 첫 번째 구성요소를 거치지 않을 것이며, 혹은 어떤 내담자는 첫 번째 구성요소에 관련된 문제들을 다루는 것을 원치 않을 수 있다.

우리의 논의는 내담자에게 이 단계의 요인이 갖는 다양한 특질을 검토하려는 의지가 있다는 가정에 기반하고 있다. 첫째, 심리적 방어를 직면해야 한다. 실제문제를 회피하기 위해 내담자가 특정 방어수단을 사용하고 있는가? 거부, 특히 분노를 부인하는 것은 치료 초기에서 보이는 일반적인 방어이다. 억압은 적어도 임시적으로 실제문제를 숨긴다. 아버지에게 성적 학대를 받는 메리(32세 여)는 일반적인 불안장애 증상을 호소하며 치료를 받았다. 그녀는 거의 하루 종일 두려움에 떨며 지냈다. 그녀는 어린 시절의 트라우마를 억눌렀다. 치료가 진행되면서 메리는 학대의 일부를 기억하기 시작했다. 그녀의 초기 치료전략은 불안한 생각과 행동 양식으로 그녀를 이끄는 구체적인 삶의 사건(아버지의 성폭행)이 아니라, 불안 그 자체를 검토하는 것이었다. 실제로, 그녀는 자신이 화가 나 있다는 것을 인정하지 않았다.

반면에, 마크는 그의 폭발적인 분노 때문에 치료를 받았다. 그는 자신의 실망과 상처를 아내와 자녀에게 전치시키는 경향이 있다. 그 역시 어린 시절 아동학대의 피해자이다. 마크가 현재의 가족에게 분노를 전치시키는 것은 치료사로 하여금 '마크의 분노'라는 근본적인 문제를 다루며 상담을 시작하게끔 하는 계기가 되었다. 이 작업을 통해 마크는 본인이 어머니에게 가장 화가 나 있다는 사실을 깨닫게 되었다. 즉, 분노의 전치가 그에게 통찰을 준 것이다. 이에 반해 메리의 심리적 방어는 마크보다 더 복잡했다. 그녀가 상징적으로 보여주는 감정(불안해하는 반면 자신이 화가 나 있다는 것을 부정하는 상태)은 마크의 감정(두 경우 모두 분노)처럼 불의와 직접적인 관련이 없었다. 다음을 기억하라. 어떤 유형의 심리적 방어는 다른 심리적 방어에 비해 내담자 자신이 경험한 불의를 탐색하는 것을 더욱 어렵게 만든다. 이 장의 뒷부분에서 우리는 방어에 관해 다시 논의하고, 내담자로 하여금 자신의 심리적 방어와 분노에 초점을 맞출 수 있도록 도울 수 있는 몇 가지 구체적인 질문을 제시한다.

우리는 치료사에게 분노를 상징적으로 표현하게 하거나 분노를 감추도록 하는 구체적인 불의의 쟁점을 내담자와 논하도록 권고한다. 물론, 이 과정은 특히 거부와 억압이 단단하게 유지되고 있을 때 더 많은 시간을 소요하게 된다. 그러나 치료를 받도록 촉진시키기도 하는 불편감은 이러한 탐색을 하는 동기가 된다. 내담자 및 환자가 구체적으로 불의의 문제를 탐색하는 것은 보다 도움이 된다. 내담자가 겪은 다양한 불의를 구체적으로 탐색하고자 할 때, 15장에서 논의할 용서 조망 평정척도를 활용해볼 것을 권한다.

내담자는 다양한 불의한 사건을 복합적으로 경험했을 수 있다. 마크는 그의 아내와 어머니로부터 피해를 입었다고 느끼고 있다. 비록 마크의 아내에 대한 분노는 어머니에 대한 분노가 전치된 것임에도 불구하고 마크는 아내와 어머니 모두를 용서해야 할 수 있다. 또한 그의 아내 역시, 마크가 전치시키는 분노의 피해자이기에 마크를 용서해야 할 수도 있다. 여기서 기억해야 할 중요한 점들은 다음과 같다.

용서치료에서 내담자가 용서의 대상으로 삼는 최초의 사람은 내담자에게 상처를 가장 심하게 준 사람이 아닐 수도 있다. 오히려 처음에 용서의 대상이 되는 사람은 다른 사람들과의 다른 사건으로 인해 내담자의 분노가 전치된 사람일 수 있다. 조지의 문제는 이 장의 시작 부분에서 보았듯이, 그가 14년 동안 일했던 회사에서의 승진 실패와 부족한 임금에 관한 것이었다. 그는 상사들의 엄격한 직무평가에도 불구하고 후임 세 명이 자기보다 먼저 승진하는 것을 지켜보았다.

> 처음에는 그냥 뒤로 물러서서 이 모든 것을 망연자실한 불신감으로 바라보았다. 상사들은 나에게 아무 말도 하지 않았다. 격려도, 설명도 없었다. 나는 상황이 곧 바뀔 것이라고 생각했지만 그렇지 않았다. 처음에는 화도 나지 않고 무감각했다.

내담자가 부당한 대우를 받았음을 인정하면, 그 정도에 대해서 합리적으로 검토해 보도록 하는 것이 중요하다. 용서는 부당한 일이 발생했다는 것에 대해 합리적으로 판단하는 과정 중에 일어난다는 것을 기억하라. 예를 들어, 상담자는 내담자가 경계선 성격장애를 가진 경우, 내담자에 의해 부당한 상황이 유발될 수 있음을 구별해야 한다. 상담자는 불의한 일을 경험했다고 주장하는 것이 실제로 전치의 방어기제가 되는 경우 역시 구별해야 한다.

다시 말해, 내담자 및 환자가 구체적인 사건에 집중하도록 하는 것이 가장 좋다: 무슨 일이 일어났는지, 언제 이 일이 발생했는지, 얼마나 자주 그런 일이 있었는지, 누가 불공정했는지, 왜 불공정했다고 말하는지 등을 구체적으로 파악해야 한다. 내담자가 무슨 일이 언제 일어났는지 파악하고 있다면 부당함을 평가하는 데 있어서 정확할 가능성이 더 높다. Hunter(1978)는 상담자는 내담자가 거짓 용서를 하는 것에 대해 임상적인 감각을 갖게 될 것이라는 중요한 언급을 했다. 치료 훈련을 받지 않은 사람조차도 발견할 수 있는 가식에는 특성이 있다.

첫번째 구성단위의 주요 쟁점은 (1) 발생한 사건에 대해 이성적으로 검토하지 못하도록 하는 내담자의 방어기제를 평가하고, (2) 내담자로 하여금 무슨 일이 일어났으며 부당한 일을 한 사람이 누구인지에 대해 이해하도록 돕는 것이다. 이 책의 제2부에서는 상담사가 이러한 목적을 달성할 수 있는 다양한 방법에 대해 설명한다.

분노에 직면하기

심리적 방어가 허물어지면, 화가 나기 시작하거나 이전보다 더 화를 내는 경향이 있다. 분노는 몇 달 혹은 심지어 몇 년 동안 지속될 수 있다. 용서치료의 중요한 요점은 이러한 분노를 인정하고, 그 분노를 표출하는 것을 허용하며, 가해자에 대한 분노 감정의 감소를 목표로 세우는 데 있다. 만약 내담자 및 환자가 화를 내는 것이 잘못되었다고 생각한다면, 이 과정은 천천히 진행될 것이다.

조지의 분노는 갑자기 집에서 분출되었다:

> 버니스는 내가 평소보다 더 동요하고 변덕스럽다는 것을 알아차렸다. 나는 보통 집에 가서 고양이를 걷어차는 행동을 하는 사람이 아니었다. 내 마음속을 살펴보면서 내가 상사에게 끓어 넘치는 듯한 분노를 품고 있다는 것을 알고 꽤 놀랐다.

메리는 고속도로에서 화가 났다. 처음으로 그녀는 보복운전이라는 용어가 무엇을 의미하는지 이해하기 시작했다.

수치심 인정하기

Patton(1985)은 부당한 대우를 받는 것과 수치심의 발생 간의 연관성에 대해 가장 먼저 살펴본 학자이다. 수치심은 공개적인 공격 혹은 감시에 수반되는 당혹감이다. 물론, 모든 내담자가 수치심을 부추기는 것과 같은 불공정을 경험했던 것은 아니지만, 많은 내담자들이 이를 경험한 바 있다. 이와 같은 부당함의 예로는 다른 사람들이 친족 성폭행 등 피해자에게 일어난 일에 대해 수군대는 것, 이혼이나 파혼과 같이 내담자가 변화된 사회적 지위에 적응해야만 하는 것, 그리고 성실히 일했던 직장에서 해고되는 것 등이 있다.

수치심은 내담자가 이미 경험한 고통 위에 추가된 또 다른 고통의 층이다. 억울함에서 비롯되는 분노, 또는 어떤 다른 상징적으로 표현된 감정이 첫 번째 고통의 층을 이룬다. 수치감은 잠시일 뿐, 여기에 더해진 분노와 수치심의 성질은 내담자의 불편감을 깊게 한다.

수치심에는 당황함이 포함되어 있기 때문에 분노가 지속될 때 상담사는 특히 신중하고 천천히 상담을 진행해야 한다. 심각한 학대의 경우, 내담자 자신의 고유 가치에 대한 의미가 손상되어 있을 수 있으며, 치료를 통해 이를 다룰 필요가 있다. 한편으로는 심리적 피해 때문에 내담자는 이 부당함이 복잡하게 얽혀 있는 것들에 대해 논의하기를 꺼려할 수도 있다. 반면, 경험된 추가적인 고통은 내담자가 이 영역을 탐색할 수 있도록 동기를 부여할 수 있다. 상담사들은 이 시점에서 용서할 새로운 사람들이 등장할 수도 있다는 것을 알아야 한다. 내담자는 피해를 입힌 사건과 관련해서 내담자에 대해 소문을 내거나 미묘하게 비난하는 사람들의 무감각함을 직시하게 될 수 있기 때문이다. (예를 들어, 이웃들은 "당신은 무슨 일을 해서 해고당했는가? 상사는 아무 이유 없이 사람을 해고하지 않는다"고 말할 수 있다.) 기존의 용서대상자를 두고 용서치료를 계속해야 하는지 아니면 수치심을 유발하거나 계속 일으키는 사람에게 일시적으로 초점을 전환해야 하는지를 고려해야 하는 상황이 발생하기도 한다.

조지는 직장에서 수치심을 느꼈던 것을 회상하면서, "나는 근무 햇수로는 상급자 서열이지만, 월급은 작고, 낮은 지위에 있어 당황스러웠다"고 말했다. 그가 이를 인정하는 네 여러 자례의 상담 회기가 필요했다. 많은 환자들은 이전에 외면했던 분노의 깊이를 발견하고 그 결과로서 죄책감을 느낀다.

감정 에너지가 고갈된 것을 알아차리기

특정한 사람이나 사건에 엄청난 양의 감정 에너지를 소모한다면 감정적으로 고갈될 수 있다. 사실, 이러한 정서적 공허함은 어떤 경우에는 처음 환자가 치료를 받는 데 촉진제가 되기도 한다. 분노와 관련된 감정들이 환자의 에너지를 고갈시키고 있다는 통찰을 갖게 하기 위해 우리는 다음과 같은 질문을 활용할 수 있다.

> 하루를 이겨낼 수 있는 10점 정도의 에너지가 있다고 가정하자. 우리가 앞서 논의했던 사람과 상황을 떠올려보라. 당신은 그 사람과 사건에 얼마나 많은 에너지 요소를 소모하는가? 1점인가, 4점인가, 7점인가? 오늘을 살아내기 위해서는 얼마만큼의 에너지가 남아 있는가?

많은 사람들은 자신들이 그 사건을 처리하는 데 지나치게 많은 시간을 소비하고 있다는 것을 깨닫는다. 때때로 20년 전에 일어난 사건에 대해서도 많은 에너지가 빠른 속도로 고갈된다. 이러한 통찰은 다음과 같이 조지가 깨달은 대로 추가적인 고통을 얻게 한다.

> 나는 승진하지 못한 일 때문에 정말 지쳐버렸다. 회사에서 생산성이 그렇게 중요한 것이었다면, 그들은 왜 내가 자업자득하도록 내버려두었을까? 이 사건은 확실히 내 일에 영향을 미치기 시작했다. 그때는 깨닫지 못했지만, 나는 화가 났을 뿐만 아니라 슬퍼졌다.

인지적 재연 알아차리기

사람들은 해결해야 할 심각한 문제를 가지고 있지만 해결책을 강구하는 데 어려움을 겪고 있을 때, 때때로 그 상황에 대해 숙고하는 패턴에 빠진다. 상담사들은 이것을 가해자에 대한 **강박적 사고** 또는 **집착**이라고 부른다. 자신에게 상처를 준 사람을 생각하느라 내담자는 드라마를 보면서도 줄거리를 놓칠 수도 있다. 자신을 억울하게 한 사람이 마음에 걸리기 때문에 운전을 할 때 최소한의 주의만 기울이면서 몇 마일을 여행하고 있을 수 있다. 그 사람에 대한 꿈을 꾸고 그 사람에 대해 생각에 잠기면서 하루를 시작하는 것은 상처가 깊고 문제가 해결되지 않을 때 자주 일어나는 일이다.

인지적 재연의 무의식적인 특성은 복잡하다. 대부분의 내담자들은 당시에는 그들에게 불쾌감을 주는 사람에 대해 반복해서 곰곰이 생각하고 있다는 것을 알지 못한다. 상담사들은 때로 내담자에게 일주일 동안 일기를 쓰라고 하는데, 가해자가 생각의 대상이 될 때마다 기록하도록 한다. 이런 식으로, 상담사와 내담자는 인지적 재연이 가장 치열할 때 그 생각이 얼마나 강하고 얼마나 자주 일어나는지 정확히 집어낼 수 있다. 이러한 연습은 대개 자신에게 잘못을 저지른 사람에 대해 얼마나 자주 생각하는지에 대해서 모르고 있는 내담자의 모습을 발견하는 계기가 된다.

이런 종류의 통찰은 가치가 있긴 하지만 내담자들에게 네 번째 고통을 가미한다. 내담자들이 그들의 삶에서 없애버리고자 하는 사람이 그들의 삶에 아주 깊숙이 얽혀 있다는 것을 깨닫는 것이다. 조지는 다음과 같이 회상한다:

> 내가 가끔 아이들과 대화를 하고 있을 때, 아이가 나에게 말한 지난 몇 분간의 대화를 놓쳤다는 것을 깨닫곤 한다. 그 아이가 무언가를 말하면 나는 그냥 고개를 끄덕이며 "그래, 그래"라고 말하였지만, 난 하나도 듣지 않았다. 대신, 회사 일을 생

각하느라 정신이 없었다.

연구들은 용서치료가 이러한 인지적 재연을 줄일 수 있다고 보고한다(Reed & Enright, 2006).

자신과 가해자 비교하기

치료과정의 이 시점에서 환자는 이미 네 개 층의 고통을 가지고 있는데, 이는 치료 때문이 아니라 상처를 준 사건과 그에 대한 환자의 후속반응 때문이다. 환자가 자신이 처해 있는 불행한 상황(또는 적어도 불행에 대한 인식)에 비해, 오히려 가해자가 잘 지내고 있는 상황을 비교하기 시작할 때 다섯 번째 층이 추가된다. David Kiel(1986)의 유명한 통찰이 도움이 된다: 그는 가게에서 강도에게 총을 맞아 쓰러졌고 몸이 마비되었다. 그 후 몇 달 동안 재활을 하면서 Kiel은 씁쓸해 했고, 그 후 자신은 휠체어를 타고 다니는 동안 튼튼한 두 다리로 걸어 다니고 있을 강도를 상상하면서 우울해 했다. 그가 용서하는 법을 배우기 전까지는 감정적으로 파괴적이었다.

모든 환자가 항상 이 다섯 번째 층의 고통을 경험하는 것은 아니다. 따라서 이 단계가 항상 치료에 포함되는 것은 아니다. 환자가 그런 비교에 대해서 이야기를 꺼낼 때만 의논하는 것이 적당하다. 취약한 내담자는 실제 자신의 상황보다 훨씬 더 비참하다는 잘못된 생각들을 하기 쉽다는 것을 기억해야 한다.

조지는 자신을 젊은 동료들과 비교하기 시작했다.

> 휴가철이 다가오자 나보다 먼저 승진한 "젊은이들" 중 한 명이 콜로라도로 가족들과 스키 타러 가는 것에 대해 이야기하고 있었다. 그는 조금도 여행경비에 신경을 쓰지 않고 있었다. 나는 속으로, "나는 그만큼의 비용을 감당할 수 없는데, 그는 너무 가볍게 여긴다"라고 생각하면서 마음이 아팠다.

조지는 부러움으로 인해 유발된 고통에 직면하기가 어려웠다.

영구적인 변화 마주하기

용서치료는 여러 가지 이유로 천천히 진행될 수 있는데, 그중 하나는 내담자가 자신의 삶이 돌이킬 수 없게 변화되었다는 것을 인정하기를 주저할 때이다. 이 사실을 부인하는 것은 굴욕적인 일이 아니다. 특히 내담자가 일어난 일에 적응하는데 더 많은 시간이 필요할 때는 더욱 그렇다. 그러나 어느 순간 내담자는 부당함이 인생을 바꿔놓았다는 사실을 직시해야 한다. 이것은 여섯 번째 층의 고통을 더한다. 또 한번 Kiel(1986)의 글이 대표적인 예가 된다. 처음에 그는 마비를 인정할 수 없었다. 그의 분노는 밖으로 드러나지 않고 내면에 숨겨져 있었는데, 이 때문에 그는 부당한 사건을 직면할 수도 상실을 슬퍼할 수도 없었다. 현실을 직면하면서 그는 두 가지 일을 할 수 있게 되었다. 내담자가 고통에 대한 해결책을 찾게 되고, 용서가 그 해결책이 될 때 내담자는 더 이상 부인하지 않게 된다.

Close(1970)는 또 다른 예를 제시한다. 그의 내담자였던 친족 성폭행 생존자는 자신이 더 이상 처녀가 아님을 인정하고 싶지 않았다. 이것은 그녀가 이 변화를 인정하고, 슬퍼하며, 용서를 향해 나아가는 치료에 심각한 방해물이 되었다. 물론, 영구적인 변화는 특히 혹독한 부당한 일을 경험한 사람들에게 주로 나타난다. 많은 사람들은 이 여섯번째 층의 고통을 경험하지 않을 수 있다.

"공정한 세계"에 대한 변화된 관점 갖기

Flanigan(1987, 1992)이 중요한 통찰을 제시한다. 그녀의 임상경험은 내담자들, 특히 충격적인 부당함을 경험한 희생자들은 세상을 바라보는 기본 철학의 변화를 경험한다고 알려주었다. 충격적인 사건이 일어나기 전에, 내담자는 세상이 안전하다고 생각했고 사람들은 보통 공정하게 행동한다고 생각했을 것이다. 트라우마 사건 이후, 이 모든 것은 적어도 일시적으로 바뀌게 된다. 그들은 세상을 잔인하고 안전하지 않으며 사람들을 사리사욕을 채우는 존재로 본다. 수십 명의 사람들을 대상으로 수행한 우리의 인터뷰가 이 결과를 뒷받침한다. 성인들은 연인과 헤어지면서 흔히 "남자(혹은 여자)는 믿을 수 없다"(Enright, 2012, 특히 10장 참조)고 말한다.

인지적 재연과 같이 사람들은 무의식적으로 이런 새로운 생각에 빠져드는 경우가 많다. 세계관을 검토하는 과정에서 내담자는 자신의 세계관이 얼마나 변했는지를 깨닫게 된다. 내담자의 통찰을 돕기 위해 우리는 때로 그들에게 부당한 일을 겪기 전에 세상을 어떻게 바라보았는지, 그리고 지금은 어떻게 세상을 바라보는지에 대해 생각해 볼 것을 요청한다. 결과적으로 순진했지만 그만큼 낙관적이었던 인생관이 비관적으로 변하였음을 직면하게 되는 과정에서 일곱 번째 고통의 층이 부가될 수 있다. 조지는 말했다.

나는 냉소적으로 변화되고 있었는데, 이것은 새로운 경험이었다. 왜냐하면 나는 줄곧 인생을 긍정적으로 바라보는 편이었기 때문이다. 버니스는 그것을 알아차리고 내가 그것을 인식하도록 하였다. 나는 우리 가족 전체를 부정적으로 전염시키기 전에 직장 상황에 대해서 뭔가 조치를 취해야 한다는 것을 깨달았다.

내담자와 상담사가 용서가 해결책이 됨을 깨닫는 것은 중요하다. 그렇지 않으면 이 통찰은 내담자에게 자신이 얼마나 비참한지를 알리는 목적으로만 작용하기 때문이다. 통찰만으로는 부당함에 의해 야기된 문제들을 해결할 수 없다. 용서가 점진적으로 진행되면서 내담자의 세계관이 실제적으로 긍정적으로 변화될 때, 이러한 새로운 통찰이 용서의 과정과 정서적 고통을 해결하는 데 기여를 한다.

개방단계가 끝날 때, 내담자는 불공정했던 그 사건과 그에 대한 자신의 반응이 스스로의 심리적 건강에 어떻게 영향을 미쳤는지에 대한 이해를 갖게 된다. 내담자가 발견하게 되는 일곱 가지 고통의 단계들은 다음과 같다.

1. 분노
2. 수치심
3. 고갈된 에너지
4. 인지적 재연
5. 가해자와 자신의 비교
6. 영구적인 손상의 가능성
7. 보다 비관적이게 된 삶의 철학

내담자들은 각자 이 일곱 가지 고통의 층을 다양한 양상과 강도로 경험하게 된다.

일기 또는 숙제를 활용하기

초기 발견단계에서 상담자들은 환자에게 그들이 불공정한 대우를 받았던 경험에 대한 이야기를 작성하도록 요청할 수 있다. 무슨 일이 일어났는가? 어떤 상황에서 불공정함을 경험하였는가? 왜 불공정하다고 느끼는가?

심리적 방어기제와 분노(요인 1과 2)에 초점을 맞추고 다음과 같은 구체적인 질문들에 대한 답을 적어보도록 요청할 수 있다: 당신은 화가 났는가? 상처받았던 사건들을 다루기 위해 방어기제를 사용해 본 적이 있는가? 당신이 사용한 방어기제가 당신에게 실제적인 도움이 되었는가? 당신이 하는 일로 인해 다른 사람들이 악영향을 받고 있는가? 용서의 과정에서 내담자에게 제안할 수 있는 치료적 일기나 숙제에서 사용하는 질문들에 관한 더 많은 정보들은 Enright(2001)에서 찾아볼 수 있다.

수치심의 수용(요인 3)과 관련하여 상담자는 다음과 같은 질문들에 답을 적어보도록 요청할 수 있다: 당신은 현재 수치심을 경험하고 있는가? 수치심의 원인은 무엇인가? 당신의 자존심이 수치심을 명확히 인식하게 하는 것을 방해하고 있는가, 아니면 당신에 대한 다른 사람들의 관점을 정확하게 인식하고 있는가? 상담사들은 내담자들이 이러한 질문들을 통해 작업하는 것에 대해 언제나 자유롭고 혁신적인 태도를 보이는 것이 필요하다.

내담자가 에너지 고갈(요인 4)에 대해 초점을 맞춰 다룰 준비가 되었다면 다음과 같은 질문들에 대한 답을 적어보도록 요청할 수 있다: 당신이 하루에 10점만큼의 에너지를 가지고 있다고 가정한다면, 당신은 용서하고 싶은 사람에 대해 생각할 때 몇 점의 에너지가 소모되는가? 당신은 현재 지쳐 있는가?

인지적 재연(요인 5)의 경우, 일기 쓰기를 위한 질문은 다음과 같다: 일기를 쓰면서 당신과 당신이 용서하고 싶은 사람을 비교해 보라. 용서하고 싶은 사람의 장점 중 하나와 자신의 단점 중 하나를 적어보라. 그리고 이것이 사실인지를 알아보는 것에 도전해 보라. 이러한 패턴은 내담자가 스스로 자신과 용서하고 싶은 사람을 비교하는 것이 가능해질 때까지 반복될 수 있다. 영구적인 변화에 관한 요인(요인 7)에도 비슷한 패턴이 활용될 수 있다. 내담자에게 영구적인 변화에 대한 인식을 적고 그 인식에 도전하여 타당성을 평가하도록 하는 것이다.

고통스러운 사건 전후에 내담자의 세계관을 비교 및 대조하는 것(요인 8)은 유용할 수 있다. 사건 이전 다른 사람들에 대한 당신의 일반적인 견해는 어떠했는가? 사람들은 기본적으로 선한가? 인생에서 선한 것은 무엇인가? 당신의 인생 목적은 무엇인가? 세상에는 왜 고통이 있으며, 그 고통은 어떻게 완화될까? 이후 내담자의 사건 이후 현재의 반응을 살펴보고, 시간이 흐르면서 어떻게 변화했는지를 살펴보게 한다.

마지막으로, 내담자는 각 단계에서 작성된 내용들을 검토하는 것에 도전해야 한다: 상대방의 불공정한 대우로 인한 분노와 정서적 고통의 수준은 어느 정도인가? 이러한 질문에 대한 답변은 보통 용서치료를 계속하기 위한 동기를 강하게 촉진하는 역할을 한다.

결정단계의 구성요소

앞서 언급했듯이, 정서적 고통은 도움을 요청하고 변화하고자 하는 동기를 부여할 수 있다. 개방단계에서 얻은 지식들은 용서치료에 참여하는 동기를 유지하는 데 도움을 준다. 결정단계에서는 내담자가 스스로 용서를 선택하는 것에 중점을 두고 있다.

이전의 대처전략들이 효과적이지 않았음을 통찰하기

개방단계의 구성요소들은 내담자가 자신이 잘 대처하고 있는지 여부를 판단할 때 효과적이다. 특히 7가지 고통의 요인들이 판단에 도움을 줄 수 있다. 이 시점에서 많은 사람들은 불공정함에 대응하는 자신들의 방식을 바꾸는 것이 필요하다는 결론을 내린다. North(1987)는 이 단계를 '마음의 변화'라는 철학적인 용어를 사용하여 표현하기도 하였다. 다시 말해, 이 단계에서 사람들은 복수를 위한 여정에서 벗어나기 시작한다. 만약 분노를 표출하는 것과 같은 이전의 전략들이 효과가 없다면, 대체 전략으로는 무엇이 있을까?

자신에게 상처를 준 사람을 대상으로 위와 같은 질문을 넌지시면서, 내담자들은 천천히 그들의 세계관과 정체성에 스며든 비관적인 철학에 도전할지도 모른다(예시 4.1의 8번 참조). 정서적 고통이 계속되고 비관적인 철학이 이 고통의 일부라면 내담자가 가진 세계관 자체가 도전을 받을 수도 있다. 이 시점에서 내담자는 때때로 가해자뿐만 아니라 여타의 주변 사람들과 관련된 새로운 접근방식들을 탐색한다. 어떤 사람들은 불공정한 사건이 발생하기 이전에 어린이로서 혹은 성인으로서 가지고 있던 효과적인 세상을 보는 방식으로 되돌아간다. 이전의 세계관이 이상주의적이었다면, 새로운 관점은 보다 섬세하고 성숙하다. 간혹 사람들은 세상을 바라보고 해석하는 관점을 완전히 새롭게 바꾸기도 하는데, 예를 들어 Yandell(1998)은 원망과 복수가 아닌 용서를 위한 '우주적 관점'을 언급하기도 하였다. 여기에는 종교적 신념이 포함되기도 한다.

우리가 초점을 맞추어야 하는 것은 다음과 같다. 홀로코스트 이후의 삶에서 고통과 고통의 의미로 고군분투하는 사람들을 살펴본 Frankl(1959)과 달리 오랫동안 분노로 살아온 내담자가 분노에 대해 의문을 품기 시작할 때 상담자는 내담자를 대상으로 일반적인 질문과 탐색을 준비하는 것이 필요하다.

용서를 대안으로 선택하는 것을 고려하기

가해자를 용서하기 전에 내담자에게는 무엇이 용서이고 무엇이 용서가 아닌지에 대해 배울 수 있는 충분한 기회가 주어져야 한다. 실제로 용서치료가 잘 진행되기 위해서는 이러한 지식을 아는 것이 필수적이다. 내담자에게는 용서를 선택하거나 거부할 수 있는 충분한 기회를 주어야 한다. 용서를 거부하는 내담자에게는 여러 가지 대안들이 있다.

용서의 개념에 대해 탐색하기로 선택한 내담자에게 다음과 같이 소개할 것을 권고한다.

1. 분노하지 않는 것(내담자가 가질 수 있는 권리)과 친근한 태도를 보이는 것(정의의 원칙을 고려한다면 가해자는 가질 수 없는 권리)을 포함하여 용서를 정의하기
2. 용서의 정의에 내재되어 있는 모순을 찾기
3. 용서와 용납 또는 변명, 망각, 화해를 구분하기
4. 용서를 하면 용서하는 사람을 바보라고 여길지도 모른다는 걱정에 대해 탐색하기
5. 용서와 정의추구 사이의 상호작용 탐색하기

모든 걱정들은 열린 마음으로 대화하는 분위기에서 논의되어야 한다.

조지는 용서와 나약함을 동일하게 생각했기 때문에 용서가 자신에게 적합한 대안이라고 확신하지 못했다. 그는 남자다운 태도를 취해야 한다고 생각했다. 용서가 나약함과 동일하지 않으며 용서를 하면서도 승자가 될 수 있다는 것을 이해했을 때, 그는 용서에 대해 더 개방적일 수 있게 되었다.

가해자를 용서하기로 결심하기

3장에서 설명했듯이, 용서하기로 결심하는 것과 용서를 하는 것은 같지 않다. 저자의 견해로는, 용서하기로 결심하는 것은 용서의 발전단계 중 하나로 내담자의 내면에서 일어나는 복수를 추구하는 마음이나 복수에 대한 생각을 자제하는 것이다. 이번 단락은 분노 및 분노와 관련된 여러 증상들을 자제하는 것에 초점을 맞추고 있다.

많은 사람들은 그들을 불쾌하게 하는 사람들에게 무의식적으로 복수를 한다. 전화를 받지 않거나, 다른 사람에게 나쁘게 말하거나, 심지어 죽은 사람을 흉보는

것이 그 예이다. 이 단계에서 상담자는 내담자에게 상대방을 비난하거나 교묘한 복수를 하지 않도록 요청한다. 물론 상담 회기나 친구와의 대화에서 가해자에 대해 논의하는 것과 단순한 비난을 구별해야만 한다. 이 두 가지는 서로 다른 것이다. 무슨 일이 있었는지 더 이상 논의할 수 없을 정도로 도움이 되지 않고 거짓된 믿음을 만드는 것은 필요하지 않다.

Fitzgibbons(1986)는 초기연구에서 사람들이 정서적으로 용서하기 전에 먼저 인지적으로 용서하는 경향이 있다고 밝혔다. 본 단락은 이를 참고하여 작성되었다. 용서하기로 결심하는 것은 내담자의 선택이고 인지적인 행동이다. 만약 내담자가 아직 화가 나 있고 분노에 찬 상태에 있다고 하더라도 용서하기로 결심하는 것을 선택할 수 있다. 이 단계에서 내담자에게 요구되는 것은 내담자가 분노에 기인한 행동을 하지 않도록 의식적인 노력을 하는 것이다. 이 단계는 내담자가 자신에게 일어난 일과 어떻게 반응할지에 대한 일정한 통제권이 본인에게 있다는 것을 깨닫도록 하는 중요한 단계이다. 이후 내담자는 다음 단계에서 용서하기로 결심하는 것에 전념하도록 요청받는다.

만약 내담자가 용서하기로 결심하는 것에 저항한다면, 내담자는 용서를 구성하는 것이 무엇인지를 이해하지 못했거나(단계 10) 아직 너무 화가 나 있어서(단계 2) 개방단계에서 전진하지 못한 것이다. 조지의 경우 용서해야 할 사람이 너무 많아서 이 단계에서 다소 어려움을 겪었다. 그를 고통스럽게 한 상사들과 그에게 긍휼한 마음을 갖지 않는 젊은 동료들 중 누구부터 용서를 시작해야 할까? 그는 젊은 동료들을 먼저 용서하기로 결심하고, 샐리라는 동료부터 시작하여 다른 사람으로 넘어가기로 하였다. 마침내 조지는 다른 동료들을 용서하기로 결심하였고 다음에는 상사를 용서하기로 결심하였다.

앞서 언급하였던 연구 결과에 따르면, 82명의 연구 참여자들이 심각한 범죄를 저지른 사람들을 용서하는 과정에서 용서를 하기로 결심하는 단계가 가장 어려운 단계일 뿐만 아니라, 용서에 있어 가장 중요한 단계인 것으로 나타났다(Knutson et al., 2008). 이는 새로운 운동 프로그램을 시작하는 것과 같다. 예상되는 노력, 익숙하지 않은 상황, 미지에 대한 두려움으로 인해 다소 압도될 수 있다. 하지만 정서적인 불편감에도 불구하고 사람들은 앞으로 나아가는 것을 중요하다고 생각한다. Knutson 등(2008)의 연구에서 보고한 두 번째로 어려운 단계는 이전의 대처전략들이 효과적이지 않음을 통찰하는 것이었다.

일기 또는 숙제를 활용하기

우리는 내담자들이 이전에 불공정한 상황에 대처하기 위해 시도했을 수도 있는 해결책들을 글로 써보는 것이 도움이 될 수 있다는 것을 발견하였다. 1에서 10점의 척도에서 1점은 가장 효과적이지 않은 해결책을, 그리고 10점은 가장 효과적인 해결책을 나타낼 때, 내담자에게 각 해결책의 효과성을 평가하도록 한다. 이때, 내담자가 용서하지 않는 해결책이 효과적이지 않다는 것을 발견하게 될 때, 가해자를 용서하고자 하는 동기가 부여될 수 있을 것이다.

용서를 선택사항 중 하나로 고려하는 사람들은 용서의 정의를 적어보고 이것을 시도했을 때의 장점과 단점을 곰곰이 생각하도록 한다. 내담자가 용서를 고려할 때, 글쓰기는 상담사와 내담자 사이의 논의의 기초를 형성할 수 있다.

마지막으로 내담자가 다음의 상황들을 고려해 보도록 하라: 당신에게 해를 끼친 사람에게 해를 끼치지 마십시오. 어떻게 이렇게 행동할 수 있을까요? 약한 수준에서라도 당신은 어떻게 가해자에게 해를 끼쳤나요? 어떻게 이러한 상황을 반전시킬 수 있나요?

작업단계의 구성요소

이 단계로까지 진행되면, 환자는 용서의 깊은 과정에 들어오고 있는 것이다. 앞으로의 작업은 쉽지 않겠지만 이 과정은 감정적인 안정과 어쩌면 다시 맺어질지도 모르는 관계에 대한 값을 치르는 것일 수 있다.

재구성

재구성은 상황을 다시 생각하는 것 또는 새로운 관점으로 상황을 보는 것을 의미한다. 재구성은 정서적 활동 이전의 인지적 활동으로, 보통 인지적 통찰 이후에 가해자에 대한 긍정적 정서반응이 뒤따른다는 관찰에 기초한 과정이다. 우리는 가해자에 대한 환자의 관점에 이의를 제기하기 위해 일련의 질문들을 던진다. 사실, 이 모든 질문의 핵심은 가해자를 악의 화신이 아닌 인간으로서 볼 수 있도록 돕는 것이다.

예를 들면 다음과 같은 질문을 생각해 보자.

1. 가해자의 성장배경은 어떠한가? 모든 내담자가 가해자의 과거를 알지 못할 수

있다(Subkoviak et al., 1995). 내담자는 용서를 하기 위한 질문을 받지 않는다("아, 이제 알겠어. 찰리 삼촌은 스스로 자립하기엔 부족한 가정교육을 받아서 내 인생에 피해를 준 거야"). 대신, 내담자는 가해자가 누구인지, 어쩌면 연약하고 두려움에 가득찬 혼란스러운 존재로 재구성하도록 요청된다. 예를 들어, 찰리 삼촌은 성장배경으로 갖게 된 언젠가는 빈곤에 시달리고 스스로를 부양할 수 없게 될 것이라는 지독한 두려움 때문에 탐욕스러운 태도로 행동하게 된 사람으로 이해될 것이다.

2. 당신이 피해를 입었다고 생각하는 시점에 가해자는 어떠했는가? 다시 말하지만, 이 질문은 용서를 촉진하는 것이 아니라 이해를 돕기 위한 것이다.
3. 당신은 가해자를 공동체의 일원으로서 볼 수 있는가? 우리는 내담자가 가해자를 남편, 부인, 고용인 등 어떤 특정 사회적 역할로 보고 있는지를 묻지 않는다. 우리는 내담자가 그를 인간으로서, 특별하고 독특하며 대체할 수 없는 존재로 보고 있는지 질문하는 것이다(Enright, 2012). 만약 내담자가 신뢰할 수 없다고 여기는 사람과 다시 만나야 하는 상황에 대해 불편감이 증가된다면, 이 시점에서 용서와 화해를 구별하는 것이 중요할 수 있다.

우리의 경험에 따르면, 용서하지 않은 사람들은 때때로 지구 평면설의 모델버전을 지지한다. 그들은 가해자의 목덜미를 잡고, 가해자의 가장 먼 곳까지 진군시켜서 가장자리로 떨어뜨리고 싶어한다. 모든 인간은 가치롭고(Enright, 2012; Enright & the Human Development Study Group, 1994) 존중받을 만하다면(Holmgren, 1993), 내담자 및 환자는 가해자가 실제적으로 어떠한 존재인지를 다시 생각해야 한다.

이 시점에서 우리는 다른 관점을 취하여 재구성해야 한다. 철학자 Yandell (1998)은 내담자에 대한 우리의 접근방식을 지지하면서 다음과 같은 흥미로운 추가사항들을 제시했다:

1. 자신에 대해 재구성하라. 내담자가 가해자의 불공정한 행동에 기여했을 가능성이 있는가? 예를 들어, 대프니는 다원에게 추가 업무를 부탁했을 때, 모든 직원들 앞에서 자신에게 소리친 다원에게 불쾌함을 느꼈다. 일반적인 형태의 재구성은 대프니로 하여금 다원이 나쁜 하루를 보낸 건 아닌지 바라보도록 물어볼 수 있다(그가 독감에 걸려 컨디션이 좋지 않다고 가정해볼 수 있다). 이런 상황에서 자신에 대해 재구성하려면, 대프니는 그날 아침 다원의 건강 상태를 알

았거나 물어봤는지 스스로 자문해 보아야 한다.

우리는 이런 형태의 재구성을 주의해야 한다. 예를 들어, 친족 성폭행 생존자는 어떤 식으로든 자신이 성적 학대를 조장하거나 의도했다고 결론을 내리지 않아야 한다. 배우자 학대의 경우도 비슷하다. 학대를 당한 배우자가 무례하거나 불성실한 태도를 보였을지라도 이러한 상황에서 신체적 학대를 가하도록 하는 심리이론 또는 윤리이론은 없다. 상대방이 무엇을 했든 간에 폭력은 잘못된 것이다. 우리는 내담자가 다른 사람의 도덕적 실패에 대해 스스로 비난하거나 자책하지 않도록 주의해야 한다. Yandell(1998)의 요지는 때때로 내담자가 다른 사람의 행동에 기여한다는 것이다. 이것이 용서를 촉진할 수 있다는 것을 아는 것이 도움이 된다.

2. 관계를 재구성하라. 대프니는 지난 3년간 다윈과 함께 일하면서 어떻게 지내왔는지 평가할 수 있다. 그들의 관계가 대체로 공손하고 정중했다면 대프니는 새로운 관점에서 그를 볼 수 있었을 것이다. 과거의 정중한 행동이 현재의 무례한 행동을 용인할 수 있는 이유가 될 수는 없으나 그들 사이의 역사는 다윈에 대한 그녀의 판단을 누그러뜨릴 수 있다.
3. 세계관을 재구성하라. "그 사람을 사회공동체의 일원으로 볼 수 있는가?"라는 질문을 통해 내담자의 세계관이 논의될 수 있게 한다. Yandell(1998)은 특정한 종교관을 가진 사람은 그 관점과 일치하는 질문을 던진다고 제언한다. 예를 들어, 기독교도인 내담자는 기독교 교리와 관련된 질문을 하게 된다: 그 가해자는 하나님의 자녀일까? 그 사람은 구원을 받을 만할까? 그 인간을 천국에서 만나게 될까? 내가 하나님의 사랑을 받는 것처럼 그 사람도 하나님의 사랑을 받고 있을까? Yandell은 이와 같은 질문들이 정보를 제공한다고 제안했다. 용서를 하는 사람이 더 많은 정보를 가질수록, 용서의 깊이는 더 깊어지게 된다.

조지는 샐리의 성장과정을 전혀 몰랐고, 그녀가 승진했을 때 재구성을 시작하였다:

나는 그녀가 승진하지 못할 수도 있다는 가능성 때문에 걱정한다는 것을 알아차렸다. 그녀는 여성의 승진을 어렵게 하는 "유리 천장"에 대해 말하곤 했다. 내 생각에는 그녀가 낮은 위치에서 커리어가 멈추는 것에 대한 걱정이 심한 나머지, 최소한 일시적으로, 자신 외의 다른 사람을 배려하지 못했던 것 같다. 이에 대해서 지금은 그녀를 이해할 수 있다. 사회는 그녀가 앞서가지 못할 것이라는 생각을 품게 했고, 이는 그녀를 더 열심히 일하게 했다. 나는 그녀를 포기하지 않는 사람으로 보기 시작했다. 이것은 긍정적인 의미이다. 내 곤경에 대한 그녀의 침묵은 나에 대한 판단이 아니라 기업세계가 돌아가는 생리에 대한 그녀의 깊은 우려를 나타낸 것이다. 물론 그녀는 좀 더 공감했어야 했다. 하지만 조금은 이해가 된다.

Knutson 등(2008)의 연구에 따르면, 재구성은 달성하기 가장 어려운 세 번째 요소로 확인되었다. 이는 분노와 분노를 유발한 사람의 인간성을 보는 것에 대한 긴장감 때문일 수 있다.

공감과 연민 표현하기

재구성을 통한 인지적 연습에 이어 내담자는 공감의 출현과 연민에 대한 도덕적 감정을 검토하게 된다. 우리는 어떤 내담자들에게 있어 상대방의 입장에 선다는 것이 어렵다는 것을 알게 된다. 그 내담자는 자신에게 해를 입힌 사람 주변에서 안전하다고 느끼지 못하기 때문이다. 공감은 용서의 발달적 특징 중 하나이다. 이는 조작되거나 단순히 경험할 수 있는 것이 아니다. 공감의 출현은 상당한 시간이 걸린다. 즉, 치료는 공감을 경험하는 것을 지지하지만, 강요할 수는 없다.

상대방의 입장에 설 준비가 되어있다는 단서는 재구성의 성공으로부터 기인한다. 내담자가 상대방에 대해 왜곡없이 이해하고 있는가? 왜곡에는 두 가지 형태가 있다: 하나는 지나치게 상대를 비하하는 것이고, 다른 하나는 지나친 찬사를 보내는 것이다. 두 가지 경우 모두 내담자는 가해자와 가해자의 행동을 구별짓지 못한다. 지나친 비하를 하는 경우에 내담자는 상처를 안겨준 행동을 기준으로 상대의 가치를 판단한다. 지나치게 찬사를 하는 경우, 내담자는 상대의 행동과 가치를 동일시하며, 그 사람이 가치있을 경우, 그 사람이 하는 행동 또한 괜찮은 것이라고 결론짓는다.

만약 내담자가 상대방의 행동이 아닌 가치에 대해 비난을 한다면, 이는 재구성이 충분히 진행되지 않은 것이다. 재구성하기 연습은 지속적으로 이루어져야 한다. 만약 내담자가 문제행동을 용인하는 태도를 보인다면 내담자는 용서와 화해를 구별하지 못하고 있는 것이다. 용서의 정의를 다시 소개하는 것은 무엇이 용서인지, 무엇이 용서가 아닌지에 대한 정보를 소개하는 순서로 이루어질 수 있다.

다른 말로, 공감이란 자동적으로 쉽게 나타나는 반응이 아니다. 치료자는 지속적으로 가해를 하는 사람을 공감하면서도 가해자의 신뢰성을 평가하지 않는 내담자를 안내해야 한다. 공감은 용서의 측면에서 작동할 수 있으나, 건강하지 않은 수준까지 밀착된 관계에서도 작동하기도 한다. 이것이 이 책에서 소개하는 용서모델이 환원주의를 피하는 이유다. 공감이 용서에 대한 이해, 화해, 재구성을 포함한 전체 치료과정의 일부로 적용될 때 내담자의 심리적 개선에 도움이 될 수 있다. 하지만 공감이 다른 특성으로부터 분리될 때 이는 내담자의 최선의 이익에 반할 수 있다.

치료자는 내담자가 준비되었을 때에만 상대방의 입장이 되어보는 연습을 시작해야 한다. 재구성하기가 성공적이었다면, 내담자는 가해자에 대한 두려움, 혼란, 취약성에 대해 이해할 수 있다. 초반에는 공감이 장기간에 걸쳐 크게 표현될 필요가 없다. 내담자가 상대방에 대한 취약성을 빠르게 알아차리는 것만으로도 충분하다. 특히 모욕적인 부당함에 있어 내담자는 용서와 화해를 구별해야 한다. 위험이 없는 경우, 특히 내담자와의 치료적 관계가 견고한 상태에서는 연습이 더 빠르고 긴 시간 동안 진행될 수 있다.

공감은 도덕적으로 중립적이다. 다른 사람의 입장에 설 때 공감하는 사람은 좋은 목적으로든 나쁜 목적으로든 새로운 정보를 사용할 수 있다. 그러나 연민은 타인의 이익을 위한 것이기 때문에 도덕적인 감정으로 분류된다. 누군가에게 연민을 갖는다는 것은 그 사람을 기꺼이 돕고 그와 함께 고통을 겪는 것이다. 2장에서 언급하였지만, 용서의 한 측면은 이성적으로 가해자에게 다가가는 것이다. 연민은 용서를 가능하게 하는 연료이다. 다시 말하지만, 치료자는 내담자가 용서나 화해를 이해하지 못한 채, 연민으로 달려들어가려는 상황이 발생하는 것을 원치 않는다. 제15장에서 도덕적 덕목의 특성 중 하나인 용서를 살펴보라. 덕목은 극단을 피한 채 평균적인 범위 내에서 표현된다. 연민은 이러한 맥락에서 이해되어야만 한다.

연민은 세월이 흐르면서 쌓여온 짙어진 미움, 증오로부터 벗어나는 시작일 수 있다. 이는 괴로움과 증오, 복수하고 싶은 파괴적인 감정들과 양립할 수 없는 감정이다. 가해자에 대해 연민을 느낄 때, 내담자는 이와 반대되는 다른 파괴적인 감정을 경험하지 못한다. 즉, 연민이란 개방단계에서 논의되는 다양한 고통을 경험하게 하는 감정에 대한 완충제 역할을 할 수 있다.

연민은 우리가 완전히 이해하지 못하는 방식으로 나타난다. 우리는 이전 단계에서 제시한 질문을 다시 던짐으로써 연민(Enright, 2012)에 대해 소개하고자 한다. 그러나 질문 자체보다 내담자가 그 질문에 대해 어떤 정서적 반응을 보이는지에 초점을 둔다(예: 그 사람의 자라왔던 삶은 어땠습니까?). 그 다음 우리는 내담자가 부드러워진 감정을 인식하는 작업에 초점을 두도록 요청한다.

조지는 회상한다:

> 샐리가 승진한 후에도 여전히 긴장하는 것을 보았을 때, 나는 그녀가 측은하게 느껴지기 시작했다. 승진은 그녀로 하여금 더 큰 자신감을 갖도록 이끌지 않았다. 그녀는 새로운 단계에서 성공을 해내는 것에 대해 매우 걱정하였다. 그녀는 내가 생각했던 것보다 더 취약한 사람이었다. 나는 우리 모두에게는 각자의 짐이 있다고 생각한다. 이 시점에서 그녀를 용서하는 것이 더 쉬워졌다. 물론, 나는 여전히 화가 나기도 한다.

고통 참기

이스라엘 출신 정신과 의사 Morton Kaufman(1984)은 가해로 인해 유발된 "고통을 참을 준비(186쪽)"가 되었다는 용기있는 행동과 용서를 처음으로 연관지었다. 그는 환자가 불안과 우울이라는 나약한 감정을 무조건 영구적으로 받아들여야 한다고 주장하지 않았다. 하지만 환자가 본인에게 일어난 일을 수용함으로써 성숙하기 시작한다고 했다. Allen Bergin(1988)의 생각 또한 이와 비슷하다. 그는 가족 내의 세대를 거쳐 전해진 고통을 받아들이는 것이 중요하다고 언급했다. 가족들은 구성원들에게 어떤 식으로든 상처를 주는 특징적인 패턴을 가지고 있는 것처럼 보인다. 어느 한 세대에서 한 사람이 고통 아래에서 버티고 그 고통을 수용하는 용기있는 단계를 밟는다면, 서로에게 상처를 주는 해로운 방식의 상호작용(Bergin은 이것을 '고통'이라고 칭했다)이 다음 세대에 전이되는 것은 중단될 수 있다.

내담자가 이 단계에서 표현된 생각을 이해하거나 수용하는 데 시간이 걸릴 수 있다. 다양한 이유들로 내담자들은 이 생각들에 저항한다. 첫째, 고통을 견디거나 수용한다는 의미에 대해 오해를 가질 수 있다. 치료사는 내담자에게 이 시기가 불의로 인해 발생한 상처와 함께 살아가기 시작하는 과도기적인 단계라는 것을 인식시켜줄 필요가 있다. 다시 말해, 내담자가 고통을 수용하게 될 때, 그 고통을 멈출 수 있다. 둘째, 내담자가 지금으로서는 공정함을 찾을 수 없다는 잘못된 결론을 내리는 것이다. 앞서 논의했듯이, 내담자는 용서를 통해 정의를 추구할 수 있기 때문에 이 생각은 옳지 않다. 우리가 제안하는 것은 다음과 같다: 상처가 되는 사건이 발생했다. 이 사건은 우리 삶의 기록의 일부이다. 이는 되돌릴 수 없다. 사람은 현재 상황에서 공정한 해결책을 모색하면서 앞서 발생한 사건으로부터의 고통을 견딜 수 있다. 그러나 내담자가 '고통을 안고간다'는 미묘한 의미를 진정으로 깨닫게 될 때, 내담자는 가해자에 대해 화가 나고 불쾌한 감정을 경험하는 것과 다른 방식으로의 정의를 추구할 수 있다. 셋째, Kaufman(1984)이 말한 것처럼, '용기'를 요구하는 발달단계에 대한 준비가 되어 있지 않을 수 있다. 내담자는 여전히 재구성을 통해 상대방에 대한 이해를 발전시키거나 공감과 연민을 갖는 데 있어 어려움을 겪고 있을 수 있다.

Kaufman(1984)이 자신의 사례연구에서 보고한 바와 같이, 고통을 견디기 시작한 환자들은 자신이 생각보다 더 강한 사람이라는 것을 깨닫는다. 친족 성폭행 생존자 중 한 명은 고통을 견디거나 수용할 때 자신을 희생자가 아니라 생존자라고 생각한다고 보고하였다. 우리가 논의하고 있는 고통을 견디는 단위는 수동적인 단계가 아니다. 이는 용서의 깊이가 더해질수록 고통이 지나갈 것이라는 기대와 함께, 다른 사람들에게 고통을 전하지 않은 채 자신의 고통을 다루기 위한 투쟁을 포함한다.

조지에게 승진을 하지 못하는 고통 속에서 견디는 것은 그의 가족이 더 건강하다는 것을 의미한다:

> 나는 버니스와 아이들을 위해 용서를 했어요. 더 나아진 마음 자세로 집으로 돌아옵니다. 저녁 식사 후에 아이들과 시간을 보낼 수 있는 에너지를 가지게 되었어요. 심지어 아이들과 자연스러운 일상생활을 나눌 수 있게 되었죠.

Enright(2001, 2012)에서 이 단계를 비롯한 모든 용서단계에서 활용할 수 있는 내담자를 위한 구체적인 임상연습들을 확인할 수 있다.

도덕적 선물 주기

용서는 도덕적 덕목으로, 가시적으로 표현된다. 이는 용서를 하는 사람에게 일어나는 것이 아니다. 선행은 가해자가 상처를 주는 행동을 변화시켰거나 변화시킬 것이라는 기대 속에서 표현된다. 제11장에서 논의하고 있듯이, 가해자에 대한 은혜는 용서의 일부이다. 하지만 용서로서의 은혜를 표현하는 방법은 무수히 많다: 미소, 걱정의 표현, 친절한 메모, 상대방의 안녕에 대한 이타적인 관심 또한 포함된다. 의무 이상의 은혜는 강요되거나 서두르거나 기대될 수도 없다. 어떤 사람들은 가해자에게 너무 큰 상처를 받아서 은혜에 대해 생각하는 것에 주의한다. 이런 경우, 치료사와 내담자는 분노를 축소한 것에 대해 만족해야 한다.

다른 경우, 은혜를 베푸는 것은 용서의 절차와 심리적 치유의 과정을 모두 완성시킨다. Freedman과 Enright(1996)의 연구에 의하면, 친족 성폭행 생존자들 중 일부는 개입이 끝날 무렵 새롭고 예상치 못한 방식으로 아버지(또는 아버지와 같은 인물)와 관계를 회복하였다. 한 사람은 처음으로 아버지의 무덤을 찾아갔다. 또 다른 사람은 아버지에 대한 기억을 되살리기 시작했고, 그녀의 아이들에게 할아버지에 대한 긍정적인 이야기를 하기 시작했다. 아이들에게 있어 이전까지는 부재했던 할아버지가 이제 과거와 연결된 선물과 같은 존재가 되었다. 또 다른 사람은 병원에 있는 아버지를 찾아가 아버지를 돌보았다. 아버지가 죽었을 때, 그녀는 자신이 아버지를 용서한 것에 대해 감사한 마음을 가졌다. 그렇지 않았더라면 용서와 애도에 대한 분투와 혼란이 얽혔을 것이다.

조지는 다음과 같이 말했다.

> 처음에 샐리나 다른 사람들이 도움이 필요할 때 돕는 것을 피했지만, 그들을 용서하기 시작하면서 필요할 때마다 도움을 주는 나 자신을 발견했다. 나는 그들을 돕고자 하는 진정한 동기를 가지고 그들을 도울 수 있었다. 기분이 좋았다.

일기 또는 숙제 연습 활용하기

우리는 치료사로 하여금 내담자가 일기를 통해 가해자의 이야기에 대한 깊이를 더할 것을 요청한다. 다음과 같은 내용들을 추가할 수 있을 것이다: 성장할 때 그 사람의 삶은 어땠는가? 가해 당시의 삶은 어땠는가? 가해 그 자체보다 더 넓은 의미에서 그 사람과의 관계는 어떠한가? 전체적인 시각에서 그 사람의 진정한 인간성을 볼 때 어떤 사람인가? 그 사람을 영성적인 측면에서 볼 때(그런 관점이 그 사람 세계관의 일부라면) 그는 어떤 사람인가? 그 다음, 내담자에게 이 모든 일기의 내용을 다시 읽어보게 한 후, 다음과 같이 질문하라: 이 질문들에 답한 결과, 가해자에 대한 당신의 견해는 어떻게 바뀌었는가?

내담자의 공감과 연민을 발달시키기 위해, 내담자는 저널링 당시, 이러한 감정들이 지금 경험되고 있는 것처럼 가해자에 대한 자신의 감정을 적어 보게 한다. 만약 감정들이 순간적인 것이라고 하더라도 긍정적인 감정의 징후가 있는가? 분노가 줄어들고 있는가? 숙제는 내담자가 핵심작업을 하게 될 때 다음 진술에 대해 매일 최소한 세 번 이상 생각해보게 한다: "○○는 감정적으로 상처를 입었고, 나 역시 감정적으로 상처를 입었다." "○○는 버림받은 적이 있다." "나는 ○○에게 연민을 느낀다." "나는 ○○이 한 일을 용서하거나 용납하지 않는다. 그(그녀)는 내게 가한 행동보다 더 큰 존재이기는 하다."

다음으로, 치료사는 내담자에게 가해자가 준 고통을 받아들인다는 것이 의미하는 바가 무엇인지를 일기에 쓰도록 요청해야 한다. 고통을 받아들이는 것이 얼마나 어려운가? 다시 말하지만 내담자는 1(매우 어려운)에서 10(매우 쉬운)의 척도로 난이도를 평가할 수 있다. 내담자의 세계관은 도움이 되는 것으로 확인되었다. 일례로, 특정한 종교적 교리는 고통을 견뎌낸 롤모델을 제시하고 있기 때문이다.

마지막으로, 치료사는 내담자가 가해자에게 줄 적절한 선물의 종류를 적어보도록 권장할 수 있다. 메모를 보내고, 집안일을 돕고 맛있는 저녁을 준비하는 것이 적절한가? 각각의 생각을 평가하라; 내담자는 최종적인 생각에 편안함을 느껴야 한다.

심화단계의 구성단위

심화단계의 요인들은 앞서 다른 단계들에서 나타날 수 있다. 예를 들면, 어떤 내담자는 작업단계로 이동하기 전에 결정단계에서 가해자를 용서하고자 할 수도 있다. 그러므로 내담자에게 이러한 구성단위들이 자연스럽게 나타날 때, 상담사가 그것들을 알아차릴 수 있는 것이 중요하다.

의미 찾기

고통을 경험한 내담자와 상담을 할 때, 우리는 고통의 의미에 관한 Viktor Frankl (1959)의 연구에 빚을 지고 있다. Frankl은 치유의 핵심은 합리적인 의미를 찾는 것, 즉 고통을 받은 사람에게 받아들여질 수 있는 이야기를 구축해가는 것이라고 보았다. 물론 불의가 완전히 불공정하고 깊은 상처를 주었을때, 용서는 고통의 맥락에 존재한다. 고통에 대한 내담자의 의미는 각자의 세계관에 따라 크게 달라진다. 만약 내담자의 세계관이 고통을 수용하고, 고통을 이 세상에 존재하는 불가피한 영역으로 본다면, 그리고 고통의 유익함을 발견하게 될 때 내담자는 의미 찾기

단계에서 상당한 진전을 이룰 가능성이 있다. Frankl은 실존심리학자로서 치료장면에서 내담자가 의미를 발견할 때, 상당한 자유와 창의성을 허용한 것을 볼 수 있었다.

조지는 다음과 같이 회상하였다. "용서에 관한 작업의 기회는 나를 더 참을성 있는 남편과 아버지로 만들어 주었어요. 이 과정을 통해 저는 더욱 성숙하게 되었고 삶에 평온함을 얻게 되었다고 생각해요. 역경이 없었다면, 이러한 성장은 없었을 거예요. 우리 가족은 성장했어요." 고통 속에서의 의미 발견에 대한 더 많은 정보는 Reed(1998), Reed et al.(1999), Reed & Enright(2006), 그리고 Frankl(1969)을 참고하라.

내담자가 고통에서 의미를 발견하도록 도와야 하는 상담사들을 위한 제언은 다음과 같다.

1. 내담자는 고통에서 벗어나는 방법을 알고 있는가, 만약 내담자가 고통에서 벗어나는 방식을 알고 있다면, 그것이 무엇인지 탐색하라. 만약 내담자가 고통에서 벗어나는 방법을 알고 있지 않다면, 내담자가 비관적으로 확대 해석해서 세상을 바라보고 있는지 탐색하라.
2. 내담자는 고통에 직면하였을 때 선을 행하는 것을 어떻게 생각하는가?
3. 내담자가 고통을 받을 때 덕을 보는 사람들이 있는가? 만약 그렇다면, 그 사람들이 누구인지 찾아보라.
4. 내담자가 생각하는 고통에서 오는 장점은 무엇인가?
5. 고통을 받는 동안 내담자가 자신과 타인을 위해 보호책을 찾는 내담자가 생각하는 방법에는 무엇이 있는가?
6. 고통은 현실인가, 아니면 개인의 인식에 기인한 것인가? 만약 내담자가 고통을 개인의 산물로 인식한다면, 고통이 명확하게 규명되지 않았을 때 내담자가 자기비난, 죄책감, 우울감을 경험하지 않도록 주의하라. 또한 내담자가 정의에 대한 이해없이, 일어난 일을 수동적으로 받아들이지 않도록 주의하라. 즉, 내담자가 자기 자신을 주된 문제로 바라본다면, 왜 세상을 변화시키고자 노력하겠는가?
7. 내담자가 용서를 고려할 때, 내담자의 이야기는 말(합리적인 의미)이 되는가?, 그리고 그 이야기는 내담자의 심리적 증상을 완화하는 데 도움이 되어 보이는가?

타인의 용서가 필요했을 때

때때로, 다른 사람에게 상처를 받은 사람들은 용서하는 것이 잘못되었다고 생각한다. 이때, 그 사람에게 자신도 다른 사람에게 잘못한 적이 있는지 물어보는 것은 도움이 될 수 있다. 용서를 받은 적이 있는가? 그때 어떤 기분이 들었는가? 용서 받은 것의 결과는 무엇이었는가? 이런 종류의 질문에 대답을 하게 함으로써 누군가에게 용서할 수 있는 동기를 부여할 수 있다. 이 맥락에서 재구성에 대한 Yandell(1998)의 개념을 적용하여 내담자는 타인, 가족 등의 공동체, 또는 신에게 받은 용서를 탐색해 볼 수 있을 것이다. 그리고 이때, 내담자의 세계관이 그 탐색을 확장하거나 제한하게 될 것이다.

우리는 이 주제를 심화단계에 포함시켰는데, 이는 많은 사람들이 자신의 상황에만 과도하게 집중한 나머지 마음이 복잡해져 다음 단계로 나아가는 데 방해를 받게 되기 때문이다. 그러나 용서치료 과정이 종결될 때, 어떤 내담자들은 용서를 하는 것을 고려하면서 용서하기를 시작한다. 이러한 모든 점검과정은 용서에 대한 이해를 깊게 하고 용서하는 것을 지속시키는 동기부여의 자극제가 된다. 어떤 사람이 용서를 할지 말지에 대해 양가적인 감정을 가질 때, 치료 초기에 언급했던 질문들을 던지는 것이 용서할지의 결정을 내리는 데 도움이 될 수 있을 것이다.

혼자가 아닌 것 알기

때때로 불의의 고통은 우리가 고립되어 있고 혼자라고 느끼게 만든다. 내담자가 가해자를 용서할 때, 그는 다른 사람들이 자기를 돕기 위해 주변에 존재한다는 것을 돌아보게 될 것이다. 이 과정은 내담자의 탐색을 더 쉽게 하고 동기를 부여하는 경향이 있다. 상담사들은 치료 초기에 내담자가 사회적 지지를 탐색할 것을 원할 수 있다. 특히 내담자가 고립되어 있다고 느끼는 경우에 더욱 그러하다. 직접적으로 사회적 지지를 찾아보는 것은 용서의 절차를 지속해 나가는 데 도움이 될 것이다. 이 문제를 함께 이야기할 수 있는 믿을 만한 사람을 찾는 것은 치료에 도움이 된다. 다시 말하지만, 도입부에서 Poloma와 Gallup(1991)의 연구에서 보았듯이, 내담자의 관점에서 진정한 도움을 주는 사람에게 의지하는 것이 중요할 수도 있다. 치료의 후반보다 초반에 사회적 지지에 의지하는 것이 중요할 수 있다. 한편, 어떤 내담자는 용서 요인의 전체적인 순서를 탐색한 뒤, 보다 깊은 수준으로 한번 더 각 단계를 거치는 것을 원할 수 있다.

새로운 목표 깨닫기

내담자가 자신에게 해를 가한 사람을 온전히 용서한 경우, 몇몇은 자신이 배운 것을 다른 사람들에게 나누기를 원한다. Freedman과 Enright(1996)의 연구에서 확인할 수 있듯이, 꽤 많은 친족 성폭행 생존자들은 다른 친족 성폭행 생존자들을 상담하는 것에 관심을 보였다. 이는 내담자의 삶이 보다 안정적으로 되기 시작할 때 자신이 속한 공동체에 무언가를 돌려주는 것이다. 새로운 목표를 세우는 것은 치료가 끝나고 오랜 시간이 흐른 후에야 시작될 수 있다. 하지만, 상담사는 이런 종류의 변화에 민감해야 하는데, 왜냐하면 이러한 변화의 씨앗은 치료과정 중에 뿌려질 수 있기 때문이다. 본질적으로, 이 과정은 치료 중에 배운 것과 관련된 새로운 목표를 포함하는 치료의 행동지향적 차원이다.

조지는 이후 승진 결과와 상관없이 직장에서 최선을 다하기로 결심하였다. 그의 목표는 열심히 노력하고 최선을 다하는 존경 받는 동료가 되는 것이었다. 그는 또한 만약 승진이 안 되는 상황이 계속된다면, 다른 회사로 이직할 것을 결심하였다. 그는 이러한 훌륭한 태도로 인하여 굉장히 훌륭한 추천서를 받을 가능성이 높을 것이다.

감정의 변화를 인식하기

제1장에서 우리는 용서를 변화를 수반하는 과정으로 논의하였다. 만약 내담자들이 용서의 과정을 구성하는 다양한 요인들을 충분히 탐색하고 노력해가는 시간을 가졌다면, 많은 내담자 및 환자들은 자신의 안녕감이 개발되고 있다는 것을 깨달을 것이다. 분노가 감소하고 선을 행하고자 하는 감각이 성장할 때, 불안과 우울감이 낮아지고 높은 수준의 희망과 자존감이 생겨날 것이다. 조지는 다음과 같이 회상하였다.

> 내가 이 과정에서 얻는 것 중 가장 큰 것은 겸손을 배운 것이라고 생각해요. 이것은 내 안에 온전한 평안함을 가져다 주었어요. 물론, 여전히 좋지 않은 날도 있겠지만, 대부분의 영역에서 상담을 하기 전보다 감정적으로 더 안정되었어요.

Kuntson와 동료들(2008)은 내담자들이 이 요인을 두 번째로 중요한 과정으로 인식한다고 보고하였다. 이는 용서과정을 마무리할 때 깨닫게 되는 감정적 안정감 때문일 것이다. 물론, 이러한 연구 결과는 실증적으로 검증되어야 할 것이다. 따라서 다음 장에서 우리는 이 모델을 과학적으로 검증하고자 한다.

일기 또는 숙제를 활용하기

이번 단계의 "의미 발견" 부분에서 다루는 질문들은 일기 쓰기와 반영의 기초를 형성할 수 있다. 핵심 질문은 다음과 같다: 당신이 견뎌낸 고통의 결과로서 배운 것은 무엇인가?

상담사는 내담자가 용서를 받을 필요가 있다는 것을 깨닫게 하기 위해서 다음과 같은 질문을 되새겨보라고 할 수 있다: 당신이 용서받기 바라는 특정한 사건(당신에게 상처를 준 사람이 반드시 포함되지 않아도 됨)을 기억할 수 있는가? 선물을 받는 쪽에 서 있는 것은 어떤 기분인가? 이런 통찰이 용서를 하는 데 어떤 도움이 되는가?(이러한 통찰은 내담자가 용서를 하는 데 도움이 될 것이다. 왜냐하면 이러한 과정을 통해 내담자는 용서받고자 하는 상대방의 깊은 욕구를 헤아릴 수 있기 때문이다.)

내담자는 자신의 일기에 적은 것을 함께 나눌 수 있는 믿을 만한 사람이 있는가? 만약 그런 사람이 없다면, 이 시점에서 내담자는 그럴 가능성 있는 사람들의 리스트를 적어볼 수 있다. 만약 내담자가 사회적인 지지를 받고 있다면 사회적 지지의 질과 지지를 제공하는 사람이 어떻게 용서의 과정을 도왔는지를 되돌아 볼 수 있는 좋은 시간이 될 것이다.

용서를 통해 내담자가 성장했다면, 그에게 삶에서 실현될 수 있는 새로운 목표를 적어보도록 요청하라. 이러한 통찰은 치료 중에 함께 논의해 볼 수도 있다. 마지막으로, 내담자가 경험하고 있는 새로운 안녕감에 대해서 적어보도록 하는 것도 도움이 된다. 내담자가 성장과정을 평가할 수 있는 좋은 방법은 분노와 관련된 초기의 일기를 다시 읽고 현재 경험하는 변화와 대조해 보는 것이다.

과정모델에 관련된 질문들

수년 동안 임상가들과 연구자들은 용서의 과정모델에 중요한 도전을 제시하였다. 우리는 여기서 설득력 있는 네 가지 질문을 다루고자 한다.

이 모델은 문화를 고려하지 않고 있기 때문에 문화적 민감성이 낮은 것으로 평가된다

의도적으로 문화를 논하지 않았지만, 우리는 문화적인 요인을 존중하고 있다. 어쩌면 우리는 문화적 요인을 심도있게 설명해야 할 것이다. 다른 문화를 무시하지 않고서는 특정 문화를 위한 과정모델을 제시하는 것은 불가능하다. 따라서, 우리는 용서과정의 본질을 제시하였다. 아리스토텔레스 학파의 정의에 근거하여, 우리는 본질을 기본구조로 정의하였다. 예를 들어, 의자를 생각해보자. 의자는 몸을 지지하고 앉을 수 있는 판이라는 특정한 기본구조를 가지고 있다. 이것이 의자의 본질이다. 다다미 방석이나 미국식 윙백 의자 심지어 프랑스식 안락의자를 설명하지 않고서는, 이러한 의자의 문화적 구조를 무효화할 수 없다. 각각의 의자는 의자의 본질을 공유하고 있는 동시에, 아리스토텔레스 철학자들이 의자의 문화적 특질이라고 부르는 것을 가지고 있다. 다다미 방석의 특질은 다리를 가지고 있지 않는 것이지만, 의자의 본질은 이를 요구하지 않는다.

우리는 용서로 향하는 통로의 본질을 우리가 할 수 있는 최선을 다해 설명하고자 과정모델을 개발하였다. 이제 이 모델에 대한 문화적, 종교적 뉘앙스를 제공하는 것은 당신의 몫이다. 용서과정의 본질을 구축하는 과정에서 우리는 내담자들의 특정한 필요에 따라 각자가 추가하고자 하는 문화적 특성을 반영하는 것을 환영한다.

과정모델은 내담자가 경험한 피해를 무효화하는 방식으로 정서적 안정감을 강조한다

그렇다. 우리가 제시한 과정을 잘 따라오면, 내담자를 상당한 정서적 안정감으로 이끌 수 있다(5장 참고). 그러나 내담자가 용서할 때 그 사람은 상대방이 부당한 행동을 했다는 것을 보게 될 것이며, 어쩌면 치료 전보다 더 명확하게 이를 인식하게 된다. 이 모델을 통해 용서를 실천할 때, 내담자는 결코 본인이 입은 피해를 무시하도록 안내받지 않는다. 대신, 그 사람은 현실적으로 자신이 입은 피해의 측면들을 살펴보고 이것들이 '불의'라는 적절한 인식을 하게 된다.

이 모델은 변화해야 할 책임이 가해자에게 있음에도 불구하고 내담자에게 변화할 것을 요구한다

이 질문은 무엇이 용서인지 그리고 용서를 통해 무엇이 얻어지는지에 대한 혼란에서 기인한다. 용서는 정의에 기인한 도덕적 미덕이 아니다. 정의는 문제를 해결한다. 용서는 때때로 불의에 뒤따르는 끔찍한 결과물들을 다룬다. 용서는 불의의 결과를 해결하기도 한다. 그렇다고 해서 용서만이 정의로운 반응이라고 주장하는 것이 아니다. 용서는 불의에 대한 반응이며, 용서를 통해 정의를 추구하는 것은 중요하다. 다시 설명하자면, 용서를 할 때에 우리는 공정한 해결책을 추구할 수 있고 또 추구해 나갈 수 있다. 더 나아가 "변화에 대한 책임"과 관련하여, 용서치료(혹은 용서 그 자체의 본질)는 내담자가 용서를 하게 하거나 그 사람의 세계관 혹은 감정을 바꾸는 것을 요구하지 않는다는 것을 주목해야 한다. 마지막으로, 용서는 용서를 하는 사람이 정서적으로 더 건강하게 된다고 해서 가해자가 무죄가 된다는 것을 암시하는 것은 절대 아니다.

왜 용서하는가?

어떤 사람들은 용서를 해야 하는 이유에 대해 짚고 넘어가야 한다고 주장한다. 왜 우리는 용서 과정모델을 통해서 내담자의 용서를 도와야 할까? 이와 관련하여 아홉가지 이유를 논할 수 있다.

1. 용서는 도덕적 덕목이기 때문에 용서는 그 자체로 좋고 선하다. 물론 용서는 정의, 친절, 관대함과 같은 여타의 도덕적인 미덕을 포함하고 있다.
2. 용서는 내담자의 감정적 혼란을 완화하고 정서적 건강을 회복한다(다음 장을 참조할 것).
3. 용서는 용서를 받은 사람이 자신의 행동에 대한 실수를 인식하고 이를 수정하는 경우에 유익하다.
4. 가해자가 자신의 행동의 문제를 인식할 때, 이는 관계의 회복을 가능하게 한다.
5. 용서는 내담자의 분노를 줄임으로써, 그 분노가 내담자의 자녀나 배우자, 혹은 동료들에게 전치되는 것을 예방한다.
6. 어떤 한 사람이 용서를 반복해서 실천할 때 용서는 그의 성품의 일부가 된다.

용서는 그 사람의 인간성이 되며, 용서를 하지 않는 것은 그 사람의 인격과 반대되는 것이다.

7. 우리가 충분히, 그리고 장기간 용서를 실천할 때, 우리는 다음 세대에 남길 유산에 관한 선택권이 우리에게 있음을 깨닫게 된다. 우리는 상처와 분노의 유산을 남길 수 있는 반면, 사랑의 유산을 남기기로 선택할 수 있다. 용서는 사랑의 유산을 남기기로 선택한 사람들에게 도움을 주는데, 이는 그들에게 상처를 준 사람마저도 내재적 가치를 지녔다고 인정할 때 가능하다. 이 사람들은 자신에게 해를 입힌 사람들의 부당함을 존중하는 것이 아니다. 그럼에도 불구하고 그들을 존중하는 것이다(유산에 대해서는 마지막 장을 참조).
8. 사람들은 용서를 통해 부당한 처우에 직면하였을 때에도 도덕적으로 선한 삶을 사는 방법을 다른 사람들에게 보여주게 된다. 우리는 용서를 통해 가정, 학교, 직장, 교회 등 상호 지원과 성장 도모를 목적으로 모이는 곳에서 용서의 공동체를 구축할 수 있다.
9. 유일신 전통을 가진 사람들은 그들의 신이 용서의 신이기 때문에 용서를 실천한다. 사람들은 자신의 신을 닮아가기 위해 용서를 실천하고, 이는 종교공동체의 일원이 되는 데 기여한다.

용서에 대한 이 아홉 가지 이점 가운데 이 장은 치료적 부분에 초점을 두었기 때문에 용서하는 사람이 얻게 되는 심리적 이점을 강조하고 있다. 다음 장에서 이와 관련된 전제를 다룰 것이다.

제5장
용서과정모델의 임상적 유효성

이 장은 과학적 사실들을 이해하는 것뿐만 아니라 우리가 무엇을 어떻게 진행하였고, 어떤 결과들을 보고했는지 비판하고자 하는 학자들에게 중요한 과학적 세부 사항들을 제시한다. 또한, 이 장은 치료 중 용서에 대한 의구심으로 인해 우리 접근의 유효성에 대해 의문을 가지고 있는 임상가들을 위한 것이다. 세부 사항들을 공부하기에 바쁜 임상가들은 각 연구의 세부 사항들을 훑어보고, 이 장의 마지막에 나오는 총체적 논의와 더불어 각 연구의 결과와 논의 부분을 읽어보기를 바란다.

용서(한 사람이 다른 사람을 용서하는 것)에 대한 임상적 연구는 20세기 초에 시작된 다른 사회과학적 연구에 비해 새로운 것이다. 사과(apology)에 대한 몇 안 되는 연구가 이전에 있긴 했지만, Enright, Santos, & Al-Mabuk(1989)의 논문이 처음으로 용서에 초점을 맞추어 학술지에 실린 논문이었다. 이 논문의 목적은 아동, 청소년, 그리고 성인들이 용서에 대해 어떻게 생각하는지 발달적 관점에서 살펴보는 것이었다. 어린 아동들은 용서를 왜곡하는 경향이 있는데, 피해를 입은 사람이 부당하게 겪은 일을 되갚아준 후 넘어가는 것을 용서라고 생각한다. 성인기 사람들만이 용서와 도덕적 덕목인 선행(beneficence)을 동일시하는 더 정확한 시각을 가지고 있다.

경험적으로 증명된 용서치료에 관한 첫 번째 논문의 저자는 Hebl과 Enright (1993)였는데, 그들은 용서의 과정모델을 사용하여 노인 여성들이 그들에게 부당하게 대했던 사람들을 용서하도록 도와주었다. 이 선구적 연구에 이어 위스콘신대학교 매디슨캠퍼스의 연구팀이 지금까지 성인들의 치료에 있어 과정모델 사용에 관하여 9편의 동료 평가를 받은 논문을 발표하였다. 이 논문들의 대상은 다음과 같다: 부모에게 상처받은 후기 청소년들(Al-Mabuk, Enright, & Cardis, 1995), 친족 성폭행 생존자(Freedman & Enright, 1996), 동반자의 낙태결정에 상처받은 남자들(Coyle

표 5.1 성인을 대상으로 한 용서치료 연구의 요약

- 여러 부당한 일을 겪은 노인 여성들. 용서치료집단은 용서 대신 감정적 상처에 대해 이야기한 통제집단에 비해 용서와 용서를 하려는 의지에 있어 향상을 보였다(Hebl & Enright, 1993).
- 자라는 동안 부모와 정서적으로 가깝지 않았던 대학생들. 용서치료집단은 통제집단에 비해 정서적 건강이 더 유의미하게 호전되었다(Al-Mabuk, Enright, & Cardis, 1995).
- 친족 성폭행 생존자들. 용서치료집단은 14개월 후 통제집단에 비해 정서적으로 더 건강하게 되었다. 두 집단 간 차이점은 우울, 불안, 희망, 그리고 자존감에서 나타났다. 결과는 14개월 후 후속 검사에서도 유지되었다(Freedman & Enright, 1996).
- 반려자의 낙태 결정에 상처를 받은 남성들. 용서치료 참여자들은 개인 치료 12주 후 통제집단에 비해 정서적으로 더 건강해졌다. 두 집단 간 차이점은 분노, 불안, 그리고 슬픔에 있어서 나타났다. 결과는 3개월 후 후속 검사에서도 유지되었다. 통제집단이 용서과정에 들어갔을 때, 그들 역시 정서적 건강에 있어 유의미한 호전을 보였다(Coyle & Enright, 1997).
- 약물 재활. Coyle & Enright(1997)의 결과와 비슷하게, 용서치료집단은 통제집단에 비해 감정적으로 더 건강해졌다. 실험 참여자들은 통제집단에 비해 약물을 상당히 덜 필요로 하게 되었다. 결과는 4개월 후 후속 검사에서도 유지되었다(Lin, Mack, Enright, Krahn, & Baskin, 2004).
- 정서적 학대를 받은 여성들. 결과는 정서적 건강에 있어서 이전 연구들과 비슷하다(불안, 우울, 외상후 스트레스장애 증상들의 감소, 그리고 자존감 향상). 고통 가운데 의미를 찾는 것이 늘어났고, 피해자의 정체성은 감소하였다. 결과는 후속 검사 때에도 유지되었다(Reed & Enright, 2006).
- 심장질환 환자들. 전과 마찬가지로, 실험(용서)집단들은 통제집단에 비해 정서적으로 건강해졌다. 4개월 후 후속 검사에서 실험집단은 통제집단에 비해 더 호전된 심장기능을 보였다(Waltman et al., 2009).
- 말기 암 노인 환자들. 4주 치료 후, 용서치료집단은 통제집단에 비해 심리적 건강에 큰 호전을 보였다(분노 감소, 미래에 대한 희망 증가). 신체적 지표는 두 집단 모두 감퇴되었다(Hansen, Enright, Baskin, & Klatt, 2009).
- 성인이 된 알코올 중독자 자녀들. 두 치료집단을 비교하였다: 용서치료집단과 알코올을 남용한 가족과의 갈등 해소에 초점을 맞춘 집단. 12주 치료 후 두 집단 모두 우울, 불안, 분노, 자존감, 타인과의 관계가 호전되었다. 그 후 통제집단이 12주간 용서치료에 참여했을 때, 그들은 정서적 건강에 꾸준한 향상을 보였다(Osterndorf, Enright, Holter, & Klatt, 2011).
- 성인이 된 이혼가정 자녀. 이 연구는 *용서는 선택이다*(*Enright, 2001*)라는 책을 사용하여 개인적으로 공부하는 온라인 용서치료의 효과를 검사하였다. 측정도구들은 사전 검사, 사후 검사, 그리고 8주 후 후속 검사 때에 실시되었다. 결과는 복합적이었다; 집단 간 분석 결과는 두 치료 간에 큰 차이점을 보이지 않은 반면에, 집단 내 분석 결과는 용서집단이 용서, 부모-자녀 관계, 그리고 불안에 유의미하고 긍정적인 변화를 보였다. 여기에 소개된 다른 연구 결과들과 비교해 보았을 때, 치료 상황에서 직접적인 접촉은 개인 공부보다 더 나은 결과를 내는 것 같아 보인다.

주: R. D. Enright, *The Forgiving Life: A Pathway to Overcoming Resentment and Creating a Legacy of Love*, 2012(pp. 28-30), Washington, DC: American Psychological Association. Copyright 2012 by American Psychological Association에서 발췌하여 변형

& Enright, 1997), 약물 재활 중인 남성과 여성들(Lin, Mack, Enright, Krahn, & Baskin, 2004), 정서적 학대를 당한 여성들(Reed & Enright, 2006), 성인 여성 암 말기 환자들(Hansen, Enright, Baskin, & Klatt, 2009), 관상동맥질환을 앓고 있는 남성들(Waltman et al., 2009), 알코올 중독자들의 성인 자녀들(Osterndorf, Enright, Holter, & Klatt, 2011), 그리고 이혼한 부모의 성인 자녀들(Graham, Enright, & Klatt, 2012). 각 연구에 대한 간단한 설명들이 〈표 5.1〉에 기재되어 있다. 두 편의 메타 연구가 현재 우리의 과정모델을 사용한 용서치료를 근거기반적, 실증적으로 입증된 치료방법으로 확립했다(Baskin & Enright, 2004; Wade, Hoyt, Kidwell, & Worthinton, 2014). 현재까지, 우리의 모델이 개인 심리치료(집단이 아닌)에 있어서 입증된 유일한 용서치료 접근법이다.

각각의 사례는 그때 당시 만들어지고 발전된 과정모델을 사용하였다. 초창기 모델은 17개의 요인으로 구성되었으나, 후반기 버전은 20개의 요인으로 구성되었다. 모든 사례에서 변경된 사항은 많지 않았다. 예를 들면, 15번째 구성단위인, 가해자에게 도덕적 선물을 주는 것은 초기 버전에서는 함축적이었다. 하지만 우리는 심리학계에서 도덕적 개념으로서의 용서를 덜 강조하는 경향을 깨닫고 이것을 더 분명하게 나타내기로 결정했다. 참여자들이 그들에게 무슨 일이 일어났는지 이해하는 데에 어려움을 겪는 것을 연구팀이 관찰하고 16번째 구성단위(의미를 찾는 것)와 19번째 구성단위(새로운 목적을 찾는 것)가 추가되었다. 15번째 구성단위에서 나타나듯이, 이 과정들은 함축적이었으나 치료 안에서 분명하게 드러나게 되었다.

용서치료 연구에 있어 과학적 연구방식에 대한 개관

각각의 연구에서 연구자들은 과학적 실험을 하였다. 이것은 다음을 의미한다:

1. 그들은 참가자들을 무작위로 용서집단과 통제집단 둘 중 하나에 넣었다. (통제집단은 용서치료를 받지 않지 않았고, 용서치료를 기다리고 있거나 다른 치료를 받았다.)
2. 각각의 참가자들은 일련의 심리학적 측정 도구들을 사전 검사, 사후 검사, 그리고 후속 검사 때에 받았다. 예를 들어, 여러 용서치료 프로그램에서 후속 검사는 치료 후 1-14개월 내에 진행되었으나(Freedman & Enright, 1996), 약물재활과 심장 질환 관련 연구에서는 후속 검사가 치료 후 4개월차에 진행되었다.

각각의 경우에 측정도구들은 그 당시 그 분야에서 가장 최적의 것으로 선정되었다.

3. 모든 치료자들 혹은 교육자들은 용서치료 또는 통제집단에서 사용된 치료방법에 대해 훈련받은 사람들이었다. 대부분의 연구에서 연구자들은 각 치료자들의 음성을 녹음하고, 연구와 관련 없는 사람에게 그 녹음본을 듣게 한 후 그 치료자가 서면 안내서를 잘 따랐는지, 그리고 어느 한 집단에게만 열중하지는 않았는지 확인하도록 했다. 이는 치료자들의 편견 혹은 프로그램을 전달하는 데에 있어 오류를 최소화하기 위함이었다.
4. 연구자들은 용서치료집단에 속한 사람들이 통제집단에 속한 사람들보다 심리적 건강이 더 증진되었는지 확인하기 위하여 표준 통계적 검사를 적용하였다. 만약 이 현상이 일어났다면, 실험적 설계를 통하여 연구자들이 인과관계를 이야기할 수 있게 된다. 즉, "용서치료가 사람들의 심리적 웰빙에 변화를 야기했다"라고 말할 수 있게 된다.

우리는 이제 Hebl and Enright(1993)의 기념비적인 연구를 시작으로 하여 세 가지 연구에 대해 설명할 것이다.

용서와 노인 여성

Hebl과 Enright(1993)는 24명의 노인 여성을 대상으로 과정모델을 실험했다. 참여자들의 평균 나이는 74.5세였으며, 최소 나이는 65세였다. 집단의 동질성을 높이기 위해 특별히 여성들이 선택되었는데, 이는 이 나이대의 사람들은 여성이 더 많기 때문이었다. 연구의 참여자들은 다음의 조건들을 만족했다: 특별히 용서하고 싶은 사람이 있다, 참여자는 일어난 일로 인해 상처를 받았다, 그리고 참여자는 애도(mourning) 중에 있지 않다. 마지막 조건이 포함된 이유는 애도와 용서의 과정이 상당히 다르기 때문에 그 두 가지가 혼합됨으로써 우리의 결과를 복잡하게 하는 것을 막기 위함이었다.

선발 조사 결과, 21%는 가족 내의 갈등, 50%는 친구와의 불화, 12.5%는 배우자 가족과의 문제, 그리고 16.5%는 그 외의 인간관계에서 부당한 처사로 인해 용서가 요구된다고 보고하였다.

연구 도구와 과정

사전 검사에서는 자존감, 우울증, 그리고 불안을 알아보기 위해 세 가지의 도구가 사용되었다. 사후 검사에서는 이 세 가지의 도구에 추가로 두 가지의 용서 측정도구가 사용되었다. 통제집단은 연구의 목적에 노출되지 않게 하기 위해 용서 측정도구는 사전 검사에서 사용되지 않았다. 그러지 않았다면 통제집단은 토의 중에 용서에 초점을 맞추었을 수도 있다. 검사자는 연구 가설에 대해 알지 못하는 상태였다.

사전 검사 때에 다음의 측정도구들이 주어졌다: 자아 존중감 검사(Coopersmith Self-Esteem Inventory; Coopersmith, 1981), Beck 우울 척도(Beck Depression Inventory; Beck, Ward, Mendelson, Mock, & Erbaugh, 1961), 그리고 Spielberger 상태 불안 척도(Spielberger State-Trait Anxiety Inventory; Spielberger, Gorsuch, Lushene, Vagg, & Jacobs, 1983).

용서의 심리적 개요 척도(The Psychological Profile of Forgiveness Scale: PPFS)는 한 사람이 특정 인물의 구체적인 부당한 행위를 용서하는 정도를 측정하기 위해 선택된 측정도구이다. PPFS는 지금 사용되고 있는 Enright Forgiveness Inventory (EFI)(제13장 참조)의 효시이다. Enright와 일곱 명의 대학원생들은 다음 6개 카테고리에 각각 5개씩의 항목들을 만들어 측정도구를 개발하였다: 가해자에게 느끼는 부정적 정서의 정도, 긍정적 정서의 정도, 부정적 인지의 정도, 긍정적 인지의 정도, 가해자에게 보이는 부정적 행동의 정도, 긍정적 행동의 정도. 만약 가해자가 죽었거나 가해자와 더 이상 교류가 없다면 참여자는 가해자가 살아있을 경우에 어떻게 반응하였을지 생각하여 응답하였다. (항목의 예시는 [그림 13.1] 참조)

참여자가 얼마나 동의하는지의 정도는 4점 리커트 척도로 측정되었다(EFI의 경우는 6점 리커트 척도로 측정). 이 도구는 30개의 항목으로 되어 있으며, 점수의 범위는 30에서 120점이다. 점수가 높을수록 용서의 정도가 높다는 것을 의미한다. 이 연구에서, Cronbach's alpha 내적일관성신뢰도는 .97이었다.

두 번째 용서 측정도구인 Willingness to Forgive Scale은 15개의 가정 시나리오를 제시한다(예, 어떤 사람이 당신의 차를 훔쳤다고 가정해보자). 참여자에게는 10개의 선택항목이 주어지며, 만약 어떤 사람이 본인의 차를 훔쳤다면 어떻게 반응할지를 물어본다. 선택항목의 예로는 "복수한다," "그냥 잊는다," "상담자 혹은 친구와 이야기한다,” “용서한다” 등이 있다. 참여자는 용서를 포함하는 선택을 할 때마다 1점이 주어진다. 이 측정도구는 (PPFS에서처럼) 특정 사람을 용서하는 정도를 측정하는 것과 달리 대체적으로 용서에 대해 얼마만큼 준비가 되어 있는지를 측정한다.

참여과정

24명의 참여자들은 용서치료를 받은 실험집단과 전통적 지지집단상담을 받은 통제집단에 무작위로 배치되었다. 각 집단은 일주일에 한 시간씩 총 8주 동안 만났다. 같은 상담자가 두 집단 상담을 진행했다. 그는 수년간의 상담경험이 있었으며, 이 연구 이전에도 수년간 용서에 대하여 연구하였다. 우리는 상담사의 능력과 집단 인솔자에 대한 참여자들의 인식이 집단에 상관 없이 동등하기를 원했다. 모든 회기는 녹취가 되었으며, 두 명의 숙련된 상담자들이 집단 인솔자가 얼마나 정확하게 치료법 혹은 절차를 따르는지 평가하였다. 평가자들은 연구 가설에 대해 알지 못했으며, 상담자가 각각의 프로그램을 정확히 운영하고 있다고 평가했다.

용서치료 회기

치료자들은 과정모델의 절차를 치료법 안내서로 사용하였다. 참여자들에게는 안내서가 주어지지 않았지만, 다음 주에 진행될 회기에 대한 자세한 개요를 제공하였다. 각 회기의 형식은 다음과 같았다: 첫 30분은 그 날의 주요 내용에 대해 간략히 설명한다; 그 후 5분간 특정 구성단위에 관한 질문에 대해 생각하는 시간을 가진다; 12명의 참여자들은 무작위로 두 집단으로 나뉘어지고, 그 구성단위가 자신에게 어떻게 적용이 되는지 더 깊게 나눈다; 마지막은 전체 토의로 진행된다.

1회기는 가짜 용서(pesudoforgiveness)를 포함해 무엇이 용서이고 무엇이 용서가 아닌지에 대한 정확한 이해를 도왔다. 용서 반응을 막는 심리적 방어기제에 대해서도 다루었다. 2회기는 분노에 초점을 맞추었다. 지금 이 순간의 상처의 깊이와 강도에 대해 생각해 보도록 질문했다. 3회기는 깊은 분노를 지속적으로 느끼는 사람들에게 일어나는 복잡한 문제들을 다루었다. 4회기에서는 참여자들이 불의와 그에 따른 분노, 그리고 복잡한 문제들을 다루기 위한 방법으로서의 용서에 대하여 생각해 보았다. 5회기에서는 재구성, 공감, 그리고 동정의 형식으로 용서를 해보았다. 참여자들은 가능하다면 가해자들의 입장에서 취약한 사람들을 바라보도록 도전받았다. 6회기에서는 집단 리더가 참여자들에게 그들이 다른 사람들의 용서가 필요했던 경험에 대해 생각해보게 하였다. 이 활동은 참여자들로 하여금 그들 자신도 완벽하지 않고 남들에게 실수와 불의를 저지를 수 있음을 깨닫도록 도와주었다. 7회기에서는 아픔을 견디는 것에 대해 다루었다. 아픔을 견디는 것이 전이를 막아서 다른 사람들이 피해자화되지 않도록 하였다. 아픔을 견디는 것은 해를 입힌 사람과 우리 주위의 쉽게 상처받기 쉬운 사람들에게는 선물이 될 수 있다. 8회기에서는 참여자들이 아직 다루어지지 않은 나머지 과정들을 포함한 용서의 전 과정에 대해 생각해 보았다.

통제집단은 지지집단으로 매주 만나 건강관리와 같은 노인들에게 중요한 주제들에 대해 토의했지만, 용서가 그들의 주제는 아니었다.

결과 및 논의

유의미한 차이점들은 불안과 우울에 있어 시간(사전 검사와 사후 검사)의 주 영향에 따라 나타났다. 다시 말해, 그들이 각각 받은 치료가 두 집단에게 도움이 되었다. 사전 검사에서 두 집단 모두 불안은 평균보다 높은 42점을 받았다. 사후 검사에서는 평균점수가 정상 범위인 33점이었다. 실험집단과 통제집단이 불안 요소에서는 다른 점을 보이지 않았지만, 임상적 관점에서 사후 점수의 평균은 상당히 달랐다. (용서집단 평균=25.77, 지지집단 평균=40). 우울에서는 두 집단이 평균 10-11점에서 정상 범위인 7점까지 내려갔으며, 이 점수는 임상적으로 비우울에 해당한다.

용서 요인에 대해서는, 전체 PPFS는 통계적으로 용서치료에 대해 유의미하게 우호적인 결과를 나타냈다. 여섯 개의 부척도 중에 네 척도는 실험집단에 대해 우호적으로 유의미했다: 부정적 정서 없음, 부정적 인지 없음, 긍정적 정서 있음, 그리고 긍정적 행동 있음. 용서 의지 척도에서는 두 집단 비율검정 결과, 실험집단이 통제집단에 비해 용서 점수가 더 높았다. 이 결과는 용서치료를 받은 사람들이 정당하지 않은 가설적 상황에서 문제 해결방법으로 통제집단에 있던 사람들보다 용서를 선택할 의지를 보인다는 것을 암시한다.

두 집단 모두 참여자들의 불안과 우울 상황에서 변화를 가져오는 데에 효과적이었던 것으로 보인다. 물론, 시간이 흐름에 따라 생기는 변화도 가능하지만, 불안과 우울 특성에 변화가 있었다는 사실을 통해 시간만이 영향을 미친 것이 아니라는 것을 알 수 있다. 이 두 변인들은 24명의 사람들에게 있어 규칙적으로 나타날 만큼 시간의 영향을 쉽게 받지 않는다. 물론 어떤 사람들은 8주 후 자연적으로 증상들이 완화될 수 있지만, 표본 전체가 증상 개선의 경향을 보이는 것은 치료 없이는 드문 일로 보인다. Wampold et al.(1997)의 결과에 따르면 모든 좋은 치료들은 긍정적인 결과를 나타낼 수 있다고 한다. 이것은 어느 한 치료를 평가절하하는 것이 아니라 감정을 치유하는 방법이 다양하다는 것을 의미한다.

이 연구는 신중하게 고안된 치료를 통해 용서에 대한 변화가 일어날 수 있다는 것을 보여준 첫 연구이다. 두 패턴들이 나타났는데, 하나는 가해자를 용서하는 정도이고, 다른 하나는 부당한 일이 일어났을 때 용서를 생각하는 일반적인 경향이다.

다른 집단 인도자들을 사용한 다른 연구들을 살펴보는 것도 중요하다. 왜냐하면 이 연구에서 사용된 인도자가 특별히 더 효과적이어서 긍정적인 용서를 이끌어낸 것일 수도 있기 때문이다. 다른 집단들의 결과를 살펴보는 것 또한 이 결과를 일반화시킬 수 있는 방법이다. 다음의 연구는 이러한 실험적인 문제점들을 다루기 위해 행해졌다.

성인 친족 성폭행 생존자들과 용서

Freedman과 Enright(1996)은 미국 중서부 출신의 12명 성인 친족 성폭행 생존 여성들을 대상으로 과정모델을 시험해보았다. 우리가 이 연구를 소개하기로 한 이유는 이 연구가 전 세계적으로 임상가들과 연구자들에게 큰 주목을 받았기 때문이다. 모든 실험 참여자들은 어린 시절 성적 학대를 받은 경험이 있었다. 참여자들의 나이는 24세에서 52세 사이로, 평균 연령은 36세였다. 50%가 친부, 8%가 양부, 16%가 남자 형제, 12%가 할아버지, 그리고 8%가 삼촌으로부터 성적 학대를 받았다고 답했다. 평균 교육기간은 15년이었으며, 모든 참여자가 백인이었다. 참여자 중 3명은 기혼, 5명은 미혼, 그리고 4명이 이혼 상태였다. 학대의 평균 시작연령은 6.3세였고, 평균 학대 지속기간은 6년 미만이었다. 성적 접촉은 다음과 같았다: 42% 성교, 17% 애무와 구강 접촉, 그리고 42%는 오직 애무만이었다.

도 구

잠재적 참여자들 모두에게 선발 면담을 실시하고 위기 증상 검사지(crisis symptom checklist)를 나눠주었다. 남성 가족에게 성적 접촉을 포함한 학대를 당한 사람과 지난 2년간 학대 경험이 없는 사람들이 연구 참여자 기준에 부합하였다. 또한, 면담, 검사지, 그리고 사전 검사 결과 임상적인 증상들을 경험하고 있는지도 기준이었다.

다음 측정도구들이 사전 검사, 사후 검사, 후속 검사에 사용되었다: PPFS(이 연구에서 Cronbach's $\alpha = .92$), 상태-특성 불안 검사(State-Trait Anxiety Inventory), 벡 우울 척도(Beck Depression Inventory), 자아 존중감 검사(Coopersmith Self-Esteem Inventory), 그리고 희망 척도(Hope Scale). 또한, 이 연구를 위해 만들어진 자기 보고 용서척도(self-report forgiveness measure)도 사용되었다. 치료가 시작된 이후와 치료 중간중간에 참여자들에게 용서의 세 가지 정의를 알려주었다. 용서라는 단어는 정의에 사용되지 않았다. 그리고 참여자들은 가해자들에 대해 어떻게 느끼는지 다섯 가지 질문에 답을 했다. 이 진단은 참여자들이 가해자들에 대해 얼마만큼 용서를 했는지 측정하기 위한 것이었다. 만일 응답자가 가해자에 관하여 제시된 문장에 동의를 하며 그 결정에 대한 이유가 타당하다면, 그 용서가 진심이었다고 판단되며, 치료는 그 시점에 끝났다. 그 이유는 치료법이 시간 제한이 없이 목표 지향적이기 때문이다.

검사절차

우리의 표본이 비교적 작았기 때문이 우리는 측정의 표준오차를 최대한 줄이려고 노력했다. 우리는 이를 위해서 각 참여자가 사전 검사에서 각 척도들에 2주 간격으로 세 번 응답하도록 했다. 다시 말해, 예를 들면 PPFS를 월요일, 2주 후, 그 2주 후, 이렇게 세 번 주었다. 사전 검사 세 번 결과의 평균점수가 사전 검사의 점수로 간주되었다. 같은 절차가 사후 검사에도 반복되었다. 원래 실험집단의 후속 검사만이 이 세 번의 검사절차 방법에 예외가 있었다. 이 집단은 치료 종료 후 1년이 지난 상태였기 때문에, 질문지를 6주에 걸쳐 응답하라고 요구하는 것이 어려웠다. 그래서 그들에 대한 후속 검사는 한 번만 진행되었다. 모든 검사 시, 척도들은 무작위 순서로 제시되었다.

치료절차

이 연구에서는 무작위 실험집단과 통제집단 설계를 사용하였다. 각 참여자들은 나이와 학대 유형이 비슷한 참여자와 짝이 되었다. 그리고 이 짝의 일원들은 각 조건에 무작위로 배정되었다. 치료는 용서심리에 관한 심화 훈련을 받았으며 성적 학대 피해자와 일한 경험이 있는 여성 치료자와 개인으로 이루어졌다. 우리는 또한 기존 통제집단의 참여자가 실험집단에 있는 자신의 짝이 치료를 마친 후에 치료를 시작하는 교차설계(crossover design)를 사용했다. 실험집단의 참여자는 치료자와 일 주일에 한 번, 한 시간의 개인 회기를 가졌다. 통제집단은 대기자 명단에 있었으며, 그들은 기다리는 동안 자신들이 원하는 치료를 찾는 것이 허용되었다.

실험집단 참여자들은 성적 학대와 관련한 예시들과 함께 용서과정이 자세히 적혀 있는 안내서를 받았다. 각 참여자들은 자신에게 맞는 속도로 그 교재를 진행하였으며, 시간은 평균 14개월로, 10개월에서 16개월이 걸렸다.

실험 회기들은 참여자들의 허락 하에 무작위로 녹음되었으며, 대학원생들이 그 회기가 안내서의 의도대로 진행되었는지 정확도를 평가하였다. 독립적인 평가자들은 녹음의 내용(모두 30개)이 교재의 의도와 88% 일치한다고 평가했다.

용서 회기

안내서를 받은 참여자들은 안내서를 순서대로 읽었다. 안내서는 매주 한 시간 토의의 토대가 되었다. 안내서에는 이 책 제4장에 나와 있는 과정모델의 각 구성단위에 대해 쓰여 있다. 이 연구 이후 수정의 내용이 크지 않았기 때문에 20개의 구성단위 중, 17개의 구성단위만 안내서에 나와 있었다. 안내서는 그 당시에는 아직 출판되지 않았던 Enright(2001)의 **용서는 선택이다**(*Forgiveness Is a Choice*)라는 책과 비슷하다.

결과 및 논의

자료는 네 가지 비교로 분석되었다. 첫 번째 비교에서는, 종속척도들은 사전 검사에서 사후 검사로 점수가 바뀌도록 변환되었고, 실험집단과 통제집단을 비교하였다. 자존감을 제외한 모든 척도가 실험집단에 우호적인 방향으로 통계적 유의

성을 보였다. PPFS 전체 점수는 통계적으로 유의미했고, 각각의 부척도는 다음과 같았다: 긍정적 정서와 긍정적 인지 척도에서 증가, 부정적 인지와 부정적 행동 척도에서 감소하였다. 부척도의 바뀐 패턴은 긍정적 정서와 행동, 그리고 부정적 정서와 인지에서 변화를 보인 Hebl과 Enright(1993)의 연구와 일치하지 않았다. 두 연구 모두에서 개선되지 않은 부척도는 긍정적 행동이었다. 어쩌면 참여자가 그들에게 깊게 상처를 준 사람에 대하여 관대함을 보여주기 전에 먼저 다뤄야 할 신뢰에 관한 문제가 있을 수도 있다.

PPFS 전체적으로, 실험집단은 사전 검사 평균 60.5점에서(Al-Mabuk 외(1995) 연구에서 사전 검사 평균 81점인 것을 감안했을 때 꽤 낮은 점수이다) 사후 검사에서는 85.6점으로 증가했다. Al-Mabuk 외(1995)와 Freedman과 Enright(1996)의 연구에서, 실험집단은 용서척도에서 사전 검사에 비해 사후 검사에서 평균 20에서 25점의 증가를 보였다. 물론, 참여자가 심리적으로 긍정적 영향을 받기 위해서 도달해야 하는 점수(예를 들면 80~90점)가 있겠지만 이것은 우리가 가진 자료로는 분석하는 것이 불가능했다.

흥미로운 것은 참여자들이 용서척도에서 아주 높은 점수를 받아야만 희망, 불안, 그리고 우울이 눈에 띄게 개선되는 것이 아니라는 것이다. Freedman과 Enright(1996)의 연구에서는 참여자들이 사전 검사에서, Al-Mabuk 외(1995)의 연구에서는 사후 검사에서 나온 결과였지만, 이것은 심리적인 증상 완화와 상당한 연관이 있었다. 실험집단 중 상당한 심리적 완화의 한 예는 그들의 특성 불안 평균이 사전 검사에서 알려진 기준보다 높았다면 사후 검사에서는 평균적인 수치였다는 것이다. 우울에 대하여는 상당히 우울했던 것에서 사후 검사에서는 우울하지 않은 것으로 나타났다.

두 번째 비교실험에서는 통제집단의 사전 검사와 사후 검사의 결과 변화를 같은 집단의 첫 번째 사후 검사(치료 전)와 두 번째 사후 검사(치료 후)의 변화와 비교했다. 다섯 가지 종속척도 모두 통계학적으로 유의미한 결과를 보였는데, 실험집단으로 변한 통제집단이 치료의 도움을 받은 것으로 나타났다. 용서(약 23점), 소망, 그리고 자존감의 향상을 보였고, 불안(알려진 기준보다 높은 점수에서 정상으로)과 우울감(비우울로)이 줄었다. PPFS에서는 부척도의 변화들은 원 실험집단의 결과와 비슷했다.

세 번째 비교는 치료 이후 원 실험집단과 실험집단으로 변한 통제집단 간의 차이 비교였다. 만약 두 치료가 똑같이 효과적이었다면 차이점은 없어야 하는 것이었고, 실제로 차이점이 발견되지 않았다. 마지막 비교로, 우리는 원 실험집단의 사전 검사와 후속 검사 간의 변화와 첫 사후 검사(실험집단으로 변한 통제집단이 프로그램을 시작하였을 때)와 두 번째 사후 검사(프로그램 후) 간의 변화를 관찰하였다. 이 관찰은 원 실험집단이 얻은 변화가 종속척도에 있어 유지가 되었는지를 알아보기 위한 것이었다. 프로그램 종료 이후 후속 검사까지 14개월의 간격이 있었다. 두 집단 가운데 차이점은 없었고, 이것은 원 실험집단이 심리건강 향상 패턴을 유지했다는 것을 의미한다. 그들은 비우울과 평균 수치의 불안을 유지했다. 그들의 용서 점수는 91.1점으로 향상되었다.

통계적 결과와 별개로 참여자 개개인들은 가해자들을 용서하는 경험에 대해 긍정적인 의견을 남겼다. 대부분의 사람들은 성적 학대자들을 용서한 것이 친족 성폭행을 제외한 그들의 가족이나 일에 있어 도움이 되었다고 느꼈다.

관상동맥질환을 가진 남성들

다음 연구를 소개하는 이유는 현재까지 용서치료가 주요 장기에 영향을 미친다는 것을 통계적으로 보여준 유일한 연구이기 때문이다. Waltman 외(2009)는 미중부 병원 환자 17명에 대해 사용된 과정모델을 연구하였다. 참여자들 모두 심장병동에서 치료 중인 환자였으며 나이는 21세에서 79세였다. 이들은 모두 운동내성검사/운동부하시험(exercise tolerance test/ETT)와 약리적 부하검사(pharmacological stress imaging－심장초음파(echocardiography), 혈액 저류(gated blood pool), 혹은 심근관류확산영상(myocardial perfusion nuclear imaging/MPI 사용), 혹은 적어도 하나의 주요 관상 혈관(coronary vessel)의 혈관 직경이 50% 이상 줄어든 조영발견(angiographic findings), 혹은 좌심실 구축률(left ventricular ejection fraction)이 40% 이하인 경우를 통해 재생가능 심근허혈(reversible myocardial ischemia)을 진단받은 사람들이었다.

분노가 심근관류를 축소시키는 경향이 있다는 연구가 있다. 그러므로, 관상동맥질환을 가진 사람들이 타인들에게 불공정한 대우를 받는 경우 화가 나게 되고(용서하지 않고), 이러한 스트레스 상황에서 허혈증상이 더 악화되는 경향이 있다. 이것은 그 사람이 급성 편도선염(angina), 갑작스런 죽음, 그리고 다른 관상동맥 합병증에 취약하게 만든다.

도 구

EFI(제13장 참고; Enright & Rique, 2004), Spielberger의 상태-특성 분노 표현 척도(State-Trait Anger Expression Inventory; STAXI; Spielberger, 1988), 심근관류확산영상검사(myocardial perfusion imaging test)가 실시되었다. 단일광자 단층촬영(single photon emission computed tomography: SPECT) 심근관류확산 방사선동위원(radionuclide imaging) 검사가 휴식기와 분노-회상 정신적 스트레스 시험(anger-recall mental stress testing) 후 심근관류 확산을 측정하기 위해 사용되었다.

검사절차

처음에 참여자들이 타인에게 받은 특정한 상처를 회상할 때에 분노가 올라오는지 확실하게 하기 위해 인터뷰를 하였다. 그 후 STAXI와 EFI를 실시하였다. 참여자들은 STAXI와 EFI에서 높은 점수를 받은 경우에만 연구에 계속 참여하였다. 그 후 기준 99mTC-Tetrofosmin 심근관류확산 SPECT 영상(baseline 99m Tc-Tetrofosmin myocardial perfusion SPECT imaging)이 실시되었다.

일주일 후, 탐침 주입(tracer injection) 전 분노-회상 작업이 추가된 스트레스 영상 검사를 실시하였다. 숙달된 심리학자가 분노-회상 정신적 스트레스 검사를 실시하였다. 참여자들은 그들이 불공평하게 대우를 받고 깊이 분노를 느낀 사건에 대해 자세하게 설명하였고, 처음부터 끝까지 상황을 재구성하도록 하였다. 이 검사는 심장모니터링과 함께 심장 핵의학(nuclear cardiology) 연구소에서 진행되었다.

분노와 심한 적개심에 의해 심근 관류 결함이 스트레스 영상에 나타난 참여자들만이 이 연구에 계속 참여하였다. 프로그램 종료 때와 10주 후 후속 검사 때에 자기보고 검사와 분노-회상 스트레스 영상검사가 실시되었다.

치료절차

17명의 참여자 중 9명은 무작위로 용서 프로그램에, 8명은 심장 건강(대처 기술, 식단, 운동) 유지에 관한 정보에 초점을 맞춘 프로그램에 배정이 되었다. 용서 프로그램에 있던 한 환자는 10주 후속 검사에 참여하지 못했다. 무작위 실험집단과 통제집단 설계가 사용되었다.

용서회기

용서 프로그램에 배정된 사람들은 **용서는 선택이다**(Enright, 2001; *Forgiveness Is a Choice*)라는 책을 받았다. 이 책은 과정모델(제4장)을 자세하게 설명함으로써 독자들이 그 과정의 20개의 구성단위를 진행할 수 있도록 하였다. 숙달된 심리학자들이 일주일에 한번씩 10주 동안 각 참여자들과 개인적으로 만났다.

통제조건은 특별히 분노를 줄이려는 의도 없이 대처 기술들을 도와주는 것이었다. 실험집단과 비슷한 시간이 소요되었다.

결과 및 논의

두 번의 검사 모두 통제집단에 있던 참여자들보다 용서집단에 있던 참여자들이 용서에 있어서 통계적으로 더 유의미한 증가를 보였으며, 사전 검사에서 사후 검사까지, 그리고 사후 검사에서 후속 검사까지 강한 효과 크기를 보였다. 또한, 용서집단에 있던 참여자들은 분노에 있어서도 사전 검사 때에 비해 사후 검사에서 통제집단에 있는 참여자들보다 통계적으로 유의미한 감소를 보였으며, 효과 크기 역시 높았다. 이 감소는 후속 검사 때에는 줄어들었다.

이 연구에서 가장 중요한 결과는, 용서집단 참여 후 참여자들의 심근 관류 결함으로 인한 정신적 스트레스가 사전 및 추후 검사와 통제집단의 점수에 비해 통계적으로 유의한 차이를 보인 것이며, 효과크기도 높게 나타났다는 것이다. 실험집단에 있는 환자들이 그들에게 상처 준 사람들을 진심으로 용서하는 것을 배움에 따라, 분노 회상 때 통제집단의 사전 검사부터 후속 검사 때까지에 비해 좌심실 심근 관류 결함의 정도에 유의미한 변화가 있었다. 이러한 결과들은 비록 작았지만, 정신적 스트레스로 인한 분노-회상 검사의 변화가 관상동맥질환을 앓고 있는 환자들이 허혈 증상을 겪게 했다는 점에서 중요했다.

이 연구 설계로는 용서치료 하나로만, 혹은 용서치료와 시간이 함께 유의미한 결과를 설명하는지 알 수 없다. 예를 들어, 운동이 꼭 즉시 결과를 가져오는 것은 아닌 것처럼 말이다. 지연된 효과가 운동 프로그램 그 자체보다 더 오래 갈 수도 있는 것이다. 이와 마찬가지로, 용서 또한 치료기간을 넘어서 효과가 나타날 수도 있다.

이 연구는 용서만으로 심장 기능을 향상시킬 수 있다는 것을 주장하기 위해 진행된 것이 아니다. 그와 반대로, 용서는 여러 변인 — 의학적, 영양학적, 그리고 사회적 — 들과 함께 유의미한 결과를 이끌어내었다. 동시에, 우리는 이 결과가 용서가 인체의 주요 장기에 미치는 첫 인과관계 연구 결과라는 사실을 축소시키고 싶지 않다.

논 의

종합하여 볼 때, 이 세 연구들은 용서치료의 치료적 효용성과 과학적 타당성을 잘 설명하고 있다. 〈표 5.1〉에 나온 10가지의 연구들을 보면 특히 건강한 정서조절과 관련하여 용서치료의 성공 패턴들을 볼 수 있다. 용서치료는 남성과 여성, 그리고 젊은 성인들부터 노인들에 이르기까지 성공적이다. 표출된 문제들은 청소년 후기부터 성인 초기까지 부모 사랑 결핍부터 성인기의 정서적 학대, 그리고 노년기의 가족간 문제까지 다양하다. 다양한 치료법들은 능력 있는 한 두 사람의 역량으로 결과가 나타난 것이 아니라는 결론을 도출하였다.

용서치료가 다른 기존의 접근법들에 비해 더 뛰어난 결과를 내는지는 아직 확실하지 않다. 용서치료가 지지집단과 같은 다른 기존의 기법들과 함께 그 자리를 차지하고 있다는 것은 오랜 역사를 가진 지지집단에 비해 용서치료가 비교적 짧은 역사를 가지고 있는 것을 보았을 때 중요하다. 우리는 친족 성폭행 생존자 연구에서 나타난 강력한 결과에 대해 놀랐다. 친족 성폭행 생존자에 대한 연구 중 다른 치료법들을 사용한 어떠한 연구도 성적 학대로 인해 정서적 영향을 받고 있는 여성들에게 강력하고 오래가는 효과를 보여주지 못했다. 아마도 어떠한 문제들에 대해서는 용서치료가 기존의 치료법보다 더 효과적으로 나타날 수도 있을 것이다. 우리는 용서치료가 불의로 인해 형성된 뿌리 깊은 트라우마에 영향을 미칠 것이라고 생각한다. 이것은 당연히 더 많은 과학적 연구를 요하는 추론이다.

최소한, 용서치료는 내재되어 있는 가정을 근거로 감정의 치유에 대한 기존의 치료법에 대한 도전이다. 용서치료의 7가지 가정들에 대해 생각해보라. 첫째, 용서치료의 의도는 자신이 아니라 불공정했던 다른 사람에게 초점을 맞추는 것이다. 자기 자신의 감정적, 인지적 상태에 대한 통찰은 가해자를 보는 발판이 된다. 이러한 치료는 드물다. 용서치료는 본인의 감정적 상태가 주요 문제가 아니라는 가정에서 시작한다. 부당함이 바로 주요 문제이다. 부정적인 감정적 상태는 부당함을 해결하지 못하는 데에서 나오는 부차적인 문제이다.

둘째, 격양된 분노, 불안, 그리고 우울과 낮아진 자존감과 같은 감정적 어려움이 어려운 삶에 대한 직접적인 반응일 수도 있겠지만, 항상 그런 것은 아니다. 더 주요한 감정은 분노이거나 혹은 부당한 대우를 받았을 때의 쓰라림일 수도 있다. 부차적인 감정적 어려움은 분노를 몇 주, 몇 개월, 혹은 몇 년이나 견디면서 생기는 반응일 수도 있다. 이 부차적인 감정을 심각하게 경험하는 것이 치료를 받는 동기가 된다. 이것이 어떤 내담자에게 해당되는 이야기라면, 용서치료의 역할은 부차적인 어려움들이 심각하지 않는 이상 그것을 먼저 다루는 것이 아니라, 주요 감정인 분노와 관련된 감정들을 먼저 다루는 것이다. 분노가 동정과 선을 나타내는 감정들로 바뀔 때, 분노, 우울, 심한 분노와 같은 위험할 수 있는 부차적인 감정들도 더 나은 방향으로 바뀌어야 한다. 사실, 여기에 소개된 용서치료들은 일련의 회복된 심리 건강을 보여준다.

용서치료의 두 번째 가정에 대해 주의할 점은 좀 더 고전적인 안내서를 따른 치료자들은 어떤 감정들에 초점을 맞춰야 하는지 잘못된 판단을 할 수 있다는 것이다. 예를 들어, 부당한 일을 당한 청소년이 불안, 집중력 저하, 그리고 과도한 에너지의 증상들을 가지고 치료에 온다면, 내재되어 있는 부당한 일에 대한 분노와 쓰라림에 초점을 맞추지 않고 정신 약리적 치료법을 추천하는 것은 실수일 것이다. 약물은 증상들을 완화할 수 있겠지만 애초에 분노를 생기게 한 부당한 일을 살펴볼 수는 없을 것이다. 약물이 증상을 감추면서 부모와 치료자는 아이가 회복의 길을 가고 있다고 결론을 내릴 수도 있다. 이것이 맞을 수도 있지만, 환자는 몇 년 후 더 이상 약물을 복용하지 않게 되었을 때 부당함의 문제에 대해 다시 다뤄야 할 수도 있다. 약물 치료의 사용을 금지해야 한다는 말을 하려는 것이 아니다. 우리는 약물에 의존하는 사람들에게 어떤 감정들이 주요 감정들이고 부차적 감정들인지 생각해보기를 도전하는 것이다.

셋째, 부당한 일에 대한 모든 호소가 정확하진 않다. 예를 들어, 나르시시즘이 있는 사람은 모든 상황에서 부당함을 볼 수도 있다. 이러한 상황에서는 용서치료가 효과적이지 않을 수도 있다. 왜냐하면, 그 사람이 원하는 것을 얻지 못했을 때 그것이 불공정한 일이라는 잘못된 믿음을 강화함으로써 나르시시즘을 부추길 수도 있기 때문이다. 치료자는 진짜 불공정함과 가짜 불공정함을 구분해야 한다.

넷째, 용서치료는 매우 윤리적이다. 윤리에 대해 중립적인 태도를 취하기로 결정한 치료자들은 조금 도전을 받을 것이다. 누구도 가해자에 대한 자비와 선이라는 윤리적 태도를 벗어나서 용서할 수 없다. 치료자는 내담자가 가해자에게 초점을 맞출 뿐만 아니라 또한 윤리적으로(공정과 불공정, 자비, 심지어 사랑으로) 용서할 수 있도록 도와줄 준비가 되어 있어야 한다.

다섯째, 이 치료는 교육적인 측면이 있다. 치료자는 내담자가 우연히 용서를 알게 되고, 또 신기하게도 그 개념을 받아들이기를 기다리지 않는다. 이 이야기를 하는 데에는 두 가지 이유가 있다. 기억이 난다면, Al-Mabuk 외(1995)에서 사용된 용서 의지 척도(Willingness to Forgive Scale)의 사전 검사에서 용서가 사람들의 의식에서 중심개념이 아니라는 것을 의미하는 답변들이 있었다. 만약 치료자가 내담자가 용서를 "알게 되기를" 기다린다면, 우리는 이 통찰이 생기기도 전에 치료비가 바닥날 수도 있다. 두 번째 이유는, 우리의 경험으로 봤을 때 용서치료에 오는 많은 내담자들이 용서가 무엇으로 구성되어 있는지 왜곡된 관점을 가지고 있는 사람이 많다(Freedman & Chang, 2010 참조). 용서는 묵과, 눈감아 주기, 체념/잊기, 화해, 관용, 약함, 정의 회피, 그리고 다른 오해들과 혼동된다. 사람들은 용서가 무엇인지, 그리고 무엇이 아닌지 치료에서 더 정확히 배울 필요가 있다.

여섯째, 용서치료는 개인에 대한 내적 인식을 바꾸려고 한다(Enright, 2012). 부당한 대우를 받은 사람은 "피해자"라는 해로울 수 있는 정체성을 계속 가지고 있을 필요가 없다. 용서를 사용하는 치료자들은 피해자화(victimization)를 분명히 인정해야 하지만, 용서는 그 정체성에서 빠져나가는 방법을 알려준다. 이러한 치료는 피해자에서 생존자로 초점을 바꾸는 것을 도와줄 수 있을 뿐만 아니라, 나아가 "생존자"라는 말도 사용하지 않게 된다. 다시 말해, 용서치료는 단지 수용만이 아니라 한 사람이 자신을 어떻게 보는지, 그리고 가해자를 어떻게 바라보며 반응하는지의 변화에 관한 것이다.

마지막으로, 용서치료는 불공정에 대한 구체적인 심리학적 반응을 다루는 것뿐만 아니라, 치료에서 배운 것들을 매일의 상호작용에 적용하고 심화하는 것이다. Freedman & Enright(1996)에서 친족 성폭행 생존자와의 경험은 그들이 아버지에 초점을 맞추면서 습득한 배움들을 그들의 남편, 자녀, 상사, 직장동료, 그리고 다른 사람에게 적절하게 적용하기를 바란다는 것이다. 그들은 용서의 과정에서 새로운 정체성을 발달시켰다.

임상 장(chapter)에 대한 머리말

임상 병리에 대한 장으로 넘어가면서, 전에 나왔던 세 가지에 대해 생각해보려 한다. 첫째, 모든 사람이 용서에 대해 똑같이 이해하지 않을 것이다. 용서를 이해하는 한 차원은 인지-발달의 연속성이다(Enright, Santos, & Al-Mabuk, 1989). 어떤 사람들은 좀 덜 복잡한, 어떤 사람들은 좀 더 복잡한 근거들이 있을 것이다. 우리는 용서치료가 좀 더 가치있게 인정되는 사례들을 골랐다.

둘째, 처음 인터뷰 때에 사람들마다 용서를 하는 진행상황이 다를 수 있다. 어떤 사람들은 분노를 부정할 수도 있는 반면에, 어떤 사람들은 분노가 그들을 쇠약하게 만들기 때문에 도움을 요청할 수도 있다. 우리는 연구에서 참여자들이 치료를 시작했을 때 과정모델 초기에 있는 참여자들을 선택하려고 노력했다. 우리는 분노가 과정의 초기 단계에서 어떻게 통찰, 공감, 동정, 그리고 관련된 발달을 통해 변화되는지 설명하고 싶다.

셋째, 누군가를 이미 용서한 사람부터 앞으로 누군가를 용서할 마음이 있는 사람까지 그 정도에 차이가 있다. 우리는 사례연구를 통해 환자가 부당했던 가해자와 그 상황을 다시 돌아보고 싶어하지 않는다는 것보다 환자가 얼마나 나아졌는지 보여주기 위해 각 사례의 결과를 보여준다. 치료가 끝났다고 해서 용서가 끝난 것은 아니다.

선택된 모든 사례들은 공통의 특성들을 가지고 있다: (a) 환자가 겪은 부당한 일들은 감정적, 행동적, 관계적 어려움을 야기했다. (b) 각 사람들은 부정을 보며 용서를 하기로 기꺼이 결정한다. 물론, 모든 내담자 및 환자가 용서를 하기로 결정하는 것은 아니다; 우리는 그 권리를 존중한다. (c) 각 사람들은 성공적인 치료를 위해 치료에 충분한 시간을 쏟았다. 모든 사례들이 성공적인 것은 아니었지만, 우리의 경험에 의하면 용서작업을 하고 충분한 시간을 쏟은 사람들은 괴로운 심리적 증상이 눈에 띄게 감소하였다.

이러한 주의사항을 기억하며, 다양한 심리적 병리의 임상 연구들과 사례 연구를 다룬 제Ⅱ부로 넘어가도록 하자.

제 Ⅱ 부

특정 장애와 상황에 대한 용서치료

제6장
용서치료와 우울장애

우울증상으로 치료를 받으러 온 30세 미혼여성인 머나는 그녀의 우울증상이 고통스러운 외로움으로 인한 것이라고 생각했다. 그녀는 결혼을 하고 가정을 이루고 싶었기에 자신이 신뢰할 수 있는 남자를 찾고 싶어했다. 최근 머나는 그동안 자신에게 상처를 준 사람들에게 가지고 있던 분노를 알게 되었고 아버지를 포함해 자신의 인생에 관여된 남자들에게 얼마나 많이 분노하고 있는지에 대해 스스로 알게 되면서 놀랐다. 이것은 그동안의 치료에서는 알지 못했던 것이다. 상담을 통해 머나는 최근 자신에게 상처를 준 사람들을 향해 가지고 있던 분노를 의식하게 됐고, 아버지를 포함해 자신의 인생에 관여된 남자들에게 자신이 얼마나 많이 분노하고 있는지를 깨달으며 놀라게 됐다.

이 장에서는 머나의 우울장애치료에서 용서가 어떻게 쓰였는지를 살펴볼 것이다. 긍정심리학(Peterson & Seligman, 2004)에서 용서는 분노를 줄이고 다스리는 데 효과적인 성격적 강점 또는 덕목으로 설명되어져 왔다(Enright & Fitzgibbons, 2000). 또한, 이 장에서 우리는 우울장애에서 분노의 유병률(prevalence), 우울과 분노의 관계, 분노의 본질, 분노치료의 중요성, 용서치료 4단계에 대한 개관, 다양한 우울장애 치료에서 용서치료가 어떻게 사용되는지를 논의할 것이다. 또한 용서치료의 한계점에 대해서도 논의할 것이다.

우울증을 겪고 있는 환자를 치료하는 데 있어서 분노에 대한 평가와 치료는 환자의 회복과 재발 방지를 위해 극히 중요한 요소이다. 우리의 임상경험을 볼 때, 우울증과 관련된 분노 해결의 실패는 우울증 재발의 요인이 된다. 우울증 환자의 분노 수준은 분노와 관련된 과거에 대한 이해와 분노 측정도구를 통해 평가되어야 한다. 우울증을 겪고 있는 환자 중 많은 사람들이 아동기, 청소년기, 성인기 당시 부인되고 해결되지 않은 상당량의 분노를 찾아낼 수 있을 것이다. 그리고 용서치료는 정신 약리학, 인지행동치료, 부부·가족치료와 같은 여타의 치료기법과 연계하여 우울장애와 관련된 분노를 해결하는 데 쓰일 수 있다. 성적학대 피해 여성들을 대상으로 한 연구에 따르면, 부당한 피해로 생긴 분노의 해결은 분노뿐 아니라 우울증상 또한 감소시키는 것으로 나타났고(Freedman & Enright, 1996), 우울증 치료를 위해 환자의 분노를 해결하도록 권고되어왔다.

성인 및 청소년의 우울증 유병률

미국인구 다섯 명 중 한 명이 생애주기 중 우울증의 영향을 받는다(Kessler et al., 2005). 2009년에 시행된 한 연구에 따르면, 당시 최소 2천 7백만명의 미국인이 항우울제를 복용하고 있는 것으로 나타났는데, 이는 90년대 중반에 보고된 수치의 두 배에 가까운 것이다(Olfson & Marcus, 2009). 2010년 만명의 청소년을 대상으로 한 연구는 14.3%의 청소년이 기분장애를 가지고 있는 것으로 보고했다. 연구에 따르면, 11.7%의 청소년이 주요우울장애와 기분저하증 진단기준을, 2.9%의 청소년이 양극성장애의 진단기준을 충족시킨 것으로 나타났다. 또한 여성들이 남성들보다 단극성 기분장애를 경험할 가능성이 두 배 가까이 되고, 양극성 장애를 경험할 가능성 또한 더 높은 것으로 보고됐다. 모든 기분장애의 유병률은 나이와 함께 균등하게 증가했는데, 13-14세로 이루어진 그룹에게서 7.4%의 유병률을 보인 반면 17-18세로 이루어진 그룹에서는 그 두 배인 15.4%의 유병률이 나타났다(Merikangas et al, 2010).

우울장애에서 분노 공존

많은 연구들이 성인에게 과도한 분노가 우울증과 공존한다는 것을 보여준다(Barrett, Mills, & Teesson, 2013; Besharat, Nia, & Farahni, 2013; Cheng, Mallinckrodt, & Wu, 2005; Gould et al., 1996; Novaco, 2010). 한 연구는 우울증 환자의 42%가 화가 난 것으로 분류되었다고 보고한 바 있다(Booij, Wee, Penninx, & Does, 2011).

화를 잘 내는 것은(irritability) 또한 우울증의 전반적인 심각성, 불안 공존, 자살경향성과 연관된 것으로 보고되었다(Bae et al., 2013; Perlis et al., 2009). 한 연구에서는 단극성 주요우울삽화가 있는 536명의 참가자 중 292명(54.5%)에게서 공공연한 화와 분노가 나타났으며, 화와 분노는 보다 심각하고, 만성적이며, 복잡한 우울증에서 나타나는 매우 일반적인 임상적 표식이었다(Judd, Schettler, Coryell, Akiskal, & Fiedorowicz, 2013).

한 연구에서 분노발작은 벡(Beck) 우울척도에 의해 측정된 우울감 수준과 관련된 것으로 나타났다(BDI; A. T. Beck, Ward, Mendelson, Mock, & Erbaugh, 1961). 벡 우울척도에서 상위 25%의 점수(22점)를 얻은 환자는 하위 25%의 점수(8점)를 얻은 환자에 비해 3.2배 많은 분노발작을 보인 것으로 보고됐다(Gould et al., 1996). Fava와 Rosenbaum(1998)이 관찰한 바와 같이, 이 결과들은 우울과 분노의 상호관계에 대한 정신역동 가설에 문제를 제기한다. 사실, 우울증의 원인은 억압된 분노라는 정신분석적 추측은 실증적 토대가 없다고 하겠다(Novaco, 2010).

분노는 우울증을 겪는 환자들의 치료 중단과도 관련이 있다(Pugh, 1983). 한 연구에 따르면, 분노 정서를 보이는 우울증 환자들 가운데 43%가 퇴원 후 통원치료를 하지 않은 것으로 나타났다(Weissman, Fox, & Klerman, 1973).

청소년 우울에서 분노 공존

정신장애진단통계메뉴얼(5th ed., DSM-5; American Psychiatric Association, 2013)의 주요우울장애 기준은 아동 및 청소년의 단극성 우울증의 주요 증상으로 성마른 기분(irritable mood)를 포함하고 있다. 청소년기 소녀들의 우울과 반항성 장애의 관계에 대한 연구는 중증 주요우울장애를 가진 아이들의 73%에게서, 그리고 경증 주요우울장애를 가진 아이들의 47%에게서 반항성 장애가 공존하는 것으로 나타났다(Burke, Hipwell, & Loeber, 2010). 또한 과도한 분노는 청소년들의 자살경향성과 연관된 것으로 밝혀졌다(Hawton, Osborn, O'Grady & Cole, 1982; Simonds, McMahon, & Armstrong, 1991).

우울과 분노의 관계

우울과 분노의 관계에 있어서 시기적 측면은 명확하지 않다. 분노는 불만과 적의의 강렬한 감정으로 주로 슬픔, 불안, 자기애적 성격 특징에 의해 생겨난다. 분노는 또한 과거의 상처에 대한 기억과 반추에서 일어날 수 있다. 이러한 상처들은 수년 또는 수십년 지속된 것일 수 있는데, 이는 그 상처들로부터 생겨난 분노를 해결하지 못한 결과이다. Averill(1982)에 따르면, 대부분의 사람들이 하루에 여러 번 또는 일주일에 여러 번, 가벼운 수준에서 보통 수준의 분노가 표출된다고 보고했다. 분노는 타인이 자신의 사랑 또는 칭찬의 욕구를 만족시켜주지 않을 때 나오는 자연스러운 반응이며, 집, 학교, 공동체, 직장 등에서 경험하게 된다. 분노는 유아기에 시작되어 이후 주요 타인, 특별히 자신이 신뢰하기 원하는 사람과의 관계에 영향을 미친다. 유아기 시절 부모님과 타인에 대한 상처와 실망으로 생겨난 분노는 해결되지 않고 있다가 이후 무의식적으로 다른 사람들에게로 향하게 될 수 있다.

한 연구에서 우울한 아이들은 우울하지 않은 아이들에 비해 자신의 분노를 사려 깊고 충동적이지 않은 방식으로 제어하지 못하는 것으로 나타났다(Kashani, Dahlmeier, Borduin, Soltys, & Reid, 1995). 또다른 연구는 절망감 수준이 높은 청소년들이 절망감 수준이 낮은 청소년들에 비해 더 공격적으로 분노를 표출한다고 보고했다(Kashani, Suarez, Allen, & Reid, 1995). 분노는 인생의 다양한 시기에 생겨난 슬픔을 무의식 속에 넣어버려서 그 슬픔이 치료되는 것을 방해할 수 있다.

때로는 분노가 정당하고 적절할 수 있다. 하지만 과거 상처로부터의 화를 완전히 해결하지 못했을 때, 분노는 지나칠 수 있고 잘못된 방향으로 향할 수 있다. 분노가 생겨날 때, 우리에게는 이 강력하고 복잡한 감정을 다루기 위해 취할 수 있는 세 가지 선택지가 있다. 부인, 표출(능동적 또는 수동-공격 성향의 표출), 그리고 용서이다. 만약 용서를 통해서 분노가 해결된다면, 이 과정은 슬픔, 우울, 그리고 과거 상처들을 되새기는 습관을 치료하는 데 도움을 줄 것이다.

우울증을 겪는 환자들을 위한 용서치료 4단계

개방단계-분노와 상처 파악

우울증 환자의 과거에 대해 알게 되면, 환자가 중요한 관계에서 받았던 주요 상처, 그리고 그 상처와 연관된 분노에 대해서 파악하려는 시도가 이뤄진다. 대부분의 사람들이 성인이 된 이후 경험한 관계의 갈등은 쉽게 인정하는 데 반해, 많은 경우 그들의 우울증에 영향을 줬을 원가족으로부터의 실망감에 대한 통찰은 좀처럼 보이지 않는다. 이는 아버지와의 관계에서 특히 두드러지는데, 아동기와 청소년기의 분노에 대한 부인이 아버지와의 관계에서 가장 강하기 때문이다.

치료 초기, 분노와 상처 파악은 환자가 분노 측정도구를 작성함으로써 이뤄질 수 있는데, 이러한 측정도구는 적극적 그리고 수동-공격적 형태의 분노를 모두 평가한다. 이에 더해, 때때로 가족 구성원들이 분노 측정도구에 답하기도 한다. 분노 측정도구는 치료자가 환자로 하여금 자신의 분노 강도와 분노표출 방식을 이해하도록 돕는 데 도움이 된다. 분노 측정 결과를 접한 다수의 환자들은 자신이 얼마나 높은 수준의 분노를 가지고 있는지를 보고 놀라게 된다. 이때, 인생의 각 단계마다 어떻게 분노를 감춰 왔는지에 대해 이야기하기 시작하고, 분노를 다루는 세 가지 기본적인 방식(부인, 표출, 용서)에 대해 살펴봐야 한다. 분노와 관련된 오해들에 대해서도 설명이 이루어져야 하는데 대표적인 오해들은 다음과 같다. 분노는 표출을 통해서만 해결될 수 있다. 분노는 극도의 상태로만 경험된다. 과거 상처들로 인한 분노는 빠르게 해결될 수 있다. 명백한 징후가 나타나지 않으면 특별한 미해결 분노가 없는 것이다.

치료자가 사람들이 지닌 분노를 찾아낸 후 안전하고 효과적인 해결방안을 제시하지 못할 경우 내담자의 지대한 저항에 맞닥뜨릴 수 있다. 그들은 자신이 지닌 분노에 대해서 두려워하거나 죄책감을 가질 수 있으며, 분노를 없앨 수 있는 믿을 만한 방법이 없을 경우 분노의 존재 자체를 부인해 버린다. 이때 치료는 내담자에게 용서를 통해 분노를 스스로 해결하는 방식을 가르침으로써 환자들은 자신의 분노를 부인하지 않고 용서를 시작하는데 마음을 열게 된다.

우울증상과 환자의 과거에 기반한 인지적 용서의 실행 또한 분노를 발견하는 데 도움이 된다. 환자는 인생의 어느 시점에 자신에게 상처를 준 사람을 이해하고 용서하려고 노력하고 싶다고 생각해본다. 시작 시에는 상처의 깊이와 그로 인한 슬픔과 분노에 대한 의식적인 인식이 거의 없을 것이다. 그러나 인지적 용서는 의식하지 못하던 감정적 고통과 분노를 이끌어내는 강력한 도구가 된다. 초기에는 인지적 용서의 효과가 치료자에 대한 신뢰수준에 달려 있을 것이다. 몇몇 우울증을 겪는 환자들은 정서적으로 거리가 있거나 비판적인 배우자에 대한 실망과 분노를 인식하고 있기는 하지만, 정서적으로 거리가 있거나 비판적인 부모에 대하여 인식하는 것에는 한계가 있다. 그들이 인지적인 용서를 시작하면, 자신이 부인하거나 해결하지 못했던 분노를 발견하기 시작하고 용서과정에서 자신들의 분노를 줄이고자 하는 동기를 갖게 된다.

미해결된 분노를 발견하기 위한 또다른 방법은 내담자에게 분노와 상처를 정직하게 다루지 못할 경우 우울증 회복에 방해가 될 수 있다는 것을 설명해주는 것이다. 분노 파악단계에서 심각한 저항이 생겨나면, 치료자는 다른 사람들이 이 장애물을 어떻게 극복했는지를 내담자의 이야기를 예로 들어 설명해줄 수 있다. 그럴 경우, 저항을 보이던 내담자가 한 발짝 물러나 다른 사람의 극복 과정을 자신에게 적용해 도움을 받을 수 있으므로 이야기의 힘은 결코 작은 것이 아니다.

놀랍게도, 우울증과 관련된 분노는 그것이 적극적인 분노이든 수동 공격적인 분노이든 이 단계에서 발견된다. 또한 복수에 대한 생각이나 공격적인 상상 또한 드러나게 된다.

결정단계

사람들이 용서를 하기로 결정하는 데 결정적인 영향을 미치는 요인은 용서가 우울증상을 해결하는 데 도움을 준다는 지식이며, 이는 임상적으로 그리고 연구를 통해 입증됐다(Enright, 2012). 많은 사람들이 자신에게 상처를 준 사람들을 마지못해 용서하기로 결정하고, 종종 전혀 용서를 하고 싶지 않다고 말하기도 한다. 부모를 용서해야 할 때 더욱 그렇다. 우리는 이런 사람들에게 상처를 준 사람과 그들의 힘들었던 삶에 대한 이해가 늘어갈수록, 마침내 그들을 용서할 마음이 생길 것이라는 것을 알려준다. 인지적인 용서와 감정적인 용서를 구분하는 것이 중요한데, 감정적 용서는 상처를 준 사람에 대한 더 깊은 이해와 진심으로 용서하고 싶어하는 마음을 포함한다. 많은 사람들이 부모, 배우자, 형제, 자매 등 자신에게 상처를 준 사람을 진심으로 용서하고 싶어지기 전에는 용서를 시작할 수 없다고 믿는다.

용서를 하기로 결정하는 것은 연속적인 과정이며, 그 결정을 강화하는 또다른 요인은 내담자가 용서를 시작하면서 과거의 상처로부터 오는 슬픔, 불안, 반추가 경감되는 것을 경험하는 것이다. 하지만 일부 내담자는 용서의 과정을 지속하고자 하는 동기를 잃게 되는데, 이는 그들이 자신의 분노를 버리기 전에 자신에게 상처를 준 사람과 관련된 분노를 충분히 경험하고, 소유하고, 이야기하고 싶기 때문이다. 그들이 치료과정에서 용서를 사용한 우울증 환자의 성공적인 사례를 듣게 되면, 용서의 과정을 계속하기로 기꺼이 결정하게 된다.

심각한 배신의 고통으로 인해 우울증을 갖게 된 내담자들의 경우, 용서는 상처를 준 사람이 그들의 행동에 대한 책임을 지지 않는 것을 의미한다고 오해할 수 있다. 이러한 오해를 푸는 데는 시간이 걸릴 수 있기 때문에, 초기에는 용서라는 단어를 사용하지 말아야 할 수도 있다. 그 사이 치료자는 내담자가 복수와 관련된 적대적인 감정들과 생각들을 내려놓기 원하는지 생각해보도록 권할 수 있다.

용서를 위한 결정에 영향을 미치는 또다른 요인은 강한 분노를 품고 있음으로 인해 자신이 입을 수 있는 피해에 대해 인식하는 것이다. 분노로 인한 피해는 우울증상 극복의 실패, 부모에 대한 분노가 사랑하는 다른 사람에게 향하는 것, 대인관계에서의 지나친 분노 표출, 신체적 질병 발생, 가해자에게 지속적으로 정서적 지배를 받는 것을 포함한다. 치료자는 이러한 부정적인 결과에 대해 내담자에게 설명해 줄 수 있는 준비가 되어 있어야 한다. 동시에 치료자는 용서를 하기로 결정하도록 권유할 때, 용서의 유익에 대해 내담자에게 알려줄 수 있어야 한다. 용서의 유익은 다음을 포함한다.

- 분노조절능력 향상
- 낙관적 태도와 에너지 증가
- 과거 상처에 대한 반추 감소
- 슬픔의 감소
- 보다 안정적인 기분
- 불안 감소
- 자신감 향상
- 부인되어온 분노 감소와 함께 적절한 분노표현능력 향상
- 분노 충동 또는 생각에 대한 두려움 감소
- 사랑하는 사람과의 관계 개선
- 과잉반응 없이 건강한 방식으로 분노를 표현할 수 있는 능력 향상
- 무의식적인 분노에서 나오는 죄책감 감소

한 연구에 따르면, 상처에 대한 용서치료를 받은 집단은 통제집단에 비해 상처에 대한 부정적인 생각과 감정이 2배에서 3배 더 효과적으로 감소한 것으로 나타났다(Harris et al., 2006). 또한 용서치료를 받은 내담자들이 가해자에 대해 유의미하게 많은 긍정적인 생각과 감정을 갖게 된 것으로 나타났다.

많은 사람들이 몇 가지 사실에 대해 안심을 한 후에야 용서를 하기로 결정할 것이다. 첫째, 가해자, 특히 통제적이고, 분노하고, 자기애적인 사람을 신뢰하거나

다시 그들에게 상처 입기 쉬운 상태에 놓일 필요가 없다고 안심시켜줄 필요가 있다. 또한 용서가 분노의 표현이나 정의 추구를 막는 것이 아니라는 것을 확인해 줘야 할 필요가 있다. 가해자에 대한 분노의 해결과 그 사람에 대한 신뢰를 회복하는 것은 관련은 되지만 서로 구분되는 다른 과정이다. 내담자는 가해자를 용서하지만 신뢰하지는 않을 수 있다.

어떤 이들은 주변 사람들이 상당한 압력을 가할 때에만 용서를 하기로 마음을 먹는다. 배우자, 가족 구성원, 친구들이 내담자가 과도한 분노를 다스리도록 결단하지 않으면 거리를 두거나 관계를 끝내겠다고 협박할 수도 있다. 누군가를 신뢰하는 것에 대한 어려움이 있는 우울한 사람들은 치료 초기 치료자를 충분히 신뢰하지 못해 용서를 하기로 결정하는 데 한계가 있을 수도 있다. 그들은 심지어 분노를 자신들의 불신과 배신에 대한 두려움의 방어기제로 사용할 수도 있다. 의심 많은 내담자들 가운데 많은 경우는 자신이 분노를 버리지 않으면 과거 가해자에 의해 상당히 통제 받을 것이라는 것을 이해하게 될 때 마침내 용서하기로 결정을 한다.

우울증 환자들 가운데 적대적이고 의심이 많은 사람들이 가끔 엉뚱한 대상에게 분노하는 경우가 있는데, 그들이 자신의 분노를 버리기로 결단하지 않으면 때때로 치료를 중단해야 할 수도 있다. 내담자의 부적절한 분노 표출은 치료자에게로 향할 수 있는데, 그럴 경우 내담자는 그러한 분노는 누구에게도 도움이 되지 않으며 우울증 치료를 늦출 뿐이라는 것을 깨달아야 한다.

분노를 슬픔이나 부적절감에 대한 방어기제로 사용하는 사람들은 많은 경우 용서하기로 결정하는 것을 주저한다. 이런 경우 결정을 내리기에 앞서 그들의 자존감이 강화되어야 하는데, 특별히 젊은 남성의 사례에서 그 필요성이 나타난다. 마지막으로, 많은 사람들이 용서가 그들의 우울증 감소를 도울 것이라는 기대를 가지고 용서하기로 결정한다는 것을 볼 수 있다.

작업단계

용서는 가해자의 초기 심리발달에 대해 이해하려는 시도를 통해 이루어질 수 있다. 시간이 흐르면서 가해자의 과거에 대해 자세히 알게 되고, 많은 사람들의 행동이 그들 자신의 정서적 상처에서 기인한 것이라는 것이 선명해진다. 용서의 과정은 상처를 준 주요 타인이 자신이 할 수 있는 최선을 다해 사랑을 했고 고의로 상처를 준 것은 아니라는 것을 이해할 수 있게 해준다. 이러한 이해가 생겨나면서 분노는 잦아든다.

용서의 작업단계에서 우리는 우울증을 겪는 환자에게 특별히 충격적인 기억에 지나치게 연연하지 말고, 특정 행동양식에 대해 누군가를 용서하는 것을 생각해보라고 권한다. 환자에게 정기적으로 "처방전" 또는 메모가 주어지는데, 이를 통해 매일 2회, 몇 분 가량 치료회기에서 이야기했던 가해자를 이해하고 용서하는 생각을 하도록 지시한다. 이러한 용서의 연습은 치료회기 동안에도 사용되는데, 환자가 용서작업을 진행할 수 있는 능력 및 어려움과 저항을 평가하는 데 도움이 된다.

환자는 용서를 하는 데 매일 몇 분보다 더 긴 시간을 쓸 수 있는데, 이는 현재의 정서적 고통이나 상처가 진행 중인지 여부 등에 따라 달라질 수 있다. 만약 더 강한 분노의 감정이 올라오면 환자에게 가해자를 용서하고 또한 과거에 유사한 상처를 준 사람들을 이해하고 용서하는 데 매일 시간을 할애하도록 격려한다. 우울증 환자들이 매일 용서를 하는 작업은 몇 달, 그리고 어떤 경우에는 몇 년까지 이어질 수 있다.

과거로부터의 상처와 관련하여, 내담자가 분노를 거의 또는 전혀 가지고 있지 않은 사람과의 관계에서 용서의 연습을 진행할 수도 있다. 예를 들어, 환자는 자신의 부모가 특정 정서적 욕구를 만족시켜 주지 않은 것에 대해 이해하고 용서하도록 노력할 수 있다. 정서적으로 거리를 두거나 화를 많이 냈던 아버지의 아동기와 청소년기를 이해하려고 노력하는 가운데, 환자는 대개 아버지 또한 어렸을 때 비슷한 어려움으로 힘들어 했고, 무의식적으로 자신의 아버지(환자의 조부)의 행동양식을 보고 배웠다는 것을 알게 된다. 이러한 이해는 부모를 용서할 수 있는 능력을 강화시켜 준다. 그럼에도 불구하고, 그들은 아동 청소년기로 돌아가 구체적인 실망과 관련해 부모를 이해하고 용서하려고 노력하며 몇 주 또는 몇 달의 시간을 보낼 것이다. 이 과정은 환자가 가해자들에게 가서 자신이 그들을 용서하기 위해 노력하고 있다고 말하는 것을 포함하지는 않는다.

치료의 양과 기간은 용서를 촉진하는 데 중요한 요소인 것으로 나타났다. 치료기간은 환자로 하여금 용서를 하도록 돕는 시간의 양으로, 일반적으로 더 많은 시간을 쏟을 때 더 많은 용서를 하게 된다(Wade, Hoyt, Kidwell, & Worthington, 2014).

사람들은 자신이 성인으로서 현재 지닌 슬픔에 영향을 주어 온 과거 속 사람들을 이해하고 용서하겠다고 마음먹을 수 있다. 치료자는 환자들에게 "아빠 엄마,

내가 어렸을 때 나를 실망시켰던 모든 일들에 대해서 아빠 엄마를 이해하고 용서하도록 노력하고 싶어요"라는 문구에 대해 깊이 생각해보라고 한다.

우리는 이것을 **과거 용서**(past forgiveness)라고 부르는데, 우울증 치료에서 자주 사용한다. 우울증 환자들은 정기적으로 종이에 쓰여진 문구를 받게 되는데, 그 문구는 가해자의 삶에 있었던 구체적인 갈등들을 이해하고 가해자를 용서하는 생각을 하라는 내용을 담고 있다. 후속 회기에서, 과거 그리고 현재의 대인관계에 대한 용서연습을 인지적 용서와 같은 방식으로 검토하고(Beck, 1976) 어려움과 저항에 관해서도 논의한다.

우울증을 겪고 있는 많은 환자들은 매일의 삶에서 자신의 분노를 통제하기 위한 방법으로 용서치료의 필요성을 인식하고 있는 자신을 발견한다. 분노발작(anger attacks)을 가지고 있는 사람들은 정기적으로 용서를 하는 과정이 분노공격의 강도와 빈도를 줄여준다고 보고한다. 내담자들은 또한 정서적 고통의 경감, 보다 안정적인 기분, 용서를 구하거나 용서를 하는 능력, 분노와 관련된 충동과 생각을 통제하기 위한 필요의 감소로 얻어진 활기 등의 유익을 보고한다.

시작 단계에서 대부분의 사람들은 용서를 한다는 진정한 감정 없이 지적인 과정으로 용서를 시작하고 많은 이들이 자신이 진정 용서를 하는 것인지 믿기 어려워한다. 그러나 가해자에 대한 이해(특별히 아동·청소년기 시절에 대한)가 늘어나면서 가해자에 대한 연민을 느끼고 용서를 하는 감정 또한 생기게 된다. 이 과정은 천천히 진행되기에, 그동안 이루어지는 인지적인 용서연습이 효과적으로 사용될 수 있다.

때때로 치료 도중 고통스러운 사건을 재연하는 것이 도움이 되는데, 치료자는 환자에게 가해자에 대한 그들의 실망, 분노, 그리고 그들을 용서하기 원하는 바람을 소리내어 표현하도록 요청한다. 이러한 심리극 기법은 부인의 정도가 심하거나 분노가 수동-공격적 방식으로 표출될 때, 그리고 분노감정이 주요 타인에게로 치환될 때 유용하다.

우울증을 지닌 사람들은 자주 자신의 우울 증상에 대해 현재 가까운 사람들을 비난하곤 한다. 특별히 부모님과 관련한 아동기 정신적 외상과 슬픔이 해결되지 않은 채 남아 있는 경우에 그렇다. 그런 사람들의 경우, 그들의 분노가 일정 부분 잘못된 방향으로 향하고 있다는 것과 어떻게 분노가 감춰지고 이후에 엉뚱한 사람에게 향할 수 있는지 이야기해줄 때 도움을 받을 수 있다. 이 환자들이 부모님에 대해 과거용서 연습을 사용하면, 용서를 통해 슬픔과 분노를 발견하고 느끼고 해결하게 된다.

만약 환자가 배우자와 같은 특정인을 용서하는 데 분노가 줄어들지 않는다면, 이것은 분노가 치환됐거나 과거에 다른 누군가가 비슷한 방식으로 상처를 준 경우일 것이다. 그럴 경우 치료자는 환자에게 아동기와 청소년기 시절을 생각해보고 부모의 통제적이거나 이기적인 행동으로 받았던 상처를 용서하는 것에 대해서 몇 분간 곰곰이 생각해 보라고 요청한다.

우울증 환자 가운데 강렬한 분노를 지닌 경우, 분노를 다른 사람을 해치지 않는 선에서 신체적으로 표현(샌드백 사용 등)해보는 것을 통해 분노를 해결해 가는 과정을 촉진할 수 있다. 이러한 방법은 깊은 분노나 복수를 하고자 하는 욕구를 버리기 위한 인지적 용서연습을 활용할 수 있다. 또한 환자가 가해자에 대한 적대적인 감정을 말로 표현하고 복수에 대한 욕구를 포기하도록 시도를 하면 강렬한 분노가 경감될 수 있다.

때로는 가해자가 치료에 참여하는 것이 내담자의 분노와 우울 증상의 해결에 유용할 수 있다. 몇몇 부모들은 성인이 된 자녀(우울증 환자)에게 자신들의 아동기 경험과 결혼생활의 스트레스를 설명하고 내담자에게 상처를 준 것에 대해 이해와 용서를 구했다. 일부 내담자들은 이러한 사과와 약속을 받아들일 마음이 없을 수 있고, 오히려 부모에게 감정적으로 상처를 주기 위해 부모의 사과를 이용할 수도 있다. 치료자는 치료 회기 중 역할극을 통해 내담자가 부모를 이해하고 사과를 받아들이며 용서를 할 준비가 되어 있는지를 평가하여 이를 방지할 수 있다. 그리고 나서 치료자는 부모를 회기에 참여시킬 적절한 시기를 결정할 수 있다.

몇몇 경우에 치료자는 가해자 역할을 맡을 수 있고, 내담자에게 가해자가 보인 무신경한 행동들에 이유가 있었을 것이라고 생각해보도록 제안한다. 역할극의 예로, 내담자의 우울증상에 영향을 준 상처에 대한 이해와 용서를 시도하면서 자신의 어린 시절을 떠올려보고 치료자의 얘기를 듣고 응답하라고 할 수 있다. 또한 항우울제의 사용이 우울증상 감소와 함께 분노 수준 및 표출을 줄이는 데 매우 도움이 될 수 있다. 그러나 항우울제는 분노를 야기하는 근본적인 문제를 해결하지는 않는다.

용서치료를 사용할 때 맞닥뜨릴 수 있는 장애물들은 다음과 같다.

- 용서에 대한 부모의 본보기 부족

- 자주 분노로 과잉 반응하는 역할 모델
- 원가족으로부터 기인한 분노에 대한 부인
- 복수에 대한 강한 충동
- 사랑하는 사람들이 자신들의 잘못을 인정하지 못함
- 자기애
- 지속적으로 실망시키는 주요 타인
- 통제에 대한 강박적 욕구

이 장의 후반부에서 사례를 통해 이와 같은 장애물을 다루기 위한 구체적인 개입방법을 설명할 것이다. 내담자의 삶, 역사, 또는 문헌 속에서 롤모델을 찾거나 신뢰를 향상시키는 방법 등이 이에 속한다. 분노는 두려움, 특히 배신으로 인한 두려움에 대한 방어기제로 사용되기 때문에 많은 경우에 내담자의 근본적인 신뢰능력이 향상되기 전까지는 용서과정을 진행해 갈 수 없다. 작업단계에서 생겨나는 오해로는 용서가 빨리 이루어질 수 있고 이를 위해 시간을 들일 필요가 없다는 것, 분노를 버리겠다는 한 번의 인지적 결정이 과거와 현재의 상처들로 인한 분노를 해결한다는 것, 용서가 건강한 자기주장을 막는다는 것, 용서를 하는 사람보다 용서를 받는 사람에게 더 많은 유익이 있다는 것 등이 있다.

어떤 이들은 분노를 통해 그들이 살아있다고 느끼기 때문에 분노를 놓지 않는다. 다른 이들은 분노가 그들에게 힘을 가졌다고 느끼게 해주거나 그것이 예전 사랑했던 사람과의 강한 열정의 유대를 형성하고 공허함을 가려줄 수 있다고 믿는다. 또한 용서가 약함을 나타낸다고 보여지는 반면, 복수는 때로 힘과 지성의 상징으로 보인다(제3장 용서를 약함으로 보는 관점에 대한 반박 참고). 분노는 가해자들에게 그들이 원하는 관심을 주고 강한 인상을 보여준다고 여겨진다(Novaco, 1976). 또한 내담자들 가운데는 건강해지고 싶은 진짜 욕구가 없거나 자기연민이나 환자역할에서 이익을 얻는 이들도 있다. 마지막으로, 어떤 이들은 그들이 용서를 하면 인간관계로 인한 실망의 실체에 들어가게 된다고 생각한다. 그래서 그들은 용서와 함께 생겨나는 고통을 완화시킬 사랑과 신뢰의 관계를 발전시키기 전까지는 용서를 하지 않을 것이다.

용서가 우울한 내담자들의 분노 수위를 낮추긴 하지만 인생의 다양한 상처로 인한 슬픔을 완전히 치료하지는 않는다. 그러나 대부분의 내담자들은 자신들의 분노를 극복할 수 있게 되면서 정서적 안도를 경험하고 우울증상의 강도가 줄어드는 것을 알게 된다.

심화단계 및 용서치료의 한계

심화단계에서 사람들은 용서의 유익에 익숙해지고 슬프거나 화가 날 때 더 자주 용서를 사용한다. 슬픔과 분노를 야기한 고통을 받아들이는 것은 느리고 몹시 힘든 과정일 수 있다. 큰 상실이나 배신을 당한 사람들의 경우, 현재의 특별한 사랑과 감사가 그들을 강하게 하고 그들이 과거로부터의 고통을 받아들일 수 있게 할 수 있다.

시간이 흐르면서 많은 내담자들이 부모님과 가족들이 그들 삶의 문제들 속에서 할 수 있는 최대한 자신을 사랑했다는 것을 기억하며 과거의 상처들을 버리고 그들을 받아들일 수 있게 된다. 그러나 가혹한 현실은 일부 내담자들의 경우 배신의 상처가 너무 깊어 절대 그들의 고통을 충분히 받아들이지 못할 것이라는 것이다. 용서에 대한 이러한 반응은 사랑하는 사람에게 버림받은 사람들에게서 자주 나타난다. 어떤 배신의 경험에 대해서는 그것을 작은 상처들로 나누어서 관련된 아픔들을 받아들이며 천천히 용서를 향해 나아갈 수 있다.

삶의 다양한 경험들 가운데는 용서의 과정이 유난히 힘들고 오래 걸리는 경우가 있다. 앞서 언급한 사랑하는 사람에게 버림받은 경험, 부모의 학대, 강간 또는 친족 성폭행, 실직, 사랑하는 사람의 지속적인 무관심한 행동, 경제적 불평등, 대대로 이어져온 불신, 증오, 자기애 등이 이에 속한다.

우울증이 내담자들 가운데 적대적이며 불신이 강한 사람들을 대상으로 하는 치료의 심화단계에서 치료자들의 신뢰를 쌓는 노력이 내담자들의 분노를 줄이는데 도움이 되는데, 이는 우울증 환자들이 분노를 표출하는 것이 배신에 대한 두려움을 감추기 위한 방어기제일 때가 많기 때문이다. 심리치료에서는 다양한 삶의 단계에서 상처를 준 가해자들을 용서하는 과정이 계속된다. 이때 신뢰할 수 있다고 이미 증명된 사람들을 믿으려는 노력을 하기로 인지적 결정을 해야 하며, 치료자에 대한 깊은 신뢰 형성이 이 과정을 촉진시켜 준다.

이 단계에서 내담자들은 내적 분노의 무게와 부담으로부터 자유로워지곤 한다. 분노의 해결은 그들의 정서를 안정시키는 데 도움이 되고 우울증 재발을 막아

준다. 이제 우울장애 치료에서 용서가 사용된 네 가지 사례를 소개하도록 하겠다.

유아기 성적학대 피해자의 사례

첫 번째 사례는 Freedman과 Enright(1996)가 제공해 주었다. 성적학대에 대한 용서치료 연구에서 몇몇 참가자들은 처음에 용납과 용서의 차이에 대해 혼란스러워한다. 하지만 니콜은 그렇지 않았다. 니콜은 용서를 정서적 회복이라는 결과는 없는 하나의 의무라고 보았다. 14개월간의 치료과정을 거치며 그녀는 용서를 자유롭게 이루어지는, 아버지에게 선을 베푸는 반응으로 보기 시작했다. 다음은 Freedman과 Enright의 논문에서 발췌된 기록이다.

51세의 이혼 여성이었던 니콜은 어린 시절 아버지로부터 성적학대를 당했다. 그녀의 아버지는 그녀의 몸에 자신의 몸을 비비고 애무했다. 그녀가 6살 때 이 사실을 말했을 때 그녀의 가족들은 니콜의 말을 믿지 않았고 그녀를 지지해주지도 않았다. 그녀는 그 당시 어떠한 치료나 외부로부터의 도움을 받지 못했다. 그리고 니콜의 아버지는 그녀에게 전혀 사랑과 관심을 주지 않았다. 니콜은 그녀가 25세가 될 때까지 아버지로부터 지속적으로 성적학대를 당했다. 니콜을 처음 만났을 때, 그녀는 삶의 전반에 걸쳐 불안, 공황발작, 우울, 낮은 자존감으로 고통 당해왔다고 말했다. 그녀는 아버지에 대하여 분노를 느꼈고 아버지를 용서하지 않았다고 얘기했지만, 반면에 용서라는 것에 대해 궁금해했다. 치료를 받으러 오기 전, 니콜은 8년 동안 일주일에 1-2회 심리치료를 받았었고 친족 성폭행 생존자 그룹에 참여했었다. 그녀는 과거 심각한 '암'이라는 육체적 문제를 가지고 있었는데, 아버지에게 당한 배신과 고통에 비하면 암수술이 더 쉬운 것이었다고 말했다.

니콜의 부모는 90분 가량 떨어진 곳에 살았고 그녀는 휴일이면 부모님의 집에 갔지만 가능한 한 아버지를 적게 보려고 했다. 그녀는 절대 부모님의 집에서 자고 오지 않았으며 주로 어머니와 이야기했고 그곳에 가는 것을 즐겨하지 않았다. 그녀는 아버지와의 관계를 매우 피상적이라고 묘사했고 아버지가 때때로 언어폭력을 쓴다고 말했다.

니콜을 위한 용서의 첫 번째 과정은 그녀가 전치라는 방어기제를 사용해 왔음을 인식하는 것이었다. 그녀는 아버지에게 가졌던 감정들을 다른 남자들과 있을 때 자주 표출했다. 아버지를 향한 그녀의 표현되지 않은 분노에 대한 깨달음은 니콜이 그녀의 감정들을 이해하고 보다 직접적으로 표현하는 데 도움을 주었다. 그녀는 분노를 표현하기 위한 한 가지 방법으로 글쓰기를 사용했다.

치료개입이 이루어지는 동안 니콜은 자신의 죄책감을 해결할 수 있었는데, 이는 아버지의 신체 접촉에 대한 그녀의 신체 반응과 성적학대의 결과로 그녀가 해온 것들에 대한 것이다. 니콜은 성적학대가 계속된 데 대해 그녀가 책임이 있다고 믿었는데, 바로 아버지의 신체 접촉을 그녀도 일부 즐겼기 때문이다. 하지만 니콜이 그녀의 몸이 신체 접촉에 대해 정상적인 반응을 보인 것이라는 것을 깨닫자 자신은 성적학대에 어떤 식으로도 책임이 없다는 것을 더 잘 인지할 수 있었다. 그녀는 또한 다른 아이들과 성적인 행동들을 해본 것에 대해 죄책감을 느꼈는데, 이는 성적학대를 당한 아이들에게 드물지 않게 나타나는 반응이다(Browne & Finkelhor, 1986; Finkelhor, 1984; Friedrich, 1993). 그녀는 자신의 행동을 받아들이고 그것을 주어진 맥락 속에서 이해하려고 노력했다. 점차적으로 니콜은 다른 아이들에게 상처를 준 그녀 스스로를 용서할 수 있었다.

니콜은 자주 그녀의 삶을 아버지의 삶과 비교했는데, 아버지보다 자신이 더 심한 고통을 당하는 것은 정말 부당하다고 느꼈다. 치료회기 중 니콜은 학대 경험으로 인해 생겨난 그녀의 성격에서 긍정적인 면들을 찾아낼 수 있었다. 그녀의 세심함과 다른 이들에 대한 연민과 같은 것들이다. 삶은 공정하지 않다는 생각에 대한 논의는 니콜이 많은 사람들이 자신의 잘못이 아닌 것 때문에 상처를 받는다는 것을 이해하고 그녀가 자신의 삶의 어떤 영역에 있어서는 통제권이 전혀 없다는 것을 이해하는 데 도움을 줬다.

니콜이 몇년간의 노력에도 불구하고 자신이 여전히 불안하고 우울하고 불안정하며 인간관계에서 불만족하고 있다는것을 깨달았을 때, 그제서야 그녀는 아버지를 용서하기로 결단을 내렸다. 그녀는 정서적 안정을 얻고 싶었고, 용서를 하겠다는 그녀의 처음 결정은 온전히 자기 자신을 위한 것이었다. 대부분의 사람들은 정서적 고통이 너무 괴로워서 변화를 위해 무엇인가를 해야만 할 때 용서를 할 것인지 고려한다(Enright, Gassin, Longinovic, & Loudon, 1994). 용서의 과정을 통해 니콜은 그녀의 아버지를 단순한 학대자로 보는 데서 나아가 그의 긍정적인 면들도 인식할 수 있게 됐다. 예를 들어, 니콜의 아버지는 그녀에게 운전을 가르쳐 주었고, 그녀가 똑똑하다고 얘기해 주었고 대학에 가라고 격려해 주었다. 니콜은 고모에게서 아버지의 어린 시절에 대한 정보를 얻을 수 있었는데, 아버지의 원가족에 많은 문제가 있었고 아버지가 매우 불행한 어린 시절을 보냈다는 것을 알게 됐다. 또한 니콜은 아버지가 심각하게 학대당했다는 사실을 알게 됐다. 그리고 나서 그녀는 어른이 돼서 한 아버지의 행동을 그의 성장과정이라는 맥락에 놓고 보기 시작했다. 니콜은 그녀의 조부모를 만났을 때, 자신이 할머니를 좋아하지 않았고 할아버지를 경계하게 됐던 것을 기억했다. 그녀는 그녀의 아버지가 힘든 어린 시절을 보낸 것에 대해서 안타까운 마음이 들기 시작했고, 이제 아버지가 술을 끊고 자식들을 육체적으로 학대하지 않기로 결정한 것에 대해 비로소 아버지를 인정할 수 있게 되었다.

아버지를 바라보는 관점의 재도식화를 통해, 니콜은 그녀의 아버지에 대해 느끼는 연민과 공감을 행동으로 표현할 수 있게 됐다. 크리스마스 때 그녀는 아버지를 안아 줄 수 있었고, 아버지 생일날 선물과 카드를 보낼 수 있었다. 그녀는 자신이 느꼈던 슬픔을 아마도 아버지도 느꼈을 것이라는 것을 깨달았다. 아버지를 향한 그녀의 긍정적인 행동들은 그녀가 자신의 고통을 아버지나 다른 사람에게 넘겨버리지 않고 받아들일 수 있게 됐다는 것을 보여준다. 이 시점에서 니콜은 자신이 아버지를 인지적으로는 용서했지만 아직 심정적으로는 용서하지 못했다는 것을 깨달았다. 그 후 아버지에게 받은 두 번의 편지와 인지적 용서의 촉매역할로 그녀는 정서적 용서의 단계로 나가게 됐다. 그녀는 "아버지가 보낸 편지들은 아버지의 다정하고 배려 깊은 면과 연약함을 보여줬어요"라고 말했다. 부활절에 부모님을 찾은 니콜은 유난히 좋은 시간을 보낼 수 있었고 아버지에게 선물도 보냈다. 그녀는 "이제 아버지를 진심으로 사랑한다고 말할 수 있어요. 아버지에 대한 애도가 끝나진 않겠지만 이제 아버지에 대해 긍정적인 마음을 느낄 수 있고, 아버지가 저에게 주는 것들을 받아들일 수 있어요"라고 말했다. 여기서 니콜이 말한 애도는 그녀가 꿈꿨던 타입의 아버지를 갖지 못한 것에 대한 것이며, 그러한 상실에 대해 그녀는 슬픔을 느꼈다.

니콜의 아버지는 상담치료가 끝나가던 시기에 뇌졸증을 일으켰고 몇 달 후 세상을 떠났다. 니콜은 아버지 곁에 있으면서 아버지에게 책을 읽어주고 식사를 도왔는데, 그 시간 동안 니콜은 과거 그 어떤 때보다 아버지를 가깝게 느꼈다. 치료 종결 6개월 후 인터뷰 진행자를 만났을 때, 니콜은 그녀의 아버지와의 관계뿐 아니라 다른 관계들에 대해서도 큰 도움을 받았다고 이야기했다. 그녀는 치료를 받지 않았다면 불가능했을 방법으로 아버지의 죽음을 극복할 수 있었다고 말했다. 그 이후의 만남에서 니콜은 아버지를 용서하는 법을 배운 덕에 자신에게 상처를 준 다른 사람들을 이해하고 용서하는 것이 훨씬 쉬워졌다고 했다. 그녀는 학대 생존자, 가해자, 그리고 부모들로 이루어진 지지그룹에 참여했다. 아버지에 대한 용서는 니콜이 그룹에 속한 성적 학대 가해자들과 소통하는 데 필요한 통찰을 제공해줬다.

주요 우울삽화의 사례

30세의 미혼 여성으로 전문직에 종사하는 머나는 우울증 치료를 위해 찾아왔다. 그녀는 우울 증상들이 세 번째 연애가 끝난 후 찾아온 심각한 외로움으로 인한 것이라고 믿고 있었다. 그녀는 남자들과의 관계에서 실망을 해왔고 이는 절망, 다시 상처받을 것에 대한 두려움, 그리고 주기적인 강렬한 분노를 야기시켰다. 그녀는 또한 분노발작의 내력을 갖고 있었다. 머나는 자신의 절망감이 어린 시절 가정에서 받은 심한 상처에 영향을 받았다고 했는데, 그 상처는 약물 중독이 있었던 아버지와 자주 화를 냈던 오빠의 무신경한 대우로 인한 것이었다. 그녀는 연애기간동안 자신에게 상처를 줬던 세 명의 전 애인을 향해 강한 분노의 감정을 가지고 있다는 것을 인식하고 있었다. 그녀는 남자를 믿는 것에 큰 어려움이 생겼고 가장 큰 문제로 그들을 향한 분노를 가지고 있다는 것을 알고 있었다. 동시에 머나는 언젠가 결혼을 할 것이라는 희망을 가지고 있다고 이야기했다.

머나는 분노를 표출하는 대신 해소하는 다른 방법을 배우고 기뻐했다. 이는 그녀가 과거의 상처로 인한 분노를 버리지 못해서 분노하고 과잉반응을 보일 때가 있다는 것을 알고 죄책감을 느꼈기 때문이다. 머나는 자신의 분노표출에 대해 많은 것을 알게 되었고, 자신에게 상처를 준 남자들에 대한 분노문제를 해결하지 않으면 미래 연인과의 관계에 지대한 문제를 일으킬 것이라는 것을 인식하고 있었다. 그 후 그녀는 용서라는 작업을 시도해보기로 결정을 내렸다. 그녀에게 가장 힘들었던 것은 자신에게 상처를 준 남자들에 대한 생각을 재구성하고 진심으로 이해하는 것이었다. 그중에서도 3년간 교제했고 가장 최근에 헤어진 세드를 이해하는 것이 특별히 힘들었다. 가족관계가 소원했던 세드의 가정환경과 그의 음란물 문제에 대한 이해가 생기면서, 머나는 “그가 얼마나 많은 문제로 힘들어했는지를 계속 생각하면 그에 대한 분노를 내려놓는 것이 더 쉬워지는 걸 발견했어요. 하지만 그건 여전히 힘든 일이에요”라고 이야기했다.

성인기에 받았던 상처들에 대해 용서하는 작업을 몇 달간 한 후, 머나는 약물을 남용했던 아버지와 화를 많이 냈던 오빠를 용서하는 과정을 가질 것을 권유 받았다. 그녀의 처음 반응은 매우 방어적이었는데, 그녀는 아버지와 오빠와 관련된 고통은 이미 극복했고 다시 되풀이할 이유가 없다고 말했다. 그녀에게 아버지와 오빠를 용서할 생각을 해본 적이 있는지 물었을 때 그녀는 "네!"라고 강조하며 대답했다.

계속되는 이야기를 통해 머나가 아버지와 오빠를 용서하겠다는 생각을 여러 번 품었으나, 힘들지만 가치 있는 작업인 용서의 과정을 진짜 시작한 적은 없다는 것을 알게 됐다. 그녀는 성인이 된 후 받은 상처들에 대해서 다른 이들을 용서하며 고통이 완화되는 것을 경험했기 때문에, 다소 꺼려지긴 했지만 아버지와 오빠를 용서하는 것에 대해 생각해보기로 했다. 용서작업을 하며, 머나는 매일 아동기에서부터 성인기에 이르기까지 그녀의 아버지와 오빠를 용서하는 생각을 했다.

머나의 뛰어난 유머감각은 그녀의 우울증, 강한 분노, 불신과의 싸움에 큰 도움을 줬다. 머나는 관계에 있어 결단을 내리기 두려워했던 연인들과 아버지와 오빠에 대한 심리적 갈등에 대해 이해가 늘어갔다. 이러한 이해가 그들을 용서할 수 있는 능력을 촉진시켰고, 머나를 향한 아버지와 오빠의 행동 변화가 도움이 됐다. 머나가 성인이 된 후, 그녀의 아버지와 오빠는 그녀에게 더 친절하고 힘이 되려고 노력했고 그녀가 어렸을 때 상처를 준 것에 대해 사과했다.

머나는 데이트할 때 그녀에게 상처를 준 남자들을 용서하고 싶지 않았다. 그러나 그녀는 미래에 건강한 연인관계를 갖기 위해 이것이 필수적인 부분이라는 것을 알고 있었다. 그녀는 옛 연인들의 이기심과 그로 인해 결혼을 결심하기 싫어했다는 것을 이해했고, 그들이 아마도 헌신된 관계와 가정에서 얻어지는 행복을 결코 경험할 수 없을 것이라고 생각하게 됐는데 이러한 생각이 그들을 용서하도록 도움을 줬다.

용서과정의 초기 단계에서 머나의 분노는 주기적으로 치료자에게로 향했다. 머나는 치료자를 향한 부적절한 분노 분출은 누구에게도 도움이 되지 않으며 우울증상의 해결만 늦춘다는 설명을 들었다. 머나는 동의했고, 용서작업과 자신의 분노가 잘못된 방향으로 향할 가능성에 대해 더 인식하도록 집중했다.

머나는 그녀에게 상처를 준 남자들이 그들 자신의 문제를 가지고 있었다는 것과 그들이 그녀의 행복을 통제하거나 제한하는 걸 원치 않는다는 것을 매일 생각하라고 권유받았다. 그리고 그녀를 배신한 모든 남자들을 용서하기 위해 노력하고 싶다는 내용을 담은 문구를 매일 읽으라고 지시받았다. 그리고 다음 회기에서, 과거와 현재의 인간관계와 관련한 매일의 용서작업에 대해 검토하고 논의했다. 때때로 머나는 자신이 얼마나 깊이 상처받았는지 깨달았고, 일시적으로 용서작업을 이어가지 못하기도 했다. 그녀는 이전에 부인했던 아버지와 오빠에 대한 분노를 풀어버리기 전, 그것을 경험하고 이야기하고 싶어했다.

머나는 그녀에게 상처 준 남자들을 용서하고 싶지 않았기 때문에 그녀가 진심으로 용서를 하고 있다고 믿기 힘들었지만, 용서의 유익을 깨달으며 용서작업을 계속해갔다. 그녀는 용서에 대해 생각하는 인지적 작업이 그녀의 분노와 우울 증상을 감소시키고 다시 남자를 믿도록 노력할 수 있는 능력을 향상시켜 주는 것을 느꼈다. 머나는 자신에게 상처를 준 사람들, 특별히 아버지와 오빠에 대해 더 연민을 느끼게 됐고 자신의 과거 상처들을 훨씬 더 받아들이게 됐다.

그러나 머나가 세드를 용서하려고 할 때 분노가 줄어들지 않을 때가 있었다. 이러한 반응은 주로 그 분노가 과거 비슷한 상처를 줬던 다른 사람과 무의식적으로 연관되어 있거나 분노가 너무 깊어서 천천히 소멸될 것임을 나타낸다. 깊이 생각한 끝에, 머나는 그녀에게 상처를 줬던 두 명의 전 남자친구 또한 용서해야 함을 깨달았다. 머나의 회복에 있어 핵심은 그녀의 삶의 각 단계에 걸쳐 얻게 된 고통과 분노를 해결하기 위해 상당히 많은 시간을 기꺼이 쓰려는 마음이었다.

치료를 마치고 약 1년 후, 머나는 그녀의 약혼자를 데려왔는데, 그가 자신에게 해결되지 않은 감정의 문제나 응어리가 있는지 치료자에게 평가받고 싶어서였다. 그 당시 두 사람은 모두 기분 좋은 유머와 희망으로 가득 차 보였고, 그들의 연인관계에 많은 자유가 있음을 보여주었다.

머나와 같은 미혼자들 가운데 외로움이나 과거 관계에서 받은 상처로 인한 우울증으로 힘들어 하는 사람들은 과거 연인들과 가족들을 용서하는 과정을 통해 유익을 얻을 수 있다. 분노의 제거는 그들의 우울증 해결을 촉진하고, 그들의 분노가 엉뚱한 사람에게 향하거나 추가적으로 다른 이에게 신체적, 감정적, 정신적 위해를 가할 위험으로부터 그들을 보호해준다.

주요우울증 재발의 사례

우울증 재발을 겪는 사람들은 주로 자신에게 상처 준 사람에 대한 상당한 수준의 분노를 가지고 있다. 우리는 자신의 분노를 발견하고 가해자를 용서하는 능력이 자주 분노와 우울 증상의 감소를 가져오는 것을 보았다. 우울증 재발 치료 시, 환자들에게 가족, 연인관계, 직장에서 자신을 실망시킨 모든 사람을 용서하는 시간을 규칙적으로 갖도록 권하는 것은 매우 유익한 개입이다.

40세의 기혼자인 조슈아는 두 아이의 아버지로, 새 직장에서 연수를 마쳐갈 무렵 심각한 우울 증상을 겪게 됐다. 그의 아버지 또한 우울증으로 고통을 받았었다. 조슈아에게는 두 번째 주요 우울삽화였다.

처음에 조슈아는 자기 자신 외에 그 누구를 향한 분노도 인식하지 못했다. 그러나 그는 곧 아버지를 향해 가지고 있던 강렬한 감정인 분노를 직면한 적도 해결하려고 노력한 적도 없다는 것을 깨닫게 됐다. 그는 아버지가 자신을 칭찬하거나 사랑을 보이지 않았던 것에 대해 깊이 분노했다. 또한 그는 아버지가 우울증에 대해 전문가에게 도움을 받지 않은 것에 대해 쓰라린 감정을 느꼈다. 조슈아는 분노의 감정을 말로 표현하자마자 죄책감을 느꼈는데, 아버지가 할아버지와 고통스러운 관계를 가졌었다는 것을 알았기 때문이다. 조슈아는 아버지와의 관계가 자신의 삶에 불안전, 슬픔, 불안을 초래했기 때문에 분노를 느끼는 것이 정당하다는 것을 알고 위로를 받았다. 그는 또한 아버지에 대해 해결되지 않은 분노가 무의식적으로 아내와 아이들에게 향했고, 자신도 칭찬과 사랑을 보이는 데 어려움이 있었던 아버지처럼 행동했다는 것을 인식하게 되었다.

용서가 자신의 우울증 회복에 도움이 되고 아버지처럼 행동하지 않도록 도와줄 것이라는 희망에 조슈아는 아버지를 용서하겠다는 인지적 결정을 내렸다. 그렇지만 그는 아버지를 용서하고자 하는 감정적 바람은 없었다. 조슈아는 아버지가 자신을 얼마나 실망시켰는지를 이야기하는 장면을 떠올리며 과거용서기법을 사용했다. 이것은 그가 아버지를 용서함으로써 과거 상처로부터 벗어나는 노력을 하고 싶다는 생각을 한 후에야 일어난 일이었다. 아버지를 이해하고 용서하는 과정은 조슈아에게 극한의 분투였다. 어떤 날은 분노와 연관된 슬프고 고통스러운 기억들이 떠올랐는데, 그것이 너무나 강렬해서 아버지를 용서하겠다는 생각조차 할 수 없었다. 그러나 아버지가 조부와 고통스러우리만큼 부정적인 관계를 가졌었다는 것을 기억하게 되면 아버지가 안쓰럽게 느껴졌고 용서작업을 계속해 나갈 수 있었다. 조슈아는 아버지에 대한 폭력적인 충동을 억눌러왔다는 것을 발견했는데, 이는 자신의 아이들을 해치는 무서운 생각으로 나타났다.

조슈아는 정서적으로 소원하고 분노하며 통제했던 할아버지 때문에 가졌던 정서적 아픔으로 인해 자신의 아버지가 고통 당했다는 것을 이해했고, 아버지에 대한 연민이 커져가면서 용서를 계속해 나갈 수 있었다. 그는 자기 자신과 아버지의 고통으로 인해 자주 눈물을 흘렸다. 매일 규칙적으로 이루어진 용서작업은 과거로부터 지속된 그의 고통이 줄어들고 있다는 느낌을 주었다. 조슈아는 더 자유로웠고 덜 우울하게 되었다. 그의 분노가 줄어들면서 그의 아버지가 사랑할 수 있는 최대한으로 자신을 사랑했다는 인식이 조슈아를 위로해주었고 힘을 주었다. 그러나 용서작업은 매우 힘들었기에 이 작업을 자주 포기하고 싶었다. 그는 용서가 자신의 우울증상을 감소시켜주고 아버지에게 받은 상처에 대해 덜 생각하게 하고, 그의 분노를 조절하고 다스릴 수 있도록 도와줬기 때문에 용서의 과정을 계속해 나갔다. 이는 또한 그가 아버지와 관련된 과거의 고통에 지배받지 않겠다고 마음을 정했고 아버지 쪽의 부정적인 대물림을 끊고 싶기 때문이기도 했다. 조슈아는 "나는 아버지에 대한 분노와 슬픔을 꼭 처리하고 싶어요. 그렇지 않으면 절대 건강한 삶을 살지 못할 거에요"라고 말했다.

과거 상처에 대한 용서의 과정이 진행되면서 조슈아가 그랬던 것처럼 사람들은 용서를 하겠다고 결정할 때마다 내적 분노가 줄어드는 것을 경험한다.

> 아버지와 관련된 과거의 고통스런 기억이 나를 괴롭히거나 내가 슬프거나 불안정하고 이 고통의 많은 부분이 아버지에게 받은 상처에서 온 것이라는 것을 알게 될 때, 용서과정의 단계마다 나는 용서라는 행동을 통해 정서적 고통의 종양을 빼내는 것 같이 느껴져요.

조슈아는 정서적으로 소원했거나, 중독이 있었거나, 통제적이고 지나치게 분노했던, 또는 가족을 떠난 부모에 대한 분노와 원가족과 관련된 정서적 고통의 해결은 몇 년이 걸릴 수 있다는 설명을 들었고, 어린 시절 그의 상처가 매우 컸기 때문에 아버지에 대한 분노를 해결하는 데 있어 인내심을 가져야 한다는 것을 깨닫게 됐다. 어떤 이들은 아마도 남은 인생 동안 간헐적으로 용서의 과정을 가져야만 할 수도 있는데, 휴일이나 휴가철 또는 가족 모임에서 고통스러운 어린 시절 기억이 떠오르거나 극심한 슬픔이나 불안의 결과로 삶의 순간 순간마다 용서작업을 해야 할 수 있다.

심각한 우울증이 있는 일부 내담자들은 분노를 버리고 용서를 한다고 느끼기까지 너무 오랜 시간이 걸린다는 사실 때문에 죄책감을 느낀다. 또 어떤 이들은 어느 순간 자신의 분노를 전혀 포기할 수 없는 자신을 발견하고는 죄책감을 경험한다. 내담자들은 또한 자신을 위해 희생하고 심각한 가족문제들로 힘겹게 지내온 사랑하는 사람에 대한 분노가 드러날 때 죄책감을 느낀다. 그러나 그러한 죄책감은 내담자의 분노가 정당화되면서 줄어든다.

치료과정 중, 우울증이 있는 내담자 가운데 결혼을 한 사람들은 중요한 관계, 특별히 배우자에게 실망한 여러 가지 영역을 찾을 수 있을 것이다. 그들은 또한 형제 자매, 친구들, 그리고 고용주를 포함해 인생의 다양한 시기에 자신에게 상처를 준 사람들에 대해 용서의 과정을 가져야 할 수도 있다. 조슈아는 자신이 잘한 일에 대해서는 절대 고마움을 표현하지 않고, 그에게 지나친 기대를 가졌던 이전 고용주에 대해 강한 분노를 가지고 있음을 발견하기도 했다.

나아갈 방향

우리는 우울증이 있는 다수의 성인과 청소년들이 발견하고 해결해야 할 분노 가운데 다른 어떤 관계보다 아버지와의 관계 속에서 받은 상처로 인한 것이 많다는 것을 발견했다. 임상적으로, 상처를 준 부모에 대한 분노의 제거는 우울증 증상의 감소뿐 아니라 그 분노가 사랑하는 다른 사람에게 향할 가능성과 상처를 준 부모의 건강하지 않은 행동들을 반복할 가능성을 줄여준다는 것을 알 수 있었다.

역전이와 관련된 연구결과와 정보가 알려지면서, 기분 장애와 관련된 분노 치료에서 치료자들이 자신의 역전이 문제를 점검하는 데 마음이 더 열리게 될 것이라 기대된다. 자신의 삶의 각 시기에 갖게 된 분노를 해결하려고 시도하는 치료자의 개인적 여정은 다양한 수준에서 도움이 된다. 그 가운데 하나는 다른 이들이 우울증과 기분장애와 관련된 분노를 인지하고 해결하도록 돕는 데 큰 도움이 될 것이라는 것이다.

앞으로 연구결과들이 과거 상처에 대한 반추를 감소시키고 그렇게 함으로써 주요 우울삽화의 발병 위험을 감소시키는 용서의 임상적 가치를 보여주길 기대한다(Besharat, Nia, & Farahani, 2013). 우울증의 유병률이 증가함을 고려할 때, 분노의 발견과 용서를 통한 치료를 우울증을 위한 치료 프로토콜에 포함하는 것과 같은 보다 새로운 접근법들이 고려되어야 한다.

제 7 장
용서치료와 양극성장애

데미는 26살 미혼 여성으로 4년째 조증삽화만을 동반하는 제1형 양극성장애를 앓고 있다. 조증삽화 기간에 그녀는 극심한 분노를 경험한다. 데미는 자신의 분노의 원천을 확인한 후 용서치료가 도움이 된다는 것을 금새 깨닫고 과거에 자신에게 상처를 주었던 사람들에 관하여 용서치료를 시작했다. 용서치료를 통해서 그녀는 분노문제를 해결할 수 있었고 감정의 안정을 찾았다. 이 장에서는 그녀의 치료경험을 자세히 언급할 것이다.

양극성장애의 경우 극심한 분노로 인한 감정적 불안정은 흔한 증상이라고 할 수 있다. 양극성장애를 겪는 환자에게 용서치료의 네 단계가 어떻게 적용되는지 자세히 알아보자.

제1형과 제2형 양극성장애

DSM-5(American Psychiatric Association, 2013)에 의하면 “조증삽화의 기준을 모두 만족시키는 대다수의 사람은 평생 다수의 주요 우울삽화를 경험하게 된다.” 제2형 양극성장애의 경우 일생에 적어도 한 번의 주우울증과 한 번의 경조증삽화를 경험하는 것을 말하는데,

> 제2형 양극성장애는 더 이상 제1형 양극성장애보다 “경도의” 상태로 생각되지 않는다. 이들은 상당기간 우울증을 경험하고 동반되는 불안정한 기분으로 인하여 직업적, 사회적 기능에 심각한 손상을 초래하는 경우가 많기 때문이다.

제2형 양극성장애는 더 흔하게 나타나는 유형이다(S. G. Simpson et al., 1993).

양극성장애 유병률의 증가

다양한 연구 결과를 통해서 양극성장애 유병률이 증가했다는 것을 알 수 있다. 스페인의 한 연구에 의하면 연간 양극성장애 진단을 받은 청소년 외래환자 진료수가 만명당 25명(1994-1955년)에서 1,003명(2002-2003년)으로 증가하였다. 성인 환자의 경우 같은 기간에 만명당 905명에서 1,679명으로 증가하였다. 1999년부터 2003년까지 대부분의 청소년 양극성장애 외래 진료 방문자는 남성이 66.5%였고, 성인 양극성 장애 방문자는 여성이 67.6%로 나타났다. 청소년의 경우 더 많은 환자가 성인에 비해서 주의력 결핍 과잉행동 장애와 함께 진단을 받았다(청소년 32.2%, 성인 3.0%). 기분 안정제, 항정신병제, 항우울제와 비슷한 비율로 대부분의 청소년(90.6%)과 성인(86.4%)이 향정신성병약물을 처방받았다(Moreno et al., 2007). DSM-5에서는 다루고 있지 않지만 소아 양극성장애 진단에 대한 논의는 계속되고 있다. Krieger, Leibenluft, Stringaris, Polanczyk(2013)는 그들 연구에서 아이들의 만성적 과민함이 DSM-5에 의하면 파괴적 기분조절 장애로 진단되어야 하는 것이 소아 양극성장애로 오진되는 경우가 있다고 밝혔다.

양극성장애와 분노

과민성, 분노 표출은 조증에서 더 흔히 나타나는 증상으로 보통 지배적인 감정이다. DSM-5에 의하면, "비정상적으로 들뜨거나, 의기양양하거나, 과민한 기분, 그리고 활동과 에너지의 증가가 적어도 일주일간 거의 매일, 하루 중 대부분 지속되는 분명한 기간이 있다." F. K. Goodwin과 Jamison(1990)이 수많은 연구를 집약해 본 결과 80%의 성인 내담자가 조증과 함께 과민함을 경험하는 것으로 밝혀졌다.

하위유형에 관계 없이 높은 비율의 양극성장애를 겪는 사람들이 분노와 공격적 행동을 나타내는데 급성 정신병증세를 겪을 때에 더욱 그러하다. 많은 연구자들이 이러한 행동을 초기에 확인하고 관리할 것을 권하였다(Ballester et al., 2012). 성인의 경우 사고 내용의 장애를 많이 겪는 반면에 청소년의 경우 분노 조절에 어려움을 겪는다(D. J. Safer, Mango-Ziton, & Safer, 2010). 양극성장애를 겪는 청소년에게는 조증의 증상으로 심한 분노, 과민성, 오랜 기간 지속되는 삽화가 자주 나타난다.

젊은 환자들은 동반이환[역자주]으로 주의력결핍 과잉행동장애(ADHD)나 불안성 장애가 흔한 편이다. 한 연구에서는 130명의 아동 및 청소년을 지속적으로 검사한 결과 48.5%가 심한 분노를 나타냈다(Staton, Volness, & Beatty, 2008).

현존하는 증거들을 보면 양극성장애의 전조증상들이 있다는 것을 알 수 있다. 조증삽화가 시작되기 전 일반적으로 선행하는 증상들은 정서적 불안정, 성급함, 분노, 우울, 불안, 물질사용장애, 수면장애, 주의력 및 사고 장애가 있다(Brietzke et al., 2012). 다른 연구자들에 의하면 조증삽화의 시작을 알아차리는 접근방법이 초기 치료를 촉진하는 데에 가장 현실적이고 쉬운 방법이라고 한다. 조증삽화가 시작되기 전 전조증상의 과정에서 환자들은 불안정적인 감정, 수면장애 및 과민성, 분노, 기능적 손상을 경험한다(Conus et al., 2008).

2013년 한 연구에 의하면 양극성장애를 겪는 대부분의 청소년들은 과거의 경험과 상관 없이 궁극적으로 과민성과 의기양양함을 나타나게 된다. 과민성만을 나타내는 청소년은 의기양양함만 나타내거나 과민성과 의기양양함을 함께 나타내는 청소년과 비교했을 때에 조증을 경험할 확률은 비슷하며 우울증을 경험할 확률은 높다(Hunt et al., 2013).

성인들 가운데 양극성장애는 물질사용장애(SUDs)와 가장 관련이 높은 제1척도 장애이다. 양극성장애를 겪는 성인의 최소 50%가 인생에 한 번쯤은 물질사용장애의 진단에 부합하게 된다(Grant et al., 2004). 꾸준하지 않은 약물 치료, 삶의 질, 치료의 지연, 빠른 재발, 고조된 기능적 장애, 자살 시도, 폭력, 극적인 조증으로의 변화는 성인의 동반이환과 관련 있다(Salloum & Thase, 2000). 또한, 양극성장애를 겪는 청소년들을 연구한 결과 청소년의 32%에서 물질사용장애가 발현되었다. 일생 동안 반항장애와 공황장애를 겪은 경험, 물질사용장애의 가족력, 낮은 가족 화합력 및 첫 진단 때에 항우울증 치료의 부재는 양극성장애의 아형보다 물질사용장애의 위험과 더 관련이 있다(B. I. Goldstein et al., 2013).

역자주 동반이환(comorbidity)이란 Feinstein에 의해 사용되기 시작한 용어로, 관련이 없는 병리학적 질병과정이 공존하는 상태를 말하며, 개인이 한 지표질환에 동반되는 병리적 증상이나 다른 질환을 가지고 있는 상태를 뜻한다. 동반이환은 동반질환, 동반질병, 공존이환 등으로 불리기도 하며, 이 책에서는 DSM-5 기준을 따라 '동반이환'이라는 명칭을 사용하고자 한다.

청소년의 양극성장애

청소년기에 곧 접어드는 아동 중에 조증 진단 척도에 부합하는 아동을 연구한 결과 임상적으로 이들에게 심한 성급함과 주우울증과 조증이 섞여서 나타나는 경우가 지배적이었다(Wozniak et al., 1995). 아동과 청소년의 양극성장애에 관한 10년간의 연구를 검토한 결과, B. Geller과 Luby(1997)는 청소년기 전 양극성장애의 발병은 주의력결핍 과잉행동장애나 품행장애와 함께 나타나거나 두 질병의 초기증상들과 함께 나타난다는 것을 발견하였다. 양극성장애를 겪는 어린 내담자들의 경우 품행장애를 동반하는 경우는 매우 흔하다. 아동의 조증에 관한 또다른 연구에 의하면 공존질환으로 91%의 아동이 일생에 적대적 반항장애를, 86%의 아동이 주의력결핍 과잉행동장애를 겪는다(Biederman et al., 1998). 청소년기의 조증삽화는 무단결석, 반사회적 행동, 낙제, 물질 남용 및 성적 행동 등의 심한 분노 표출과 관련이 있다.

양극성장애에서 분노의 근원

F. K. Goodwin과 Jamison(1990)은 조증과 경조증 증상의 다양한 유기적 원인을 발견하였다. 추후에는 신경내분비계 분야의 연구를 통해 양극성장애를 겪는 내담자에게서 보이는 격분과 극심한 과민성에 대한 신경내분비계적 원인을 알아 낼 수 있을 것이다.

내담자들의 분노에 대한 심리학적 분석은 앞 장에서 다루고 있는 다른 질병들과 비슷하다. 하지만 대체적으로 거드름을 피우는 남성 내담자들의 경우 그 분노의 출처가 아버지와의 관계의 갈등과 상처이다. 조증을 겪고 있는 수많은 10대 후반 및 20대 초반 남성들은 아버지와의 관계에서 자신의 남성성을 한 번도 인정받지 못했거나 정당하지 않은 심한 비난과 같은 고통스러운 경험을 이야기한다. 아버지와의 관계에서 실망의 결과로 생기는 분노는 자신이 남성으로서 불충분하다고 느끼는 감정과 관련이 있다. 이들은 자신의 분노를 아버지에게 표출하기보다는 오히려 이러한 반응을 받지 않아도 되는 사람들에게 분노를 지나치게 표출한다. 그들에게서 보이는 거드름을 피우는 태도와 과잉행동은 자신이 남성으로 불충분하다고 느끼는 감정을 보상받기 위한 무의식적 노력이라고 할 수 있다.

양극성장애를 겪는 많은 여성들은 자신의 과민함과 분노의 출처로 자신을 무능력하게 만드는 심한 외로움을 나타내는 경우가 많다. 외로움은 깊은 슬픔의 감정과 반복적으로 거절을 당하는 경험과 관련이 깊다. 이러한 젊은 여성들은 내면의 외로움과 슬픔의 반동 형성으로 심한 과민성과 행복감을 번갈아가며 느끼는 정서적 불안정을 나타낸다. 그들은 자신에게 상처준 남성들을 비롯해 심지어 하나님(신)에게도 분노를 느낄 수 있다. 또한 아동기와 청소년기에 부모와의 관계에서 느낀 외로움으로부터 이러한 분노가 나타나기도 한다.

제1형 양극성장애 내담자와 용서치료

용서치료는 양극성장애를 겪고 있는 내담자에게 분노의 감정을 다룰 수 있는 새로운 방법을 제시해 줄 수 있으며 심한 과민함이나 분노를 감소시켜 정서의 안정을 찾는 데에 도움이 된다. 저자는 임상경험을 통해 분노감정을 조절하기 위해 용서치료를 지속적으로 사용하면 상당한 임상적 개선을 이끌어내고 재발을 방지할 수 있다는 것을 발견하였다. 내담자는 보통 자신의 분노감정에 대해서 개방하는 것을 꺼려한다. 정서의 안정을 경험한 후에 아동기, 청소년기, 성인기에 자신을 가장 실망시킨 사람이 누구인지 물으면 대부분 협조적으로 개방을 한다. 하지만 지속적으로 용서치료를 받지 않으면 내담자가 자신의 분노를 치료사에게 잘못 표출하기도 한다.

데미는 전문직종에 종사하고 있는 26살의 외향적이고 따뜻한 성격을 지닌 여성으로 이전에 두 번의 조증삽화로 인해 짧게 입원하였다. 리튬 처방을 받고 난 후 그녀는 빠르게 회복했고 직장으로 돌아갔다. 정서의 안정을 찾은 후 그녀는 분노의 감정을 거의 느끼지 않는다고 하였다. 하지만 조증삽화 동안 그녀는 평소같지 않은 공격성과 강렬한 분노를 표출했다. 그녀의 첫 회기때, 조증을 경험할 때의 분노의 출처가 어디냐는 질문에 화를 내며 "나는 결혼도 하고 싶고 가정도 꾸리고 싶은데 괜찮은 남자를 찾을 수가 없어요. 내가 만나는 남자들은 결국 상처만 줘요."라고 대답했다.

데미는 과거에 자신이 분노감정을 부정하기 위해서 엄청난 노력을 했다는 것을 깨달았다. 그녀는 솔직하게 분노의 감정을 대면하고 자기 자신이나 다른 사람에게 피해를 주지 않는 방법으로 감정을 해결하고 싶어했다. 그녀는 직감적으로 자신에게 상처를 주었던 과거 남자들을 용서하면 고통과 불필요한 짐으로부터 자유로워질 수 있다는 것을 알았고 열정적으로 그들을 용서하는 일을 시작하였다. 하지만 그녀는 자신이 싱글이라는 것으로부터 오는 외로움을 인정하지 못하였다. 비록 용서에 관한 노력을 해왔지만 외로움에서 오는 고통을 인정하기 싫어했다.

같은 해 11월 중순이 오기 전까지 그녀는 안정적인 정서를 유지하였다. 그 이후 그녀는 추수감사절과, 크리스마스, 새해를 자신이 신뢰할 수 있는 특별한 남자친구와 떨어져서 보내는 것에 집착하기 시작했다. 추수감사절이 지나고 그녀는 갑자기 조증삽화를 경험했고 짧게 병원에 입원하게 되었다. 그녀는 비교적 빨리 아직 과거 남자친구들을 다 용서하지 못하였다는 것을 깨달았다. 입원 후, 용서치료를 통해서 그녀 내면 깊은 곳의 분노를 해결하고 정서의 안정을 찾기 시작하였다. 비록 그 후 몇 년 동안 외로움 때문에 힘들어하기는 했지만 우울증삽화 없이 그 시간을 보낼 수 있었다. 그녀는 행복한 결혼을 하였고 결혼생활 동안 더 이상의 조증삽화를 경험하지 않았다.

벤은 대학생활을 시작하기 전 여름에 조증삽화를 경험하였다. 그는 두 형제 중 막내였으며 고등학교 때에는 전과목 A학점을 받았고 가을에 대학생활을 시작할 것을 기대하고 있었다. 그가 정신병동에 입원한 지 3주가 될 때에 나는 상담을 위해서 그를 만나게 되었다. 그의 정서는 계속적으로 우울감과 행복감을 오가며 불안정했고 약물치료 효과가 거의 없었다. 또한 그는 항정신병제를 복용하고 많은 부작용을 겪게 되었다.

첫 회기 때에 그에게 지난 여름 동안 상처를 주었던 사람이 있는지 질문하였다. 그는 대답 대신에 한참 동안 주체할 수 없는 울음을 터뜨렸다. 그리고는 여름 동안 지속적으로 자신을 모욕하여 복종시켰던 아버지에게 욕을 하기 시작했다. 그는 "아빠는 제가 아빠랑 똑같은 손재주가 없다는 이유로 항상 저를 머저리라고 구박했어요."라고 말했다. 그리고 "난 아빠랑 비교할 수 없을 만큼 똑똑해요."라고 덧붙였다. 과거에 대해서 이야기하면서 벤은 자신이 한 번도 아버지를 친근하게 느껴본 적이 없었다는 것을 깨달았다. 그리고 시간이 지나면서 그는 자신의 아버지가 우울하고 불행한 사람이었다는 것을 알게 되고 그를 더욱 이해하게 되었다.

용서치료가 어떻게 아버지에 대한 분노로부터 자유함을 줄 수 있는지 설명을 들은 후 벤은 빠르게 아버지를 용서하는 치료를 하겠다고 결단하였다. 그 당시 벤은 아버지에 대한 분노가 극심하여서 언제나 그 분노를 지니고 있었고 본격적인 용서의 작업을 하기 전에 긴 시간 동안 그 감정에 대해서 이야기했어야 했다. 그의 분노가 가라앉은 후 몇차례 회기 동안 아버지가 상담에 함께 참여하였고 벤은 아버지에게 그동안 둘의 관계에서 자신이 얼마나 상처를 받았는지 이야기하였다. 그 후에 그는 아버지와의 관계가 개선되기를 바라는 마음으로 아버지에 대한 분노를 놓아버리고 싶어했다. 회기가 진행되는 동안 벤의 정서는 지속적인 울음을 동반한 슬픔과 아버지에 대한 심한 성급함 사이를 오고갔다. 아버지에게 감정을 표현하면서 느낀 카타르시스가 벤에게 큰 도움이 되었다. 그의 아버지도 처음에는 방어적이었지만 시간이 지난 후 아들에게 사과를 하였고 아들을 무시하기보다는 아들의 능력을 인정하고 그를 격려하는 법을 배우겠다고 결심하였다.

몇 개월에 걸쳐 천천히 그는 아버지에 대한 분노를 해결하였고 그 결과 정서적 안정을 찾게 되었다. 벤은 수년에 걸쳐 아버지가 어려서 얼마나 상처를 받았는지 이해하려고 노력하였고 우울하고 지나치게 비판적인 아버지에 대한 분노를 해결하기 위해 노력하였다. 용서치료 과정에서 그가 가장 힘들어했던 것은 자신이 아동과 청소년기에 원했던 부자관계를 가질 수 없다는 것을 인정하는 고통을 받아들이는 것이었다. 그렇지만 그는 자신과 아버지가 앞으로 있을 기회에 집중할 때에 관계가 회복될 수 있을 것이라는 희망을 갖게 되었다.

5년 후, 그는 처음으로 경조증을 동반한 우울증삽화를 경험하였다. 그는 자신의 직장과 젊은 여성들과의 관계를 유지하는 데에 어려움을 겪고 있었다. 그의 진단은 제2형 양극성장애로 바뀌게 되었다. 입원을 해야 하는 상태는 아니였고 리튬의 복용량을 증가하여 우울증과 경조증의 증상을 완화시킬 수 있었다. 벤은 치료과정에서 다음과 같은 이야기를 하였다.

> 비록 대학생활을 성공적으로 마쳤고 좋은 경력을 가졌지만 저는 너무 불안해요. 그리고 그 사실 때문에 너무 화가 나요. 비록 지금 아버지와 좋은 관계를 갖게 되었고 많이 회복이 되었지만 아직도 어렸을 때 겪었던 일을 다 극복하지 못했어요.

아버지를 향한 그의 분노를 치료하기 위해 다시 용서치료를 시작하였고 그의 우울함과 불안함 감정을 치료하기 위해서 인지행동치료를 시작하였다. 계속되는 용서치료 과정에서는 그는 자신의 아버지가 할아버지의 양육으로부터 좋은 롤모델을 갖지 못했던 불안정한 사람이었다는 것을 계속 상기하였다. 그 후로 그는 몇년 동안 계속 치료를 받았다.

제2형 양극성장애와 용서치료

제2형 양극성장애는 실제 진단을 받은 사람의 수보다 더 많을 것이다. 프랑스의 한 연구에 의하면 인덱스 인터뷰에서 22%의 주우울증 환자가 과거 경조증 증상을 경험한 것을 토대로 제2형 양극성장애 진단에 부합한다는 것을 발견하였다. 한 달 후에 이루어진 인터뷰에서 더 자세한 평가와 전문가 및 환자 주변의 주요 인물들의 증언을 종합한 결과 40%의 환자들이 제2형 양극성장애 진단에 부합하다는 것을 발견하였다(Hantouche et al., 1998).

주우울증 진단을 받은 493명을 검토한 다른 연구 결과에 의하면 제2형 양극성장애 발병률은 20%였고 한 달이 지난 후 경조증에 대해 체계적으로 주목하여 본 결과 제2형 양극성장애의 발병률은 39%로 증가하였다(Akiskal et al., 2006). 2단계 정신과 치료를 받고 있는 주우울증 외래 환자의 경우 진단이 양극성장애로 바뀌는 경우는 제1형보다 제2형이 더 흔하게 나타난다(Holma, Melartin, Holma, & Isometas, 2008).

한 연구에 의하면 진단이 변하는 경우 제1형과 2형 양극성장애를 구체화하지 않은 경우는 63명(45%), 제1형 양극성장애의 경우 32명(23%)(이 중에 9명은 기존에 제2형 양극성장애로 진단이 변하였었다) 그리고 제2형 양극성장애의 경우 31명(22%)에 해당되었다. 첫 진단으로부터 진단이 변화하기까지 걸리는 시간의 중앙값은 58주였다. 1세대 또는 2세대에 걸친 조증 및 경조증 가족력이 진단 변화를 예측하는 가장 확실한 기준이 되었다(Axelson et al., 2011).

제2형 양극성장애는 심한 조급증, 경조증 및 우울증 기간과 깊은 관련이 있다. 양극성 우울 분노발작은 매우 흔히 나타난다(Mammen, Pilkonis, Chengappa, & Kupfer, 2004). 현재 제한적인 증거들에 의하면 조증을 완화시켜주는 약물이 제2형 양극성장애를 완화하는 데에도 효과가 있다. 예를 들어, 리튬, 발프로에이트 및 2세대 항정신병제와 같은 정서 안정제들이다. 비록 오래되었지만 몇가지 통제집단과 비교한 연구에 의하면 유일하게 우울증과 경조증의 예방에 도움이 되는 약물은 리튬이다. 라모트리진이 우울증 재발을 지연시키는 데에 효과가 있다고 하지만 발표되지 않은 연구들 중에는 이 약품의 부정적인 효과를 말하는 것들도 있다(Benazzi, 2007).

제2형 양극성장애를 진단받은 내담자들의 우울증을 치료하는 데에 용서치료를 적용할 필요가 있다. 많은 연구들이 제2형 양극성장애 치료 과정에서 우울증 치료에 집중하고 있지는 않지만 용서치료가 우울증의 정도를 임상적 수준에서 우울함을 느끼지 않는 정도로 개선하는 효과를 보여주는 연구가 있다(Freedman & Enright, 1996; Lin, Mack, Enright, Krahn, & Baskin, 2004 참고).

재스민은 35세의 한부모이다. 그녀는 처음 주우울증 진단을 받았고 후에 경조증 증상으로 인해서 제2형 양극성장애로 진단을 받았다. 그녀는 자기 아들의 친아버지가 정서적, 경제적으로 도와주지 않는 것에 대해서 심한 분노를 느낀다. 또한, 정서적으로 자신을 지지해주지 않는 가족에게 분노를 느끼는데 특히 유일하게 결혼한 여동생에게 더욱 그러하다. 그녀는 자신의 분노가 심해질 수 있다는 것과 그것으로 인해서 정서적 불안이 초래된다는 것을 인정하고 용서치료를 받기로 하였다.

그녀는 아들의 친아버지, 자신의 여동생 그리고 여동생의 남편(제부)을 향해 마음에 품고 있던 분노에 대해 용서치료를 통한 위로를 경험하였다. 그러나 이들 가족 중 누구도 재스민의 필요에 귀기울이거나 변화할 생각이 없다는 사실이 어려움이었다. 그럼에도 불구하고 재스민은 인지적 용서연습을 통해 자신의 분노에 대해 이해하게 되었고, 더불어 우울증상도 완화되었다.

청소년과 양극성장애 및 파괴적 기분조절장애

1990년대 중반부터 2000년 초반까지 미국에서 아동과 청소년 양극성장애 진단률이 급격하게 증가하였다. 이러한 양상은 청소년 양극성장애에 대한 다양한 논문의 내용과 일치한다. 미국 정신과병동에서 퇴원한 환자들 중에 양극성장애 진단을 받은 환자들의 비율이 지난 8년간 아동의 경우 10%에서 34%로, 청소년의 경우 10%에서 49%로 증가하였다. 1996년 전체 인구 중에서 10,000명의 아동 및 청소년 중에 1.3명이 퇴원한 반면 2004년에는 10,000명당 7.3명으로 5배 증가하였다(Balder & Carlson, 2007). 외래 환자들의 경우 비슷한 기간 동안 약 40배의 증가율을 보였다(Moreno et al., 2007).

후향성 연구들에 의하면 청소년기에 양극성장애 진단을 받는 사례가 50% 증가하였다. 이러한 이유로 많은 연구자들과 임상가들이 양극성장애의 발달 과정에 대해서 지대한 관심을 가지고 있다(Kessler et al., 2005).

Stringaris(2011)는 청소년기에 양극성장애 진단이 극적으로 증가한 이유가 어려서부터 지속되는 성급함이 전형적인 조증의 초기 증상으로 간주되어야 한다는 주장 때문이라고 하였다(Leibenluft, Charney, Towbin, Bhangoo, & Pine, 2003; Leibenluft, Cohen, Gorrindo, Brook, & Pine, 2006). 또한 그는 만성적인 성급함은 확연하게 구별되는 삽화의 경험에서 나타나는 정서의 경험과 완전히 일치하지 않는다고 이야기하였다. DSM-5에 의하면 "비정상적으로 들뜨거나 의기양양하거나, 과분한 기분이 지속되는 분명한 기간이 있다." 그는 삽화 때와 삽화를 경험하지 않을 때의 정서 변화가 어떻게 구별되는지 특히 성급함의 변화와 지속 기간에 관한 연구가 진단과 치료에 매우 중요하다고 하였다.

Carlson과 Glovinsky(2009)는 청소년기 전 조증을 포괄적으로 정의해야 하는지 정밀하게 정의해야 하는지에 대한 양극성장애 논쟁이 적어도 50년간 지속되었다고 하였다. 아직까지도 이 문제의 답은 나오지 않았다. 양극성장애가 분명하게 구분되는 조증과 우울증 그리고 그 사이에 자리잡는 비교적 정상적인 정서에 따라서 감정의 변화와 정서 불안정과 정서 조절의 어려움의 정도를 구분짓는 것이 맞는지 그렇다면 어떻게 구분지어야 하는지가 관건이다. 21세기 연구자들은 단순히 양극성장애 증상을 이해하는 것을 넘어 증상이 어떻게 발전하고 그 발전의 정도에 따라 정서 조절이 어떻게 연관되어 있으며 특징적인 정서 조절이 나타나는 다른 증상들과의 관계를 이해하도록 노력해야 한다(Carlson & Glovinsky, 2009).

Krieger와 동료들(2013)은 만성적 성급함이 아동 양극성장애로 잘못 진단되어 왔다고 주장하였다. 오히려 이러한 증상이 새로운 DSM-5에 파괴적 기분조절장애에 부합한다고 하였다. 파괴적 기분조절장애 진단 기준은 제10장에서 다루고 있다. 비록 함축적이지만 파괴적 기분조절장애가 양극성장애의 한 종류가 아니라는 강력한 근거가 있다. 가장 설득력이 있는 근거는 종단 연구의 결과인데 파괴적 기분조절장애를 겪는 청소년들이 성인이 되어 불안장애 및 단극성 우울증을 겪을 위험이 높지만(Leibenluft, 2011) 양극성장애를 겪을 위험은 높지 않다는 결과이다(Towbin, Axelson, Leibenluft, & Birmaher, 2013).

청소년 약물치료의 어려움

아동 및 청소년의 양극성장애를 치료하기 위해서 정서 안정제와 함께 비정형 항정신병제를 처방한다. 미국에서는 항정신병제 치료를 받는 청소년의 외래 진료 수가 1993년 201,000명에서 2002년에는 1,224,000명으로 증가하였다. 2000년부터 2002년까지 항정신병제를 처방받은 청소년의 외래 진료 수가 남성이(인구 100,000명당 1,913번 진료) 여성보다(인구 100,000명당 739번 진료) 현저하게 많았고 라틴아메리카계가 아닌 백인 청소년이(인구 100,000명당 1,515번 진료) 다른 인종 및 민족보다(인구 100,000명당 426번 진료) 높았다. 전체적으로 전체 정신보건 진료의 9.2% 및 전체 정신과 진료의 18.3%가 항정신병제 치료를 포함한다. 2000년부터 2002년까지 항정신병제를 처방한 진료의 92.3%가 2세대 약물을 사용하였다. 항정신병제를 처방한 정신보건 진료를 받은 환자들 중에는 행동장애(37.8%), 정서장애(31.8%), 전반적 발달장애(17.3%), 정신병적 장애(14.2%)를 겪는 사람들이 포함되었다(Olfson, Blanco, Liu, Moreno, & Laje, 2006).

텍사스 메디케이드 프로그램에서 항정신병제를 처방했던 동향을 살펴보면 비전형적 항정신병제의 사용이 지난 5년간 약 500% 증가하였는데 그중에 5세부터 9세까지 아동의 경우 609%의 증가율을 보였다(Patel, Sanchez, Johnsrud, & Crismon, 2002). 한 연구에 의하면 항정신병제 처방을 받은 어린이들의 약 25%가 9세 이하의 아동이었고 이 중 80%가 남아였다(Curtis et al., 2005). 심지어 미국과 서부 유럽 사이에 항정신성의약품 사용의 확연한 차이가 나타나는데 미국이 1.5배에서 2.2배 높다(Zito et al., 2008).

비정형 항정신병제 사용으로 인한 심각한 부작용에 대한 보도를 볼 때 아동의 정서 장애 및 심한 분노를 치료할 수 있는 용서치료와 같은 다양한 방법을 고려해야 한다. 구체적으로 테네시 메디케이드 프로그램의 2013년 후향성 코호트 연구에서 최근 항정신병제 치료를 시작한 28,858명과 14,429명의 짝지은 대조군을 연구한 결과 항정신병제를 복용하고 있는 사람들이 제2형 당뇨병을 겪을 확률이 3배 높으며 축적되는 복용량에 따라서 위험성이 높아진다고 밝혔다(Bobo et al., 2013).

가족치료

양극성장애 발병 위험이 높은 아동을 위한 가족 중심 치료(FFT-HR)는 충분히 효과를 기대할 만한 치료이다. 치료사는 FFT-HR 메뉴얼에 따라서 치료를 진행하고 참여하는 가족들은 그것을 따르게 된다. 본 치료에 참여했던 아동들은 어린이 조증 평정척도 및 아동 우울증 평정척도 점수에서 상당한 호전을 나타냈다(Miklowitz et al., 2011). FFT-HR의 초기 연구에 의하면 가족 심리교육과 약물치료를 병행하는 것이 양극성장애 환자들의 삽화 후의 증상 조절과 약물 복용을 돕는다(Miklowitz, George, Richards, Simoneau, & Suddath, 2003).

분노 조절 및 용서와 관련된 가족 및 학교 심리교육도 효과가 있는 것으로 알려졌다(Enright et al., 2007; Gambaro et al., 2008; Holter et al., 2008; Magnuson, Enright, Fulmer, & Magnuson, 2009). 따라서 이러한 접근법은 잠정적으로 파괴적 기분조절장애 및 양극성장애 진단을 받은 아동에게 적용할 수 있다.

성급함과 극심한 분노는 제1형과 2형 양극성장애에 공통적으로 나타나는 정서이다. 이러한 분노를 털어놓고 해결하는 기회를 놓치게 되면 정서 불안정과 사망 위험이 증가할 수 있다. 용서치료는 양극성장애를 겪는 내담자의 심한 분노 조절에 효과적으로 작용하여 정서 안정에도 도움을 주는 심리치료이다.

제8장
용서치료와 불안장애

앤드류는 35세 사업가이다. 그는 극심한 불안 증세, 어지럼증, 과민성대장 증상 및 불면증으로 인해 치료를 시작하였다. 그는 언제나 아침이 되면 그날의 업무 압박으로 인해 심하게 불안해했다. 불안으로 힘들어하는 다른 환자들과 마찬가지로 치료 초기에 앤드류는 자신의 분노에 대한 자각이 없었고 자신이 분노를 조절하기 위해서 얼마나 노력하고 있는지 인지하지 못했다. 자신은 어떠한 업무 스트레스라도 감당할 줄 아는 강한 남성이어야 한다고 생각했다. 하지만 이제는 더 이상 감당하기 어려운 지경에 처했고 자신에게 일어나는 일들을 이해하지 못하고 있었다.

한 번도 자신의 감정적 고통에 대해서 대화해보지 않은 사람처럼 앤드류는 그의 고통스러운 감정을 직면하는 것에 심한 저항을 나타냈다. 결과적으로 무리한 업무를 요구했던 상사를 향한 분노를 드러내기까지 많은 시간이 걸렸다. 더욱 힘들었던 것은 무리한 요청을 하면서 앤드류의 성공을 인정하지 않는 상사에 대한 분노를 지속적으로 다루는 일이었다. 앤드류는 자신의 자존감에 상처를 준, 아직 풀리지 않은 가족들과의 갈등에 대해 이해하기 시작했다. 직장과 관련된 불안과 그와 관련된 분노에 관한 치료는 성공적이었다. 자세한 내용을 본 장에서 다루었다.

비록 일반적으로 분노 증상이 불안증보다는 우울증 환자에게 더 만연하다고 알려져 있지만(Novaco, 2010) 문헌에 의하면 성급함이 불안장애에 흔히 나타나는 증상이라는 연구가 늘고 있다(Stoddard et al., 2013). 본 장에서 불안증과 함께 나타나는 강도가 심하지만 무의식중에 깔려 있는 분노를 드러내는 것이 얼마나 중요한지 다룰 것이다. 또한, 범불안장애(GAD), 공황장애, 사회불안장애, 강박장애(OCD), 외상후 스트레스장애(PTSD) 치료에 용서치료를 사용하는 이점에 대해서 이야기할 것이다.

용서치료는 위에서 언급한 정신질환을 치료하고 재발을 방지하는 데에 큰 도움을 줄 수 있다. 이 책 제5장을 보면 과학적 실험을 거친 개입법이 불안증을 감소시키는 데에 유효하다는 것을 알 수 있다. 치료의 효과가 어떠한 작용으로 인해서 나타나는지 구체적인 구조는 완전히 밝혀지지 않았다. 하지만 내담자의 삶에서 타인을 신뢰하고, 자존감을 유지하며 삶의 스트레스를 해결할 수 있는 능력에 손상을 준 상처들과 관련된 분노의 감정을 해결함으로 용서치료의 효과가 나타난다. 때로는 극심한 분노가 불안을 초래하기 때문에 분노의 용서를 통해서 이러한 불안 삽화를 예방하고 치료할 수 있다. 우리의 임상경험에 따르면 이러한 증상은 강박장애(OCD)나 사회불안장애를 겪고 있는 청소년과 성인에게서 흔히 발견된다. 우울증 치료에서와 마찬가지로 신경 정신 약리학과 인지행동치료 등 다른 치료접근법과 함께 사용할 경우, 용서치료는 불안의 정도를 감소시킬 수 있다.

과거 상처와 관련된 분노가 감소되면서 과거의 두려움, 불신, 불안정함이 현재에 미치는 영향 또한 감소한다. 심지어 극심한 분노를 해결하는 과정이 타인에 대한 신뢰와 자존감을 높이는 효과가 있다. 동시에 자신에게 상처를 주었던 사람으로 인한 부정적인 영향으로부터 내담자를 자유롭게 해준다.

불안장애의 유병률

성인과 청소년에게 불안증은 가장 흔한 정신질환이다. 2005년 국내 성인 동반이환 연구에 의하면 28.8%의 미국인이 평생에 적어도 한 번 불안장애를 경험하였고 발병 나이의 중앙값은 11세로 나타났다(Kessler et al., 2005). 국내 동반이환 일대일 설문 연구에 의하면 13세에서 18세의 10,123명 청소년에게 불안장애가 가장 흔한 증상으로 밝혀졌으며(31.9%), 초기 발병 나이의 중앙값은 6세로 밝혀졌다(Merikangas et al., 2010).

불안과 우울

불안장애의 높은 유병률과 재발은 동반이환 치료의 중요성을 말해준다. 특별히 극심한 분노와 우울의 경우에 그러하다. 사회불안장애는 지속적으로 그리고 실제적으로 우울증의 위험을 증가시킨다(Beesdo et al., 2007). 이전부터 존재했던 불안장애는 결과적으로 자살에 대한 생각과 자살 시도의 독립적 위험요소로 알려져 있다(Bolton et al., 2008).

불안장애의 분노

정신 장애진단 및 통계편람 제5판(DSM-5)(American Psychiatric Association, 2013)에 따르면 성급함은 범불안장애와 관련된 6개의 증상 중 하나로 기재되어 있는 반면 불안장애와 관련된 분노와 적개심은 그다지 많은 주목을 받지 못하였다. 불안과 분노의 연결관계가 명확하지 않다. 임상적으로 부당한 상처로 인해서 타인을 신뢰하는 능력이나 자존감에 손상을 입었을 때에 분노가 나타나고 그것은 결과적으로 불안함으로 이어진다. 이러한 분노는 보통 무의식중에 깔려 있기 때문에 대부분의 불안증을 겪는 환자들은 자신의 분노를 삶에 주요한 갈등문제로 인식하지 않는다. 또한, 극심한 분노와 그 분노를 효과적으로 다루지 못하는 경우 불안증의 증상이 나타나기도 한다.

최근의 연구들은, 불안장애와 분노의 연결관계의 중요성을 나타내고 있다. 수많은 연구들이 극심한 분노가 불안장애, 범불안장애, 사회불안장애, 강박장애, 공황장애, 외상후 스트레스장애와 함께 나타난다는 것을 말하고 있다(Barrett, Mills, & Teesson, 2013; Deschenes, Dugas, Dugas, Francalanza, & Koerner, 2012; Gould et al., 1996; K. A. Hawkins & Cougle, 2011).

외상후 스트레스장애 환자들에게 높은 강도의 분노가 보고되어 왔고 치료 방침도 연구되었다(Chemtob, Novaco, Hamada, & Gross, 1997). Frueh et al.(1997)은 높은 강도의 분노를 위해 치료자에게 외상후 스트레스장애 치료에 분노조절 치료를 통합할 것을 추천하였다.

우울증 치료에서와 마찬가지로 격한 분노는 우울증과 불안증을 고립시키기 때문에 치료에 방해가 될 수 있다. 이러한 복합적인 감정상태에서 용서를 통해 분노를 해결하면 불안과 우울의 치료를 원활하게 할 수 있다. 이제 이 과정에 대해서 자세히 서술할 것이다.

불안증을 겪는 환자를 위한 용서치료의 네 단계

개방단계

용서치료의 첫 단계에서 불안증을 앓고 있는 대부분의 내담자들은 자신의 분노를 인정하는 데에 강한 저항을 보인다. 특히, 자신의 분노를 조절하기 위해서 강력한 방어기제를 사용하는 강박장애 환자들의 경우 그러하다. 치료과정에서 과거의 특정한 스트레스나 상처가 발견되면 그 사건과 연관된 분노의 감정이 천천히 올라온다. 처음으로 발견되는 분노의 감정이 완전한 결론이 되는 경우는 드물다. 보통 작업단계에서 또다른 상처의 경험이 발견되기 마련이다.

내담자의 불안과 관련된 과거 경험을 토대로 인지적 용서연습을 활용하여 분노의 감정을 발견할 것을 추천한다. 내담자는 특정 인물을 용서하고 이해하고자 하는 바람에 집중하게 된다. 내담자의 신뢰와 자존감을 훼손하여 극심한 불안을 갖게 했던 사람은 누구든지 치료의 과정에 적용될 수 있다. 우울증 치료와 마찬가지로 이러한 과정을 통해서 과거의 감정적 고통에 대한 인식이 자라나게 된다.

결정단계

내담자가 자신의 불안, 두려움과 부당한 대우를 받았던 경험의 연관관계를 깨달아 가면서 용서를 하고자 하는 동기도 증가한다. 용서의 이점에 대해서 더 깊이 이해할수록 용서에 대한 동기는 더욱 증가할 수 있다. 때로는 용서할 것을 권하는 치료사에 대한 신뢰가 높으면 비록 용서에 대한 양가감정이 있을지라도 자신에게 상처를 준 사람을 용서하려는 마음을 갖게 된다.

작업단계

작업단계에서 내담자는 자신이 용서하도록 노력해야 하는 대상이 누구이며 감정적, 인지적으로 어떻게 접근해야 하는지를 적는 숙제를 규칙적으로 하게 된다. 강박장애 내담자들의 경우 본 단계에서 가장 강한 저항을 나타낸다. 그들은 자신의 분노와 배신에 대한 고통을 방어기제로 감싸고 있기 때문에 서서히 자신의 상처에 대해서 이해하며 이러한 방어를 해결해간다. 또한, 완벽주의적 성향을 가지고 있는 내담자의 경우 자신이 분노를 얼마나 깊숙이 부인하고 있는지를 깨닫는 과정을 거쳐야 하기 때문에 치료가 더욱 힘들 수 있다.

외상후 스트레스장애 내담자는 대체적으로 자신의 분노와 자신에게 상처를 준 사람에 대해 잘 이해하고 있다. 하지만 그들은 종종 복수하려는 충동 및 자신에게 상처를 준 사람을 해치고자 하는 감정을 가진다. 작업단계에서 많은 내담자들은 용서를 위한 치료를 하고 있는 데도 불구하고 자신에게 상처를 준 사람을 만나 자신의 분노를 표출하고 싶어한다. 이때에 내담자들은 극심한 분노를 조절하지 못하게 되는 위험과 분노를 해결하기 위해서 분노를 표출하는 것의 한계에 대해서 잘 알고 있어야 한다. 비록 단호한 태도가 건강한 관계에 중요하지만 단순한 말이나 행동이 심각한 상처로 인한 분노와 고통을 대신해 주지는 않는다는 한계가 있다. 또한, 분노 표출을 통해서 진정한 정의를 실현하거나 복수에 대한 감정으로부터 자유로워지는 경우는 드물다고 할 수 있다.

복수와는 반대로 범불안장애 내담자에게 용서와 관련하여 바람직한 단호한 태도를 갖는 것은 치료의 중요한 부분 중 하나이다. 치료를 받는 많은 내담자들은 휴식, 수면, 건강한 삶을 방해할 만큼의 극심한 책임감에 시달린다. 이들은 삶에 어려움을 주었던 사람들을 용서하는 것과 더불어 자신의 삶에 부당한 요구를 하는 사람들로부터 자신을 보호하는 것을 배우는 것이 큰 도움이 될 것이다. 자신에게 부당할 정도로 많은 업무를 요구하는 상사나 가족관계에 해가 될 정도로 많은 스포츠 활동을 하려고 하는 자녀에게 이러한 단호한 태도를 적용할 수 있다. 또한, 감정적인 지지나 배려를 해주지 않아 내담자에게 안정감을 주지 않는 배우자나 내담자에게 계속적인 요구를 해서 심한 책임감을 가지게 하는 사람에게 적용할 수도 있다. 이러한 경우 용서치료와 단호한 태도를 갖는 연습을 병합하여 내담자가 과잉반응을 하는 횟수는 줄이고 건강한 방법으로 자신의 분노를 표출할 수 있게 도울 수 있다.

범불안장애를 겪고 있는 많은 남성 내담자들은 자신의 일에 대한 부족한 자신감을 불안증의 가장 주요한 요소로 꼽는다. 그들은 대부분 아버지와의 관계에서 그 원인을 찾는다. 자신의 유년기나 청소년기에 아버지가 심하게 비판적이었거나 자신감을 키워주는 것에 실패한 경우 그러하다. 작업단계의 과정에서 이러한 내담자들은 아버지를 용서하는 일을 매우 어려워 하면서 아버지와 갈등관계에 있거나 아버지를 향한 분노의 감정을 느끼는 것에 죄책감을 갖는다. 희망적인 것은 이들이 자신의 아버지의 어린 시절을 이해하기 시작하면서 그들 역시 그들의 아버지의 행동을 보고 배웠다는 것과 그들이 주었던 상처가 의도적인 것이 아니었다는 것을 깨닫게 된다는 것이다. 저자의 임상경험에 의하면 잘못을 저지르고 싶지 않았지만 그럼에도 불구하고 부당한 상처를 준 사람을 용서하는 일이 더 수월하다.

본 단계까지 오게 되면 내담자는 용서의 이점을 직접 경험하게 된다. 용서를 통해서 불안감과 두려움이 줄어들고 성급함이 잦아들고 극심한 책임감도 줄어들며 자존감, 신뢰가 상승하며 삶의 균형을 되찾게 되고 배려심이 없는 사람에게 단호한 태도를 보일 수 있게 된다.

용서치료를 통해 불안증 환자를 치료할 때에 큰 장애물이 되는 것들이 여러 가지 있다. 먼저, 자신에게 상처를 준 사람을 용서한다는 것이 그를 다시 신뢰하는 것과 동일하다고 생각하는 오해이다. 그리고 알코올 중독자나 이혼 가정의 성인 자녀에게 나타나는 통제를 잃는 것에 대한 두려움. 그리고 분노를 통해 타인과의 거리를 유지하려는 행동 및 자신의 부모, 형제, 배우자 또는 다른 가족 구성원에 대한 무의식적인 두려움과 죄책감이 있다.

심화단계

용서를 통해서 극심한 분노가 현저하게 감소된 후에 대부분의 불안증 환자들은 자신의 고통에 대한 의미를 찾게 된다. 많은 경우에 내담자들은 더 지혜로워지고 단호해지며 관계에서 자신을 돌보기 시작한다. 또한, 믿음직하지 않은 사람과 거리를 두며 더욱 신중하게 선택하여 믿을 만한 대상을 찾는다. 이제 임상사례를 통해서 구체적인 불안장애에 용서치료가 어떻게 사용될 수 있는지 살펴볼 것이다.

범불안장애

비록 불안과 분노가 항상 함께 나타나지만 범불안장애의 경우 그 연결고리가 명확하지 않다. 한 연구에 의하면 분노가 범불안장애 증상을 야기하거나 심화시키는 것이 흔한 임상적 경험이라고 밝혀졌다(Deshenes et al., 2012). 이 연구에 의하면 겉으로 표출되는 극심한 분노(분노의 감정적인 부분)와 적대심이 범불안장애 집단에 속하는 데에 가장 큰 영향을 미친다. 분노를 다루는 능력은 범불안장애를 포함한 다른 불안장애 치료 및 예방에 중요한 역할을 한다.

범불안장애의 특질과 과정에서 동반이환은 주요한 양상이라고 할 수 있다. 범불안장애는 주요우울장애, 양극성장애, 물질사용장애 및 다양한 정신질환과 동반하는 경우가 매우 흔하다(N. M. Simon, 2009). 국내 동반이환 연구에 의하면 평생에 범불안장애를 한 번이라도 겪어본 사람 10명 중 8명이 불안장애와 함께 정서장애도 함께 경험하는 것으로 밝혀졌다(Judd et al., 1998). 단극성장애는 양극성장애보다 범불안장애에서 더 흔하게 나타난다. 또 다른 연구에 의하면 주요우울장애와 범불안장애를 함께 경험하거나 주요우울장애의 과정에서 범불안장애를 경험하는 경우 초기 면담에서 주요우울장애만 경험하는 환자에 비해 더 많은 증상과 부정적인 정서 및 기능 장애를 보고한다(Lawrence, Liverant, Rosellini, & Brown, 2009).

다음 사례들을 통해서 우리는 범불안장애 치료에서 용서가 얼마나 중요한 역할을 하는지 알 수 있다.

직장에서 갈등과 관련된 범불안장애

현대에 나타나는 불신과 두려움을 포함한 직장에서의 변화들이 불안장애 발생에 영향을 주는 주요 요인이다. 사람들은 종종 자신의 업무능력이나 함께해온 시간과 상관 없이 자신의 상사가 더 이상 자신에게 어떠한 약속이나 확신을 주지 않는다고 느낀다. 많은 사람들이 매일 직장을 잃거나 더 좋은 직책을 갖지 못하는 것에 대한 두려움을 가지고 살고 있다. 어떤 이들은 상사로부터 비합리적인 업무 부담과 배려 없는 취급을 받아 그 압박이 사생활 및 가족의 삶에도 영향을 받는다. 또한, 직장 동료의 극심한 분노의 피해자가 되거나 적대적인 근무환경으로 인해서 자신의 자존감과 신뢰에 손상을 입고 범불안장애까지 겪게 되는 경우가 있다.

본 장 시작에 언급했듯이 앤드류는 35세 미혼남성으로 성공한 전문직에 종사하며 불면증, 현기증, 근육 긴장 및 출근 전 주기적으로 심한 불안증세를 앓고 있다. 직장에서 두 번째로 높은 직위를 가지고 있는 사람으로서 앤드류는 맡겨진 업무에 대해서 계속적으로 걱정하며 극심한 책임감을 느끼는 직장생활을 해왔다. 그의 상사는 비판을 좋아하는 성격의 사람으로 절대로 그를 인정하거나 칭찬하지 않는 사람이었다. 앤드류는 업무에 대한 압박이 극심하여 직장에서 도망나오고 싶은 심정을 갖기도 하였다. 이러한 스트레스 속에 그는 직장을 계속 다녀야 하는 이유를 찾지 못하면서 일을 그만두었을 때에 닥쳐올 미래에 대해서 두려워하였다.

처음에 앤드류는 자신의 분노감정에 대한 어떠한 인식도 없었다. 하지만 자신에 대해서 더 많이 이해하기 시작하면서 그는 자신의 상사 프레드에 대한 심한 분노를 계속해서 부정해왔다는 것을 깨달았다. 프레드는 앤드류에게 6일에 60에서 70시간 근무를 하며 두 명 내지 세 명이 해야 하는 업무량을 요구하는 사람이었다. 개방단계에서 앤드류는 자신에게 비합리적인 업무를 요구하는 상사에 대한 분노의 감정을 인정하는 데에 심한 저항을 나타냈다. 치료사는 앤드류가 자신의 감정을 솔직하게 대면했던 경험이 적고 자신의 상사에게 분노를 표출했을 때에 직장을 잃거나 완전히 정신을 놓아버리게 될 것에 대한 두려움으로 분노를 부정하고 있을 수 있다는 의견을 제시했다. 그는 주저하였지만 용서의 과정이 치료에 도움이 될 것이라는 치료사의 말을 믿고 자신의 상사를 용서하는 것을 고려해보겠다고 하였다.

앤드류의 저항을 다루기 위해서 인지적 용서연습을 제안하였다. 활동을 통해서 그는 지나친 완벽주의자로 비판적으로 요구를 많이 하는 상사를 매일 용서할 것을 생각해볼 수 있게 되었다. 앤드류는 프레드에 대한 분노를 직접 표출하지 않고도 해결할 수 있는 방법이 있다는 것을 깨닫고는 서서히 상사에 대한 분노를 부정하고 있었다는 사실을 인정하기 시작하였다. 그에게 새롭게 직면하게 된 자신의 분노를 해결하려는 동기가 생기기 시작하였고 용서치료를 지속하면서 그의 불안은 감소하였다.

작업단계의 치료는 앤드류에게 어려운 단계였다. 앤드류는 동일한 문제를 매일 삶에서 겪고 있었으며 그의 상사가 변화하지 않을 것이라고 믿었기 때문이었다. 하지만 그는 자신의 무의식의 분노와 원망이 불안의 시작이라는 것을 깨닫고 상사를 용서할 것에 대해서 매일 생각하였다. 그리고 분명 증상의 완화를 경험하고 있었다. 때로는 프레드에게 극심하게 화가 나고 업무의 부담으로 지쳐서 용서에 대해서는 전혀 생각할 수 없는 날도 있었다. 그는 치료 중에 "프레드에게 너무 화가 나서 그를 용서할 수가 없어요."라고 말했다. 치료사는 "프레드가 얼마나 불안정하고 긴장되어 있는 사람인지 생각해보세요. 그리고 '그가 더 이상 나의 감정을 좌지우지할 수 없게 하기 위해서 나는 그를 용서해야 한다.'고 생각해보세요."라고 제안하였다. 치료사의 이러한 제안은 인지적으로 진행되고 있던 용서의 과정을 촉진시켰다. 그리고 그는 때때로 상사의 실제 삶이 매우 비참하다는 것을 생각하면서 그에게 유감을 갖게 되는 자신에게 놀라기도 하였다.

앤드류는 8개월의 치료기간 동안 과도한 책임감을 털어버리고 균형잡힌 삶을 살도록 노력하였고 그의 분노는 점차적으로 줄어들었다. 다행히도 그의 개인적인 변화는 직장에까지 영향을 미쳤다. 그의 상사는 건강의 문제로 일주일에 70시간 동안의 업무를 감당하지 못하고 휴가를 가게 되었다. 휴가 후에 상사는 단시간 근무밖에 할 수 없게 되었다. 앤드류는 사무실의 최고 책임자가 되었고 자신의 삶과 일의 균형을 찾으려고 노력하였다. 그 과정에서 그는 드디어 프레드에게 단호한 태도를 취할 수 있을 만큼 안정감을 찾게 되었고 그것은 큰 도움이 되었다. 그리고 그는 자신의 동료들에게 더 유익한 근무환경을 제공하기 위해 노력하면서 자신이 견뎌온 어려운 시간들의 의미를 찾기 시작하였다.

가족간 갈등과 관련된 범불안장애

잉게는 두 자녀를 둔 34세의 여성으로 극심한 불안감, 불면증, 피로함으로 인해 치료를 받기 시작하였다. 그녀는 가정을 돌보는 일에 압도되어 있었고 정신적으로 불안정한 상태에 이르는 것을 매우 두려워하고 있었다. 그녀의 가족은 함께 모여서 식사를 하는 일은 매우 드물었으며 여러 가지 부담과 책임으로 인해서 남편과 의미있는 시간을 갖는 일도 드물었다.

처음에 잉게는 자신의 불안의 원인을 찾지 못하였다. 서서히 그녀는 주요한 스트레스의 원인을 찾게 되었고 그것들에 굉장한 분노를 느끼기 시작하였다. 그녀는 원정경기를 포함한 다양한 스포츠 활동에 참여하는 자녀들에게 특히 불만을 가졌다. 그리고 그러한 활동을 중요하게 여기는 남편에 대해서도 분노하였다. 그녀는 수많은 스포츠 연습과 주중과 주말에 진행되는 경기들로 인해서 지쳐있는 상태였다. 가족들과 저녁식사를 함께하거나 여유롭게 주말을 보내는 일 또는 남편과 함께 시간을 보내는 것은 모두 과거의 일이 되어버렸다.

잉게는 남편과 아이들을 만족시키는 일로 자신의 분노를 부정하고 있었다는 것을 깨달았다. 그녀는 자신이 그러한 분노의 감정을 갖는 것에 죄책감을 갖기도 하였으나 결국 그것이 정당한 감정이라는 것을 인정하였다. 그녀는 자신의 진실된 감정을 깨닫고 그것을 남편 마이크와 이야기할 수 있게 되었다. 그녀는 계속적으로 아이들을 스포츠 활동에 참여시키는 일이 아이들을 위한 일이 아니고 오히려 남편 자신을 위한 일이라는 것을 이야기하였다. 그리고 남편과 자녀들로 인한 부담으로 인해 자신의 감정이 상하고 있다는 것을 이야기하고 가족 스케줄에 변화가 필요하다는 것을 주장하였다.

잉게는 건강한 자신의 모습을 찾고 싶었고 가족들과 더 나은 관계를 가지고 싶은 열망이 있었다. 이러한 열망은 자기 중심적이고 배려심이 없는 자녀들과 남편을 용서하려는 동기를 부여해주었다. 용서의 작업은 남편의 사과로부터 시작되었다. 그들은 자녀들이 한 시즌에 하나의 스포츠에만 참여하도록 하고 원정경기 참여를 제한하였다. 그렇게 매일 가족들이 함께 모여서 저녁식사를 할 수 있는 시간을 가질 수 있었다. 잉게는 마이크가 스포츠에 대한 낮은 자신감으로 인한 불안정한 감정들을 가지고 있다는 것을 이해하기 시작하였다. 그녀는 그에 대한 동정심을 가지고 그를 용서할 수 있게 되었다.

계속적으로 용서의 작업을 하면서 가정생활에 균형을 갖게 되고 그녀의 불안 증세는 완화되었다. 후에 잉게는 주변에 자신과 비슷한 어려움을 겪고 있는 사람들을 도울 수 있었고 자신의 어려움에 대한 의미를 찾게 되었다.

조이는 30세의 한부모로 극심한 불안감, 성급함, 근육 긴장으로 인해 힘들어했다. 그녀는 주기적으로 분노발작 진단에 부합하는 분노삽화를 경험하고 있었지만 자신의 경험에 대한 이해가 없었다.

개방단계에서 조이는 자신의 아버지가 자기 방어적이고 비판적인 사람이었다는 것과 어렸을 때에 자신의 언니가 분노를 엉뚱하게 조이에게 표출했었다는 것을 깨달았다. 결과적으로 그녀는 삶에서 두 사람에게 배신을 당한 것이다. 그녀는 아버지와의 관계로부터 받은 상처로 인해 남성에 대한 신뢰를 잃었고 관계에서 과민하게 반응하게 되었다는 것을 알게 되었다.

조이는 남성들과 건전하지 못한 관계의 굴레와 과거의 감정적 고통으로부터 벗어나고자 용서작업을 시작하게 되었다. 다시 말하면, 그녀는 자신의 언니가 아버지에 대한 엄청난 분노를 가지고 있었으며 그것을 조이에게 표출해왔다는 것을 깨닫게 되었다. 그녀는 자신의 아버지가 그의 부친과 마찬가지로 감정적으로 냉담한 사람이고 빈정댐과 분노를 이용해서 타인과 거리를 두려는 사람이라는 것을 이해하였다.

조이는 과거용서 연습을 통해서 자신의 유년기와 청소년기를 상상하며 아버지와 언니에게 받은 상처로부터 그들을 용서하기 시작하였다. 이러한 용서활동은 초반에 인지적인 성향을 갖는다. 하지만 그녀는 아버지가 어려운 유년기와 청소년기를 보냈다는 것을 이해하면서 아버지를 불쌍히 여기는 마음을 갖게 되었다. 결과적으로 아버지를 공감하게 되면서 그를 진정으로 용서하게 되었다.

언니를 용서하는 작업이 조이에게 더 힘들었다. 그 이유는 언니가 부당하게 조이에게 계속적으로 분노를 표출했기 때문이었다. 조이는 솔직하게 언니에게 얼마나 실망하였는지 이야기하고 싶었지만 언니에 대한 신뢰가 적어 글로 자신의 감정을 전달하기로 하였다. 안타깝게도 언니는 자신이 조이에게 잘못된 분노를 표출하였다는 것을 인정하지 못했다. 그럼에도 불구하고 조이는 인지적인 수준에서 언니를 용서하기 위해서 노력하였다. 하지만 언니를 공감하지 못하였고 결국 감정적인 용서까지 이어지지 못하였다.

치료과정에서 조이는 지속적으로 아버지, 언니 그리고 자신에게 상처를 주었던 남성들에 대한 분노를 표출하였고 그들을 용서하고 이해하고 싶다고 말하였다. 그녀는 자신이 만났던 남성들에 대한 분노를 엄마, 딸, 직장 동료들에게 잘못 표출하였다는 것을 깨달았다. 그리고 가족과 남성들과의 관계로부터 받은 배신의 경험이 무언가를 통제하려고 하는 욕구로 귀착하였다는 것을 인정하였다. 이러한 이해를 통해서 그녀는 오히려 다른 사람들에게 용서를 구할 수 있게 되었다.

8개월의 치료기간 동안 그녀의 분노는 감소하였고 안정을 찾게 되었으며 타인을 신뢰할 수 있게 되었다. 그녀는 분노의 감정에 덜 예민하게 반응하게 되었고 타인을 통제하려는 성향도 고칠 수 있게 되었다.

이혼가정의 성인자녀와 범불안장애

매년 100만이 넘는 아동이 부모의 이혼을 경험한다. Judith Wallerstein은 오랜 기간 이혼 아동에 대한 연구를 통해서(Wallerstein, Lewis, & Blakeslee, 2001) 불안은 모든 이혼 아동에게 전반적으로 나타나는 증상이라는 것을 밝혔다. 이전의 비슷한 연구를 통해서 확인되기도 하였다(Wallerstein, 1991). 우리는 부모의 이혼이나 별거의 과정에서 범불안장애를 갖게 된 많은 성인을 치료하였다. 수많은 연구들이 이혼을 경험한 청소년이나 성인 자녀들이 타인을 신뢰하는 데에 어려움을 겪거나 불안증을 겪는다는 사실을 보고하였다(Amato & Afifi, 2006; Franklin, Janoff-Bulman, & Roberts, 1990; Marquadt, 2006; Strohschein, 2005). 많은 사람들이 연인관계에 헌신하는 데에 어려움을 겪기도 한다(Slater & Calhoun, 1988).

부모의 이혼을 경험한 많은 여성들은 결혼을 결정해야 하는 때에 불안감에 압도되거나 방해를 받기 쉽다(Wallerstein & Blakeslee, 1996). 이혼을 경험하지 않은 가정에서 성장한 여성과 비교했을 때에 이혼가정의 여성은 연인관계에서 낮은 신뢰와 만족을 경험한다(Jacquet & Surra, 2001). 이혼가정의 남성의 경우 이혼하지 않은 가정에서 성장한 남성에 비해 연인관계에 대해 양가감정을 많이 갖는다(Jacquet & Surra, 2001). 여성들 역시 이와 같은 양가감정을 가지며 남성에 비해 심한 갈등, 의심을 갖고 상대방의 배려에 대한 신뢰가 낮고 관계에 지속적으로 헌신하는 것을 덜 중요하게 여긴다(Jacquest & Surra, 2001).

2013년의 한 연구에서 Autor와 Wasserman은 증가하는 한부모 가정 및 자녀 양육에서 멀어져 가는 남성의 역할로 인해서 교육에서 부족함이나 노동참여에 부정적인 영향을 받을 남성들에 대해서 이야기하였다. 구체적으로 한부모 가정에서 성장한 남성들이 교육이나 경제적인 면에서 빈약한 성과를 거둔다는 것을 발견하였다. 저자의 임상경험에 의하면 이러한 문제에 낮은 남성의 자존감과 불안감이 중요한 역할을 한다.

트래비스는 24세 미혼남성으로 불안증, 피로함, 그리고 학업과 직장에 헌신하는 것에 대한 어려움 때문에 치료를 시작하였다. 그의 가정은 그가 13세가 되기까지 안정적이었지만 후에 아버지의 외도로 인해서 이혼하게 되었다. 그전까지 그는 부모님의 관계에서 겉으로 드러나는 갈등을 본 적이 없기 때문에 그들의 관계에 문제가 없다고 생각했다. 하지만 아버지가 일 때문에 밤 8시나 9시가 되어서야 집에 들어오는 모습을 보면서 어머니가 외로울 것이라는 생각을 했었다.

아버지의 외도가 밝혀진 후에 어머니는 매우 우울해졌고 몸무게가 약 13kg이나 줄고 대장염을 앓게 되었다. 가정의 첫째이면서 경제적인 부분에 대해서 잘 알고 있었던 트래비스는 어머니의 고통을 느끼며 어머니를 보호하고 싶었다. 가정의 갈등이 있기 전까지 그는 아버지를 훌륭한 사람으로 여기고 그를 롤모델로 삼았다. 하지만 이후에 그의 삶에 롤모델이 사라졌고 남성으로서 어떻게 성장해야 하는지 길을 잃게 되었다.

부모님이 이혼했을 때에 트래비스는 16세였다. 그는 어머니와 함께 자랐다. 아버지는 직장 일로 바빴기 때문에 2주에 한 번 주말에만 만날 수 있었다. 부모님의 외도 이전에 좋았던 트래비스의 성적은 악화되기 시작했다. 비록 그가 운동선수로서 실력이 좋았지만 그는 더 이상 스포츠에도 공부에도 열심을 내고 싶지 않았다. 그리고 그는 11학년 때에 아버지에 대한 분노, 슬픔 그리고 미래에 대한 불안감을 해소하기 위해서 대마초를 사용하기 시작했다.

트래비스는 가정에서 불안정했던 경험이 내면의 많은 상처를 남겼고 그로 하여금 타인을 신뢰하기 어렵게 만들었다는 것을 인지하고 있었다. 그가 비록 아버지의 외도와 이혼에 대한 상처를 인정하긴 했지만 아버지에 대한 분노의 감정에 대해서는 강하게 부정하였다. 그는 아버지에게 받는 경제적 지원 때문에 아버지에 대한 분노를 인정하면 그와의 관계가 완전히 깨어질까 봐 두려워하였다.

서서히 트래비스는 자신의 두려움과 불안감이 대학 공부나 직장에 열심히 하는 것을 방해하고, 그것들이 아버지에 대한 극심한 분노와 관련이 있다는 것을 이해하게 되었다. 트래비스는 아버지가 자신의 경력에만 열정을 가졌던 이기적인 사람으로 배우자나 자녀들보다 자기 자신과 일에 더 많이 치중하였던 사람이라는 것 또한 이해하기 시작했다. 그는 나중에 아버지가 재혼한 여성이 자기 출세에 도움을 줄 수 있는 직장 동료였다는 사실을 알게 되었다.

트래비스가 용서를 위한 노력을 하기로 결정하게 된 계기는 그 작업이 주는 이점 때문이다. 그는 용서가 불안이나 타인을 신뢰하지 못하는 사람에게 어떠한 도움을 주는지 자세히 살펴보았고 치료사에 대한 신뢰가 높아졌다. 그는 자신이 마음 깊이 사랑하는 아버지에 대해서 극심한 분노의 감정을 가지고 있다는 것 때문에 내적 갈등을 갖게 되었다. 그는 매일 인지적 용서연습을 하였고 아버지를 더욱 이해하기 위해서 노력하였다. 이 과정을 통해서 트래비스는 자신의 아버지가 그의 부친을 한 번도 만족시킨 적이 없는 사람이라는 것을 깨달았다. 그리고 그 이유로 자신을 내세우기 위한 노력을 많이 하는 사람이 되었다는 것을 이해했다. 그리고 자신의 할아버지를 감정적으로 냉담한 사람으로 인식했다. 그리고 결국 애정이 많고 상냥한 어머니 역시 아버지와 할아버지의 갈등을 해결할 수 없었다는 것을 이해하게 되었다.

트래비스는 인지적, 감정적으로 완전히 아버지를 용서할 수 없었던 자신을 보면서 스스로 배신감을 느꼈고 공허하였다. 하지만 그는 자신을 불안하게 하고 지치게 하는 내면의 분노를 해결하려는 강한 동기를 가지고 있었다. 종교적인 사람이었던 그는 자신의 심리적인 용서와 신앙을 통합할 수 있는 방법을 찾기 시작했다. 그리고 주기적으로 아버지를 용서할 수 있는 힘을 구하는 기도를 하였다. 이 책의 제4장에서 언급했던 대로 Poloma와 Gallup(1991)의 연구에 의하면 미국 성인의 80%가 용서와 관련된 어려움을 직면하였을 때에 신께 도움을 구한다.

수많은 회기를 통해서 트래비스의 과거 상처들이 재연되었고 그 순간에 아버지에 대한 실망과 분노를 표현하려고 노력하였다. 그리고 그는 아버지를 용서하고 이해하려는 마음을 소리내어 표현하였다. 치료과정에서 치료사가 아버지의 역할을 맡아서 어머니, 동생, 그리고 트래비스에게 무심했던 것에 대해서 용서를 구하였다. 그리고 트래비스는 그때마다 아버지를 용서할 수 있었다.

트래비스가 아버지의 가족사를 더욱 이해할수록 아버지에 대한 동정심이 생겼고 그의 분노를 떨쳐버리고 싶어했다. 그는 계속해서 내면에 있는 새로운 분노를 발견하였고 7년 동안 치료를 계속하였다.

그가 치료과정에서 가장 어려워했던 것은 아버지로부터 받은 상처를 인정하는 것이었다. 그는 아버지로부터 받은 깊은 배신감을 가지고 있었다. 하지만 그는 아버지에 대한 분노를 해결하고 타인과의 관계를 신뢰하기 시작하면서 자신의 깊은 불신과 슬픔을 극복할 수 있을 것이라는 자신감을 갖게 되었다.

사회불안장애

사회불안장애는 가장 흔하게 나타나는 정신질환 중 하나로 일생유병률 12%, 12개월 유병률 7%를 나타낸다(Ruscio et al., 2008). 사회불안장애는 일찍 발병이 되고 만성으로 이어져 사회, 학업, 직장의 기능 또는 도움을 구하는 행동 등 이차적 정신질환에 영향을 미친다(Kessler, 2003). 캐나다의 한 연구에 의하면 일생에 사회불안장애를 경험한 사람의 52%가 또 다른 정신질환을 경험하였다고 보고하였고 27%는 세 개 이상의 정신질환을 경험하였다고 보고하였다. 본 연구에 의하면 사회불안장애는 또다른 불안 및 정서 장애를 동반하는 경우가 가장 많고 물질남용장애와 동반하는 경우도 있었다(Chartier, Walker, & Stein, 2003). 사회불안장애를 겪는 많은 청소년과 성인은 사람들과 어울릴 때에 불안감을 조절하기 위해서 음주를 하게 된다.

내담자들 중에는 가족이나 친구관계에서 트라우마로 인해서 사회불안장애를 겪는 경우가 있다. 이들은 트라우마로 인해서 자존감이 낮아지고 혼자 있기를 선택하며 관계를 신뢰하지 못하고 극심한 분노를 가지게 된다. 이들은 자신에게 상처를 준 사람들에 대한 적대적인 감정을 해결하면서 증상에 많은 도움을 받는다. 용서치료를 통해서 분노를 조절할 수 있지만 심한 배신을 경험했거나 조롱의 대상이 되었던 사람에게는 특히 어려운 과정이 될 수 있다. 이들은 대부분 복수에 대한 분명한 환상을 가지고 있기 때문이다. 계속적으로 이러한 환상을 억제하게 되면서 조용하고 소극적으로 보였던 사람에게서 충동적인 폭력적 행동이나 공격적인 행동이 나타날 수 있다.

로코는 관계가 좋은 가정에서 자라면서 부모와 여동생과 좋은 관계를 유지하였다. 그는 전문직종에 종사하는 26세의 미혼남성으로 동료들과의 관계와 관련해 불안과 두려움이 극심하여 치료를 시작하였다. 그는 동료들과의 관계를 피하고 자신을 고립시켜야 할 만큼 관계에 대해서 두려워하였다. 그의 두려움은 그의 직장생활에도 영향을 미치게 되었다. 그는 새로운 직장의 과제를 통해서 만나게 되는 동료들에게 집착하기 시작했다. 결국 그는 자신의 불안감을 조절하기 위해서 사람들을 만나기 전에 술을 마시기 시작했다.

로코의 증상은 그가 결혼하기 원했던 3년 동안 만났던 여자친구와 이별하면서 나타나기 시작했다. 그녀와 이별하기 전 그는 외향적이고 사회성이 좋은 사람이었다. 하지만 지금은 타인에게 상처를 받거나 배신을 당할 것에 대한 두려움에 가득 차 있다. 그는 전 여자친구 마리나를 원망하기 시작했고 그녀에 대한 극심한 분노를 갖기 시작했다. 로코는 마리나에게 애정이 많았고 그녀와의 관계에 헌신하였지만 그녀가 다른 사람과 바람을 핀다는 것을 알게 되고 관계를 정리하게 되었다.

로코는 마리나에 대한 깊은 분노를 발견하고 나서 자신의 두려움을 극복하기 위해 그녀를 용서하기로 결심하였다. 로코는 계속해서 그녀를 이해하고 자신의 이해를 재해석하기 위해 노력하였다. 그는 마리나의 아버지가 부인과 자녀에게 자기애적인 태도를 항상 가지고 있었고 그녀는 그와 비슷한 상처를 받을까봐 항상 두려워하는 사람이었다는 것을 깨달았다. “마리나가 어렸을 때에, 아버지가 부인을 이용하고 버렸어요. 자신도 비슷한 상처를 받을까봐 당연히 두려웠겠죠.” 로코는 마리나에게 동정심을 갖게 되었고 그녀를 용서할 수 있게 되었다. 관계에서의 불안과 분노가 감소하기까지는 몇개월의 노력이 필요했다. 하지만 그의 계속적인 노력으로 치료의 성과를 경험했다. 이 과정에서 로코는 마리나에게 자신의 사회불안장애와 그녀를 향한 분노, 또 그녀를 용서하고자 하는 마음과 그녀의 감정적 고통에 대한 자신의 이해를 솔직하게 이야기할 수 있었다.

강박장애

강박장애는 인식, 인지, 감정, 사회성, 행동을 포함하는 폭넓은 심리적 양상의 증상을 포함하는 진단이다. 분노가 강박장애와 어떠한 연관이 있는지는 아직 자세히 밝혀지지 않았다. 하지만 최근의 문헌에 의하면 극심한 분노는 강박장애를 경험할 때 흔히 나타나는 것으로 밝혀졌다. 2011년의 한 연구에 의하면 강박장애를 앓고 있는 사람의 50%가 분노발작을 경험하였다(Painuly, Grover, Gupt, & Mattoo,

2011). Snaith와 Taylor(1985)는 강박장애 증상을 나타내는 대부분의 환자들이 조급성을 나타낸다고 보고하였다.

강박장애를 겪는 청소년에 대한 연구에 의하면 분노발작은 비교적 흔하게 나타난다(Storch et al., 2012). 2008년 강박장애를 앓고 있는 236명의 어린이를 연구한 결과 흔하게 나타나는 강박 양상은 공격성(81%), 오염(79%), 대칭(41.9%), 종교(40.7%)로 나타났다. 남자 아이들은 숫자를 세는 강박을 더 많이 나타내는 반면 여자 아이들은 물건을 축적하는 강박을 더 많이 나타낸다. 물건을 축적하는 강박은 높은 수준의 장애와 연관이 되어 있다(Mataix-Cols, Nakatani, Micali, & Heyman, 2008).

다른 정신질환과 동반하는 경우도 매우 흔하다(Pallanti, Grassi, Sarrechia, Cantisani, & Pelligrini, 2011). 우울장애는 강박장애와 가장 흔하게 나타나는 증상이라는 것이 다양한 연구를 통해 밝혀져 있다(El-Mallakh & Hollifield, 2008). 일반 사람들과 비교했을 때에 강박장애를 앓고 있는 사람들의 유병률이 10배 높다(Denys, Tenney, van Megen, de Geus, & Westenberg, 2004). 강박장애는 보통 우울증의 발병을 앞당긴다. 이것은 강박장애 증상으로 인한 기능 저하와 심리적 고통으로 인해서 우울증이 발생한다는 것을 말해준다(Bartz & Hollander, 2006). 비록 강박장애 환자의 80%가 우울증을 경험하지만 많은 연구들에 의하면 강박장애 진단을 받을 때에 우울증이 이미 함께 나타나는 환자들이 적어도 삼분의 일이 된다고 많은 연구가 말하고 있다(Tükel, Meteris, Koyuncu, Tecer, & Yazici, 2006).

강박장애를 치료하기 위해서 선택적세로토닌재흡수억제제(SSRI)가 많이 처방되지만 적지 않은 숫자의 환자들이 효과를 보지 못한다(Finegerg, Brown, Reghunandanan, & Pampaloni, 2012). 인지행동치료와 함께 SSRI 복용을 병행하는 것이 강박장애 증상을 감소하는 데에 효과적인 것으로 밝혀져 있다(H. B. Simpson et al., 2008).

어떤 내담자들의 강박과 충동 증상의 중심을 들여다보면 무심하고 분노에 차 있는 부모, 배우자, 형제 또는 동료로부터 받은 상처로 인한 극심한 분노를 적절하게 해결하거나 인지하지 못하는 경우가 있다. 이러한 내담자들은 자신에게 상처를 준 사람들에 대한 분노와 원한을 감추기 위해 철저한 방어기제를 사용하고 있다. 완벽주의적 성향이나 분노표출에 대한 두려움이나 죄책감은 감정적 고통을 진솔하게 직면하는 데에 방해물이 된다. 결과적으로 억제된 분노가 공격적인 환상이나 오염에 대한 두려움에 집착하게 만든다. 자신의 불안, 스트레스 또는 자신이 매우 두려워하는 어떠한 상황을 피하기 위해서 내담자들은 충동적인 행동에 빠지게 된다.

공격 강박은 강박장애에서 흔히 나타나는 증상으로 예일 브라운 강박 충동 체크리스트(Goodman et al., 1989)를 통해 진단할 수 있다. Primeau와 Fontaine(1987)은 자기 파괴적 행동과 강방장애의 증상에서 나타나는 자기 절제적 성향과 충동적인 습관 행위가 긴장을 완화하는 동일한 동인을 가지고 있다고 말했다(Jenike, Baer, & Minichiello, 1990).

용서치료는 강박장애 내담자가 극심한 분노를 인식하고 해결하는 데에 임상적으로 도움이 될 수 있다. 대부분의 내담자들은 인지적 용서연습에 참여하고 난 다음에 자신에게 실망을 주었던 사람들에 대한 분노의 감정을 경험하게 된다. 하지만 강박장애 내담자들은 매우 방어적이고 통제적이기 때문에 용서의 과정이 매우 어렵고 길어질 수 있다. 이러한 내담자들은 종종 강박적인 청소나 씻는 행위를 고치는 것이 분노, 충동적 공격성 또는 충동적 복수를 해결하는 것보다 쉽다는 말을 종종 한다.

애슐리는 두 자녀를 둔 35세의 엄마로 자녀들이 집에서 세균들로부터 감염되어 심각한 병에 걸릴 것에 대한 두려움 때문에 치료를 시작하였다. 그녀는 자녀들을 보호하기 위해서 수 시간 동안 집을 청소했다. 치료의 초기 단계에서 그녀는 오염에 대한 두려움이 극심해진 나머지 아이들의 모직코트를 세탁기에 빨았고, 입원치료를 받고 싶다고 요청하였다.

처음에 애슐리는 자신에게 상처를 준 사람이 없다고 부인하였다. 치료사가 용서치료가 강박장애 치료에 어떠한 도움을 줄 수 있는지 설명을 해주고 아동기, 청소년기, 성인기를 거쳐서 그녀에게 실망감을 주거나 무심했던 사람을 용서할 것에 대해 고려해보라고 제안하였다. 애슐리가 타인에게 상처를 받은 경험이 있다는 것을 인정하기까지는 몇개월의 시간이 걸렸다. 계속해서 용서에 대해서 생각하게 되면서 그녀의 방어적인 태도가 감소했고 고통스러운 감정을 느끼기 시작했다. 그녀는 자신의 남편 커트가 수년 동안 자신에게 무심했다고 이야기하였다. 심지어 그는 매우 비판적이고 언어 폭력을 하기도 하였다. 그녀는 많은 이유 때문에 남편으로부터 받은 상처를 부인할 수밖에 없었다고 말하였다. 그녀는 남편의 분노와 이혼이 두려웠고 어려서부터 계속 들어온 비난으로 불안정한 마음을 가지고 있었다.

애슐리는 또한 자신이 부모님에게 심한 분노의 감정을 가지고 있다는 것을 부인해 왔다는 사실을 인정하였다. 그녀는 부모님이 자신보다 다른 형제들을 편애하였고 자신은 열등한 존재로 여겼다고 인식하고 있었다. 그리고 그녀는 결국 자신의 부모님 만큼이나 비판적인 사람과 결혼을 하였다는 것을 깨달았다. 이 단계에서 그녀는 극심한 슬픔과 남편과 부모님에 대한 분노를 조절하기 위해서 항우울제 처방이 필요했다. 작업단계에서 그녀는 마음의 상처가 극심하여 누군가를 용서할 것을 생각할 수 없었다. 하지만 자신의 분노를 치료하기 위해서 용서가 얼마나 중요한 부분인지를 깨닫고 비록 마음이 내키지 않았지만 용서할 것을 결정하였다.

애슐리는 자녀들이 세균에 감염될 것을 두려워하는 것이 아니라는 것을 서서히 깨달았다. 그녀는 자신의 두려움이 감추어 두었던 분노의 감정이 표출되어 남편이나 다른 사람들이 해칠 것에 대한 두려움이라는 것을 알게 되었다. 자신의 강력한 분노 충동을 해결하기 위해 힘든 노력을 하는 과정에서 애슐리는 답답한 마음에 "차라리 세균 공포증 치료가 더 나아요. 그게 훨씬 쉬웠거든요."라고 말하였다. 애슐리는 남편 커트가 결혼생활을 계속 힘들게 하였던 그의 알코올 중독 아버지와 살면서 힘든 시간을 겪었다는 것을 이해하게 되었고 남편을 계속적으로 용서할 수 있었다. 그녀는 언제나 커트에 공감하였다. 결국 그에 대한 동정심으로 인해 남편에 대한 분노를 떨쳐버릴 수 있었다. 결과적으로 커트가 치료에 참여하게 되었고 결혼생활에서 자신이 저질렀던 잘못을 인정하면서 용서의 과정이 원활하게 진행되었다.

치료사는 커트에 대한 자신의 이론을 설명하였고 알코올 중독이었던 아버지에 대한 분노를 애슐리에게 잘못 표출한 것이 아닌지 생각해 볼 것을 제안하였다. 그는 애슐리에게 용서를 구했고 자신의 아버지를 용서하는 노력을 할 것이라고 말하였다. 그리고 이것은 애슐리의 치료에 큰 도움이 되었다. 하지만 애슐리는 부모에 대한 분노를 해결하는 데에 계속적으로 어려움을 겪고 있었다. 그녀는 부모님이 자신을 원하지 않았고 자신에 대해 분노의 감정을 품고 있었다고 믿었다. 그녀는 자신의 부모가 정서적으로 불안정한 사람들이었다는 것을 인식하고 자신의 삶에 부정적인 영향을 미칠 권리가 없다는 사실을 인정하였다. 그리고 그들에 대한 분노를 해결하기로 인지적으로 결정하였다. 하지만 그녀는 자신의 상처를 받아들이고 부모에 대한 동정심을 갖지 못하였다.

남편과 부모님에 대한 애슐리의 무의식적인 분노가 감소하면서 자녀들에 대한 강박적인 두려움 역시 완화되었다. 커트는 자신이 아내를 힘들게 하였다는 것에 죄책감을 느끼고 아내를 대하는 태도에 큰 변화를 주었다. 또한 그는 앞으로 비슷한 행동을 하는 것을 방지하기 위해서 자신의 아버지를 용서하기로 결심하였다. 3년의 치료를 통해서 애슐리의 강박장애 증상은 해결되었다. 강박장애와 극심한 분노가 흔한 동반이환으로 나타난다는 연구가 늘고 있다. 이러한 추세로 봤을 때에 강박장애 치료과정에 용서치료를 반드시 고려해봐야 한다.

공황장애

공황장애를 앓고 있는 환자들은 대부분 극심한 분노를 경험한다. 한 연구에 의하면 공황장애를 앓고 있는 사람들의 삼분의 일이 주기적으로 분노발작을 경험한다(Gould et al., 1996). 충동적 자살과 충동적 공격성은 공황장애와 관련이 되어 있다(Korn et al., 1992). 방역학 연구에 의하면 공황장애를 겪은 경험이 있는 사람의 56%에서 73%는 일생에 한 번은 주요우울장애를 경험한다(Cassano, Rossi, & Pini, 2003).

공황장애와 관련된 정신역동 연구에 의하면 공황장애를 겪는 환자들은 자신의 유년기를 두려움이 많거나, 긴장되어 있거나 내성적이었다고 이야기하고 그들의 부모는 위협적, 비판적, 지배적 또는 분노에 차 있다고 이야기한다. 또한, 그들은 공격성을 불편하게 여긴다. 공황장애가 나타나기 전에 좌절과 분노와 관련된 스트레스가 선행한다. 연구자들에 의하면 타고난 신경생리학적인 성급함은 어린 나이에 두려움을 갖게 만든다고 한다(Shear, Cooper, Klerman, Busch, & Shapiro, 1993).

저자의 임상경험에 의하면 공황장애를 겪는 많은 사람들이 삶에서 받은 부당한 상처로 인한 해결되지 않은 분노를 가지고 있으며 그 분노를 진솔하게 대면하는 데에 어려움을 겪는다. 이러한 분노는 종종 공황장애 치료의 걸림돌이 된다. 용서치료를 통해서 공황장애를 치료함으로써 배신에 대한 분노를 해결할 수 있고 회복을 촉진할 수 있다.

많은 성인들로 하여금 타인에 대한 신뢰를 잃게 만들고 공황장애를 겪게 하는 다양한 삶의 문제들이 있다. 예를 들어 배우자의 외도, 물질남용, 신체적 또는 심리적 학대, 직장에 대한 불안감, 극심한 경제적 압박감 그리고 지나친 책임감들이 있을 수 있다. 이러한 삶의 어려움이나 어린 시절 트라우마를 해결하는 데에 용서치료를 사용하여 자신에게 상처를 준 사람에 대한 분노를 해결할 수 있다.

물질남용을 하는 사람의 배우자가 공황장애로 인해서 분노 해결을 위한 치료를 받는 경우도 있다. 이때에 상대방이 물질남용치료를 받기를 거부할 경우 치료가 어려워질 수 있다. 이러한 경우 치료사는 배우자에게 물질을 남용하는 행동으로 인해 상대방이 안전감을 가질 수 없게 되며 그것으로 공황장애가 나타날 수 있다는 것을 말해줄 수 있다. 자신에게 계속적으로 같은 행동으로 상처를 주는 사람을 용서하는 일은 절대 쉬운 일이 아니다. 비록 그들이 가지는 분노가 정당한 감정일지라도 그것을 해결하지 않으면 더 많은 문제들을 경험할 수 있게 된다. 일반적으로 알코올 중독자와 별거를 시작했을 때에 공황장애가 완화되기 시작하고 이때에 많은 사람들이 치료를 시작한다.

공황장애와 관련된 적개심과 분노 치료가 어려운 또 다른 경우는 내담자가 지배적이고 비판적이며 자기애적이고 분노에 차 있는 사람과 결혼한 경우이다. 또한, 아동 또는 청소년 때에 성폭력으로 인해서 공황장애와 관련하여 적대심이나 극심한 분노를 경험하는 사례도 매우 힘든 사례라고 할 수 있다. 이러한 경우 복수를 하고자 하는 마음이 매우 강력할 수 있다. 그리고 오랜 시간이 지난 후에 과거에 더 이상 얽매이지 않기 위해서 자신의 분노를 떨쳐버리겠다는 인지적인 결정을 하는 경우가 많다.

저스틴은 33세의 기혼남성으로 세 명의 자녀를 두었다. 그는 숨이 가빠지고 심장이 빠르게 뛰며 떨리는 증상으로 인해 잠에서 깨곤 했다. 그는 응급실에 가게 되었고 신체적으로는 건강하나 공황장애를 앓고 있다는 진단을 받았다. 지난 일년 동안 저스틴은 새로운 사업을 시작하면서 많은 어려움을 겪었고 그것으로 많은 스트레스를 경험하였다. 그는 경제적인 실패에 대해서 강박적으로 두려워하였고 수면에 많은 어려움을 경험하였다. 그는 자신이 과민하게 반응하고 있다는 것을 알고 있었지만 스스로 자신을 통제할 수 없었다.

저스틴은, 알코올 중독자였고 거친 성격을 가진 사람으로 안정적인 직장을 유지하지 못하는 아버지와 함께 어려운 환경에서 자랐다. 이러한 이유로 그의 가족은 경제적 어려움을 겪으면서 자주 이사를 다녀야 했고 많은 어려운 시간을 보냈다. 초반에 그는 아버지에 대한 분노를 부인하였고 다음과 같이 말하였다.

> 저는 그냥 아버지의 무책임한 행동에 실망했을 뿐이에요. 나와 가족들에게 준 상처를 생각하면 화가 나기도 하죠. 결국 제가 어린 시절 겪었던 스트레스로 인해서 지금 이렇게 두려움을 겪고 있다는 말씀을 하시는 거군요. 네, 저는 매우 화가 납니다.

후에 그는 자신의 아버지가 힘든 성장기를 경험했다는 것을 알면서도 아버지에게 극심한 분노를 느낀다는 것에 매우 죄책감을 느꼈다. 저스틴은 아버지의 약점에도 불구하고 그를 사랑하였고 그것이 용서치료를 시작하는 동기가 되었다. 그는 치료사의 권유로 6개월 동안 계속적으로 자신의 어린 시절 두려움을 주었던 아버지를 용서하는 것에 대해서 생각했다. 그리고 그의 증상은 확연하게 완화되었다. 저스틴은 그의 아버지가 모친으로부터 한 번도 안정감을 느껴보지 못하였고 계속적으로 사람들과의 관계를 신뢰하는 데에 어려움을 겪었다는 것을 이해하였다. 저스틴은 자신의 두려움의 원천에 대해 더 많이 이해하게 되었고 자신의 분노와 두려움에 있어서 그의 아버지가 한 역할에 대해서 많이 해결할 수 있었다. 그리고 인지행동치료와 약물치료를 통해서 파괴적인 생각과 두려움을 해결할 수 있었다. 결과적으로 저스틴은 자신의 고통에서도 좋은 결과가 있을 수 있다고 믿게 되었다. 그는 후에 아직도 주기적으로 술에 만취하는 아버지에게 돌아가신 당신의 모친에 대한 분노를 해결하면 술을 끊는 데에 큰 도움을 받을 수 있다는 이야기를 전할 수 있었다.

외상후 스트레스장애

외상후 스트레스장애를 겪는 내담자들은 극심한 분노로 인해 힘들어 하고 종종 자신에게 외상을 입힌 사람에 대한 복수에 관한 강한 충동을 느낀다. DSM-5에 의하면 조급성과 분노 분출은 외상후 스트레스장애의 각성상태에서 나타나는 증상이다. Chemtob, Novaco, Hamada, Gross, & Smith(1997)는 외상후 스트레스장애 환자들의 극심한 분노를 "분노의 공"이라고 표현하였다.

구조조정으로 인해서 직장을 잃고 이전과 비슷한 직장을 찾지 못하고 있는 사람들이나 신체적 또는 성적으로 폭력을 경험한 사람들은 외상후 스트레스장애와 관련하여 극심한 분노를 경험한다. 용서치료는 피해자들로 하여금 분노와 복수에 대한 충동을 떨쳐버릴 수 있게 도와주고 자신의 외상과 관련하여 정의를 구현할 수 있도록 돕는다. 용서치료를 통해 계속해서 과거 트라우마를 생각하는 증상과 자신에게 외상을 입힌 사람에 대한 두려움, 조급함 그리고 강박적인 생각을 완화시킬 수 있다. 외상을 입힌 사람에 대한 분노를 해결하지 못하면 결국 계속적으로 자신은 피해자의 입장에서 상대방에게 지배권을 주게 되는 것이다.

티파니는 출산을 하는 과정에서 의료사고의 피해자가 되었다. 일주일 동안 매우 심각한 상태에 있었고 그녀는 겨우 죽음을 피할 수 있었다. 잘못된 치료과정과 계속적인 입원생활로 인해서 그녀는 외상후 스트레스장애를 앓게 되었고 반복적으로 악몽을 꾸고 죽을 고비를 넘기는 꿈을 꾸게 되었다. 그녀는 극심한 불안을 경험하기도 하였고 결국 심각한 건강상의 문제를 갖게 되었다. 그녀는 정의를 실현하기 위해서 병원을 고소하였다. 하지만 병원과 의사 측은 본 사건에 가장 중요한 의료기록과 검사결과를 잃어버렸다고 말하였다. 그리고 병원과 의사들에 대한 그녀의 분노와 그녀의 증상은 전혀 나아지지 않았다.

티파니는 그 어떠한 의사도 믿지 못하게 되었고 극심한 두려움을 가지고 살아갔다. 그리고 그녀는 계속적으로 복수를 할 수 있는 방법을 생각하였다. 용서치료가 자신의 감정적인 고통을 덜어줄 수도 있다는 희망을 가지고 그녀는 자신에게 상처를 주었던 사람들을 용서하는 것에 대해서 생각해 보았다. 하지만 티파니는 "용서"라는 단어 자체를 사용할 수 없었다. 그녀는 "저는 이러한 고통을 계속적으로 느끼면서 그들을 용서할 수 없어요. 그들은 크게 잘못하였고 거만했고 거짓말을 했어요." 티파니는 종교적인 사람이었다. 그녀는 자신의 분노를 자신이 해결할 수 없다는 것을 깨닫고 신에게 도움을 구하기 시작하였고 복수는 신에게 달려 있다는 것을 깨닫기 시작하였다. 그리고 이것이 그녀에게 도움이 되었다. 그녀의 생각은 12-단계 프로그램에서 말하는 것과는 달랐다. 그녀의 외상후 스트레스장애 증상은 몇 년을 거쳐서 서서히 완화되었다. 그리고 소송에서 정당한 판결을 얻으면서 그녀는 자신의 고통에 대해서 받아들일 수 있게 되었다.

결 론

불안장애는 극심한 분노와 우울장애를 동반하는 경우가 많다. 치료사들은 이러한 현상에 항상 유의해야 하며 적절한 치료방법을 사용해야 한다. 우리의 연구와 임상적 경험에 의하면 용서치료는 불안장애를 치료하고 이와 관련된 분노를 해결하는 데에 효과적인 치료방법이다. 치료사들은 모든 종류의 불안장애를 치료하는 데에 용서치료를 고려해봐야 하고 내담자에게 용서치료의 이점에 대해서 이야기할 수 있어야 한다. 우리의 바람은 앞으로 구체적인 불안장애에 관한 용서치료에 대한 연구가 지속되는 것이다.

제9장
용서치료와 중독장애

헨리는 알코올과 코카인 남용에 대한 이력이 있다. 그는 과거 몇몇 재활프로그램을 거쳤으며 그의 분노와 반항이 연이은 재발에 큰 영향을 주었다는 것도 알고 있었다. 비록 헨리가 통제적이고 가혹했던 그의 아버지를 용서하는 것이 그의 분노를 다스리고 회복을 돕는 데 도움이 되는 것을 몇 년 동안이나 알고 있었지만 그는 그렇게 할 수가 없었다. 그는 중독과 아버지에 대한 분노에 매달려 있는 동안 왜곡된 힘에 대해 경험했다. 분노에 대한 이해와 해결에 대한 노력을 하기로 한 헨리의 확고한 결심과 그에 따른 그의 회복에 대한 이점들이 이 장에 소개되었다.

물질사용장애(SUDs)를 가진 환자들을 치료하기 위해서는 동반이환 정신장애들을 인지하는 것이 중요하다. 이 장에서는 현재 중독장애에 있어서 널리 퍼져 있는 동반이환인 극심한 분노를 어떻게 다루는지에 대한 방법들과, 분노의 근원, 용서치료의 4단계, 그리고 중독장애에 있어서 분노와 연관이 있는 우울, 불안, 불안정, 반항, 나르시시즘과 같은 부정적인 감정들을 다루는 임상사례에서의 용서치료의 사용이 서술되어 있다.

중독장애와 병리적 현상

중독은 여러 단계를 거치며 발달하는 흔하고, 만성적이며, 재발하는 질병이다. 2011년 기준으로, 12세 이상의 2천 2백 5십만 명의 미국인들이 불법약물 사용자들이라고 추정되었다. 설문조사가 보여주듯이 이 추정치는 미국 전체 인구(12세 이상)의 약 8.7%에 해당한다. 불법약물에는 마리화나와 대마초, 코카인(크랙 포함), 헤로인, 환각제, 흡입제, 비의료적으로 사용되는 처방전이 필요한 정신치료 약물(진통제, 신경안정제, 각성제)들이 있다(Substance Abuse and Mental Health Services Administration, 2013). 다른 연구에서는 미국 성인들의 12달 동안 약물 의존 유병률은 다른 정신장애와 만성신체장애의 유병률과 비슷했다(Merikangas & McClair, 2012). 전세계적으로 이환율과 치사율에 대한 중독의 영향은 높다(Ducci & Goldman, 2012). 특히 코카인과 암페타민 사용자들 사이에서 사망률이 증가하는 연관성이 발견되었고(M. Arendt, Munk-Jorgensen, Sher, & Jensen, 2011), 헤로인 중독자들, 특히 어린 중독자들 사이에서 높은 과다복용과 사망률이 보고되었다(Clausen, Waal, Thorsen, & Gossop, 2009; Degenardt et al., 2011).

유행병학에 관한 연구들은 청소년기부터 성인이 되기까지의 주기적인 대마초 사용이 부작용을 낳는다고 말하고 있다. 만성적인 마리화나 사용의 부작용에는 의존증후군(dependence syndrome)과, 호흡기능장애, 심장혈관계 질병(Hall & Degenhardt, 2014), 그리고 청소년들의 심리사회적 발달과 정신건강에 부정적인 영향을 주는 부실한 교육 효과와 다른 불법약물을 사용할 가능성, 잔여의 인지 손상과 정신병 증상들이 있다(Hall, 2009). 또한, 충동적인 인터넷 포르노에 대한 강한 욕구와 시청은 중독장애의 많은 기준들에 부합하고 중독장애의 감정적인 갈등과 연관이 있다.

청소년들 사이에서 단백동화스테로이드(AASs)의 사용은 증가했고 이것은 또 폭력의 증가와 연관이 있다. 이 약물의 부작용으로는 "스테로이드 격노(roid rage)"가 있으며 이것의 특징은 무차별적이고 이유가 없는 공격성이라고 알려져 있다(McGinnis, 2004). 동화작용 남성 호르몬 스테로이드 남용은 장기적이고 잠재적인 정신적인 영향을 준다고 나타났으며 의존증후군, 기분증후군, 약물남용의 다른 형태로 발전하는 것을 포함한다(Hudson & Popoe, 2008).

한 메타암페타민 의존 성인 연구에서, 메타암페타민을 사용하고 있는 성인이 그렇지 않은 성인보다 정신병 증상을 보일 확률이 5배가 높았다(McKetlin, Lubman, Baker, Dawe, & Ali, 2013).

분노와 부정적인 감정들의 공존

약물과 관련된 중독장애는 매우 널리 퍼져 있고 일반적으로 과도한 분노를 동반한다. 약물남용자들의 분노와 폭력성이 일반 사람의 평균보다 훨씬 높다고 한다(Grisso, Davis, Vesselinov, Appelbaum, & Monahan, 2000; Reilly & Shopshire, 2000). 한 재발 관련 연구에서는 가장 뚜렷한 요인은 부정적인 감정이고(Marlatt, 1985), 반대로 부정적인 감정은 알코올 의존, 특성 분노, 우울과 정적 상관이 있다고 밝혀졌다(Zywiak, Connors, Maisto, & Westerberg, 1996). 분노는 중독성 행동의 원동력이 되고 또 금주에 악영향을 준다(Nowinski, Baker, & Carroll, 1999).

몇몇 회복자들은 자신들이 분노를 효율적으로 다루지 못하는 것이 금주를 위협한다고 한다. 많은 약물 남용자들이 그들의 적대적인 감정들을 해소하고 분노와 관련된 부정적인 감정들을 통제하기 위해 술을 마신다고 생각한다.

중독장애에서의 분노

중독장애에 있어서 극도의 분노의 성행에 관해서는, 분노 치료 프로그램이 재활에 아주 중요한 부분이고 효과적이라고 보여진다(Fernandez & Scott, 2009; Lin, Mack, Enright, Krahn, & Baskin, 2004). 비록 인지행동치료 문헌에서 알코올중독자들이 그들의 분노를 인지하고, 반응을 지연하고, 공격적인 반응 대신 다른 반응을 배우는 것이 필요하다고 말하고 있지만, 이 방법의 효과성에 대한 연구가 많지 않다(Fernandez & Scott, 2009).

Reilly와 Shopshire(2000)는 상대적으로 다수에 있는 코카인에 의존하는 남성과 여성 표본에 대한 분노조절 프로그램의 효과를 증명했다. 그들의 연구 결과는 분노와 분노 행동에 대한 인지행동 치료기법(인지 재구조화, 이완 훈련)의 효과성을 검증했다. 그러나 분노조절 프로그램 치료의 효과성 검증에 대한 연구는 많지 않았다.

Gerlock(1944)는 마약과 알코올 문제의 유병률을 가진 외상후 스트레스장애 환자들에게 분노관리가 분노를 줄여주는 데 효과적이라고 보고했다. 그러나, 현재까지 마약과 알코올 욕구에 대한 연구는 발견되지 않았다. 다른 연구에서는 도박, 분노, 약물사용을 포함하는 동반이환의 통합된 치료방법을 평가했는데, 분노와 중독의 통합치료를 받은 참여자들이 더 적은 도박, 특성 분노, 약물사용 현상을 보였다(Korman et al., 2008).

입원 약물치료 후 분노를 가라 앉히는 데 실패한 임상적 경험과 연구들은 약물 남용자들이 분노를 조절하기 위한 구체적인 계획이 필요하다고 말한다(Powell & Taylor, 1992).

치료사들은 환자들의 분노 표출이 치료의 방법 중 하나라고 말한다. 그러나,

이 방법의 한계점과 위험성은 문헌들에서 다루어져 왔다(Fitzgibbons, 1986; Potter-Efron & Potter-Efron, 1991). 불행하게도, 많은 치료사들이 다른 분노관리 기법들이 존재한다는 것을 모르고 있다. 또한, 현재 가장 큰 문제점은 중독에 걸린 사람들의 분노를 치료할 구체적인 치료계획을 구상하는 데 실패한다는 것이다. 아마도, 치료사들은 분노 감정과 행동, 그리고 생각이 12단계 프로그램에서 발견되기를 바라고 있을 것이다.

용서치료의 이점

Lin과 그의 동료들은(2004) 약물의존 내담자들에게 용서치료를 사용했고 용서치료를 완료한 내담자들이 다른 치료 그룹보다 특성 분노와 우울, 특성 불안, 자존감, 용서, 약물사용에 대한 취약성에 있어서 더 높은 호전을 보였다. 용서치료는 가족, 동료, 연인 사이에서 발생하는 실망과 상처에서 오는 슬픔과 분노와 연관된 무의식적인 분노를 다룰 수 있다. 임상 현장에서 용서치료는 약물남용 장애를 치료하는 데 매우 효과적이다. 그 이유는 용서치료가 내담자들의 분노의 원천을 알아볼 수 있기 때문이다. 가장 강한 분노는 아버지로부터 받은 해결되지 않은 상처와 나르시시즘적인 갈등에서 온다. 용서치료는 내담자가 분노를 통제하고 회복을 할 수 있도록 도와준다.

중독장애에서의 분노의 근원

이 장의 사례연구의 기반이기도 한 사실은 약물남용자들 사이에서 갈등이 강한 분노로 이어질 수 있다는 점이다. 이 사례연구들에는 외로움, 우울, 강한 불안정, 불안, 불신, 업무와 직업 긴장감과 좌절감, 나르시시즘, 반항, 그리고 적대적인 동료들과 유대감 등이 포함되어 있다(Kumpfer & Turner, 1991). 추가적인 갈등은 외상후스트레스 장애, 반사회적과 의존적인 성격장애들, 실업, 가난, 그리고 자기혐오가 있다.

약물남용 치료를 위한 용서치료 4단계의 개요

치료자들을 도와주기 위해 사례연구들에서의 용서치료 4단계에서 직면할 수 있는 전형적인 문제들과 어려움에 대한 조사가 서술되었다.

개방단계

이 단계에서는 분노를 찾는 것은 어렵지 않다. 왜냐하면 대부분의 약물 남용자들이 자신이 공격적인 감정과 충동이 있다는 것을 인정하기 때문이다. 그러나 중독을 가지고 있는 사람이 누구에게 화가 나 있는지 확인하는 것은 만만치 않은 일이다. 중독자들이 수동 공격적인 표현들을 하는 것은 주로 분노를 표출하는 것의 우회적인 방법이기 때문에 수동 공격적인 분노와 적극적인 분노 모두를 인지하는 것은 중요하다.

중독자들의 분노의 근원을 찾아내는 첫 번째 단계는 그들의 관계 속에서의 주요한 실망감들을 인지하도록 도와주는 것이다. 우리들의 임상실무 경험에서 상당한 분노들은 아버지와의 관계에서 생긴 실망과 상처로부터 발생한다. 그러나, 그러한 분노들은 어머니, 배우자, 형제, 자매, 동료, 그리고 고용자와의 관계에서부터 올 수도 있다. 만약 알코올중독자가 알코올중독자 자조모임(AA)에 참여하고 있다면, 그들의 배우자 또는 치료자와 함께했을 때 4단계와 5단계의 치료방법들이 이 단계에서 매우 유용할 수 있다.

아버지들을 향한 공통적인 불만들은 아버지들이 알코올중독자라는 것이거나 아버지들이 너무 거리감이 느껴지거나, 화에 가득 차 있거나, 통제하려 하거나, 자기애적이거나, 나약하다는 것이다. 중독과 씨름하는 많은 사람들은 그들의 어린 시절에 아버지에게 직접적으로 분노를 표출하지 않았다고 말한다. 그 이유는 그들이 솔직하게 말해서 아버지와의 관계를 잃을까봐이거나 아버지를 무서워해서이다. 중독자들은 그들의 집, 학교, 지역사회에서 반항적인 행동들을 선택하기 아주 쉽다.

결정단계

입원치료 프로그램을 받고 있는 중독이 있는 사람들은 많은 경우 가해자들을 용서하기 꺼려한다. 그 이유는 그들의 회복에 대한 모순된 감정 때문이거나 남자의 경우 강한 남자다운 이미지에 대한 투사를 포함하는 분노에서 오는 이점들 때문이다. 그들이 용서치료를 받기로 결정할 수 있도록 동기부여할 수 있는 한 방법은 그들이 적대적인 감정들을 쌓아두었을 때의 부정적인 결과에 대해서 말해주는 것이다. 환자들은 분노를 쌓아두는 것이 가해자들에게 자신들의 통제권을 준다고 깨닫기 때문에 회복 프로그램에 참여하는 환자들은 더욱이 용서치료를 하나의 선택권이라고 생각한다. 치료가 진행됨에 따라, 환자들은 아이들, 배우자, 친구들을 포함한 중요한 사람들을 자신의 적대적인 행동들로 다치게 하는 것에 죄책감을 가질 수 있다. 이 또한 용서하기 위한 동기로 작용될 수 있다.

작업단계

약물남용 장애가 있는 부모를 둔 많은 중독자들이 그들의 부모들을 공감할 수 있는 사실은 용서치료의 작업을 용이하게 한다. 가장 어려운 환자는 신체적·감정적으로 학대하는 부모를 둔 환자들이다. 그 이유는 그들이 흔히 복수나 폭력적인 생각 혹은 상상을 하는 충동을 발견하기 때문이다. 이러한 종류의 강한 분노가 생기면 많은 중독자들이 그들의 분노에 대해 무력함을 느낀다. 그러나 운이 좋게도 그들이 12단계 프로그램을 알고 있다는 사실만으로도 도움이 된다. 이런 상황에서는 첫 두 단계를 수정하고 그들이 복수를 향한 분노와 충동에 무력하고 그것들을 신이나 초월적인 힘에 맡겨야 한다는 것을 생각해봐야 한다. 반복적으로 강한 분노발작이 있는 사람들은 선택적 세로토닌 재흡수 억제제 치료로 효과를 볼 수 있다.

과거와 현재로부터의 분노를 해결할 수 있는 능력이 있다는 것은 회복단계에 있는 사람들에게 수많은 이점을 주고 평소에 용서치료를 사용할 수 있도록 도와준다. 많은 약물 남용자들이 용서치료를 시작하지만 다양한 이유로 재발한다. 그들 중 몇몇은 실제로 회복과 분노 해결을 위해 노력하기 전에 많은 좌절을 겪는다.

약물 남용자들을 위한 분노조절 개입은 때때로 강한 분노의 근원이 되는 주요한 어린 시절 갈등을 찾아내는 데 실패하고 만다. 그러므로 골이 깊은 분노는 완전하게 해결될 수 없고 또 그 분노는 중독성이 있는 약물의 영향 아래 드러나기도 한다.

약물 남용자들 중에 용서치료를 사용하는 것을 어렵게 하는 흔한 이유들은 약물을 포기할 의사가 없거나 반항적인 행동에서 오는 감정의 상승, 강한 남성성을 향한 강한 분노에 대한 의존을 포기하는 것에 대한 양가감정, 자기애, 건강하고자 하는 의지의 결여, 다른 중독자들로부터의 수용, 실망감을 느꼈을 때 분노를 표출하는 습관을 바꾸는 것의 어려움, 고통을 다루는 것에 대한 어려움이나 거리낌, 그리고 용서치료의 역할모델 부족이 있다.

심화단계

중독자들은 12단계 AA에서 5단계의 결과로 그들이 상처를 준 사람들에게 보상을 주려고 하거나 용서를 구하기도 한다. 보통 발달단계에 있는 중독자들은 그들의 과거로부터 오는 분노를 해결하고, 분노를 건강한 방법으로 다룰 수 있는 능력이 생김으로써 자존감이 올라가는 것을 경험한다.

우울과 연관된 분노

중독장애를 가진 사람들에게 우울과 외로움은 중요한 임상문제들이다. 많은 내담자들이 그들의 삶에서 느끼는 심각한 외로움의 고통으로부터 해방되기 위해 알코올과 마약을 찾는다고 한다. 우울과 약물남용 장애는 일반 사람들 사이에서 매우 흔하고 한 개인에서 종종 동반 발생하기도 한다(Swendsen & Merikangas, 2000). 한 연구에서는 알코올사용장애와 범불안장애를 동시에 가지고 있는 사람들 중의 55%가 자살 시도를 한 적이 있다고 보고했다(J. P. Smith & Book, 2010).

또한 우울감이 있는 남성의 주관적 분노는 알코올중독과 연관이 있고 반사회적 성격보다 알코올중독과 높은 상관관계를 가지고 있다(C. E. Lewis, Rice, Andreason, Endicot, & Hartman, 1986). 과거 헤로인 사용 경험이 있는 청소년들은 지난 해에 자살 생각, 자살 계획, 자살 시도를 더 많이 한다는 것으로 알려졌다. 메타암페타민과 스테로이드 사용 경험이 있는 청소년들도 역시 헤로인 사용 청소년 다음으로 자살과 관련된 시도나 생각을 한다는 것으로 알려졌다. 코카인, 엑스터시, 환각제, 흡입제는 자살경향성과 어느 정도의 상관관계를 가지고 있는 것으로 나타났고 마리화나 사용자들도 더 많은 자살경향성을 보이는 것으로 나타났다(Wong, Zhou, Goebert, & Hishinuma, 2013). 주요우울장애를 가지고 있는 사람들은 세 명 중 한 명 비율로 물질사용장애를 가지고 있고 자살 위험, 사회적 개인적 손상과 다른 정신질환을 동시에 가지고 있기 쉽다(Davis, Uezato, Newell, & Frazier, 2008). 대마초의 대량 흡연과 우울은 상관이 있고 한 종단적 연구는 대마초 대량 흡연이 우울증상을 유발한다고 보고했다(Degenhardt, Hall, & Lynskey, 2003).

우울증 환자들의 마약과 우울 이력의 맹검 사례 통제 평가를 돌아보면 알코올 의존은 우울이 나타난 지 4.7년 후에 발생하고 여러 약물을 사용하는 사람들 가운데 코카인 의존은 주요 우울병 에피소드가 발생한지 6.8년 후 정도에 생긴다(Abraham & Fava, 1999). 우울증 질환은 재발의 주요한 예측변수이기 때문에(Pickens, Hatsukami, Spizer, & Suikis, 1985), 약물 남용자들이 우울과 연관된 분노를 해결하는 능력을 가지는 것은 그들의 회복과 재발을 방지하는 것에 도움이 된다.

앤튼은 몇 차례의 입원치료를 포함한 15년의 알코올중독 이력을 가지고 있다. 몇 회기를 가진 후에 그는 그간 재활 경험에서 찾아내지 못했던 극한의 외로움에 힘들어하고 있었다는 사실을 인지할 수 있었다. 그 다음 그의 외로움의 결과로 과거 친구들과 가족들을 향한 매우 강한 분노를 가지고 있다는 것을 깨달았다.

과거에 누가 앤튼에게 상처를 준 적이 있었나 물었을 때, 앤튼은 6년 전에 어떤 한 여성과 고통스러운 관계를 가지고 있었다고 회상했다. 그는 그녀가 자신을 이용했고 낙태 후에 관계를 끊었다고 믿고 있었다. 앤튼은 그녀의 배신의 결과로부터 오는 관계에서의 취약함을 극도로 무서워한다는 것을 인지하기 시작했을 때 그의 분노는 더 깊어졌다. 동시에 그는 자신을 지지하지 않은 자기애적 성향을 가진 친형에게 분노가 있다는 것도 발견했다.

앤튼은 외로움과 분노로부터 벗어나기 위해 음주를 하고 있다는 것을 깨닫기 시작했다. 그는 그의 알코올중독으로부터 회복하고 외로움으로부터 벗어나기 위해 자신에게 상처를 줬던 사람들을 용서하려고 노력하기로 결정했다. 그는 자신을 배신했던 그 여자를 용서하기로 노력하는 인지적 과거 용서치료 연습을 했다. 처음에는 그녀를 용서하는 것이 어렵게 느껴졌고 한때는 복수하고 싶다는 순간도 있었다. 그녀에 대한 기억은 너무 고통스러워서 그는 그 일에 대해 얘기하는 것을 꺼려했다. 그러나 몇 달 동안의 고군분투 후에 마침내 그는 그녀를 용서하기로 했다. 그 이유는 고통이 그의 삶을 제한하고 있다는 것을 깨달았기 때문이다. 그는 그렇게 이기적인 패턴을 보였던 그녀가 자신을 떠난 것이 얼마나 행운인지 깨달았다. 용서치료가 진행되면서 그는 자신이 그녀에 대해 연민을 느끼고 있다는 사실에 놀랐다.

왜냐하면 그녀가 변하지 않는다면 그녀의 극도의 이기적인 모습이 그녀가 다시는 건강한 연인관계를 맺지 못하게 막을 것이란 걸 알았기 때문이다.

앤튼이 용서치료를 통해 그의 분노를 점점 더 통제할 수 있게 되면서 그는 알코올중독과 외로움으로부터 눈에 띄게 회복할 수 있었다. 용서치료의 가장 힘들었던 부분은 용서를 하려고 자신을 헌신하는 것이었다. 그는 과거의 상처가 아물면서 다시 여성에 대한 신뢰가 생겼다.

중독장애와 불안관련 분노

일생에서의 사회공포증, 외상후 스트레스장애, 범불안장애를 겪은 경험이 있으면 약물남용의존을 할 확률이 높다(R. D. Goodwin & Stein, 2013). 범불안장애는 약물남용의존과 공병률이 매우 높은 장애이다(N. M. Simon, 2009). 한 연구에서는 알코올중독자의 46%가 범불안장애를 겪고 있었고 약물남용이 시작되기 전에 범불안장애를 가지고 있던 사람이 동반이환의 사례 중에 67%나 되었다(J. P. Smith & Book, 2010). 알코올사용장애와 불안장애는 수차례 상호작용하는 장애들이다. 불안장애가 알코올의존으로 이어지기도 하고 반대로 가기도 한다(Kushner, Sher, & Erikson, 1999).

불안과 업무 스트레스를 해소하기 위한 방법으로 중독성 약물을 사용하는 것은 흔한 일이다. 연인관계에서 좌절하거나 상처받았던 사람들은 배반당하는 두려움이나 헌신의 두려움을 감소시키기 위해 중독성 약물에 의존한다. 그 연인관계가 끝나면 이런 반응은 흔하게 일어난다.

이혼 가정에서의 청소년들과 젊은 성인들은 신뢰하는 데 있어서 어려움, 배신에 대한 공포, 관계를 위한 헌신에서의 주저함을 보인다(Wallerstein, 1991). 그들은 흔히 두려움을 이기기 위해 알코올이나 마리화나, 코카인, 다른 약물에 의존한다. Wallerstein의 이혼가정 아이들의 15년 추적 연구에 따르면, 연구에서의 20%의 아이들이 심한 음주를 하고 있었다(Wallerstein & Blakeslee, 2004).

맬컴은 코카인 중독의 치료를 위해 프로그램에 들어온 25세 독신남성이다. 그는 이미 한 번의 입원치료를 받았고 그 치료 프로그램에서 나온 지 얼마 되지 않아 재발한 경험이 있다. 맬컴은 4남매 중 셋째로 태어났고 나약하고 수동적인 아버지와 맬컴을 통제하려는 애정이 없는 어머니 밑에서 자랐다. 비록 맬컴은 그가 여성에게 관심이 있다는 것을 알았지만, 치료받는 동안 그는 여성을 신뢰하는 관계에서 위험을 감수하는 것보다 코카인 사용을 하는 것이 자신에게 더 안전하고 만족스럽다는 것을 알게 되었다. 코카인 중독에서 벗어나려고 몇 차례 시도하였으나 실패한 후에 그는 갈 때까지 갔고 그제서야 회복에 힘쓰고자 하는 동기가 생겼다. 그리고 이어서 그는 자신의 생에서 여러 가지 방면으로 받은 감정적인 고통에 대해 생각해 보기로 했다.

그의 치료과정에서 그의 어머니에 대한 큰 분노가 발견되었고 어머니에게 취급받았던 방식 때문에 그도 놀랄 만큼 여성에 대한 확고한 불신이 있다는 것 또한 알게 되었다. 그는 "나는 어머니가 나의 삶과 친구들, 미래, 심지어 내가 숨쉬는 것조차 통제하려고 하는 것을 싫어했어요."라고 말했다. 이러한 발견이 처음에는 그의 어머니에 대한 분노를 강화시켰다. 그러나 그런 분노를 해결하는 것이 여성들과의 건강한 관계를 맺는 것과 그의 회복에 필수적이라는 것을 깨닫게 되었다. 분노를 통해 부인하거나 과민반응하는 것이 그에게 이롭지 않았기 때문에 용서치료를 시도해 보기로 결심했다. 그의 분노가 줄어들자 그는 그의 어머니의 통제하려는 행동이 그녀의 아버지의 음주와 분노를 통한 과민반응에서 오는 심각한 스트레스를 받았던 어릴 적 경험과 관련이 있다는 것을 알게 되었다. 그리고 그는 그의 어머니와 그녀의 어린 시절에 대해 이야기해보았다. 그의 어머니는 그녀의 아버지의 음주가 부녀지간의 관계에 얼마나 큰 영향을 주었는지 몰랐고 그녀의 갈등에 대해 더 알아보기로 맬컴과 같이 치료에 동참하는 것에 긍정적인 반응을 보였다.

맬컴은 용서치료를 통해 자신의 회복과 여성과의 건강한 관계를 맺는 것을 도움받기로 결정했다. 처음 용서치료의 작업단계에서 맬컴은 인지적으로나 정서적으로 그녀의 어머니를 용서할 수 없었다. 대신에, 그는 수정된 AA 12단계를 사용했고 매일같이 그가 코카인 중독과 어머니에 대한 강한 분노에 대해 무력하다고 성찰했다. 그리고 그것들을 모두 신에게 맡겼다. 그는 신실한 영적 생활을 했기 때문에 이러한 과정에서 편안함을 느꼈다. 어머니에 대한 분노는 크게 요동쳤다. 용서치료 과정 동안 그는 어머니를 향한 분노를 완전히 해결하지 못했다. 특히, 과거의 특정한 고통스러운 기억들이 떠올랐을 때 더욱 어려웠다. 그러나, 그는 더 이상 그의 과거에 얽매이지 않기로 했고, 그의 분노를 내보내려 하면서 그는 더욱 더 자유로워지고 통제로부터 벗어나고 있다는 것을 느꼈다.

여성과의 관계에서 신뢰를 회복하는 일은 더욱 어려운 일이었지만 운좋게도 맬컴은 그의 생에서 몇몇의 신뢰할 만한 여성들을 찾아낼 수 있었다. 그의 어머니가 알코올중독자였던 아버지에 대한 해결되지 않은 분노를 나누려고 하는 개방성이 맬컴의 불안을 해결하는 데 도움을 주었다. 2년간의 용서치료가 맬컴이 코카인 중독으로부터 회복에 도움이 되었다는 것을 증명했고 맬컴이 앞으로 좀 더 건강한 관계들을 할 수 있도록 도와주었다.

중독장애와 낮은 자존감과 관련된 분노

보통, 약물 남용자들은 낮은 자존감을 갖는 것으로 알려져 있다(Dorard, Bungener, Corcos, & Berthoz, 2013; Washton, 1995). 많은 내담자들은 불안정함과 사회불안을 다루기 위해 알코올과 마리화나를 사용한다. 몇몇 내담자들은 그들의 자신감이 음주로부터 온다고 말하기도 하고 음주나 마리화나를 한 후에 자기 자신들에 대해서 좋게 생각한다고 말한다. 흔히 자존감이 낮은 이들은 부모나 배우자, 형제자매, 동료, 고용주, 자신에게 중요한 사람들에게 상당한 양의 분노를 가지고 있다.

세스는 알코올과 마리화나의 복합적인 중독으로 마약과 알코올 입원치료 프로그램에 들어온 20살 대학생이다. 입원 전에 세스는 그의 중독과 사회불안 문제로 치료를 받았었다. 그는 항상 사람들이 자신을 비판적으로 보고 있다고 느꼈고 여러 종류의 창피함과 당혹감들을 두려워했다. 그의 심각한 사회적 공포가 대학생활을 방해했다. 그는 수업에 참여하는 것을 두려워한 것뿐만 아니라 그의 또래들과 사교하기 전에 술이나 마약을 필요로 한다는 것을 알아챘다. 그가 술을 마셨을 때는 매우 자신감이 있었고 거절당하는 것에 대한 두려움이 없었다.

둘째로 태어난 세스는 집에서 자랐고 그는 집을 편안하게 생각했다. 그는 어머니와 가까운 관계를 가졌지만 아버지를 좋아했음에도 불구하고 아버지와는 딱히 가까운 사이는 아니었다. 세스가 1학년 때, 운동을 못한다는 이유로 또래로부터 강한 거절을 경험하기 시작했다. 초등학교와 중학교 시절에 그는 정기적으로 강한 비난의 희생양이 되기도 했고 가끔은 조롱거리가 되기도 했다. 또래 친구들의 조롱에 대한 극심한 민감함과 수치심 때문에 그가 학교에서 매일 겪는 감정적인 트라우마를 부모님께 얘기하지 않았다.

고등학교 생활은 세스에게 훨씬 나았다. 그는 더 이상 희생양이 아니었지만 여전히 대인관계에서 신뢰를 쌓는 것에 대한 어려움 때문에 극심한 불안을 가지고 있었다. 이 시기에 그는 과도하게 음주를 하기 시작했다.

세스는 또래 친구들을 향한 분노를 그의 가족들에게 특히 어머니에게 돌렸다는 것을 인지했다. 그는 또한 나중에 성인이 되어서 거절당하는 것에 두려움을 느꼈을 때 그것이 그의 또래들로부터 상처를 받은 것에서 온다는 것을 깨달았다. 몇 달의 치료 후, 그는 자신을 괴롭혔던 또래들을 용서하기 위한 작업들을 하기로 했다. 왜냐하면 이 결정이 자신의 회복을 돕고 대학생활을 힘들게 했던 극심한 불안을 줄여줄 것이라는 희망을 가졌기 때문이다.

재구조화하고 이해하는 과정에서, 세스는 자신을 괴롭혔던 아이들이 그들의 삶에서 극심한 분노를 겪고 스스로를 혐오할 만큼 힘든 시기를 보냈고, 이것이 세스에게 적절하지 못하게 전해졌다고 보기로 노력했다. 또래로부터 받은 세스의 고통은 너무 극심해서, 세스는 그들에 대한 연민이나 동정심을 느낄 수가 없었다. 또한, 그는 그 극심한 고통의 본질 때문에, 그 고통을 받아들이는 데 엄청 힘겨워했다.

비록 자신이 원하는 것은 아니었지만, 세스는 자신의 분노를 내보내고 회복을 돕기 위해 지적인 결정을 내린 강한 청년이었다. 그는 여러 번 반격을 가하고 싶어 했지만 궁극적으로 복수는 쓸모 없고 자신을 해할 것이라는 것을 알고 있었다. 그는 "복수를 하는 사람은 두 개의 관을 만들게 되는 것이다."라는 오래된 중국 속담을 되뇌며 도움을 얻었다.

세스가 용서치료과정을 계속 진행하고 자신의 중독을 더 잘 다루게 되면서, 그의 불안정감은 줄어들었다. 또 몇 년이 지나서는 또래와의 관계에서 편안함을 서서히 느낄 수 있게 되었다. 그가 어린 시절 또래와 어른이 되어서 만난 또래들을 분리시킬 수 있게 되면서 그의 신뢰감은 향상되었고 또래들과 알코올과 마약을 해야 한다는 충동성은 줄어들었다. 또, 그는 정기적으로 운동하면서 자신에게 상처를 줬던 또래들에게 분노를 표출하고 용서하는 상상을 함으로써 더욱 나아졌다.

반항과 극심한 분노

자기이해를 하면서 성장해 온 약물남용자들은 그들의 알코올중독과 마약 사용이 가족 구성원이나 고용주 혹은 사회에 대한 반항의 한 종류라고 주로 생각한다. 특히 청소년들은 알코올 혹은 마약을 하면 적대적이거나 반항적인 또래로부터 힘과 자유, 수용을 받는 것을 발견했다. 또 다른 청소년들은 반항심을 가지면 책임을 회피하거나 다른 사람들에게 의존해도 된다는 변명거리를 준다는 것을 알아냈다.

헨리는 16년 동안 술을 마셔왔고 나중에는 코카인 남용까지 했다. 그는 알코올중독 때문에 몇번의 입원 치료를 받았고 몇번의 음주운전으로 주말 동안 감옥생활을 해야 했다. 6개월간의 주말 감옥생활 후에, 그는 회복기간 중에 처음으로 금주에 대한 동기가 생겼는데 그 이유는 그의 결혼과 새로 태어날 첫 아이 때문이었다. 확실한 증거 중 하나는 결혼과 낮은 범죄율은 상관관계가 있다는 것이다 (Sampson, Laub, & Wimer, 2006).

헨리는 자신의 약물 남용에 영향을 주는 극도의 분노와 반항에 대한 상당한 심리학적 통찰을 얻었다. 그는 무자비하게 가족을 지배하려는 강력하고 고압적인 아버지가 있는 대가족 안에서 자랐다는 것을 익히 잘 인지하고 있었다. 헨리가 적당한 정도의 반항행동을 했던 청소년기에 그의 아버지는 심지어 헨리의 가벼운 반항 행동에도 가혹하게 오랜 기간 동안 외출금지령을 내렸었다. 청소년이었던 헨리는 자신이 술에 취함에서 기쁨을 찾고 있었다는 것을 잘 인지하고 있었다. 왜냐하면 그가 술에 취했을 때 아버지는 자신을 통제할 수 없었기 때문이다. 비록 헨리는 현재의 자신의 행동들이 자기 파괴적이란 것을 알고 있었고 아버지에게 느끼는 깊은 분노와 응어리가 알코올중독에 큰 영향을 준다는 것도 알고 있었지만 쉽게 그 감정들을 떨쳐낼 수가 없었다.

헨리는 수차례 치료를 받아 왔었고, 그 과정 동안 용서치료라는 것을 알게 되었다. 그러나 치료 시작단계에서 늘 말로만 치료에 순응했고 실제로 그의 중독문제를 극복하기 위해 결심하거나 용서치료를 통해 분노를 해결하려고 하지 않았다. 그는 자신의 반항적인 느낌과 그의 분노가 그로 하여금 아버지보다 강한 존재로 느끼게 하는 것이 그 이유라고 인정했다.

상담가는 헨리에게 반복적으로 물었다. “당신은 왜 당신의 아버지가 계속해서 당신을 통제하게 내버려두나요? 왜 아버지를 향한 당신의 분노를 떨쳐내지 않고 아버지의 통제를 끊으려 하지 않나요?” 헨리는 그의 집안의 남자들로부터 대를 잇는 부정적인 대물림을 끊기로 결심했고 처음으로 아버지를 이해하고 용서하려고 노력했다. 헨리가 매일 그의 아버지를 용서하는 것을 생각해 보면서 그의 아버지를 향한 연민이 생겨났고 정말 그의 아버지를 조만간 용서할 수 있을 것 같다는 생각이 들었다. 헨리에게 과거의 고통을 받아들일 수 있는 능력이 서서히 생겨났고 그의 아버지가 실제로는 자신을 사랑하려고 시도하고 있었다는 것과 마찬가지로 헨리도 그의 아버지를 원가족으로부터 오는 갈등에서 비추어 보았을 때 그의 아버지를 사랑할 수 있다는 것을 믿기 시작했다. 헨리는 다음과 같이 말했다. "내 아버지는 수많은 무거운 책임들로 힘든 삶을 살았고 그의 가족 배경 안에서 할 수 있는 최선의 것을 했다."

헨리의 분노가 서서히 줄어들면서 과거의 고통을 받아들일 수 있는 능력도 생겨났다. 헨리가 그의 아버지를 용서하면서 자신의 반항적인 분노에 대한 죄책감 또한 줄어들었고 그의 자존감은 향상되었다. 처음으로 그는 그의 아버지와 긍정적인 방법으로 관계를 맺을 수 있었다.

나르시시즘과 다른 성격장애들

자기애적, 반사회적, 경계선, 그리고 연극성 성격장애들은 알코올 의존의 위험성과 연관이 있는 것으로 알려졌다(Agrawal, Narayanan, & Oltmanns, 2013). Rounsaville과 그의 동료들(1999)은 약물남용 환자들의 다수(57%)가 반사회적, 자기애적, 경계선 성격장애를 포함하는 B군 유형의 적어도 한 가지의 동반이환 성격장애의 기준에 맞는 것을 발견했다. 한 메타연구에 따르면 1980년대 초중반 이후로 대학생들 중에 임상적 수준에서 자기애를 가진 학생들이 30%나 증가했다고 한다(Twenge, Konrat, Foster, Campbell, & Bushman, 2008). 임상적으로 많은 치료사들은 대학생들 중에 높은 비율의 알코올중독과 마리화나 사용이 자기애적 갈등과 관련이 있는 것을 발견했다.

Tonigan과 동료들은(2013) 12단계 치료 참가자들은 모집단보다 병리적 나르시시즘이 평균적으로 더 높았고, 예상과 반대로 병리적 나르시시즘은 12단계 미팅의 참가자들과는 상관관계가 없었다는 것을 발견했다.

자애적인 성격 갈등을 가지고 있는 약물 남용자들은 보통 강한 분노를 드러낸다. 이러한 사람들은 마약과 알코올 치료 프로그램에서 흔히 만날 수 있지만 개인 심리치료에서는 보기 힘들다(Washton, 1995). 그러나 환자들 중 몇몇은 그들이 더 책임감 있게 행동할 수 있도록 하고, 성숙하게 하고, 용서치료를 통해 분노에서의 과민반응을 잘 다룰 수 있게 하는 치료 프로토콜에 반응하기도 한다. 변화를 결정하는 것에 영향을 주는 주요한 요인들은 자기에게 해가 되는 것에 대한 인식, 공허함과 우울감, 사랑하는 사람을 잃거나 직장을 잃는 공포감, 그리고 죄책감이다.

용서치료는 분노를 대처하는 대안과 자신을 넘어 다른 사람들에게 다가갈 수 있는 방법으로 가르쳐지고 있다. 비록 치료사들은 환자들이 다른 사람들에게 화가 났을 때, 분노를 적절하게 표출하는 것도 괜찮다고 하지만 분노를 다루는 첫 번째 단계는 이해와 용서여야 한다고 말한다. 또한 과거 용서치료 연습은 나르시시즘을 발달시키고 싶어하는 부모나 가까운 사람에게 집중되어 왔다. 용서치료는 도의적인 선물을 다른 사람들에게 아낌없이 주는 것을 포함하고 있기 때문에, 자기애적 성향의 사람들이 다른 사람들을 배려하는 법을 배울 수 있었다.

비물질 관련 장애

약물과 관련이 없는 장애들 또한 DSM-5에 장애들로 고려되어 왔다(American Psychiatric Association, 2013; Hasin et al., 2013). 많은 정신건강 전문가들은 내담자들 가운데 약물사용장애들의 증상들이 충동적인 도박과 인터넷 포르노와 연관이 있다고 말한다. 이러한 문제들은 약물에 대한 갈망과, 관계 문제, 주 역할의 부재, 저항, 금단증상, 약물에 과도한 시간 사용, 정신적 문제, 활동의 부재, 더 많은 시간 동안 더 많은 양의 약물 사용, 의존을 포함한다. 이러한 증상들은 DSM-5의 물질사용장애의 기준에 부합한다. 게다가, 우리의 임상적 경험으로 보았을 때, 충동성을 가진 도박꾼들과 인터넷 포르노 사용자들은 물질사용장애를 가진 사람들에게서 나타나는 우울과 불안, 낮은 자존감, 극심한 분노, 나르시시즘과 같은 부정적인 감정들을 겪는다고 말한다.

결 론

용서치료는 약물 남용자들에게 있어서 그들을 알코올과 다른 약물들로부터의 회복을 도울 뿐 아니라 강박적인 행동에 영향을 주는 다른 동반이환의 치료를 돕는다. 용서치료에 관한 초기 연구들 중 한 연구는 물질사용장애에 대한 용서치료의 효과성을 입증했다(Lin et al., 2004). 용서치료를 완료한 참가자들은 분노, 우울, 불안, 자존감, 용서, 마약 사용의 취약성 부분에서 다른 치료 그룹보다 더 많은 향상을 보였다. 이러한 결과들은 용서치료가 약물중독 관련 시설 거주자들이나 약물중독 관련 프로그램에 참여하는 사람들의 재활에 새롭게 개발된 효율적인 모델이라는 것을 보여준다. 또한 많은 임상 사례들은 극도의 분노와 약물사용장애에 영향을 주는 다른 부정적인 감정들을 치료하는 데에 있어서 용서치료가 효과적이라는 것을 뒷받침해주고 있다.

제10장
아동·청소년의 장애에서 용서치료

부모님은 주의력결핍 과잉행동장애(ADHD)의 치료를 위해 10살 된 얼을 치료에 데려왔다. 그는 산만했고 과잉행동을 보였으며 충동적이었다. 부모들은 그의 행동을 다루는 데 있어 큰 어려움을 겪었다. 얼은 또한 적대적 반항장애(ODD)의 진단기준에 부합하는 반항적인 행동을 많이 보였다. 아이는 계속되는 부부싸움 때문에 부모에게 분노하고 있으며, 특히 아버지를 자주 비난하는 어머니에 대한 분노가 나타났다. 또한 가족 전반에 걸쳐 분노가 존재하고 있었으므로 얼뿐 아니라 부모 또한 용서 작업에 참여했다. 그는 매우 조용했지만, 용서하기로 결정하는 것이 무엇을 의미하는지 이해하고 있었다. 그의 부모는 화를 다루는 데 있어서 천천히 변화의 모범이 되기 시작함으로써 도움을 주었다.

이 장은 용서치료를 사용하여 얼과 부모의 분노를 치료하는 것과 관련되어 있다. 과도한 분노 같은 아동기의 행동적·감정적 문제가 항상 발달과 함께 사라지는 것은 아니다. 평생 동안 진단받게 되는 정신질환 중 절반은 아동기에 시작될 수 있다(Kessler et al., 2005). 또한 우리는 보편적인 분노의 기원과 함께 분노를 다루는 세 가지 방법(부인, 표출, 용서)에 관해 논의할 것이다. 이는 아동 청소년에 대한 이해와 학습에 매우 중요하다. 또 우리는 의붓 자녀, 입양된 아이, 괴롭힘을 당하는 아이에게서 나타나는 적대적 반항장애(ODD), 주의력결핍 과잉행동장애(ADHD), 품행장애(CD), 간헐적 폭발장애(IED), 자폐스펙트럼장애, 분리 불안, 공황, 강박장애(OCD), 불안을 동반하는 적응장애의 임상 사례를 통해 용서치료의 네 가지 단계를 사용하는 법을 다룬다. 역전이 문제 또한 다루고 있다.

미국의 청소년들에게서 DSM(5th ed. [DSM-5]; American Psychiatric Association, 2013)상의 장애들은 매우 흔하며 지속적으로 관찰된다. 10,000명의 청소년을 대상으로 수행된 동반이환에 대한 국가 연구에 따르면, 지난 12개월 사이의 유병률 추정치는 40.3%(평생 유병률의 경우 79.5%), 30일은 23.4%(12개월의 57.9%)이었다. 가장 흔한 분류는 불안장애였으며, 행동, 정동, 중독 장애가 그 뒤를 이었다(Kessler, Avenevoli, Costello, Georgiades, et al., 2012).

미국 청소년들의 장애 유병률이 최근 12개월을 기준으로 측정된 것은 대부분이 경증인 경우이기 때문이다. 그러나 가장 심각한 정서적 어려움은 행동(54.5%) 또는 정서(31.4%) 장애 때문에 발생한다(Kessler, Avenevoli, Costello, Green, et al., 2012). 또한 6,483명의 청소년을 대상으로 한 또 다른 연구에서는 거의 2/3(63.3%)가 평생 한 번 이상 기물파손, 위협적 폭력, 폭력적 행동을 포함하는 분노발작이 있었음을 보고했다(McLaughlin et al., 2012).

우리는 학교, 가정, 지역사회에서 심각한 사이버 왕따, 폭력, 살인을 저지른 어린 가해자들을 다루는 뉴스 보도가 급속하게 증가하는 것을 목격하고 있다. 수백만의 청소년들이 매일 경쟁적이고 폭력적인 비디오 게임을 하고 있다. 1,492명의 고등학생 청소년을 조사한 연구(여학생 50.8%)에서는 경쟁적 비디오 게임과 경쟁적 도박은 시간이 지날수록 더 높은 수준의 공격성을 예측한다는 것을 밝혔다(Willoughby, Adachi, & Good, 2012). 어떤 청소년들은 폭력적인 비디오 게임 속에서 내면의 분노를 표출하는 환상을 가진다. 어린 시절의 과도한 분노의 본질에 대해, 그리고 이를 방지하고 해결할 수 있는 방법에 대해 보다 깊이 이해해야 할 시급한 국가적 필요성이 존재한다.

효과성 연구 및 임상적 문헌의 증가는 용서치료와 아동과 가족에 대한 교육의 효과성을 증명하고 있다(Enright, 2001, 2012; Enright, Knutson Enright, Holter, Baskin, & Knutson, 2007; Fitzgibbons, 1998; Fitzgibbons, Enright, & O'Brien, 2004; Gambaro, Enright, Baskin, & Klatt, 2008; Holter, Magnuson, Knutson, Knutson Enright, & Enright, 2008). 대부분의 경우 아동은 그들의 분노 감정과 복수하려는 충동을 어떻게 다루어야 하는지 이해하지도 알지도 못한다. 보통 그들은 분노를 다루는 데 있어 부인과 표출이라는 두 가지 방법만 알고 있다. 그들을 실망시킨 사람들을 이해하고 받아들이는 세 번째 선택지가 있다는 것을 이해하는 아동은 거의 없다. 용서를 적절히 사용할 때, 아동은 폭력적 충동을 수반하는 강력한 분노의 감정을 해소할 수 있으며 수많은 아동기·청소년기 장애의 치료에 도움을 줄 수 있다. 치료사는 아동이 부인, 표출, 용서라는 세 가지 기본적인 작동기제에 대한 이해를 발전시킬 수 있도록 도움으로써 지원을 제공할 수 있다.

대략 80%의 성인 정신장애가 아동기와 청소년기 동안 시작되므로 아동기의 과도한 분노를 치료하는 것은 필수적이다(Kim-Cohen et al., 2003). 776명의 아동·청소년에 대한 한 연구에 따르면, 1차 시기(평균 연령 13.8±2.6세)에서의 삽화적 성마름은 2차 시기(평균연령 16.2±2.8세)의 공포증과 조증을 예측했으며, 1차 시기(평균 연령 13.8±2.6세)에서의 만성적 성마름은 2차 시기의 ADHD와 3차 시기(21.1±2.7세)의 주요 우울을 예측했다(Leibenluft, Cohen, Gorrindo, Brook, & Pine, 2006).

분노를 다루는 세 가지 방법

부 인

초기 아동기 동안 분노를 다루는 가장 흔한 방법은 부인이다. 부인은 아동의 감정에 해를 끼치고, 슬픔, 죄책감, 수치심의 정서를 증가시키며, 타인을 향한 분노를 잘못된 방향으로 나타낼 위험을 수반한다.

표 출

분노를 다루는 데 있어 다음으로 사용되는 보편적 방법은 분노를 솔직하고 명백하게 표현하거나 수동 공격적이고 은밀한 방식으로 해소하는 것이다. 분노가 수동적으로 표출될 수 있는 수많은 방식을 검토하는 것이 부모, 아이, 교육자들에게 유익하다. 분노에 대한 이러한 은밀한 표현은 매우 흔하며 종종 부모와 아이들, 심지어 정신건강전문가들조차 정확히 확인하지 못한다. 치료사는 두 가지 표출된 분노 행동의 유형을 확인하기 위해 부모와 어린 환자에게 분노 체크리스트(anger checklist)를 실시할 수 있을 것이다.

적극적으로 표출되는 분노는 적절한 분노, 과도한 분노, 잘못 정향된(misdirected) 분노 세 가지 유형을 포함하는 것으로 보는 것이 유용할 것이다. 아이들이 과도하게 화를 내는 반응의 위험성에 더하여 건강한 공격성의 가치에 대해 배운다면 유익할 것이다. 특정한 상처로부터 나타나는 분노를 해소하지 않을 때, 그 분노가 잘못된 방향으로 타인을 향할 수 있다는 사실을 아는 것은 중요하다. 그러한 분노는 친구관계를 손상시키고 학습을 방해하며, 가족관계에 해로우며, 팀 스포츠 같은 활동에 지장을 초래할 수 있다. 임상적 경험으로 우리는 분노가 잘못된 방향을 향할 때 어린 형제자매, 또래 친구, 엄마, 선생님이 가장 흔한 분노의 대상이 된다는 것을 발견한다.

또한 분노가 처음에는 주로 슬픔의 감정과 연결되지만 나중에는 표출할 때 느껴지는 쾌감과 연결됨을 안다면 도움이 될 것이다. 화를 표출하며 느끼는 이러한 쾌감으로 인해 아동·청소년들은 충동적으로 매우 경쟁적이고 폭력적인 비디오 게임을 이용하게 되며 부모들은 이러한 활동을 제한하는 데 현저한 어려움을 겪게 된다. 폭력적인 비디오 게임을 지속적으로 하는 것은 시간의 경과에 따라 청소년의 공격적 행동이 더욱 가파르게 증가하는 것과 연관이 있는 것으로 알려져 왔다. 더욱이 폭력적인 비디오 게임을 많이 이용하는 것은 시간이 지날수록 더 높은 수준의 공격성을 예측하는 것으로 알려졌다(Willoughby, Adachi, & Good, 2012). 또한 메타분석 연구에 따르면 폭력적 비디오 게임에 노출되는 것은 공격적 행동, 공격적 인식, 공격적 정동의 증가와, 공감 및 친사회적 행동의 감소와 연관된 위험요인임을 강하게 시사하고 있다(Anderson et al., 2010).

아동은 분노를 전치하는 것의 개념과 그 결과를 수용하고 이해하는 데 어려움을 겪을 수 있으며, 따라서 구체적인 예를 사용할 필요가 있다. 때때로, 치료사나 부모가 자신의 어렸을 때 경험에 비추어 분노를 잘못된 방향으로 표출한 이야기를 연관시킨다면 유익할 수 있을 것이다.

몇몇 치료사들은 아동과 청소년의 분노를 다루면서 그들의 어린 환자가 지금껏 부정해온 분노를 표출할 때 치료가 성공적으로 이루어지고 있다고 믿는다. 사실 이는 참된 해소를 위해 단지 첫 단계만을 성취한 것이다. 표출 자체만으로 아동이 지금껏 짊어져 온 분노라는 짐으로부터 자유로워질 수 없기 때문이다. 분노의 경험은 복수에 대한 열망을 불러일으키며 이 열망은 분노로 가득찬 감정이 드러나고 해소되기 전까지는 감소되지 않는다. 이러한 것이 없다면 수년 동안 분노는 다른 사람을 향해 전치될 수 있으며 몇 십년 이후에도 사랑하는 사람과의 관계에서 분출될 수 있다. 분노는 가해자를 용서하기 위한 작업을 결정하기 전까지 완전히 해소되지 않을 것이다.

용 서

당연하게도 아이들에게는 용서가 아닌 것에 대해 명확히 알려주는 것이 필요하다. 구체적으로, 분노하고 폭력적인 사람이 그들의 분노를 표출하도록 돕고 이를 수용하는 것은 용서가 아니다. 용서란 샌드백이 되거나 연약한 방식으로 행동하는 것도 아니며 건강한 자기 주장을 제한하지도 않는다. 용서란 학대적이고, 무감각하며, 용인될 수 없는 행동을 하는 사람들을 신뢰하거나 그들과 화해하는 것을 뜻하지 않는다. 마지막으로, 반드시 타인에게 가서 누군가 그들을 용서하고 있음을 알리는 것이 용서는 아니다.

이미 언급했듯이 용서치료의 개방단계(uncovering phase)에서 임상가는 종종 아동이 엄청난 실망을 경험하고 따라서 엄청난 양의 분노를 느낀 관계가 부모와의 관계, 특히 아버지와의 관계임을 발견한다. 특히 이는 거의 40%의 아동과 십대들이 자신의 생물학적 아버지와 집에서 함께 살지 않는 현대에 적용된다. 양육적 애정 박탈과 용서에 관한 한 연구에서는 대부분의 응답자가 아버지와 정서적인 거리감을 느끼는 것으로 나타났다(Al-Mabuk, Enright, & Cardis, 1995).

아버지와의 관계에서 분노가 나타나는 주된 원인은 자녀를 향한 애정과 사랑을 전달하는 데 어려움을 겪는 아버지 슬하에서 성장하기 때문이다. 아버지에 대한 분노가 잘못된 방향으로 표현되는 것은 오늘날 우리의 학교와 가정, 이후 사랑하는 관계에서 나타나는 갈등의 이유가 될지도 모른다. 아버지에 대해 격렬한 분노를 가진 많은 아동들은 품행장애(CD), 적대적 반항장애(ODD), 주의력결핍 과잉행동장애(ADHD), 간헐적 폭발장애(IED)를 나타낸다.

격렬한 분노는 통제적이고, 분노하며, 비판적이고, 자기애적이거나 정서적으로 동떨어진 어머니를 향해서도 나타날 수 있다. 또한 아동은 때때로 어머니에 대해 과도한 책임감을 느끼거나 어머니가 충성스러운 아버지에 대해 과도하게 비판적이라는 결론을 내릴 수 있다.

때로 형제 자매에 대한 상처와 실망, 또래 집단으로부터의 거절이 분노의 또 다른 근원이 될 수 있다. 나이가 많은 자녀는 종종 실제로 부모나 친구들에 대한 분노를 어린 형제/자매에게 나타낸다. 많은 아동·청소년들은 긍정적인 자기감을 발달시키고 외로움으로부터 스스로를 보호하기 위해 또래 집단의 수용을 갈망한다. 학교나 온라인 공간을 통해 지속적으로 괴롭힘을 당하거나 희생양이 되어온 아이들은 수치심을 느끼거나 부모가 자신을 보호해주지 못한다고 믿기 때문에 이러한 사실을 부모에게 말하지 못한다. 그러므로 부모들은 이러한 갈등이 표현되는 다양한 방식들을 인식할 필요가 있다. 여기에는 고립, 철수, 타인을 향해 적대감을 해소하는 것, 사회 불안, 우울이 포함된다.

어떤 아이들은 분노를 조절하지 못하는 부모를 모델링한 결과로 분노와 관련된 어려움을 겪는다. 이러한 경우 분노의 과도한 표현은 한 세대에서 다음 세대로 전수된다. 우리의 경험에 따르면 아버지의 분노를 모델링하는 일이 가장 자주 일어난다.

정신건강 영역에 종사하는 많은 사람들은 아동의 ADHD 및 기타 장애에서 보이는 과도한 분노가 생물학적으로 결정된 것이라고 믿는다(Hechtman 1991 참고). 그러나 현재로서는 과도한 분노를 야기하는 특정한 신경전달물질이 밝혀지지 않았다. 중독 물질의 사용이 성격 갈등, 특별히 자기애적 성격 갈등과 함께 과도한 분노를 촉발할 수 있다.

이제 우리는 용서치료를 통해 과도한 분노를 경감시키거나 해소하는 데 초점을 맞추어 구체적인 몇몇 아동·청소년기 장애를 검증하고자 한다.

파괴적, 충동조절 및 품행장애

이러한 장애들은 이전에 *Behavioral Disruptive Disorder*와 같은 문헌에서 파괴적 행동장애로 설명되었으며 주의력결핍 과잉행동장애(ADHD)를 포함한다. DSM-5에 존재하는 이 새로운 진단적 범주는 주의력결핍 과잉행동장애를 포함하지 않는다. 파괴적 행동장애는 10,000명의 청소년을 대상으로 한 국가 연구에서 두 번째로 흔한 장애였다(Kessler, Avenevoli, Costell, Georgiades, et al., 2012). 불안장애와 행동장애에서의 30일에서 12개월 유병률은 기분장애, 물질장애보다 높았으며 이는 전자의 장애들이 후자의 장애보다 더 오래 지속됨을 시사한다. 이러한 장애들은 적대적 반항장애, 간헐적 폭발장애, 품행장애를 포함하며, 적대적 반항장애가 가장 흔했으며 간헐적 폭발장애, 품행장애가 그 뒤를 이었다. 이 모든 장애는 남자에게서 더욱 흔히 나타나는 경향이 있었다.

DSM-5에서는 파괴적, 충동조절 및 품행장애가 흔히 외현화되는 스펙트럼과 관련이 있다. 이는 **탈억제**(disinhibition), (반대되는) **억제**(constraint)와 연관되어 있으며, **부정적 정서성**(negative emotionality)이라고 이름 붙여진 성격 측면과 연관되어 있다(American Psychiatric Association, 2013). 이러한 청소년은 분노 감정과 생각, 충동과 행동에 있어서 자기조절을 유지하는 데 어려움을 겪는다. 용서치료는 청소년들이 분노라는 감정을 통제할 수 있도록 돕는 데 효과적이며, 이러한 감정을 다루지 않을 경우 이후 물질 남용과 반사회적 성격장애로 발전하는 데 영향을 미칠 수 있다.

적대적 반항장애(Oppositional Defiant Disorder)

적대적 반항장애(ODD)는 분노와 적개심, 그리고 어른, 형제, 친구를 향한 반항적 행동을 특징으로 한다. 적대적 반항장애는 아동에게서 발견되는 흔한 정신과적 장애로 여타 정신장애와 유의미한 공병률을 보이는 것으로 밝혔다. 한 연구에서는 발달정신병리에서 적대적 반항장애가 차지하는 중심적 역할을 밝혔다. Kim-Cohen et al.(2003)의 연구에서는 25~60%의 사례에서 성인기 정신질환 이전에 적대적 반항장애 또는 품행장애가 존재했다고 밝혔다.

병인론적 데이터는 23%의 아동이 16세까지 행동장애 진단기준을 만족시킬 것이며 이 중 적대적 반항장애가 가장 흔할 것임을 시사했다(11.3%; Costello, Mustillo, Erkanli, Keeler, & Angold, 2003). 13세부터 18세까지의 청소년 10,000명을 대상으로 한 한 연구에서는 적대적 반항장애가 12.6%로 가장 흔한 파괴적 행동장애인 것으로 나타났으며 주의력결핍 과잉행동장애가 8.7%로 그 뒤를 따랐고 품행장애가 6.8%로 나타났다(Merikangas et al., 2010).

DSM-5는 적대적 반항장애의 특징을 "분노/과민한 기분"(AIS), "논쟁적/반항적 행동", "보복적 특성"의 세 가지로 분석하는 삼자 모델을 채택했다. 연구자들은 일전에 **과민한**(irritable), **고집 센**(headstrong), **앙심을 품는**(hurtful/spiteful)으로 명명되는 적대적 반항장애의 세 가지 하위그룹을 기술했다(Stringaris & Goodman, 2009).

1,160명의 청소년을 대상으로 한 연구에서 적대적 반항장애의 두 가지 하위유형인 AIS와 비순응적 증상이 확인되었다. 어머니와 선생님 모두에 의해 AIS 증상을 보이는 것으로 보고된 집단에서 더 높은 수준의 불안과 기분장애 증상(mood symptom)을 보이며, 어머니에 의해 정의된 집단에서는 더 높은 수준의 품행장애 증상을 나타내는 것으로 측정되었다(Drabick & Gadow, 2012).

적대적 반항장애를 가진 전(前)학령기 아동은 지속적으로 주의력결핍 과잉행동장애, 불안장애, 기분장애와의 높은 연관성을 가진 장애(공존질환)를 나타내기 쉽다(Lavigne et al., 2001). 적대적 반항장애를 가진 아동은 적대적 반항장애를 가지지 않은 아동에 비해 우울 또는 불안장애를 겪게 될 확률이 17배 더 높다고 알려졌다

(Boylan, Vaillancourt, Boyle, & Szatmari, 2007). 또한 적대적 반항장애는 광범위한 초기 성인장애발달사의 주목할 만한 요인으로 보여진다(Copeland, Shanahan, Costello, & Angold, 2009). 또다른 연구에서 적대적 반항장애는 이차 감정, 불안, 충동 통제, 물질사용 장애에 대한 상당한 위험성과 연관이 있는 것으로 발견되었다(Nock, Kazdin, Hiripi, & Kessler, 2007). 적대적 반항장애 진단을 받은 아동은 진단을 받지 않은 아동보다 청소년기에 품행장애로 발전할 확률이 3배 높은 것으로 확인되었으며, 주의력결핍 과잉행동장애를 가진 아동들에게서 적대적 반항장애는 주의력결핍 과잉행동장애의 심각도와 무관하게 청소년기 품행장애의 중요한 예측변인인 것으로 드러났다(Whittenger, Angley, Fowler, Thomas, & Thapar, 2007).

적대적 반항장애는 또한 청소년기의 자폐스펙트럼장애(ASD)와도 공병률을 보였다. 자폐스펙트럼장애를 가진 아동에서 나타나는 적대적 반항장애의 이러한 유병률은 주로 정신과의 외래임상평가에 의뢰되며 자폐스펙트럼장애를 갖지 않은 아동의 적대적 반항장애 유병률과 유사하다(Gadow, DeVincent, & Drabick, 2008; Gadow, DeVincent, Pomeroy, & Azizian, 2004).

적대적 반항장애 연구에서는 남성의 비중이 높았으며, 이혼한 부모와 낮은 사회경제적 상태의 어머니를 둔 아동의 비중 또한 높았다(Kadesjo, Hagglof, Kadesjo, Gillberg, 2003). 또한 아동의 특성뿐 아니라 부모의 우울과 적대감 또한 적대적 반항장애의 위험요인임이 드러났다(Lavigne, Gouze, Hopkins, Bryant, & LeBailly, 2012). 우리의 임상경험에 따르면, 분노한 부모 또는 친구들에 대한 모델링, 슬픔, 불안, 괴롭힘에 대한 트라우마, 자기애적이고 통제적인 성격 특징, 폭력적인 비디오게임에 대한 과도한 노출 또한 위험요인일 수 있다.

적대적 반항장애를 가진 십대들 중 대부분이 폭력적 충동과 환상으로 인해 어려움을 겪지 않는다는 점에서 적대적 반항장애에서 나타나는 과도한 분노는 품행장애에서 보이는 분노만큼 심각하지는 않다. 용서의 심리치료적 사용은 적대적 반항장애에서 나타나는 적대적 감정, 사고, 행동을 해소하거나 감소시키는 데 중요한 역할을 할 수 있다. 우리의 경험상 적대적 반항장애의 강렬한 분노가 효율적으로 다루어진다면 이후 품행장애를 예방하고 주의력결핍 과잉행동장애, 기분장애, 자폐스펙트럼장애의 치료를 도울 수 있다.

7살인 지인은 아버지가 가족을 떠나고 난 후 시간이 지날수록 어머니에게 분노하고 반항적이 되었다. 그는 정기적으로 성을 냈으며 어머니의 말을 듣지 않았고 남매들을 화나게 했다. 또한 그는 매우 반항적이고 자기애적으로 변했으며, 어머니에게 일주일에 몇번씩 새로운 장난감을 사줄 것을 요구했다.

그의 어머니, 남매들과 함께 한 회기에서 지인은 "나는 아빠에게 정말 화가 나요. 그는 우리를 신경쓰지 않거든요. 지금껏 아빠가 한거라곤 TV를 보는 것밖에 없었어요."라고 말했다. 어머니는 지인에게 그의 분노가 어머니와 그의 남매들에게 상처를 주며, 그의 아버지의 분노발작을 떠올리게 만든다고 말했다. 그 회기 중에 지인은 눈물을 흘리고 후회했으며 자신은 누구에게도 상처를 주고 싶지 않다고 말했다. 그는 아버지에 대한 분노를 해소하도록 매일 노력하며 따라서 아버지의 자기중심적인 행동을 반복하지 않도록 노력하는 것에 동의했다. 이러한 개입은 지인의 동기를 증가시킨 듯 보였으며, 그가 자신도 모르게 적대적이고 반항적인 행동을 하게 될 때 어머니는 그가 아버지를 계속해서 용서할 것을 상기시켜 주었다. 몇 달의 과정을 거쳐, 매일 아버지를 이해하고 용서하도록 노력하길 원한다고 생각하는 작업을 통해 지인은 그의 분노 감정 및 행동에 대해 통제감을 가질 수 있었다. 그러나 이기적인 아버지와 함께 보냈던 주말이 지나고 난 후에는 슬픔과 분노의 감정에 대한 통제감을 되찾는 데 며칠이 소요되는 경우도 있었다.

적대적 반항장애는 품행장애의 주요한 예측요인이 되며, 품행장애와 주의력결핍 과잉행동장애가 공존할 때에는 예후가 좋지 않기 때문에, Whittenger et al.(2007)에서는 임상가들이 아동기 적대적 반항장애 행동에 특별히 주의를 기울일 것을 권유했다.

품행장애(Conduct Disorder)

품행장애를 가진 아동들은 아동기와 청소년기에 가장 극심한 분노를 표출한다. 분노는 아동이 자랄수록 격렬해지며 이는 스트레스 하에서 앙갚음, 반사회적 행동의 충동과 환상을 발전시키도록 할 수 있다. 10,000명의 청소년을 대상으로 한 연구에서 연령에 따른 주의력결핍 과잉행동장애와 적대적 반항장애 유병률이 연령집단에 따라 비교적 고르게 나타났지만 품행장애(CD)는 가장 나이가 많은 청소년기에 가장 높은 9.6%로 증가했다(Merikangas et al., 2010).

DSM-5에서는 품행장애의 세 가지 하위유형을 명시했다. 그중 두 가지는 첫 증상이 10세 이전에 나타나는지 혹은 그 이후에 나타나는지에 따라 구분된다. 아동기에 발병하는 품행장애의 경우 치료가 어렵기로 악명 높다. 더 심각한 아동기 발병 품행장애는 보편적으로 청소년기 발병보다 더 심한 공격성과 더 심각하게 손상된 또래관계, 더 장기적인 경과를 특징으로 보인다(Lahey et al., 1995). 이러한 하위유형에 속하는 많은 아동들은 주의력결핍 과잉행동장애를 경험하며 이후 물질사용장애로 발전한다(Schubiner et al., 2000). 이러한 패턴을 보이는 아동들은 종종 성인기에 반사회적인 행동을 보이며 범죄를 저지르기도 한다. 많은 경우 청소년기 발병 품행장애는 비행을 저지르는 방탕한 단계에 제한적으로 나타나며 사회화와 성숙이 진행되며 사라진다(Moffitt, 1993). 청소년기 발병 품행장애를 경험하는 아동들은 덜 공격적인 행동을 보이며 더 보편적인 또래관계를 형성하는 경향이 있으며, 그들의 품행장애가 성인기까지 지속되지 않는 경우가 많다(American Psychiatric Association, 471).

품행장애의 세 번째 유형은 "제한된 친사회적 정서"라는 세부유형(specifier)에 부합하는 아동·청소년들에게 해당된다. 냉담하고 무정한(callous and unemotional; CU) 특질을 가진 사람들은 이 세부유형의 징후를 보여준다. 한 연구에서 품행장애의 CU 하위유형으로 분류된 소녀들은 품행장애 진단만 받은 소녀들보다 더 높은 수준의 외현화 장애 증상, 괴롭힘, 관계적 공격성, 전반적 손상을 보였다. 품행장애의 진단만 받은 소녀들은 CU 하위유형의 진단을 받은 집단에 비해 불안의 문제를 더 많이 가지는 경향이 있었다. 6년간의 추적 연구에서 품행장애 없이 높은 CU 특징을 보이는 소녀들의 경우 상대적으로 품행장애와 CU 특징을 보이지 않는 집단에 비해 더욱 높은 적대적 반항장애와 주의력결핍 과잉행동장애 증상과 낮은 수준의 학업성취를 나타냈다(Pardini, Stepp, Hipwell, Stouthamer-Loeber, & Loeber, 2012).

비록 적대적 반항장애가 품행장애와 자폐스펙트럼장애의 위험성을 유의미하게 증가시킨다는 연구 결과가 있었음에도 품행장애는 이러한 결과에 더 훨씬 큰 위험성이 된다. 더욱이 오직 품행장애만 항정신성 약물사용 장애, 양극성장애, 흡연 위험성의 유의미한 증가와 관련이 있다(Biederman, Petty, Dolan, et al., 2008).

용서치료는 종종 아버지의 부재, 빈곤, 학대, 비행을 일삼는 또래와의 관계, 이혼, 다양한 가족의 정신병리와 같은 이유로 발전하는 아동 청소년의 격렬한 분노를 감소시킬 수 있다(Amato & Keith, 1991). 더욱이 품행장애를 경험하는 아동의 부모는 높은 확률로 정신병리를 경험한다(Lahey et al., 1988). 이러한 아동과 십대들 중 많은 수는 자신을 배신한 사람 본인에게 분노를 표현할 수 없기 때문에, 공격성,

규칙 위반, 기물 파손, 절도 등을 통해 정기적으로 타인에게 그들의 분노와 폭력적 충동을 잘못 표현한다.

용서의 과정은 길고 어려울 수 있으며 치료사들은 수많은 저항을 만나게 된다. 중대한 쾌락의 근원으로서, 남자 아이들의 경우 남성적 힘의 상징으로서 분노를 표출하는 것이 여기에 포함된다. 그들은 자신의 분노 속에서 한 가지 유익을 발견하는데, 이는 특정 또래 친구들과 분노를 통해 유대감을 갖는 것이다. 이 친구들은 적대감으로 차 있으며, 분노가 해소될 경우 그들을 거절할 것이다.

이러한 아동 중 몇몇은 학교에서 또는 법적으로 심각한 문제를 일으키고 난 후에야 용서치료에 참여하기로 결정한다. 어떤 아이들은 자신의 행동을 변화시키지 못한다면 언젠가 감옥에 가게 될 것임을 깨닫게 된 후에 변화에 대한 동기를 갖게 된다. 일부 어린이와 청소년들은 자신에게 해를 끼친 사람을 용서함으로써 과거의 지배력을 깨뜨리고 싶어한다.

호르헤는 13세의 남자 아이로 집과 교실에서의 분노 행동이 극도로 파괴적이었다. 그는 아버지가 엄마와 자신, 어린 형제를 버리기 전까지 아버지와의 관계가 친밀했다고 기억했다. 그때는 호르헤가 4살이었고, 그 이후 그는 아버지와 연락한 적이 없었다. 또한 호르헤는 7살 때에 그의 삶에 생겨난 양아버지와의 관계에서 어려움을 겪었다.

어머니와 함께한 회기에서 그는 만일 아버지가 방에 함께 있다면 어떤 일이 생길지 상상해보라는 요청을 받고는 아버지에 대한 분노를 표현했다. 그리고는 마치 먹이를 공격하는 사자처럼 뛰쳐나가 의자를 집어들고 벽을 향해 던지며 이렇게 소리친 후 방에서 도망쳤다. "나는 네가 싫어, 너를 죽여버리고 싶어."

이 회기 이후에 호르헤는 어려서부터 아버지를 향한 강한 분노의 환상과 충동을 품고 있었음을 인정했다. 이는 가족이 참아왔어야 했던 어려움 때문이었고, 호르헤가 아버지를 그리워하기 때문이었다. 그는 아버지를 "제멋대로인 사람, 별 볼 일 없는 사람"으로 보았다. 그 회기에서 엄마의 도움으로 호르헤는 아버지가 매우 불안하며 자기중심적이고 아이들을 방임하는 어머니의 슬하에서 성장했으며, 아버지는 자기 어머니의 자기애적 행동을 반복하고 있음을 이해하게 되었다. 또한 호르헤는 친할아버지로부터 아버지가 몇 차례 결혼을 했으나 누구에게도 헌신하지 못했음을 들었다.

호르헤는 자기 자신을 위해, 자신의 감정적 삶을 지배하는 아버지의 영향력에서 벗어나기 위해 아버지에 대한 복수의 충동을 포기하기로 결정했다. 그는 이러한 충동을 포기하지 못한다면 이것이 타인이나 자신에게로 돌아올 것임을 알았다. 그러나 용서의 작업단계에서 호르헤는 용서라는 단어를 사용하지 못했다. 이는 그가 용서를 아버지의 행동을 사면(condone)하는 것이라고 연결시키고 있었기 때문이다.

분노의 충동에 대한 몇 달 간의 작업 이후에 호르헤는 그의 아버지와 이야기하길 원했다. 친할아버지는 아버지에 대한 호르헤의 이해를 증진시키기 위해 몇 회기 동안 상담에 함께 참여했으며, 그를 돕기 위해 아들에게 회기 중에 전화를 걸기로 했다. 통화를 하는 것에 대해 아버지의 동의를 얻은 후 몇 회기 동안은 아버지의 반응에 대해 호르헤를 준비시키는 데 초점을 맞추었다. 한 회기 동안 상담사는 매우 자기애적인 방식으로 호르헤에게 반응하는 아버지의 역할을 연기했다. 호르헤는 아버지가 자신과 가족들에게 얼마나 큰 상처를 입혔는지 얘기하는 것이 아버지와 대화 하고자 하는 주된 동기임을 알게 되었다.

첫 전화 통화 회기에서 호르헤는 마치 아버지와 다시 결합하기 원하는 긴장된 어린 꼬마 아이처럼 행동했다. 그의 아버지는 호르헤를 진심으로 걱정하는 것 같아 보였으며 할 수 있는 한 그를 돕고 싶어하는 마음을 표현했다. 그 다음 회기에서는 호르헤의 실망과 분노가 드러났다. 그는 강하게 말했다. “왜 우리를 떠났어요? 우리는 너무 힘들었어요. 돈 때문에 그 무엇도 제대로 할 수 없었어요, 심지어 크리스마스에도요.” 호르헤는 자제력을 잃지 않으면서도 아버지를 단호하게 대할 수 있는 능력을 가진 자신이 놀라웠다. 그의 아버지는 사과하거나 자신의 행동에 대해 설명하려 노력하지 않았다. 대신 그는 자기애적인 방식으로 행동하며 자신이 그러한 취급을 받는 것을 용납할 수 없기 때문에 전화를 끊을 것이라고 말했다. 호르헤는 아버지를 이해하기 위한 작업을 해왔으므로 이러한 반응에 놀라지 않았다.

아버지와의 대화는 미성숙한 한 남자에 대한 폭력적 충동을 포기하고자 하는 호르헤의 동기를 증진시켰다. 그의 분노는 서서히 줄어들었으나 몇 해의 과정 동안 과도한 분노가 재발하기도 했다. 고등학교를 졸업하기까지 분노는 대부분 해소되었고 호르헤는 과거의 고통을 수용했다. 그는 군에 입대했으며 젊은 여성과 건강한 관계를 맺는 데까지 나아갔다. 심화단계(deepening phase)에서 호르헤는 고통에서 부분적인 의미를 발견하게 되었는데, 이는 여자친구가 무정한 아버지에 대해 가진 슬픔과 분노를 처리할수 있도록 그가 도와줄 수 있었기에 가능했다.

동기를 가지고 있으며 지지적인 부모가 한 명이라도 있는 내담자의 경우, 품행장애를 가진 어린 아이들의 폭력적 충동을 치유하는 것은 고되고 지난하지만 보람있는 과정이다. 건강한 부모 또는 조부모가 없는 아동 또는 청소년을 치료하는 것은 더더욱 어려운 일이다.

파괴적 기분조절부전장애(Disruptive Mood Dysregulation Disorder)

DSM-5에서는 새로운 아동기 장애로 만성적인 짜증과 분노 폭발을 주된 증상으로 하는 파괴적 기분조절부전장애(DMDD)를 확인하였다. 이 질병에 대한 개념화는 현재 발전하는 중이다(Krieger et al., 2013). 파괴적 기분조절부전장애의 진단기준은 다음과 같다. 언어적 또는 행동적으로 표현되는 심한 분노 폭발을 반복적으로 나타냄, 이러한 분노는 상황이나 촉발자극의 강도나 기간에 비해서 현저하게 과도한 것이어야 함, 분노 폭발은 발달수준에 부적절한 것이어야 함, 분노 폭발 사이에도 거의 매일 하루 대부분 짜증이나 화를 내며 이러한 행동은 다른 사람(부모, 교사)에 의해 관찰될 수 있음, 분노 폭발은 평균적으로 매주 3회 이상 나타나야 함, 이상의 증상이 12개월 이상 지속적으로 나타나야 함. 이 기간 동안 위의 진단기준에 부합하지 않는 기간이 3개월 이상 있어서는 안 된다.

파괴적 기분조절부전장애를 가진 청소년들은 불안과 단극성 우울 장애의 위험성이 증가한다(Leibenluft, 2011). 인지행동치료, 특히 부모 개입이 치료 근거에 포함되지만 약물 치료의 병행에 관해서는 연구의 필요성이 높아지는 상황이다(Krieger et al., 2013).

간헐적 폭발장애(Intermittent Explosive Disorder)

간헐적 폭발장애는 그 유병률이 매우 높고 지속적이며 제대로 연구되지 않고 치료되지 않는 청소년의 정신장애를 악화시키는 것으로 알려져 있다. 6,483명의 청소년을 대상으로 한 한 주요 연구에서는 거의 2/3에 가까운 수(63.3%)가 삶에서 기물 파손, 위협이나 폭력적 행동을 포함하는 분노발작을 보인다고 보고했다. 간헐적 폭발장애는 어린 나이(평균 12세)에 발병하며, 80.1%(모든 응답자의 6.2%)가 12개월의 진단기준을 만족하는 평생 삽화를 보일 만큼 매우 지속적이다. 또한 이 질병의 공병률은 매우 높아 이 병을 가진 사람 중 63.9%가 대부분의 기분장애, 불안장애, 물질 사용장애와 같은 질병의 진단기준을 만족하는 것으로 나타났다. 12개월 간헐적 폭발장애를 가진 청소년 중 1/3이상(37.8%)이 의사와의 면담 이전에 정서적 문제에 대한 치료를 받지만, 단 6.5%의 응답자만이 구체적으로 그들의 분노를 다룬다. 또한 24%가 적대적 반항장애와 품행장애의 진단기준을 만족시키며, 19.6%는 주의력결핍 과잉행동장애의 진단기준을 만족시킨다(McLaughlin et al., 2012).

간헐적 폭발장애의 초기 발병은 이후에 발병하는 공병 정신장애와 현저한 연관성을 지니며, 치료를 받는 비율이 낮다는 점은 간헐적 폭발장애에 대한 초기 탐색, 발견, 치료가 매우 필요하다는 점을 강조한다(Kessler, 2006).

간헐적 폭발장애에 관한 McElroy, Soutullo, Beckman, Taylor, Keck(1998)의 연구에서는 참여자 중 88%가 그들의 충동으로 인한 긴장감을 경험했으며, 75%는 공격적인 행동으로부터 안도감을 얻었고, 48%는 이러한 행동으로 쾌감을 경험했다. 항우울제와 기분안정제 치료를 받은 사람들 중 60%는 공격적 충동과 (또는) 삽화에 있어서 중등도 또는 현저한 감소가 있었다고 보고했다.

간헐적 폭발장애를 가진 청소년들에게 용서치료를 할 때에 주요한 초점은 그들이 공격적 충동에 대한 통제력을 배우고 자기자신과 타인을 상처입히는 행동 패턴을 변화시키도록 동기를 증진시키는 것이다. 그러나 많은 사람들이 변화에 관심을 가지지 않는데 이는 분노를 해소하는 데 따르는 이차적 이득을 좋아하기 때문이다. 공격성을 조절하고자 하는 사람들에게 있어 내적 분노를 해소하는 것은 샌드백을 치는 등의 신체적 활동에 참여함으로 시작되며, 그 과정에서 상황에 적절하게 다음과 같은 부분에 대해 생각하도록 권유받는다. “나는 타인을 상처 입히지 않으면서도 내적 분노와 공격성을 해소하기 원한다”, “나는 분노와 타인에 대한 복수심을 해소하기 원한다”, “나는 어렸을 때 상처 입은 것처럼 타인에게 상처를 주고 싶지 않다”, “나는 증오의 감정을 힘의 근원으로 삼는 일을 그만두고 싶다”, “나는 내 친구들, 나의 아버지와 같은 공격적 행동을 그만두고 싶다.”

이러한 연습 이후에는 복수의 충동을 포기하는 인지적 결정이 뒤따른다. 가해자에 대해 더 깊이 이해하게 되면서 청소년들은 용서에 대해 생각해볼 것을 권유받는다. 만약 방임당하거나 학대받은 아동기를 거쳤다면 이 단계가 어려워질 수 있다. 그러나 만일 용서를 긍정적으로 느끼지 않을지라도 그들이 인내심을 가지고 참여한다면 공격성과 폭력적 충동으로부터 벗어나는 일은 서서히 일어나기 시작한다. 간헐적 폭발장애를 가진 남성의 치료에서 가장 어려운 측면은 자존감을 강화시켜 그들이 분노와 공격성을 더 이상 힘의 원천으로 사용할 필요가 없도록 만드는 것이다.

공격성이 내담자에게 주는 타인에 대한 통제감과 부모를 모델링하는 것, 분노를 표현하는 것으로부터 느끼는 자존감은 용서치료를 통해 적대적 반항장애, 간헐적 폭발장애, 품행장애에서 나타나는 분노를 다루는 치료사들에게 주요한 장애물이 된다. 과도한 분노를 가진 부모들 또한 용서치료에 참여하도록 요청받는다. 특히 자녀가 품행장애를 가진 아버지들은 종종 치료에 참여하는 것에 대해 상당히 저항적이며 자신의 과도한 분노를 통제하는 것에 대해 관심을 보이지 않는다. 용서에 대한 모델링을 통해 많은 부모들은 적대적 반항장애, 간헐적 폭발장애, 품행장애를 가진 자녀들의 행동화와 분노 수준에 현저한 개선을 가져올 수 있다.

용서치료는 또한 DSM-5에서 파괴적 기분조절부전장애의 진단 특징으로 채택한 과도하고 파괴적인 분노 폭발을 치료하는 데 도움을 준다. 이 장애는 심각한 수준의 정서/행동 조절 장애를 보이는 아동을 식별하며, 이러한 장애는 적대적 반항장애와 매우 높은 공병률을 보인다(Copeland, Angold, Costello, & Egger, 2013).

주의력결핍 과잉행동장애(Attention Deficit/Hyperactivity Disorder)

주의력결핍 과잉행동장애(ADHD)는 유병률이 매우 높은 아동기 정신장애다. 이전에 이것은 적대적 반항장애, 품행장애와 더불어 아동의 행동장애로 여겨졌으나 현재 DSM-5에서는 이를 신경발달적 장애로 기술하고 있다. 대개 주의력 결핍 유형이 가장 흔하지만 혼합형이 치료적 서비스에 더욱 많이 의뢰되어 온다(Wilcutt, 2012). 10,000명의 청소년을 대상으로 한 연구에서 주의력결핍 과잉행동장애의 유병률은 8.7%로 여성에 비해 남성이 세 배 더 많은 것으로 나타났다(Merikangas et al., 2010).

주의력결핍 과잉행동장애를 가진 어떤 아동들은 과도한 분노로 인해 어려움을 겪으며 많은 연구에서 증명된 것과 같이 용서치료를 통해 유익을 얻을 수 있다. 주의력결핍 과잉행동장애를 가진 아동은 공존하는 행동 및 정서적 문제, 특히 공격적이고 반사회적 행동 문제를 겪을 위험성이 증가할 뿐 아니라 불안 및 기분장애의 위험성 또한 증가한다(Dopfner, Breuer, Wille, Erhart, & Ravens-Sieberer, 2008). 주의력결핍 과잉행동장애 환자가 평생 동안 적대적 반항장애를 경험하는 유병률이 높다는 사실은 연구를 통해 증명되었다. 공존질환은 증상의 심각성, 예후, 치료에 영향을 미치기 때문에 주의력결핍 과잉행동장애와 적대적 반항장애, 품행장애의 공존질환에 대한 빠른 진단과 치료가 중요하다(Connor & Doerfler, 2009). 한 연구에서 만성적인 분노 폭발은 그 이후 시기의 주의력결핍 과잉행동장애를 예측했다(평균연령 16.2±2.8세; Leibenluft, Cohen, Gorrindo, Brook, & Pine, 2006).

주의력결핍 과잉행동장애를 가진 아동들에게서, 적대적 반항장애와 품행장애 간의 주요한 차이점은 비행, 명백한 공격성, 주의력결핍 과잉행동장애 증상의 심각도의 영역에서 나타난다. 주의력결핍 과잉행동장애와 품행장애의 경우가 가장 심각하며, 적대적 반항장애를 동반한 주의력결핍 과잉행동장애가 그 다음, 적대적 반항장애나 품행장애가 없는 주의력결핍 과잉행동장애가 가장 덜 심각한 증상을 보인다(Connor & Doerfler, 2008).

추가적인 연구에서는 주의력결핍 과잉행동장애를 가진 아동이 품행장애를 나타내지 않고 성장한 경우, 적대적 반항장애가 손상된 결과를 예측한다는 것이 증명되었다(Biederman, Petty, Dolan, et al., 2008). 추가적으로 주의력결핍 과잉행동장애만 가진 여아와 비교했을 때, 주의력결핍 과잉행동장애+적대적 반항장애를 가진 여아는 추적 조사에서 적대적 반항장애 및 주요 우울증에 대한 현저히 높은 수준의 위험성을 보이는 것으로 드러났다. 또한 추적조사에서 주의력결핍 과잉행동장애를 가진 두 여아 집단 모두 품행장애와 양극성장애의 위험성이 증가한 것으로 나타났다(Biederman, Petty, Monuteaux, et al., 2008).

주의력결핍 과잉행동장애의 심리적·임상적 상관관계에 대한 Scahill et al.(1991)의 연구에서는, 주의력결핍 과잉행동장애를 가진 아동이 주의력결핍 과잉행동장애를 가지지 않은 아동에 비해 과도한 알코올 사용의 과거력을 가진 아버지와, 높은 수준의 역기능적 가정에서 살 확률이 더 높다고 밝혔다.

우리는 용서치료가 주의력결핍 과잉행동장애에서 나타나는 과도한 분노, 특히 주의력 결핍 유형에서 나타나는 수동 공격적 분노와 과잉행동 충동 유형에서 나타나는 적극적 분노를 감소시키는 데 효과적이라는 사실을 발견했다. 몇몇 청소년들에게서는 고의적인 분노의 수동-공격적 표현이 주의력 결핍 유형의 증상이기도 한데, 이는 듣지 않는 것, 지시를 따르지 않는 것, 잃어버리기, 부주의한 실수를 포함한다. 어떤 아동들에게 이것은 부모와 선생님을 향한 반항적 행동이다.

주의력결핍 과잉행동장애의 평생 영향력에 대한 한 연구에서, 이는 양극성장애, 범불안장애, 외상후 스트레스장애, 특정 공포증, 자기애성, 연극성, 경계성, 반사회성, 분열성 성격장애의 증가된 위험성과 연관성을 보였으며 이는 다른 정신과적 공존질환의 영향력과 독립적인 것으로 나타났다. 또한 주의력결핍 과잉행동장애의 평생 과거력을 살펴보면 계획의 결여, 결여된 억제적 조절, 높은 비극적 사건 발생률, 인지된 건강, 사회적 지지의 저하, 인지된 스트레스의 증가와 연관되어 있는 것으로 나타났다(Bernardi et al., 2012). 더욱이, 도시 지역에서 사회경제적 상태가 더 낮은 가족에서 주의력결핍 과잉행동장애 유병률이 더 높게 나타났다(Dopfner et al., 2008).

주의력결핍 과잉행동장애를 가진 많은 아동과 십대들은 자신이 과도하게 분노하고 있음을 인식하지 못하며 인식한다 해도 그 분노의 기원을 찾지 못했다. 치료의 개방단계에서 그들은 삶에서 있었던 중요한 실망과, 자신이 입은 상처와 연관된 분노를 인식하기 시작했다. 몇몇은 용서를 어떻게 사용할지 배우기로 결정했지만 나머지는 자신의 분노를 품고 있는 것, 타인을 향해 분노를 표현하는 것을 통해 얻어지는 이득이 있다고 믿었다. 특히 많은 남자들은 또래관계에서의 인정과 자신감을 위해 남성적 힘을 증명하는 방법으로 분노를 표현한다.

얼은 1학년을 끝내고 있는 7세 아동으로 주의력결핍 과잉행동장애의 과잉행동 충동 유형의 증상과 적대적 반항장애 증상을 보였다. 그는 분노행동을 조절하는 능력을 거의 갖고 있지 않았다. 그의 양친은 모두 분노가 가득한 알코올중독자 아버지를 두었으며, 용서치료를 이용해 분노를 조절하는 부부치료 작업을 1년 넘게 받아오고 있었다. 부부관계에서의 과도한 분노수준은 천천히 감소하고 있었다.

얼은 부모님의 부부 싸움의 결과로 자신이 부모에게 매우 화가 나 있음을 인식할 수 있었다. 부모는 그에게 용서를 구했고 자신의 분노 표출을 극복하도록 노력하고 싸움을 줄일 것이라고 약속했다. 얼은 끄덕이며 동의했다. 치료사는 이렇게 대답했다. "얼, 네가 지금 부모님을 용서하도록 노력하길 원한다고 말할 수 있을지 확인해보면 좋겠구나." 얼은 부모님을 용서하길 원하는 마음을 말로 표현했고 이후에 부모님을 각각 안아주었다.

이후 치료사는 부부싸움의 원인을 얼에게 설명해달라고 부모님께 요청했다. 그들은 각각 외가와 친가의 가족 배경으로부터 상당한 분노를 결혼생활 속으로 가지고 들어왔다고 말해 주었다. 그들은 스스로 무엇을 하고 있는지 깨닫지 못한 채 이러한 분노를 서로에게 돌렸다. 미소를 지으려 노력하며 얼이 말했다. "제게 그런 말을 해주셔서 기뻐요. 적어도 부모님이 항상 화가 나 있던 이유가 나 때문은 아니었네요." 이 회기의 마지막에 치료사는 얼에게 매일 생각해야 할 것을 적은 메모를 전해 주었다. "나는 부부싸움을 했던 엄마와 아빠를 용서하고 싶어." 다음 회기에서는 분노를 조절하기 위해 용서를 이용하는 그의 능력을 검토했다. 그는 계속 화를 냈지만 그 삽화의 빈도와 강도는 어느 정도 줄어들었는데, 이는 부모님들이 용서치료를 통해 그들의 분노를 조절하는 능력을 기른 것에 따른 영향을 많이 받았다.

주의력결핍 과잉행동장애를 가진 자녀의 모든 분노 행동이 아동의 통제 밖에 있는 생물학적 요인 때문이라고 핑계를 대는 부모로 인해 용서치료의 과정이 방해를 받는 일은 흔히 일어난다. 이러한 부모 자신이 과도한 분노의 심각한 문제를 가지고 있을지도 모르며, 따라서 아이에게 분노를 느끼는 것과 적개심을 해소하는 것의 책임이 스스로에게 달려있다는 것을 가르치려 하지 않는 것일지도 모른다. 결국 치료는 종종 부모가 스스로의 분노를 확인하고 자신에게 상처 입힌 사람을 용서하는 것에 초점을 맞추게 된다.

자폐스펙트럼장애(Autism Spectrum Disorders)

자폐스펙트럼장애(Autism Spectrum Disorders, ASD)의 진단에 필요한 기준은 사회적 상호작용과 의사소통의 질적 결함, 제한적이고 반복적이며 상동증적인 행동 패턴이다. 심각도 수준은 사회적 의사소통, 제한적 흥미, 반복적 행동과 같은 문제에 대처하는 데 요구되는 도움의 양을 기준으로 판단한다. 예를 들어, 자폐스펙트럼장애는 '1단계, 2단계, 3단계'로 분류하여 진단할 수 있다.

자폐스펙트럼장애는 전체 인구의 1% 내에서 발생하며, 생애 초기 발병이 평생 지속되며 높은 수준의 손상을 동반하기 때문에 공중 보건 영역의 주요 관심사가 되어왔다. 최근 많은 문헌에서 불안장애, 과도하게 적극적이거나 수동-공격적인 분노를 동반한 적대적 반항장애가 자폐스펙트럼장애와 함께 흔히 발생한다고 보고하고 있으며, 용서치료는 이러한 증상에 효과를 나타낸다. 한 연구에서는 70%의 참가자가 최소 하나의 공존질환을 가지고 있었고, 41%는 두 가지 이상의 공존질환을 가지고 있는 것으로 보고한다. 가장 흔한 공존질환은 사회불안장애(29.2%)였으며, 주의력결핍 과잉행동장애(28.2%), 그리고 적대적 반항장애(28.1%)가 뒤를 이었다 (Siminoff et al., 2012). 총 2,121명의 청년을 상대로 한 31개의 연구를 분석한 메타

분석 연구 결과, 자폐스펙트럼장애를 가진 청년 중 39.6%가 최소 하나 이상의 불안장애를 공존질환으로 나타냈으며, 그중 가장 빈번하게 나타난 것은 특정 공포증(29.8%)이었고 강박장애(17.4%)와 사회불안장애(16.6%)가 그 뒤를 이었다(van Steensel, Boegels, & Perrin, 2011). Weisbrot 등(2005)은 자폐스펙트럼장애와 불안장애를 함께 가진 청소년들을 진단할 때 이중진단을 고려해야 한다고 권고했다. 또한 자폐스펙트럼장애를 가진 아이들의 불안을 치료하는 데에 인지행동 치료가 효과적이라는 것이 입증되었다(Sofronoff, Attwood, & Hinton, 2005).

자폐스펙트럼장애를 가진 아동 중 상당 수는 적대적 반항장애의 증상을 나타낸다. 아동의 부모를 상대로 실시한 두 연구에 따르면, 자폐스펙트럼장애가 있는 3~5세와 6~12세의 아동들중 각각 13%, 27%의 아동이 적대적 반항장애 기준에 부합하는 행동을 보였고, 아동의 선생님을 대상으로 한 조사에서는 각각 21%와 25%의 아동이 적대적 반항장애 기준에 부합하는 행동을 보이는 것으로 나타났다(Gadow, Devincent, Pomeroy, & Azizian, 2004, 2005). 자폐스펙트럼장애를 가진 아동의 적대적 반항장애 유병률은 소아정신과 외래진료평가를 통해 알려진 자폐스펙트럼장애가 없는 아동의 적대적 반항장애의 유병률과 비슷한 것으로 나타난다. 이 두 장애는 부모, 형제, 또래 친구들과의 사회적 상호작용이 어렵다는 공통적 특징을 보인다.

자폐스펙트럼장애를 가진 아동청소년이 보이는 적대적 반항장애 증상(비순응적이거나 수동-공격적인 증상, 분노/과민한 기분)을 비교해보면, 분노/과민한 기분의 증상이 가장 심각한 자폐스펙트럼 증상과 연관됨을 알 수 있다(Gadow & Drabick, 2012). 자폐스펙트럼장애가 있는 12세~23세의 청소년을 대상으로 한 연구에서는 연구 대상자의 41%가 임상적으로 상당한 수준의 분노(17%)와 불안(25.8%), 우울(11.5%)을 나타낸 것으로 나타났다(Quek, Sofronoff, Sheffield, White, & Kelly, 2012).

자폐스펙트럼장애가 있는 121명의 아동에 대한 부모의 시각을 살펴본 연구에서, 아이들은 다른 사람들의 공격적인 행동에 대해 자주 분노했으며, 그들의 분노는 구체적인 대상과 상황에 대한 것이었다. 그들은 분노 삽화(angry episode; 화가 나 있는 상태) 중에 스스로의 행동을 통제할 수 없었지만 일부 아동은 이후 미안함을 느꼈다. 이러한 행동은 자폐스펙트럼장애를 가진 아동 스스로를 포함해 부모와 형제, 가족 전체에 영향을 미치며, 아동의 신체적/정서적 상태, 원하는 것을 이루지 못한 경험이나 일상 또는 환경에 변화가 일어나는 등의 선행사건은 아동의 분노 삽화에 영향을 미치게 된다(Ho, Stehenson, & Carter, 2012). 부모들은 아스퍼거 증후군을 가진 아동의 분노 조절을 위한 인지행동 치료적 개입이 이후 분노 삽화를 현저히 감소시키며, 자녀의 분노를 조절하는 데에 있어 부모들의 자신감을 상당히 증가시켰다고 보고했다(Sofronoff, Attwood, Hinton, & Levin, 2007). 또한 비정형 항정신성 약물 또한 자폐스펙트럼장애 증상을 가진 아동청소년의 공격적이고 폭력적인 행동 개선에 효과적이었다(Guido & Frank. 2013).

동반이환의 행동 및 정서 장애에 대한 체계적인 평가는 의료적 개입, 학교 배치, 가정생활에 대해 중요한 시사점을 제공하기 때문에 반드시 이루어져야 한다. 또한, 가족의 빈곤, 어머니의 낮은 양육 정서(low maternal warmth), 가정의 혼란 등은 자폐스펙트럼장애 아동이 문제를 외현화하는 데 영향을 미치는 위험요인이 된다(Mihouhas, Yogaratnam, Flouri, & Charman, 2013). 자폐스펙트럼장애를 가진 아동들의 공존 증상에 대한 선제적 조사는 동반이환이 자폐스펙트럼장애의 시작과 진행, 그리고 치료 효과에 미치는 영향을 이해하는데 도움이 될 수 있다.

동반이환의 증상은 많은 구성 요소를 가지고 있지만, 자폐스펙트럼장애를 가진 아동과 임상 작업을 할 때는 각각의 부모, 형제, 친구와 형성한 안정 애착의 수준과 과거력, 가족의 불안과 분노 수준, 부모의 양육 특성, 가족 역학 등을 고려해야 한다.

Gadow와 Drabick(2012)은 적대적 반항장애의 분노/과민 증상(AIS)이 가장 심각한 자폐스펙트럼장애 증상과 관련이 있다는 것을 보여주었다. 자폐 아동청소년에게 용서를 사용하여 분노를 조절할 수 있도록 가르치는 것은 자폐스펙트럼장애 증상을 경감시키는 데 도움이 될 수 있다. 우리는 자폐스펙트럼장애를 가진 아동청소년의 적대적 반항장애와 불안장애의 동반이환 치료법과 연구에 용서치료를 포함시키기를 추천한다.

로널드는 9살 소년으로 주로 가정에서 사회적 의사소통의 어려움, 제한적 관심, 반복적인 행동문제를 보였다. 집에서는 부모와 거리를 두고 눈을 잘 마주치지 않았으며, 부모의 합당한 요구에 반응하지 못했다. 가족들과 친구들은 비정상적으로 보이는 행동에 충격을 받았다. 그들은 심지어 로널드가 자폐스펙트럼장애를 가지고 있을지도 모른다는 걱정을 하기도 했다. 부모는 로널드가 보이는 적대적 반항장애의 증상을 알게 되었는데, 이는 부모의 합리적 요구를 듣지 않거나 고의로 다른 사람들을 자극하는 행동을 하거나 자신의 실수를 다른 사람의 탓으로 돌리는 것과 같은 수동 공격적인 분노 표현과 연관이 있었다. 로널드의 행동은 일부 연구자들이 적대적 반항장애의 하위 유형으로 간주하는 비순응적이고 고집스러운 행동 방식에 부합했다.

하지만, 그는 학교에서 친구들과 함께 있을 때는 이러한 자폐스펙트럼장애의 증상을 보이지 않았다. 그는 친구들에게 친절한 태도로 이야기했고 많은 활동에 참여했다. 또한 교사들은 로널드를 말썽꾸러기나 고집스러운 아이라고 생각하지 않았다. 이 아이에 대한 부모의 평가와 교사의 평가는 크게 달랐는데, 부모는 로널드가 아동기 위험 체크리스트에 나타나는 수동-공격적 분노(passive-aggressive anger) 증상을 보인다고 보고했으나, 교사들은 이러한 분노 행동을 거의 발견하지 못했다.

가족 상담에서는 어린 시절부터 보여왔던 로널드의 고집스럽고 단호한 성격이 부모와 다른 사람들을 통제하려는 시도로 인해 생겨났음이 드러났다. 결과적으로 아이는 부모와 그 밖의 사람들의 합리적 요구에 반응하는 데 큰 어려움을 겪었다. 그는 무언가를 자기 마음대로 할 수 없을 때 침묵하거나 타인을 무시했으며 무례한 태도를 보이는 행동들을 통해 분노를 표현했다. 가족 역학을 살펴보았을 때, 아버지는 허용적인 양육 방식을 가지고 있었기에(특별히 어머니에 대한) 아이의 분노와 무례한 행동을 거의 교정해주지 않았다. 로널드는 필요한 교정을 받고 있지 않았으므로, 이것은 아들에 대한 부당한 처사였다.

로널드의 분노와 그로 인한 과잉반응이 그가 가진 적대적 품행 장애의 주요 문제이며, 이는 부분적으로 고집스러운 비순응적 행동으로 인해 나타나는 것임을 이해하고 난 후, 가족 내에서 용서치료가 시작되었다. 두 부모는 그들에게 로널드에 대한 분노가 있으며, 그를 용서하기 위해 노력해야 할 필요가 있음을 인정했다. 그의 어머니는 또한 남편이 허용적인 부모였던 점과 아이의 분노로부터 자신을 보호해주지 않았던 것을 용서하기 위한 작업을 했다. 아버지는 아들의 분노를 일관되게 교정하고 분노를 다스리는 방법으로 용서 연습을 가르치기로 했다. 로널드는 어머니를 용서해야 함을 발견했는데, 특히 어머니가 자신에게 책임감을 가지고, 이기적으로 행동하지 말고, 가정에 충실하기를 요구한 것에 대해 용서할 필요가 있었다. 용서에 대한 작업을 해가는 과정에서, 그는 자신의 분노가 종종 부당한 대우의 결과가 아니라 그의 이기심의 결과라는 것을 서서히 인식하게 되었다. 분노와 완고함, 그리고 통제적인 행동들과 함께 그의 자폐스펙트럼장애 증상도 서서히 줄어들었다. 그는 가족과 거리를 두기보다 부모에게 마음을 열고 그들의 요구에 더 협조적으로 행동하였다.

이 책 7장에서 설명한 바와 같이 일부 청소년들의 자폐스펙트럼장애와 관련된 과도한 분노는 비정형 항정신병 약물에 의해 치료될 수 있지만, 이러한 약물은 제2형 당뇨를 유발할 위험이 있다. 자폐스펙트럼장애를 가진 청소년들의 과도한 분노, 적대적 반항장애, 불안에 대한 치료 계획에 있어 용서치료가 고려되어야 한다.

청소년의 불안장애

불안장애는 젊은층에서 가장 흔한 종류의 장애이며, 행동, 정서, 그리고 물질장애가 그 뒤를 따른다(Costello, Egger, & Angold, 2005; Kessler, Avenevoli, Costello, Georgiades, et al., 2012). 미국 청소년의 정신장애의 평생 유병률에 대한 연구에서 3명 중 1명의 청소년(31.9%)이 불안장애의 기준을 충족시켰으며, 개별 장애의 비율은 범불안장애의 2.2%에서 특정 공포증의 19.3%에 이른다. 모든 불안장애의 하위유형은 여성에서 더 빈번하게 나타난다(외상후 스트레스장애에서 가장 큰 성별의 차이가 관찰된다). 불안장애라는 총 범주는 전 연령대에 걸쳐 고르게 나타나지만, 장애 하위유형 사이에는 상당한 차이가 관찰되었다. 특히, 외상후 스트레스장애, 공황장애, 사회공포증 및 범불안장애의 유병률은 나이에 따라 일관된 증가를 보였다(Merikangas et al., 2010).

불안장애가 있는 청소년은 건강한 청소년보다 훨씬 더 과민성과 관련 장애를 나타낸다. 불안장애가 있는 청소년의 자가 보고된 과민성은 심한 정서장애가 있는 청소년에서 관찰 된 과민성과 비슷하다(Stoddard et al., 2013). 유년기의 불안장애는 청소년기의 다양한 정신장애의 예측 변인이다. 과다불안장애(OAD)는 나중에 발병된 과다불안장애, 공황발작, 우울증 및 품행장애와 관련이 있었다. 범불안장애는 오직 품행장애와 관련이 있었다. 아동의 사회적 공포증은 청소년 시기의 과다불안장애, 사회공포증 및 주의력결핍 과잉행동장애와 관련이 있었다(Bittner et al., 2007).

용서치료에 대한 연구에 따르면, 용서치료는 불안을 감소시키는 것으로 나타났지만, 어린이들의 불안을 측정하는 연구는 아직 시행되지 않았다. 용서치료에 대한 임상경험은 불안장애가 있는 청소년의 치료에 유익이 있음을 나타났다.

사회불안장애(Social Anxiety Disorder)

사회불안장애(SAD)는 만연하는 사회적 억제와 불안으로 인해 사회적 상황에 대한 현저하고 지속적인 두려움을 특징으로 하는 가장 흔한 불안장애 중 하나이다. 11세까지는 약 50%, 20세까지는 약 80%가 초기 발병시기이며, 이는 이후의 우울증 및 약물 남용의 위험요소가 될 수 있다(Stein & Stein, 2008). 사회불안장애는 중요한 역할 장애 및 치료 추구와 관련이 있으며, 이 두 가지는 모두 사회적으로 많은 두려움과 용량-반응 관계를 가지고 있다(Ruscio et al., 2008). 청소년에 대한 한 연구에서는 일반화된 사회공포증을 가진 사람들은 초기 연령, 증상 지속성, 합병증, 더 심각한 장애, 치료율이 높았으며 비일반화된 사회공포증을 가진 응답자보다 부모의 정신장애 병력이 더 자주 나타났다(Wittchen, Stein, & Kessler, 1999). 과도한 분노는 사회 불안과 동반되는 것으로 밝혀졌다(Barrett, Mills, & Teesson, 2013).

아동의 사회적 불안은 성인과의 상호 작용만이 아닌 또래집단으로 인해 발생한다(American Psychiatric Association, 2013, p. 202). 두려움이나 불안은 울음, 울화, 얼어붙음, 집착, 움츠림, 말을 하지 못하는 것으로 표현될 수 있다. 이러한 강렬한 두려움은 주로 교실 앞에 서서 책을 읽는 것과 같이 다른 사람들에게 집중받는 상황에서 청소년에게 나타난다. 평균 발병연령은 10대 초반에서 중반이지만, 사회공포증은 8세의 어린이에게 나타날 수 있다.

가장 흔한 고통스러운 사건은 교실에서 앞에 나가 큰 소리로 책을 읽거나, 음악 또는 운동 활동을 하거나, 대화에 참여하거나, 어른들에게 말을 하거나, 대화를 시작하는 것이었다(Beidel, Morris, & Turner, 2004). 이러한 두려움은 사회적 회피의 원인이 될 수 있다. 사회적으로 고통스러운 상황에서 사회공포증이 있는 어린이는 심장 두근거림, 떨림, 발한, 구역질, 홍조 또는 오한을 포함한 여러 신체적 증상이 있다고 보고했다. 사회공포증을 가진 청소년들 중 41.2%는 신체형 장애가 있는 것으로 보고 되었으며, 29.4%는 우울 장애가 있었고, 23.5%는 약물남용 장애가 있었다(Essau, Conradt, & Peterman, 1999).

사회불안장애의 발병과 지속에 대한 다양한 위험요소 및 경로가 확인되었다(Epkins & Heckler, 2011; Natsuaki et al., 2013). Festa and Ginsberg(2011)는 사회적 불안이 있는 청소년은 보호자의 불안감, 거부 및 과잉통제 수준이 높다는 것을 발견했다. 높은 수준의 사회적 지지, 수용 및 검증은 낮은 수준의 사회적 불안과 관련이 있다는 것은 놀랍지 않은 이야기다. 사회적 불안 증상에 대한 가장 강력한 예측변수는(독립평가자가 평가한) 부모의 불안과 우정의 질이었다. 아동이 평가한 사회불안 증상의 가장 강력한 예측변수는 부모의 통제력과 사회적 수용이다. 또한, 무관심하고 덜 따뜻하며 철회된 육아 습관을 가진 부모의 행동은 아동의 불안과 관련이 있다(McLeod, Wood, & Weisz, 2007; Woodruff-Borden, Morrow, Bourland, & Cambron, 2002).

불안한 부모의 자녀들은 불안하지 않은 부모의 자녀들보다 사회공포증을 앓을 확률이 4.7배 더 큰 것으로 추정된다(Lieb et al., 2000). 부모, 형제자매 또는 또래들로부터 오는 외상경험으로 인한 낮은 자존감과 신뢰의 상실은 심각한 불안과 분노의 발달로 이어진다. 아이들은 무의식적으로 부모의 비정함, 철회, 통제 또는 비판으로 인해 화가 난다. 또한, 어린 시절의 과도한 부모, 형제 또는 또래의 분노에 노출되는 경험은 사회불안에 영향을 준다.

행동 및 인지행동 치료는 아동기 불안장애에 효과적이다(Silverman, Pina, & Viswesvaran, 2008); 그러나 이 치료들은 불안장애를 겪고 있는 청소년의 50%에게 효과적이지 않았다(Alfano et al., 2009). 사회불안장애를 앓고 있는 청소년들의 두려움의 근원을 찾는 것과 용서치료를 통해 그와 관련된 분노를 해결하는 것이 사회불안장애를 다루기 위한 인지행동 치료의 사용을 향상시킬 수 있다. 많은 순간, 치료사들이 불안한 청소년들 안에 있는 복합적인 분노를 발견하거나 치료하지 못함으로 인해 회복에 제한이 있다. 사회적 불안을 치료하는 동안 중요한 변화 메커니즘으로 외로움의 역할이 확인되었으며, 외로움의 감소는 특히 사회불안의 개선을 매개하는 요인으로 나타났다(Alfano et al., 2009).

채드는 자신의 대부분의 어린 시절 동안 부끄러움이 많은 9살짜리 아이였다. 또래들과 사귀기를 두려워하는 사회불안장애 증상과 소심한 성격은 3학년이 되었을 때 더욱 분명해졌다. 그는 학교에 가지 않기 위해 노력했고, 그의 어머니가 결석을 허락하지 않자 분노에 휩싸였다. 그는 학교에서 돌아 왔을 때 어머니와 이야기하지 않을 것이라고 말하리라 생각했다. 저녁이 되자 채드는 점점 두려워지고 불안해졌다. 학교에서는 또래관계 내에서 심각한 두려움과 같은 외상 경험들이 없었다는 것이 기록을 통해서 밝혀졌다.

가족력 탐색을 통해 부모의 갈등이 채드의 사회불안 장애 증상에 영향을 미쳤음이 나타났다. 채드 어머니인 레나타는 따뜻하고 사랑이 많았지만 10살 때 부모의 이혼 이후 유년시절 내내 만성불안으로 어려움을 겪었다. 그녀는 불안감을 느낄 때, 자주 과민반응을 보인다. 또한, 열심히 일하는 아버지 빌은 가족에 대한 재정적 지원을 통해 채드에 대한 사랑을 표현했지만 그것은 채드가 원했던 애정이나 칭찬은 아니었다. 채드와 그의 어머니는 빌이 자신들과 정서적으로 거리감이 있고 따뜻하지 않았다고 설명했다. 가족이 함께한 회기에서 빌은 자신이 정서적으로 거리감이 있는 아버지를 모델로 삼은 것을 인식했지만, 아들의 자신감을 키우기 위해 애정과 긍정의 모습을 보여주는 것에 대한 중요성을 인식하지는 못했다. 어머니의 불안은 결혼생활에서부터 오는 외로움과 스트레스의 영향을 받았다.

몇 차례의 상담회기를 마친 후, 채드는 자신을 불안하게 만든 어머니에게 화가 났으며, 정서적으로 거리감을 두며 칭찬에 인색한 아버지로부터 온 불안감으로 인해 화가 났음을 인식했다. 그는 그의 어머니가 늘상 화내는 것을 조금 줄이고 아버지가 더 애정을 갖고 자신과 친해지기를 바란다고 말했다. 그리고 자신 또한 부모님과 더 잘 지내길 원한다고 말했다.

가족이 함께한 회기에서 채드의 부모는 그들의 행동에 대해 사과했고 본인들이 가진 갈등을 해결하기 위한 동기가 생겼다고 말했다. 그의 어머니는 불안에 대한 인지행동치료를 시작했고, 항우울제를 복용하기 시작했다. 그의 아버지는 자신과 정서적인 거리감을 보였던 자신의 아버지에 대한 드러나지 않은 분노와 그로부터 온 부정적인 것들을 청산하기 위해 용서치료를 시작했다. 이러한 문제들은 부부치료에서도 다뤄졌다. 그의 아버지는 채드에게 더 따뜻하고 긍정적인 아버지가 되지 못해서 미안하다고 말했으며, 채드가 불안을 덜 느끼도록 돕기 위해 스스로가 변화하기로 결심했다고 말했다.

채드에게 자신의 분노의 해결이 두려움을 줄이는 데에 도움이 될 것이라고 설명했을 때, 그는 부모가 과거에 자신에게 주었던 상처와 실망에 대해 용서할 생각을 하기로 결정했다. 부모들은 채드에게 정기적으로 용서를 구했으며 이는 채드의 용서하고자 하는 노력에 도움을 주었다.

채드는 부모를 용서하는 작업을 하면서, 자신이 알았던 것보다 부모 각자에게 더 많은 분노가 있다는 것을 자각하게 되었다. 치료사는 채드에게 정기적으로 용서하는 작업을 하게 된다면, 시간이 지남에 따라 분노가 점차 줄어들 것이라고 조언했다. 몇 달 동안, 그의 부모는 그에게 더 세심하게 대했으며, 그는 또래집단과의 관계에서 불안감이 줄어들고 자신감이 더 생겼다. 그는 자신 스스로를 고립시키는 것을 줄였고, 또래집단과의 관계를 즐기기 시작했다. 동시에 부부치료는 채드와 부모의 관계를 더 돈독하게 하였으며, 가정의 스트레스를 줄였다. 결과적으로 부모의 관계 개선은 채드의 사회불안을 줄이는 데 크게 기여했다.

강박장애

조기에 발병하는 강박장애(OCD)는 주로 아동청소년기에 1~3%의 유병률을 보이는 일반적인 정신질환 중 하나이다. 미국의 평균 발병연령은 19.5세이며, 25% 사례가 14세 이전에 발병했고, 남아의 25%가 10세 이전에 발병했다(American Psychiatric Association, 2013, p. 239). 그 증상들은 자주 가족에게 심각한 갈등과 손상을 유발한다. 최대 70%에 달하는 환자들이 정신장애에 대한 동반이환을 겪고 있다.

치료를 위해 인지행동치료가 가장 흔하게 이용되며 항우울제(SSRI)를 함께 사용하는 인지행동치료 또한 실시되지만, 이 질환을 가진 환자들 중 40%는 만성적인 경과를 보였다(Walitza et al., 2011). 용서치료는 강박장애와 매우 유사한 과도한 분노와 파괴적인 행동을 치료하는 데 효과적일 수 있다.

2012년 연구에 따르면, 폭발성 분노는 강박장애가 있는 청소년에게 비교적 흔하게 나타나며, 부정적인 영향을 미치며 종종 강박장애 이상의 기능장애에 기여한다(Storch et al., 2012). 이 격렬한 분노는 가족에게 영향을 주며, 이는 강박장애증상의 심각성 및 장애에 영향을 줄 수 있다.

2008년 강박장애 아동 236명(남학생 149명, 여학생 87명)의 연구(Mataix-Cols, Nakatani, Micali, & Heyman, 2008)에서 가장 흔한 강박증상은 공격성(81%), 오염(79%), 대칭(41.9%), 종교(40.7%)에서 나타났다. 가장 일반적인 강박행동은 검사(80%), 청소(79%), 반복(75%), 질서(59%) 및 숫자세기(49%)였다. 공격적인 사고는 분노 평가의 필요성과 강박장애를 가진 아동과 청소년을 위한 치료 프로토콜을 개발할 필요가 있음을 나타낸다.

강박장애가 있는 청소년을 대상으로 한 연구에서는 높은 공존장애로서 파괴적 장애, 틱, 정서 및 불안장애가 나타났다(D. Geller, Biederman, Griffin, Jones, & Lefkowitz, 1996). 가장 빈번하게 보고된 강박은 폭력적이고 파멸적인 사건이며, 이는 주로 사랑하는 사람(60%)과 관련이 있다. 이 연구 참가자의 53%는 최소한 하나 이상의 파괴성 장애, 43%는 적대적 반항장애, 73%는 주요 우울증, 33%는 주의력결핍 과잉행동장애를 가졌다. 또한 파괴적 행동장애가 있었다면, 이는 강박장애가 시작되기 전에 발병했을 것이다. 18세 이전에 강박장애가 발병한 2,057명의 청소년을 대상으로 한 연구에서는 강박장애의 가족력에 대한 근거를 발견했다(Steinhausen, Bisgaard, Munk-Jorgensen, & Helenius, 2013).

강박장애가 있는 대부분의 아동과 청소년은 초기에 과도한 분노를 그들의 삶의 심각한 어려움으로 인식하지 않는다. 그러나 부모, 형제, 또는 또래집단에게 향한 큰 분노는 정기적으로 나타난다. 강박 관념은 주로 아이가 격한 분노와 같이 강한 감정을 직면하기 두려워하므로 나타나는 방어책이다. 용서는 아이들이 분노와 관련된 공격적인 집착을 해결하는 데 도움이 되며, 강박장애에서 회복하는 것을 돕는다.

7살인 1학년 학생 밴은 심한 세균 공포증과 극도의 강박적인 행동을 보였다. 화장실에 다녀온 후에는 정기적으로 20분에서 30분 정도를 씻는 것에 소비했다. 학교에서는 세균으로부터 자신을 보호하기 위해 스웨터로 손을 가리지 않고서는 문을 열거나 닫지 않았다. 세균으로부터 오는 오염에 대한 두려움 때문에 친구들과 노는 것을 제한했다. 그의 강박행동은 늘어났고 더 많은 시간을 필요로 했다. 밴에게 드러난 유일한 분노는 부모가 그의 강박적인 행동 시간을 줄이려고 할 때였다. 그의 격렬한 분노는 가족이 그의 증상에 적응하도록 만들었다.

처음에 밴은 자신의 증상이 발생하기 전에 어떤 어려움이 있었는지 알아채지 못했다. 그러나 그의 부모님만 보았을 때는, 그들의 관계로 인해 수많은 스트레스가 있었다. 그의 어머니는 지난 2년 동안 심한 만성피로와 많은 건강문제로 인해 침대에서 휴식을 취하는 일이 늘어났다. 그의 어머니가 어렸을 때, 그녀는 자신의 어머니에게 스트레스를 많이 받았으며, 성인이 되었을 땐 남편을 신뢰하는 것에 대한 어려움이 있었다. 또한 밴의 부모는 거의 다투지 않았지만, 결혼관계에서는 거의 애정이 없었다. 결혼생활에 불만이 있었지만 별거를 한다거나 이혼을 고려하지는 않았으며, 결혼관계 개선을 위한 노력 또한 하지 않았다.

밴의 부모가 결혼생활에 상당한 스트레스가 있다는 사실을 그에게 알렸음에도, 그는 자신의 부모가 별거하거나 이혼할지도 모른다는 두려움을 느끼지 않았다. 사실, 그는 부모의 관계가 좋았다고 말했다. 거의 2년 동안 침대에서 누워있는 어머니에 대해 물었을 때 밴은 말했다. "저는 어머니에 대해 걱정하지 않아요. 그녀는 괜찮아질 거예요." 강박 증상은 밴이 어머니의 병과 부모의 결혼 스트레스로 인해 자신에게 나쁜 일이 생길 수 있다는 두려움이 점차 자라남에 따라 발생했다. 그는 이러한 두려움을 직면하기에는 너무 겁이 났기 때문에 문제를 해결하는 대신 세균으로부터 심각한 질병을 앓을 것이라는 두려움을 선택했다.

밴의 부모는 그들의 관계의 어려움을 개선할 수 있도록 노력하기로 약속했다. 치료사는 밴에게 그가 부모에게 향한 분노 감정을 부인했지만 그 분노가 정상적인 감정이라고 말했다. 용서하는 것에 대해 그에게 설명한 후에, 부모를 매일 용서하고 싶다는 생각을 하라고 요청했다. 그는 부모에게 화를 내는 것을 의식적으로 알지 못했지만, 서로에게 친절하지 않고 사랑을 표현하지 않는 그들을 용서하기로 마지못해 동의했다. 몇 달 동안 치료를 받은 후, 밴은 부모를 향한 분노 감정이 있음을 인정했다. 또한 밴은 부모의 결혼생활이 더 행복해질 수 있다고 믿도록 격려받았다. 6개월 동안의 용서 및 신뢰의 성장 작업과 어머니의 항우울제 투여와 부부치료 참여를 통해 밴의 강박행동 증상은 크게 개선되었다.

집단 따돌림으로 인한 불안

집단 따돌림은 지난 10년 동안 매우 비극적인 뉴스 기사의 중심에 있었으며 공중 보건의 심각한 문제다. 집단 따돌림의 유형으로는 언어 공격, 물리적 공격, 사회적 공격, 그리고 일부 지역사회에서 가장 최근에 널리 퍼진 형태의 괴롭힘의 유형인 온라인 공격 또는 사이버 괴롭힘을 포함한다. 집단 따돌림은 수년에 걸쳐 지속적으로 발생하는 고통스러운 경험이며, 성인기 공존이환, 정신건강을 예측하는 변인이다(Kumpulainen, 2008).

전반적으로 미숙한 운동기술은 성별, 아동정신과 치료 및 진단에 관계 없이 아동 또래집단에서 피해자가 되는 것의 강하고 독립적인 위험요소로 여겨진다(Bejerot & Humble, 2013). 이 아이들은 서투른 것처럼 보이며 운동활동에 참여하기를 어려워한다. 집단 따돌림을 당하는 아이들은 학교를 좋아하고 혼자 있음을 느끼는 경향이 있다(Forero, McLellan, Rissel, & Bauman, 1999). 또한 우울증상과 불안이 있는 어린이는 피해자가 될 위험이 증가한다(Fekkes, Pijpers, Fredriks, Vogels, & Verloove-Vanhorick, 2006). 사회적 문제는 피해자 또는 피해자에서 가해자가 될 위험을 증가시킨다(Kim, Leventhal, Yoh, Hubbard, & Boyce, 2006). 집단 따돌림을 당하지 않은 아이들과 비교할 때, 집단 따돌림을 당한 피해자는 더 복종적이며, 리더십

이 없고, 더 철회되고, 더 고립되고, 덜 협조적이고, 사교성이 떨어지며, 친구가 없는 경우가 많다(Perren & Alsaker, 2006). 또한 또래집단은 정기적으로 피해자가 아닌 가해자의 편을 들거나 피해자를 지지하지 않고, 심지어 피해자에 대한 강한 분노를 발전시키게 된다(Rigby & Slee, 1991).

또래집단에 의해 따돌림을 당하는 아이들은 자주 심리적 어려움을 겪는다. 이 외상은 청소년기 후기에 자해의 위험을 증가시키며(Lereya et al., 2013), 사춘기 전의 자살 생각과 자살/자해 행동의 위험을 증가시킨다(Winsper, Lereya, Zanarini, & Wolke, 2012). 외상은 성인기 경계선 성격장애 증상의 예측요인이며(Wolke, Schreier, Zanarini, & Winsper, 2012), 사춘기 초기에 정신증적 증상의 위험을 증가시키고 이는 8세 또는 10세에 괴롭힘을 당하는 어린이들 사이에서 거의 두 배가 된다(Schreier et al., 2009). 또한 외상은 사회적 고립과 외로움(Boulton & Underwood, 1992), 정신과적 증상(Kumpulainen et al., 1998), 사회공포증(Gilmartin, 1987), 학교 공포증, 낮은 자존감, 그리고 격렬한 분노로 인한 복수의 충동를 유발할 수 있다.

우리의 임상경험에서 심각한 괴롭힘의 피해는 어린이가 사회에서 안전감을 느끼는 능력에 영향을 미치며, 청소년기에는 심한 분노와 복수에 대한 격렬한 충동과 관련된 편집증적 사고로 발전할 수 있다. 일부 피해자는 폭력적인 비디오 게임에 집착했고, 그들의 폭력적인 충동으로 미국 학교의 집단 따돌림 가해집단이나 무고한 피해자에게 비극적인 결과를 초래하는 행동을 했다. 집단 따돌림 가해집단과 피해자의 분노를 다루는 것은 공중보건문제를 해결하는 데 필수적이다.

용서치료는 집단 따돌림의 여성 피해자에게 분노 감소, 비우호적인 특성, 공격성 및 비행범죄 감소, 학업능력 개선에 효과적이라고 입증되었다(Park, Enright, Essex, Zahn-Waxler, & Klatt, 2013). 다음의 임상사례는 용서치료의 효과를 보여준다. 열살짜리 소년인 마누엘은 학교생활과 운동활동에서 다른 아이들에게 놀림 받을 때마다 부모에게 말했다. 그는 학급에서 가장 똑똑한 학생 중 하나였지만, 다른 또래들의 끊임없는 조롱으로 인해 점점 불안해하며 화를 냈다. 그의 서투른 태도가 따돌림의 이유였는데, 이는 주로 다른 소년들과 함께하는 운동활동, 특히 축구와 농구 경기에 참여하는 것을 서서히 멀어지게 했다. 그는 예술 및 음악활동에 참여하는 것을 선호했다. 마누엘은 자신이 남자 또래집단과 잘 어울리지 못한다고 느껴서 불안해 했고 외로워 했다. 그가 겪고 있는 또래들과의 갈등을 아버지에게 설명했을 때, 그의 아버지는 이해하고 지지적인 태도를 보였다. 그의 아버지는 또래들이 마누엘의 똑똑함을 질투한 것이니 비슷한 관심사를 가진 또래 남자아이들과 함께 어울리는 것을 권했다. 마누엘에 의하면, 그는 다수를 상대할 때에조차 정서적으로 강했으며 놀림에 단호하게 대처하는 데 어려움이 없었다고 말했다. 그러나 그는 지속적인 또래집단의 따돌림으로 인해 불안과 분노의 증상을 나타냈다.

마누엘의 또래집단에 대한 분노는 여동생과 어머니와의 관계에서도 정기적으로 나타났다. 그는 여동생과 어머니에게 그러면 안 된다는 것을 알면서도 화를 내면서 과민반응을 보였다. 그는 한 회기에서 "저는 학교에 있는 애들한테 몹시 화가 나요, 그런데 이러한 내 분노를 다루는 방법을 모르겠어요. 저는 누군가가 내게 사랑하는 사람들에게 상처주지 않고 분노를 조절하는 방법을 알려줬으면 좋겠어요."라고 말했다. 치료 회기에서 그는 또래들에 대한 복수 또는 폭력적인 환상에 대한 충동을 부인했다. 그는 아버지가 제안한 것처럼 또래들이 자신의 똑똑함을 질투한 것처럼 보려고 노력했고, 그들을 용서해야 한다고 생각했다. 이 과정에서 마누엘은 그의 아버지의 격려로 도움을 받았다. 그의 아버지는 "마누엘, 그들이 너를 통제하게 하지 말고, 너의 분노를 내려놔."라고 말했다. 마누엘의 아버지는 그가 소년일 때 마누엘과 비슷한 대우를 받았다고 말했다. 마누엘은 서서히 또래집단에 대한 동정심을 느끼게 되었고, 그들 중 많은 친구들이 자신을 개별적으로 대면할 수 없어서 그룹에 숨어야만 하는 약한 존재라고 여기게 되었다.

심화단계(deepening phase)에서 마누엘은 자신의 불안과 분노가 줄어드는 것과, 그의 감정을 조절하는 방법을 배운 것과, 대화를 통해 여동생의 분노 조절을 도와줄 수 있었던 것에 기뻐했다.

30년 이상 따돌림 피해자를 치료한 우리의 임상경험은 학교와 지역사회에서 집단 따돌림이 크게 증가했음을 말해준다. 이 공중보건문제를 해결하기 위해 가정과 학교에서 아이들이 분노를 조절하는 것을 돕고, 집단 따돌림 가해집단을 이해하고, 피해자를 지지하도록 장려하는 새로운 프로그램을 실행해야 한다.

교사들은 아이들에게 용서를 통해 분노를 줄이는 방법을 가르칠 수 있다(Fitzgibbons, Enright, & O'Brien, 2004). 연구 결과에 따르면 청소년의 분노를 감소시키는 데 있어서 용서에 대한 교육은 효과적이었고, 분노가 많은 아이들이 가장 많이 개선된 것으로 나타났다(Enright et al., 2007; Gambaro, Enright, Baskin, & Klatt, 2008; Holter, Magnuson, Knutson, Knutson Enright, & Enright, 2008). 학교와 가정에서 용서를 가르치는 것은 청소년 집단 따돌림의 심각한 공중보건문제를 감소시킬 수 있다. 집단 따돌림 방지 커리큘럼 안내서는 이 책 12장에 설명되어 있다.

이혼자녀와 의붓자녀의 불안과 분노

이혼한 부모가 있는 가족의 어린이와 청소년에 대한 불안, 슬픔, 그리고 과도한 분노는 여러 연구를 통해 보고되었다(Kessler, Davis, & Kendler, 1997; Nomura, Wickramaratne, Warner, Mufson, & Weissman, 2002; Strohschein, 2005). 6,647명의 성인 표본 중, 18세 이전에 부모의 이혼을 경험한 695명에 대한 2011년 연구에 따르면, 이혼한 가정에서 자란 남성은 부모의 이혼을 경험하지 않은 남성에 비해 자살을 3배 이상 생각했다. 부모의 이혼을 경험한 성인 여성은 경험하지 않은 또래 여성들보다 자살 생각의 확률이 83%나 높았다(Fuller-Thomson, & Dalton, 2011).

이혼과 그 이전의 부모 갈등의 주요 효과는 부모와 자녀의 관계가 소원해지는 것이다(Amato & Afifi, 2006). 이혼 스트레스는 이혼한 어머니와 자녀 관계를 최대 40% 손상시켰다(Wallerstein & Kelly, 1996). 이혼으로 인해 자녀가 부모를 신뢰하기가 더 어려워지는 반면, "부모-자녀 관계의 친밀감 감소는 부모의 이혼, 결혼 불화 및 자녀의 심리적 행복 사이에 많은 연관성이 있다."(Amato & Sobolewski, 2001, p. 912).

이혼은 부모-자녀 관계의 빈도와 질을 감소시키고(Booth & Amato, 1994, 2001), 자녀와 함께 살지 않는(90%가 아버지) 부모가 자녀와 친밀한 관계를 유지하기가 어려워졌다(Peters & Ehrenberg, 2008). 청소년기에 어머니가 별거, 이혼, 또는 재혼한 어머니와 함께 사는 아이들 중 절반 미만이 1년 이상 아버지를 전혀 보지 못했고, 6명 중 1명이 일주일에 한 번 아버지를 봤다(Popenoe, 1996).

또한 일부 의붓자식은 생물학적 부모에 대해 무의식적이며 통제하기 어려운 원한을 가지고 있다. 그들은 분노를 부인하지만, 스트레스를 받을 때 나타날 수 있다. 의붓 부모 또한 이전 결혼에서 남은 앙금을 포함한 여러 이유로 분노에 어려움을 가졌을 수 있다.

레이첼은 35세의 기혼 여성으로 자신의 생물학적 자녀 두 명 외에 두 명의 의붓 자녀가 있었다. 의붓 자식은 레이첼과 살기 전에 알코올 중독 어머니와 학대하는 어머니의 남자친구에게 깊은 상처를 받았다. 이전에 함께 살았던 성인들에 대한 아이들의 분노는 자주 레이첼과 다른 어린이들에게 잘못 향했다. 그들의 분노 행동은 가정의 심한 긴장상태를 야기했다. 레이첼은 너무나도 지친 나머지 남편인 아아론과 헤어지는 것을 고려하기도 했다. 그녀는 치료를 시작했으며 첫 번째 회기가 끝난 후 의붓 자녀와 이야기하기 위해 적극적으로 다가갔다. 그녀는 그들의 분노의 근원을 알아냈고 레이첼과 다른 아이들이 아닌 친어머니와 그녀의 남자친구를 용서함으로써 억울함을 풀기 바랐다.

레이첼의 의붓아들 브래드에게 어머니를 육체적으로 학대하는 남자 친구에 대한 분노를 내려 놓는 것은 특히 더 어려웠다. 브래드는 그를 감정적으로 불쾌한 존재로 보았으며 치료사는 이러한 그의 생각은 발견할 수 있었다. 베개를 후려침으로써 분노를 해결하는 치료를 진행했고, 자신의 충동을 없애고 싶다는 생각을 통해 분노를 해결했다.

용서의 작업은 아이들에게 길고 어려운 과정이었으며 때때로 레이첼에게 지나치게 화를 냈다. 그런 일이 생길 때마다, 레이첼은 그녀가 분노를 받을 이유가 없다고 상기시켰으며, 어머니를 용서함으로써 그들의 분노가 풀리도록 격려했다. 그들은 자신의 분노가 어머니의 알코올 중독과 신뢰할 수 없는 남자친구와의 경험의 결과라는 것을 기억하려고 노력하면서 도움을 받았다. 마지막으로, 레이첼은 가정에서 아이들을 실망시킬 수 있는 일들에 대해 용서를 구하고 자녀를 버린 아버지를 포함하여 자녀들에게 상처를 준 다른 사람들을 용서했다.

일부 이혼한 가정의 아이들은 부모에 대한 격렬한 분노를 겪고 있으며 폭력적인 환상이나 충동을 가질 수 있다. 이러한 아이들은 부모, 의붓 부모, 부모의 친구를 용서해서는 안 된다고 믿기 때문에 용서라는 단어를 사용할 수 없는 경우가 많다. 이 아이들이 용서라는 단어를 사용하는 대신 영적인 용서의 형태를 선택할 때, 그들은 자신들의 분노에 대해 무력하다고 생각하고 신에게 맡기길 원한다. 그렇게 하지 않으면 자신이나, 가족, 학교 또는 지역사회에 적대적인 충동이 잘못 표출될 수 있기 때문에 강한 분노를 해결하는 것은 중요하다. 또한 분노에 대해 맞서고 해결하지 못한 청소년들은 불안과 우울삽화와 함께 신뢰하는 것에 대한 어려움을 느낀다. 특히 남성은 자살 생각과 그에 동반한 심한 우울증에 특히 취약하다(Fuller-Thomson & Dalton, 2011).

입양된 아이들

미국에서는 매년 약 12만명의 아이들이 입양되며, 입양된 아이들은 18세 미만 인구 중 150만명(최소 2%)을 차지한다(Nickman et al., 2005). 치료사(Therapist)들은 양부모와 입양된 아이들에게 신중하게 반응해야 한다. 모든 입양아들이 심리적 장애를 가지고 있는 것은 아니며, 우리의 논의가 그러한 인상을 남기지 않았으면 한다. 우리가 국제 입양아에 대한 연구를 인용할 때에도, 이 논의를 모든 입양아에게 일반화하려는 의도는 아니다. 이러한 사항에 유의하며 우리는 입양아와 용서에 대해 논의할 것이다.

일부 입양된 청소년들은 친모와 분리되거나, 안정적 모성 애착이 부재한 상태에서 장기적인 양육을 받은 결과로 초기 삶의 정서적 트라우마를 경험한다. 1,364명의 국제 입양아를 대상으로 진행한 성인 정신 질환에 대한 초기 유아기 역경에 관한 연구에 따르면, 심각한 초기 역경 경험은 성인기 정신 병리에 대한 위험을 증가시키는 것으로 드러났으며, 이러한 영향은 아동이 문제 환경을 벗어났을 때에도 나타났다. 이 아이들은 성인기에 접어들면서 불안장애(anxiety disorders), 기분장애(mood disorders) 또는 물질남용장애(substance abuse disorder)를 경험할 위험성이 증가한다. 이러한 결과는, 국제 입양 사례에서 아동의 초기 경험으로 인해 아동기 이후 정신과적 질병이 나타날지도 모른다는 점을 시사한다(van der Vegt et al., 2009). 입양 전 유아기 경험은 정신 질환의 수준을 현저히 증가시키는 것으로 나타났는데, 이는 심각한 학대를 경험할수록 그러했다. 게다가, 초기 역경이 정신 질환에 미치는 영향은 매우 안정적이었다. 이는 어린 시절에 학대를 받은 아이들은 풍요로운 환경에서 성장하더라도 취약성을 가진 채로 남아있음을 시사한다(van der Vegt et al., 2009).

한 연구에서는, 다른 국가와 비교했을 때 동유럽의 입양아들에게서 주의력 문제, 적응력 저하, 대인관계 저하가 더 많이 나타났고, 여자아이보다 남자아이에게서 외현적 행동 및 우울 수준이 높은 것으로 드러났다(Barcons-Castel, Fornieles-Deu, & Costas-Moragas, 2011). 네덜란드의 국제 입양을 경험한 성인 초기 1,484명을 대상으로 한 연구에 따르면, 입양을 경험한 사람들은 그렇지 않은 사람보다 불안 장애 기준을 충족시킬 가능성이 1.52배 높았다. 이들은 물질 남용이나 의존 증상을 경험할 가능성이 2.05배 더 높았으며, 입양된 남성은 입양되지 않은 남성보다 기분 장애를 경험할 가능성이 3.76배 높았다(Tieman, van der Ende, & Verhulst, 2005). 또한 입양을 경험한 사람들은 그렇지 않은 사람보다 친밀한 관계를 맺고, 파트너와 함께 살거나, 결혼할 가능성이 적었는데, 남성이 여성보다 다소 부정적인 결과를 보였다(Tieman, van der Ende, & Verhulst, 2006). 입양 경험은 정신 건강 전문가와 만날 확률, 파괴적 행동장애(disruptive behavior disorder)를 가질 확률을 대략 두 배 증가시켰다. 국제 입양과 비교하여 국내 입양 사례에서는 외현화 장애(externalizing disorder)를 경험할 확률이 높았다(Keyes, Sharma, Elkins, Iacono, & McGue, 2008). 또한 늦은 입양 연령, 방임, 시설 입소는 입양아와 가정의 심리적, 행동적 문제에 있어 위험 요인으로 나타났다(Fensbo, 2004). 유아기 이후에 입양된 아이들은 발달 지연, 애착 문제 및 PTSD를 경험할 수 있다(Nickman et al., 2005).

용서치료는 일부 입양 아동들이 경험하며 성인기까지 이어질 수 있는 심각한 생애초기 정서적 갈등을 다루는 데 효과적으로 사용될 수 있다. 우리의 경험에 따르면 일부 입양아의 불안, 불안정성, 분노는 친부모나 다른 주 양육자와의 경험으로부터 겪은 충격적인 기억, 수치심, 신뢰에 대한 뿌리깊은 어려움 또는 기타 거절 경험 등 여러 가지 원인으로부터 비롯된다. 이러한 아이들은 분노 행동을 드러낼 수 있으나, 대개 이러한 분노의 근원이 무엇인지 모른다. 생물학적 부모로부터 분리되거나 양육의 결핍을 경험한 후에 생겨난 생애 초기의 무의식적 배신 분노에 관해 논의하는 것을 통해 이러한 분노를 경감시킬 수 있다. 우리는 아동 청소년들이 잘못된 대상에게(특히 양부모에게) 과도한 방식으로 분노를 분출하기보다, 용서 작업에 참여하는 것을 고려할 수 있도록 격려해야 한다. 몇몇 용서 연습에서는 어린 친구들에게 그들을 버린 생물학적 부모 혹은 부모들을 용서하는 것에 대해 생각하도록 요청한다.

그러한 아이들 속에 있는 적대감은 자신의 취약한 감정과 또 다른 배신에 대한 공포로부터 스스로를 지키는 방어일 수 있다. 보통 이러한 아이들의 경우, 양부모에 대한 신뢰를 더 높은 수준으로 증가시키고 타인을 조종하려는 욕구를 포기한 이후에만 분노 행동을 변화시키는 작업을 할 수 있다.

앰버는 지능이 뛰어난 9살의 소녀로, 그녀가 다섯 살 때 두 살인 남동생과 함께 러시아에서 입양되었다. 마약 중독자였던 매춘부 어머니로부터 분리된 후, 앰버는 강압적인 분위기의 고아원으로 보내졌고, 나중에 그곳에서 가혹한 처우를 경험하게 된다. 그녀가 가족과 지역사회에 적응하는 것은 꽤 어려웠다. 그녀는 양부모,

이웃의 아이들, 그녀와 친구가 되려고 하는 모든 사람과 거리를 두었다. 그녀는 점점 더 화가 났고, 나중에 어머니에 대한 폭력적인 행동을 보였다.

치료사는 앰버에게 말했다.

> 러시아에서 엄마와 함께 있을 때, 고아원에서 일어났던 모든 일에 대해 매우 화가 날만 해. 하지만 그 분노는 한 번도 너를 떠나지 않았고, 지금은 너의 엄마와 다른 사람들을 향하고 있어. 지금의 엄마에게 그 분노를 품기보다, 너를 낳아준 엄마를 이해하고 용서하고 싶다고 생각해보는 건 어떨까? 나는 용서가 입양 온 다른 아이들의 강한 분노를 줄여주는 걸 봐왔단다.

앰버는 처음 몇 달 동안 이 분노를 부정했다. 양어머니는 앰버에게 다음과 같이 말해주기를 요청받았다. 그녀는 앰버의 적대적이고 공격적인 대우를 받을 만한 일을 하지 않았고, 만일 앰버가 자신을 낳아준 엄마를 용서한다면 분노가 줄어들 것이고, 그렇게 되면 우리는 좋은 관계를 맺을 수 있다는 것이었다.

앰버는 친모의 중독 행동과 엄마로서 자신과 남동생을 보호하지 못한 것에 대해 엄청난 분노를 느끼고 있음을 것을 서서히 인정했다. 그녀는 또한 러시아 고아원의 양육자들에 대한 분노를 표현했다. 고통스러운 기억이 되살아나며 앰버는 술에 취한 친모를 때렸던 것을 기억해냈다. 앰버는 과거 친모에게 가졌던 강렬한 적대감을 지금의 양어머니에게 표현하고 있으며, 분노를 방어 삼아 모두를 멀리하는 것으로 보였다.

앰버는 용서 노트를 집으로 가져가 상담 전에 작성했다. 노트에는 다음과 같이 적혀 있었다. "잘못이 없는 사람에게 분노를 돌리는 것을 멈추고 싶다." "친모가 약물 중독으로 아팠던 것을 이해하고 싶고, 그녀를 용서하고 싶다." "러시아에서 느꼈던 분노를 떨쳐내고 자유로워지고 싶다. 과거에 조종되고 싶지 않다." 또한 그녀는 친모가 타인을 신뢰할 수 있었던 것 이상으로 자신이 다른 사람을 신뢰하고 싶어했다. 이 단계를 거치지 않으면 친모처럼 외롭고 불행하며 두려울 수도 있다고 쓰여 있었다.

그녀가 양어머니를 더 신뢰하고, 과거의 상처와 관련된 사람들을 용서하면서 앰버는 자신의 고통에서 좋은 무언가가 나올 수 있다는 사실을 알게 되었다. 그녀는 건강 전문가가 되어 그녀와 같은 고통을 겪는 아이들을 돕기 위해 언젠가 러시아로 돌아가고 싶다는 바람을 표현했다. 이러한 새로운 삶의 의미와 목적은 그녀에게 정서적인 치유였다. 분노가 줄어들고 신뢰가 자라면서, 그녀는 어머니와 친구들에게 훨씬 덜 방어적이고 사랑을 베풀게 되었다.

첫 번째 정신증적 삽화와 용서치료

괴롭힘(Schreier et al., 2009)과 성적 외상, 주요 사회적 스트레스 요인, 그리고 1세대 이민자의 자녀 등, 청소년을 첫 번째 정신증적 삽화(PFE)에 취약하게 만드는 수많은 위험요소가 확인되었다(McGrath & Lawlor, 2011). 삽화의 전구기는 종종 사회적 철회, 추동 및 동기 감소, 일상생활에서의 즐거움 부족, 적은 말수, 무표정한 얼굴이나 무감정, 집중력 및 주의력 저하, 위생 불량 등의 부정적인 증상을 수반한다. 이 전구기는 정신병 삽화로 진행되기까지 몇 년 동안 지속될 수 있다. 음성증상을 가진 청소년의 치료는 그러한 청소년의 약 35%에게서 일어나는 정신병 삽화로의 진행을 막기 위해 중요하다(B. Nelson et al., 2013).

2세대 항정신병 약물과 인지행동치료를 포함한 청소년 치료 프로토콜은 정신증의 발병을 지연시키지만, 추적 관찰 결과 정신증을 예방하지는 않았다. 성적 외상, 주요한 생활 스트레스, 혹은 1세대 이민자 자녀로서 종종 겪게 되는 불평등이나 편견으로 인해 강한 분노를 경험하는 청소년을 대상으로 분노의 평가와 용서치료의 사용이 고려되어야 한다.

역전이 문제

치료자가 스스로 자신의 어린 시절 갈등을 발견하고 해결하는 데 충분히 노력하지 않으면 아동 및 청소년의 문제해결에서 그들을 도울 수 있는 능력이 제한될 수 있다. 다른 삶의 단계에서 분노를 해결하려는 치료사의 개인적인 여정은 내담자에게 도움이 될 수 있다. 치료자가 과거의 상처에 대해 용서치료를 받으면, 다양한 장애와 관련된 분노를 해소하는 경험을 통해 청소년을 도울 수 있는 더 큰 능력을 갖게 된다.

미래를 향해

이 장에서 인용된 연구들은 청소년 정신질환에서 과도한 분노의 유의미한 유병률과 아동 및 청소년의 분노를 감소시키기 위한 용서치료와 교육의 효과성 모두를 보여준다. 성인을 대상으로 한 용서치료 연구는, 이것이 분노 수준을 감소시킬 뿐 아니라 불안과 우울을 감소시키는 데 효과적이라는 것을 보여주었다. 이러한 연구는 기분 장애, 파괴 및 약물남용장애가 있는 청소년을 대상으로, 용서치료에 대한 향후 연구가 치료적 가치를 지닐 것이라는 기대를 뒷받침한다. 아동 및 청소년을 대상으로 한 연구에서 과도한 분노, 불안 및 슬픔을 감소시키는 용서치료의 능력에 대한 임상적 증거는 임상 연구 실험에서 그 효과를 가설화하기 위한 더 많은 근거를 제공한다.

정신건강전문가의 대다수가 과도한 분노의 특징과 치료에 대한 전문적인 훈련을 받지 않았기 때문에(Fitzgibbons, 1998), 특히 청소년의 정신질환 유병률을 고려하면 그러한 훈련이 절실히 필요하다(Kessler, Avenevoli, Costello, Georgiades, et al., 2012; Kessler, Avenevoli, Costello, Green, et al., 2012). 용서치료는 과도한 분노를 줄임으로써 기분을 안정시키고, 자기통제력을 향상시키며, 이후 성인기 기분 장애, 불안, 약물 남용, 반사회적 성격장애가 발병되는 것을 예방하는 데 도움이 될 것이다.

향후 연구에서는 아동기 장애를 가진 아동들과 그 부모들의 분노 정도를 측정하기 위한 시도가 필요하다. 이러한 분노 치료에 사용되는 다른 심리치료 및 약리학적 접근법을 평가할 수 있다. 그런 다음, 경험적 근거에 의해 치료 프로토콜이 확인되면 아동과 부모 모두를 대상으로 개발되고 평가될 수 있다. 마지막으로, 향후 몇 년간의 가장 큰 과제는 학교 내 과도한 분노와 따돌림, 그리고 그 피해자가 경험하는 심각한 공중보건문제에 대한 평가 및 치료 프로토콜을 개발하는 것이며, 이것은 학부모와 교사 및 학교 관리자의 참여를 필요로 할 것이다.

제11장
부부 및 가족관계 내에서의 용서치료

각각 36세와 38세인 헬렌과 마이크 부부는 그들이 겪고 있는 수많은 부부문제에 대한 도움을 받고자 상담에 찾아 왔다. 헬렌은 마이크가 정서적으로 소원하고, 애정을 표현하거나 칭찬하는 것을 어려워한다고 불평한다. 마이크는 헬렌이 가사와 아이들을 잘 돌보지 못한다고 비판한다. 서로에 대해 갖고 있는 분노를 넘어서, 마이크는 그의 아버지가, 헬렌은 그녀의 어머니가 정서적으로 소원했던 것에 대해 각각 상당한 분노를 가지고 있다는 것이 서서히 드러난다. 다른 수많은 결혼의 경우들에서 찾아볼 수 있듯이 마이크는 본인이 정서적으로 소원했던 자신의 아버지를 닮았다는 것을, 그리고 자신이 그러한 아버지에 대해 분노를 가지고 있다는 것을 강력히 부인한다. 그의 분노를 드러내고 용서작업을 시작하는 것은 헬렌과의 작업보다 훨씬 많은 시간이 걸린다.

이들이 자신들의 부모, 그리고 상대방을 이해하기 위한 노력을 지속하면서, 과거용서(past forgiveness)의 적용을 통해 이들 부부가 가지고 있는 분노의 상당한 부분이 줄어들기 시작하였다. 부모에 대한, 그리고 서로에 대한 분노를 해소하는 것은 그들의 행동을 바꾸고 서로에게 더 민감해지고 너그러워지게 하였다. 이들 부부의 관계회복에 대해서는 본 장의 후반부에서 논의할 것이다. 우리는 또한 부부 사이의 분노의 주요한 원인들, 과도한 분노를 표현함의 위험, 그리고 용서의 네 단계를 사용하는 것에 대해 다룬다. 특히 용서의 네 단계는 이 책의 앞선 장들에서 나온 것 같이 감정적으로 소원하고 통제하려 하고 화가 나 있고 자기애적이고 수동공격적(passive-aggressive)이고 신체적으로 학대하고 외도하고 별거나 이혼 등의 관계 속에 있는 배우자 사례들의 맥락 안에서 논의한다.

분노를 동반하는 갈등은 많은 사람들이 호소하는 문제이자 또한 만성적인 문제이기 때문에, 부부 및 가족치료를 위한 용서의 치료적인 사용은 중요한 역할을 한다. 우리의 경우 현재 및 과거의 상처로 인한 분노를 파헤치고 또한 이를 해결하기 위해 부부치료의 과정 동안 종종 용서할 것을 제안한다. 특히 가장 자주 실망시킨 부모를 둔 배우자에 대해 그럴 필요가 있다. 용서할 수 있게 되면, 배우자 사이의 심각한 문제들을 만들어내는 분노, 즉 부부 및 원가족에 대한 실망에서 발생하는 심각한 분노가 줄어들게 된다.

배우자를 용서할 수 있는 능력은 건강한 부부간의 우정(friendship)을 유지하는 데에 있어서 가장 중요한 요인 중 하나라고 볼 수 있다(Fincham, 2009). 먼저 배우자의 외도에 대한 용서치료는 부부관계의 만족도의 증가, 협력적인 자녀양육, 그리고 부부로서의 부모의 모습에 대한 청소년 자녀의 긍정적인 인식을 가져오는 것으로 나타났다(Gordon, Hughes, Tomcik, Dixon, & Litzinger, 2009). 또한 결혼관계에서 감정적 학대를 경험한 배우자들을 대상으로 2006년에 진행된 연구는, 용서치료에 참여한 사람들이 다른 대안 프로그램에 참여한 사람들에 비해 우울증, 특성불안(trait anxiety), 외상후 스트레스 증상, 자존감, 용서, 환경통제력(environmental mastery), 그리고 고통의 의미를 찾는 것에 있어서 훨씬 더 많은 회복을 경험하였음을 보여주었다(Reed & Enright, 2006). 세 번째로 또 다른 연구에서는 결혼한 지 3년 된 부부들, 그리고 그보다 더 오랜 기간 결혼을 유지한 부부들의 갈등 해결에 있어서 용서가 가져오는 유익을 제시하기도 하였다(Fincham, Beach, & Davila, 2004). 자신의 연인을 용서하려는 경향은 관계를 위한 노력의 증가 및 부정적인 갈등의 감소를 통하여 관계의 만족도를 높이게 된다(Braitwait, Selby, & Fincham, 2011).

인지행동치료 및 정서중심부부치료를 포함하는 부부 및 결혼 치료에서 용서의 유익한 역할은 많은 연구들에서 제시되었다(Baucom, Snyder, & Gordon, 2011; Braithwait, Selby & Fincham, 2011; Burkholder, Enright, & Klatt, 2013; Enright, 2012; Enright & Fitzgibbons, 2000; Fincham, Hall, & Beash, 2005; Fitzgibbons, 1986; Gordon, Hughes, Tomcik, Dixon, Litzinger, 2009; Greenberg, Warwar, & Malcolm, 2010; Hoyt, Fincham, McCullough, Maio, & Davila, 2013; Johnson, 2008; Kachadourian, Fincham, & Davila, 2004; Karrenmans, Van Lange, Ouwerkerk & Kluwer, 2003; Makinen & Johnson, 2006; Markman, Stanley, & Blumberg, 2010; Meneses & Greenberg, 2011; Ripley & Worthington, 2002).

부부간 갈등을 감소시키고 그들의 사랑을 보호하는 것에 더하여, 신체적 건강에 있어서도 용서가 긍정적인 영향을 가져온다는 것 또한 연구된 바 있다. 만성적인 비용서적 반응들은 건강을 악화시키는 것에 반해, 용서하는 반응은 행복을 증진시킬 수 있다고 나타났다(vanOyen, Witvliet, Ludwig, & van der Laan, 2001).

분노의 특성

복잡하면서도 강력한 감정인 분노는 부부들로 하여금 상담을 찾아오게 하는 주요한 원인들 중의 하나이다. 배우자들은 대개 자신의 과도한 분노를 스스로 이해하고 해결할 수 없기 때문에, 관계 내의 사랑과 신뢰가 약해지고 서로 다른 정도의 낙심, 슬픔, 불안, 그리고 불안정감이 생겨난다.

부부관계에서의 심각한 갈등을 막기 위해서는 현재 존재하는 분노가 적절한지 부적절한지, 또는 잘못된 대상을 향하고 있는 것은 아닌지를 판단하는 것이 필수적이다. 이를 판단하기 위해서 배우자는 자신의 분노의 본질을 이해하고 상대방에게 건강한 방법으로 분노를 표현할 수 있는 능력을 갖는 것이 매우 중요하다. 자기주장(assertiveness)은 충분히 민감하지 못한 방식으로 대우받는 것으로부터 스스로를 보호하고, 상대방이 그 자신의 문제와 마주하고 변화의 동기를 갖도록 돕게 할 수 있다. 건강한 감정으로서의 분노는 부부가 그들의 결혼과 가족 관계 내에서의 어려움을 바로잡기 위해 더 노력하도록 만들 수 있다. 적절하게 자기주장을 하는 사람들은 실제로 분노를 표현할 수 없는 사람들보다 훨씬 더 건강한 삶을 경험한다.

안타깝게도 배우자들 중 분노를 표현하는 것이 관계에 항상 도움이 된다고 잘못 이해하는 경우가 종종 있는데, 그렇게 하는 경우 오래지 않아 그들의 감정은 통제 불가능한 상태에 이른다. 실제로 많은 남편 또는 아내들은 자신들의 배우자, 원가족, 또는 다른 관계들과 관련된 이전 상처의 분노를 해결하지 못함으로 인해 과도한 분노의 반응을 보인다. 이런 분노는 특정 유형의 스트레스와 압박을 느낄 때 주기적으로 분출된다.

이런 무의식적 분노는 대개 과거에 부모나 연인과의 관계에서 받은 상처 또는 직장의 동료와의 어려움에서 기인한다. 임상적 경험을 통해 볼 때, 배우자들은 어느 정도의 해결하지 못하고 묻어둔 분노를 가지고 결혼을 시작한다. 그렇기 때문에 삶의 다른 단계들로부터 가져온 분노를 해결하는 것은 필수적인데 이는 용서하는 것을 통해 이룰 수 있다.

우리 몸 속에 두 가지 유형의 지방단백질, 즉 건강한(고밀도) 지방단백질과 해를 끼치는(저밀도) 지방단백질이 있는 것처럼, 부부관계에도 기본적으로 두 가지의 분노 유형이 있다. 하나는 건강한 것(적절한 분노)이고 다른 것은 해를 끼치는 것(부적절하거나 엉뚱한 대상에게 표출된 분노)이다. 부부관계의 건강을 위해서 이런 파괴적인 분노를 제거하는 것이 매우 중요하다.

또한 부부의 불화와 분노는 신체건강에도 위험을 가져온다. 부부간 불화가 있는 사람들일수록 초기단계의 관상동맥성 심장질환을 겪게 될 위험성이 높다고 나타난 바 있는데, 이러한 위험성은 흔히 사용되는 자기보고식 응답의 한계를 고려할 때 더 높게 나타날 수도 있다(T. W. Smith, Uchino, Berg, & Florsheim, 2012). 용서는 부부간의 갈등을 일으키는 분노를 줄일 뿐 아니라, 관상동맥질환을 가진 환자에게 분노를 통해 유발된 심근허혈을 줄이는 효과적인 방법임이 드러난 바 있다(Waltman et al., 2009).

치료에서 제공하는 제안들은 집에서 갈등을 경험할 때의 배우자들을 도울 수 있다. 분노가 지나간 뒤, 분을 낸 배우자 또는 그 분노를 당한 사람에게 그러한 감정이 마땅하고 적절했는지, 혹은 그것이 과장되었었는지를 평가하도록 요구한다. 이처럼 비슷하지만 분명 다른 두 가지 유형의 분노를 구별하는 것은 매우 중요한데, 이는 이 두 가지가 완전히 다른 반응을 가져오기 때문이다. 적절한 분노에 대한 상대방의 반응은 사과를 하는 것이거나 또는 앞으로 파트너에게 더 민감해지려는 노력이 될 수도 있다.

적절한 분노와 잘못 표출된 분노를 구별하는 과정은 인내와 지혜뿐 아니라 배우자에 대한 깊은 이해가 필요하고, 가까운 친구들의 도움을 요구할지도 모른다. 배우자가 말하는 것에서 진실을 찾는 것이 중요하다. 지속적으로 자신의 분노에 과잉반응하거나 엉뚱한 곳에 표출하는 배우자들은 그들이 경험하는 고통스러운 감정의 책임을 파트너에게 전가하는 경향이 있다. 과잉반응하는 배우자들은 대개 자신의 부부관계의 문제에 대한 자신의 책임이 얼마나 되는지 생각해 보길 꺼린다. 또한 어떤 사람들은 자신의 배우자를 비난하는 것에서 즐거움을 느끼는 것 같아 보이고 사과를 하는 데에 어려움을 겪는다. 그들은 자신이 과잉 반응했다는 것을 인정하지 않으며, 자신 또한 원가족 또는 타인과의 해결되지 않은 갈등을 가지고 있을지도 모른다는 점을 고려하기를 한사코 거부할 수 있다.

부부갈등의 주요 원인들

개인의 분노가 적절한지 과도한지의 여부를 판단하고자 할 때 부부간 분노의 근본적인 원인을 이해하는 것이 요구된다. 관련해서 고려해 볼 수 있는 주요한 요인들로는 부부관계에서의 실망, 부족한 의사소통, 서로 겉돌고 있는 느낌, 원가족으로부터 받은 상처, 그리고 신뢰의 문제와 관련된 갈등이 있다. 스스로가 부적절하다고 느끼는 것, 그리고 나르시시즘 역시 이같은 분노의 표출과 연관되어 있다. 우울증 또한 부부 사이의 분노에 영향을 미칠 수 있는데, Pan, Neidig, O'Leary (1994)는 우울증상이 20% 증가할 때마다 자신의 배우자에게 심히 공격적으로 될 확률이 74%씩 증가한다고 보고했다.

성급하게 화내는 또 다른 주요 원인은 힘들게 하는 자녀 또는 배우자의 가족(in-laws), 직장 스트레스, 재정 스트레스, 과도한 불안, 그리고 과도한 책임감에 대처할 수 없기 때문이다. 또한 배우자에 대한 불합리한 기대, 감정적 지지의 결여, 혹은 삶의 균형이 결여되어 있는 것으로 인해 분노가 발생한 것인지도 고려해 볼 수 있다. 특히 삶의 균형문제의 경우 부모가 자녀의 스포츠 활동에 과도한 시간을 소비하는 반면 자기 배우자에게는 소홀하게 되는 모습으로 나타나기도 한다.

마지막으로 치료자들이 부부의 분노를 이해함에 있어 관계에 대한 깊은 불신, 불안정감, 그리고 슬픔과 외로움에 대해 분노가 방어적 기능을 하고 있는 것은 아닌지 탐색해 볼 필요가 있다.

분노의 과도한 표현이 가진 위험성

분노의 과도한 표현은 배우자들이 서로에게 더 분노하고 공격적이 되게 만들어 배우자들로 하여금 헤어지게 만들 수도 있다. 이러한 심각한 갈등은 아이들에게 부정적인 영향을 미칠 수 있고(Grych, Fincham, Jouriles, & McDonald, 2000), 부적절하고 폭력적인 방식으로 소통하는 것을 강화하며, 정신신체적(psychosomatic) 질병을 악화시키고, 아이들에게 중대한 해를 입힐 뿐 아니라 죄책감과 수치심을 증가시킬 수 있다. 부부관계의 회복을 위해 노력할 때, 만일 상대 배우자가 신뢰의 문제에 있어 문제가 있다면 배우자는 분노의 표현에 있어서 매우 신중해야 하는데, 이는 분노의 표현이 상대 배우자가 기꺼이 마음을 열고 화해를 추구하고자 하는 시도를 방해할 수 있기 때문이다. 이런 상황에서는 분노를 표현하기보다는 용서와 이해를 통해 분노를 내적으로 처리하는 것이 자신을 위한 최선일 수 있다. 분노를 표현하지 못하는 것은 좋지 않다는 일반적인 믿음과는 반대로, 이런 방식으로 분노에 대처하면 자신에게 어떠한 피해도 입히지 않는다. 용서를 사용하여 분노가 가라앉게 될 때에만 결혼관계에서의 어려움들이 다루어질 수 있다.

즉각적인 그리고 과거에 대한 용서연습

여러 종류의 용서연습이 부부관계 갈등을 다루기 위해 사용될 수 있다. 첫 번째로 즉각적인 용서연습의 사용인데, 이는 배우자들이 분노감정에 대한 통제력을 얻고 따라서 갈등수준을 낮추도록 도울 수 있다. 두 번째로 부부관계에서 과거에 경험한 상처들로 인한 분노를 다루기 위한 과거용서 연습의 사용이다. 또한, Fitzgibbons(1986)에 따르면 부부치료는 참여하는 배우자들로 하여금 그들에게 가장 크게 실망을 준 부모를 확인하고 그 부모와의 과거를 용서할 수 있도록 도울 수 있어야 한다. 비록 처음에 이에 대한 저항이 있긴 하지만, 부모에 대한 해결되지 않은 분노, 즉 사실 부모에게 향해야 하는 분노는 반복적이고 무의식적으로 배우자에게 잘못 표현되기 때문에 이는 부부 용서과정에서 가장 기본적이고 필수적인 부분이다. 자신의 남편이나 아내에게 매우 화가 난 경우 배우자는 감정적으로 가장 둔감했던 부모를 먼저 용서하도록 하고 그런 다음에야 그들의 실망이나 분노를 표현해야 한다.

이런 두 유형의 용서연습은 과도하게 화를 내거나, 통제적이거나, 이기적이거나, 감정적으로 소원하거나, 외도를 했었거나, 학대적이었던 배우자나 부모에 대한 다음 사례들에서 증명된 바 있다. 이러한 용서연습은 또한 별거나 이혼 그리고 이외 가족 갈등의 분노와 슬픔에서도 적용된다.

화 내는 남편

카먼과 자비어는 지난 13년 동안 여러 차례의 별거를 거치면서 전쟁 같은 부부관계를 겪었다. 심각한 감정적 싸움들을 경험하면서도 그들은 서로를, 그리고 자신들의 두 자녀를 깊이 사랑했다. 자비어는 쉽게 욱하는 성미를 지닌 데다가 스트레스를 받을 때면 아내에게 매우 비판적으로 대했다. 그는 지난 수년간 폭언을 해왔고 최근에는 신체적으로도 학대하기 시작했다. 이에 카먼은 법원으로부터 접근금지명령(protection-from-abuse)을 받아내어 자비어는 1년 동안 집에 들어오지 못하게 되었다. 이로 인해 자비어는 자신의 과도한 분노가 얼마나 문제인지 생각해 볼 수 있게 되었다.

가정사에 대한 탐색을 통해 그들 모두가 동성(同性)의 부모와 매우 힘든 관계를 경험했었다는 것이 밝혀졌다. 자비어의 아버지와 카먼의 어머니는 자신들의 배우자와 자녀들에 대해 매우 통제적이고 늘 화를 내는 사람이었다. 카먼의 어머니가 그녀의 아버지를 함부로 대했던 것보다 자비어의 아버지의 태도는 훨씬 심각하였다. 그렇지만 카먼의 경우 자신의 10대를 지나면서 아버지에게 왜 이런 모욕적인 대우를 참고 사는지에 대해 자주 물었고 차라리 어머니를 떠나라고 이야기하곤 하였다.

자비어는 자신이 공격적이었던 자신의 아버지와 같이 행동한다는 것을 탐색하는 것에 대해 상당히 저항하였고 부부관계의 모든 스트레스를 아내의 탓으로 돌리려 하였다. 또한 그는 어릴 적 아버지와의 관계로 인해 정서적으로 불안정했고, 나약한 남성적 정체성을 보상하기 위해 분노를 사용했다. 이러한 갈등들을 고려하여, 상담자는 각 배우자들이 어린 시절과 청소년기에 형성한 자신의 동성부모에 대한 분노를 해결하지 못하였다는 해석을 제시하였다. 이러한 해석을 뒷받침하기 위해 성인이 겪는 정신장애의 약 80%가 청소년기의 갈등의 연장이라고 제시하는 연구를 인용하였다(Kim-Cohen et al., 2003). 그리고 난 뒤, 그들은 다정하고 세심했던 각자의 이성부모의 역할을 자신들이 취하는 것에 대해 생각해 보도록 요구받았다.

치료의 과정은 쉽지 않았는데, 자비어는 회기들이 진행되는 동안 때때로 자신의 분노를 통제하는 데에 큰 어려움을 겪었다. 그때에 치료자는 그에게 그의 아버지처럼 행동하는 것을 멈추라고 조언하였고 그가 자신의 성미를 통제하지 않는 한 가족에게 돌아갈 수 없을 수도 있음을 경고하였다. 자비어에 대한 사랑 외에도 화해를 향한 카먼의 주요 동기는 자비어가 한 것처럼 자신을 대하는 13살짜리 딸이었다. 자신의 어머니와의 끔찍했던 관계로 인해, 그녀는 자신의 딸과 가까운 관계를 갖기를 늘 원해 왔기 때문에 이런 상황은 그녀에게 너무 고통스러웠다. 카먼은 만일 자비어가 욱하는 성격을 극복하고 자신을 더욱 사랑스러운 방식으로 대해 준다면, 딸도 그런 모습을 보고 배울 수도 있을 것이라 기대했다.

자비어는 이 결혼관계를 회복하고 자신의 가족에게 돌아가길 원했기 때문에 점차 용서치료를 받아들이기 시작했다. 고통스러운 외로움으로부터의 압박이 그의 방어적인 태도를 약하게 했다. 아버지가 어머니를 얼마나 나쁘게 대했는지를 직면하기 시작하자, 혼자 아파트에 지내던 그의 상태는 바닥을 쳤다. 자신도 아내에게 무의식적으로 같은 행동을 반복해 왔음을 깨달았다. 그리고 그는 치료자가 준 용서 지시문을 따라 하기 시작했다. 거기에는 자신을 어린 아이와 청소년으로 상상하면서 아버지에게 다음과 같이 말해야 한다고 적혀 있었다. "아버지, 나는 당신의 좋은 성격은 이어가기 원하지만, 당신이 가졌던 파괴적인 분노를 내 결혼생활에서 반복하고 싶지 않아요." 그리고 그는 다음과 같이 덧붙였다.

> 나는 당신의 공격성으로 인해 나와 어머니에게 상처를 주었던 모든 것들에 대해 당신을 용서하려고 해요. 이는 내가 시도했던 일들 중 가장 힘든 일이에요. 왜냐하면 내가 당신을 대적하려 한다고 느끼기 때문이에요. 그렇지만 나는 당신이 당신 아버지로부터 경험한 대로 나를 대했다는 것을 이해합니다. 그것이 내가 당신을 용서하는 것을 좀 더 쉽게 만들어줍니다.

그의 용서작업은 천천히 진행되었는데, 종종 자신의 아버지처럼 화내고 비판적인 모습으로 돌아가기도 했다. 자비어가 적절한 방법으로 분노를 다룰 수 있게 되기까지는 6개월 동안의 힘든 작업의 시간이 필요했다. 자비어가 자신의 불안정함을 방어하기 위해 분노에 의존해 왔음을 고려해서 그의 자존감을 다루기 위한 인지-행동치료도 함께 사용되었다. 그가 스스로에 대한 자신감을 더 갖게 되면서 자신의 남성성을 만회하기 위해 분노할 필요가 줄어들었다.

마지막으로, 카먼과 자비어 모두가 상대방 부모의 참견적이고 비판적인 행동으로 인해 그들에게 분노와 분함을 갖고 있었기 때문에, 그들을 용서할 필요가 있었다. 18개월에 걸친 용서치료과정을 통한 심각한 분노문제의 해결은 그들 부부의 신뢰와 사랑을 튼튼하게 하였다. 분노가 폭발하는 경우들이 거의 없어졌고, 그런 일이 발생하면 즉각적 용서작업을 통해 빠르고 효과적인 방법으로 이를 해결했다.

화 내는 아내

카리나는 3명의 자녀를 둔 35세 기혼여성으로, 반복적으로 발생하는 강렬한 분노 때문에 심리치료를 받으러 왔다. 그녀는 오랜 기간 동안 결혼생활에서 갈등을 겪어왔다. 논쟁은 주로 카리나로 인해 시작되었는데, 그녀는 남편인 데니스에게 폭언을 퍼붓고 때로는 신체적으로도 그를 학대하곤 했다. 카리나가 치료에 오게 된 동기는 7살된 장남, 브라이언이 자신의 형제, 부모, 그리고 친구들을 향해 통제가 안 되는 분노를 쏟아내기 시작했기 때문이다. 브라이언의 그러한 행동에 대해 그녀는 자신이 책임이 있다는 생각에 죄책감을 느꼈다.

카리나는 4남매 중 장녀였고 어린 나이부터 부모의 역할을 해 왔었다. 그녀는 어머니로부터 정서적인 지지를 거의 받지 못했고 알코올 중독자 아버지의 학대 행동의 대상이 되곤 하였다. 그녀는 자신이 알코올 중독자 아버지에게 가지고 있는 분노를 인식하고 있는 것이 자신의 삶에서 이런 강력한 감정을 통제하기에 충분했다고 생각했다. 그러나 그녀는 부모 모두에게 엄청난 양의 분노를 묻어 두고 있었고, 때로 극심한 분노를 느낄 때면 그녀 아버지가 보였던 행동을 자신도 똑같이 하고 있다는 것을 인식하기에 이르렀다. 또한 이따금 자신의 아버지가 그러했던 것처럼 남편이 자신을 배신할 것이 두려웠기 때문에, 자신의 남편과 거리를 두기 위한 방어로서 분노를 사용한다는 것을 깨닫기 시작했다.

카리나는 드러내 표현하는 것 외에는 자신의 분노를 어떻게 다루어야 할지 알지 못했다. 치료과정의 초반 회기들에서는, 그녀는 분노를 표현하기 전에 이해하고 용서하는 것이 가능할지를 탐색해야 했다. 그리고는 자신에게 상처를 주었던 각 부모를 용서하는 것에 대해 매일 생각해 보라는 지시를 받았다. 첫 회기를 마치고 돌아온 날 저녁에 카리나는 치료자에게 전화를 해 조금전 자신이 남편을 언어 및 신체적으로 학대했으며 그에 대해 매우 화가 나 있고 죄책감을 느끼고 있다고 말했다. 그녀는 자신이 분노를 다루기 위해 용서를 사용해야 하는 것에 대해 오늘 막 배웠지만 아직 스스로 적용할 수는 없었다며 후회스러워 했다.

그녀가 용서의 과정에 대해 이해하게 되자, 아버지에 대한 분노가 자신의 결혼과 가정생활에 미치는 부정적인 영향을 깨버리기 위한 노력을 즉시 시작하기로 결단하였다. 카리나는 자신의 아버지가 어린 시절 그의 알코올 중독자 아버지로부터 겪었던 경험의 결과로서 나타난 아버지의 행동을 이해하기 위해 매일 노력하였고, 그녀 아버지 안에 있는 감정적으로 상처받고 아마도 학대받은 작은 아이를 더욱 잘 볼 수 있게 되었다. 이런 재구성화와 이해가 증대되면서, 그녀는 자신의 어린 시절과 청소년기의 모든 상처에 대해 자신의 아버지를 용서할 수 있는 능력을 점점 더 갖게 되었다. 그러나 이 과정 중, 자신이 아버지를 향한 폭력적인 충동을 억누르고 있었다는 것을 발견하였다. 치료의 초기 단계에서 그녀는 머리로는 그를 용서할 결심을 했음에도 불구하고 용서하겠다는 간절함이 없었고 여전히 상당히 화가 나 있었다. 카리나는 또한 분노로 인한 공격을 줄이기 위해 항우울제(선택적 세로토닌 재흡수 억제제)를 처방받기도 하였다.

카리나의 분노 행동은 수개월에 걸쳐 상당히 감소하였다. 그녀는 자신의 가족의 윗 세대에서 기인한 고통을 수용하고, 가족 배경의 고통을 받아들이고, 그러한 고통에도 불구하고 좋은 결혼을 할 수 있었고 기본적으로 자신의 삶에 대해 긍정적으로 느끼고 있음을 감사할 수 있게 되었다. 동시에 그녀의 아들 브라이언 역시 동일한 치료에 참여하였고 분노의 감소를 경험하였다. 심화단계에 이르러서는, 부부관계와 가족의 삶의 질이 눈에 띄게 상승하였고, 자녀들도 더 이상 가정에서 해로운 행동들에 노출되지 않았다. 카리나는 과거에서 기인한 자신의 분노를 해결하고, 불안을 느낄 때 분노에 과도하게 반응하는 경향을 통제할 수 있게 된 것을 기뻐하였다.

이기적인 배우자

부부관계의 주요 갈등원인 중의 하나는 배우자의 이기심이다. 배우자로 인한 결혼생활의 고통은 아내와 남편의 경우 모두 자기애적 갈등과 관련이 있음이 증명되어 왔다(Kilmann & Verdemia, 2013). 나르시시즘(Narcissism)은 지난 20년에 걸쳐 문화 속에서 상당히 증가해 오고 있고(Twenge & Campbell, 2009), 자기애적 특성과 문화적 자기애가 증가하는 것이 자기애적 성격 장애의 발생률의 변화와 연관되어 있는 것으로 나타난다(Paris, 2014). 부부 상담에서 이러한 갈등은 이혼의 주요 원인들 중의 하나, 혹은 가장 주요한 이유로 지목되고 있다.

부부 간의 자기애 문제를 다루는 것의 필요성과(Paris, 2012) 부부치료를 통한 실제치료가 제시되어 있다(Links & Stockwell, 2002; Solomon, 1998). Kernberg(1995)는 사랑을 지키기 위해서 자기애를 극복해야 할 필요성에 대해 논의했다.

자기애를 가진 많은 사람들에게서 나타나는 피상적인 따뜻함과 매력으로 인해, 배우자의 심각한 자기애적 갈등을 다루는 것은 종종 어려울 수 있다(Rottingham, 2005). 이런 사람들은 자기 마음대로 할 수 없을 때 또는 배우자가 그들의 극도의 이기심에 굴복하지 않을 때마다 종종 분노로 과민하게 반응한다. 이기심의 다른 지표는 부부로서 "우리"라고 생각하는 것을 막는 자기중심적인 양상과 개인인 "나"에 대한 집착, 자신의 권리에 대한 집착, 우월감, 재능과 성취에 대한 과대평가, 소통하려 하지 않고 자기 자신 속으로 들어감, 공감하기를 어려워함, 책임을 회피하고자 하는 경향, 타인의 존경이 담긴 관심에 대한 욕구, 그리고 미성숙하고 통제적인 행동들이다.

치료의 개방단계에서 감추인 부분을 파헤치는 작업에 대한 저항이 강할 때, 자기애적 성격검사(Narcissictic Personality Inventory)를 사용하는 것이 도움이 된다(Raskin & Terry, 1988). 또한 이런 문제가 있는 배우자들은 대개 상대방에게 이런 것이 해로울 수 있다는 것을 부인할 뿐 아니라 용서를 구하는 능력(Exline et al., 2004)이나 자신의 생각과 행동을 바꿀 수 있는 능력이 부족하다. 다행인 것은 다음의 사례연구에서 제시된 바와 같이 이러한 문제를 다룰 수 있는 배우자들도 분명 존재한다는 것이다.

자크는 32세의 기혼남성으로 3명의 자녀를 둔 아버지이며 전문가로서 성공한 사람이다. 그는 결혼관계 속에서 더 책임감을 가지라고 요구받거나 그의 필요가 즉각적으로 채워지지 못했을 때 미성숙한 행동을 보이고 때로는 강력한 분노를 드러낸다. 자크는 과도하게 요구가 많고, 둔감하며, 그리고 자기자신에게 몰두되어 있으며, 아내인 킴벌리에게 마음을 주는 것에 어려움을 갖고 있다. 2명의 형제 중 장남으로 항상 어머니의 사랑을 독차지했으며, 그의 아내에 따르면 그의 어머니는 과도하게 그를 애지중지해 왔다. 킴벌리는 시어머니가 자신을 결코 받아들이지 않았다고 생각하며, 그녀를 결혼관계에 방해가 되는 존재라고 여긴다.

부부치료에서 자크가 지나치게 분노하도록 하는 성향을 갖게 하는 다수의 자기애적 성격 특성들을 가지고 있음을 지적하였다. 그는 치료에 상당히 저항적이고 모든 결혼관계의 문제에 대해 자신의 아내를 비난하려고 했다. 극도로 분노를 느낄 때라도 더욱 성숙되고 예의 있는 방식으로 행동하도록 노력해야 하고 자신의 아내를 용서하는 것에 대해 생각해 보도록 제안하였다.

킴벌리는 지적이며 헌신적인 아내이자 어머니이다. 그녀는 자신의 결혼생활을 유지하기 위해 매우 헌신하였다. 그녀는 자신이 갖고 있는 주요한 문제로서 자신이 남편의 자기애적 행동을 허용하는 사람이라는 것과, 그렇게 함으로써 자신의 결혼생활에 악영향을 미치고 있음을 깨달았다. 그녀는 자신의 남편과 함께 건강한 자기 주장 과정에 참여하였다. 수개월 동안 긴장이 계속 증가하여 결국 자크가 그녀에게 이혼하겠다고 협박하는 시점에 이르렀다. 그녀는 이 협박을 매우 교묘한 조작으로 보았고 그에게 그렇게 하라고 도전하였다. 동시에 킴벌리는 그가 변화하려고 노력하겠다고 약속하기 이전부터 그의 자기애적 행동으로 생겨난 과거의 모든 상처들에 대해 그를 규칙적으로 용서하려고 시도했다. 그녀는 또한 시어머니를 향한 자신의 분노 때문에 일어나는 악영향으로부터 자신을 보호하기 위해 시어머니를 용서하려고 노력했다.

킴벌리의 분석은 옳았다. 왜냐하면 이후에 자크가 치료의 과정 중에 "나는 만일 내가 그녀를 충분히 자극하면 그녀가 이전에 내게 반응하던 방식으로, 어머니가 항상 내 마음대로 하게 해 주었던 것처럼 나를 대하게 할 수 있을 거라 생각했어요."라고 시인했기 때문이다.

이혼의 가능성은 자크에게 엄청난 스트레스와 불안을 가져왔고 자신의 자기애적 분노를 다루고자 하는 동기를 부여했다. 화가 날 때마다 그는 용서연습의 사용을 시작하고 또한 결혼생활에서 더욱 관대하고 책임감 있는 사람이 되고자 노력하였다. 그는 자신의 어린 시절 및 청소년기에 어머니와의 관계 때문에 강력한 자기애적 경향을 발전시켜 왔다는 것을 이해하기 시작했다. 그는 또한 자신을 망친 것에 대해 그리고 어머니의 삶에서 행복의 근원으로서 자신을 너무나 많이 의존한 것에 대해 그녀를 용서하려고 노력하였다. 그는 킴벌리에게 사과하고 그녀의 용서와 신뢰를 구했다. 분노발작의 기준에 부합했던 자크의 충동적이고 폭발적이던 모습은 그녀의 어머니와의 과거용서 연습 사용을 통해, 그리고 관대함이라는 덕목이 성장하면서 서서히 사그라들었다.

많은 자기애적 배우자들이 변화를 꺼려하고 결국은 그들의 결혼이 끝을 맺게 되는 것은 안타까운 일이다. 그런 사람들 중에서는 자기중심적인 생각과 행동들을 바꾸기보다는 배우자와 자녀를 포기하기도 한다. 다음의 사례는 매우 병리적인 나르시시즘의 경우를 보여준다.

후안은 아내 캔디스와의 3년간의 결혼생활 동안 지속적으로 경험해 온 심각한 갈등 때문에 상담을 받으러 왔다. 치료가 진행되면서 캔디스가 그녀의 어머니와 아버지 모두로부터 거의 애정을 받지 못하고 자랐다는 것이 드러났다. 그녀의 부모님은 둘 다 전문직에 종사하며 바빴기 때문에 그녀와 시간을 많이 보내지 못했다. 어린 시절 및 청소년기 동안 그녀의 정서적인 주된 안식처는 친구들이었다. 청소년기에 들어서며 성숙함에 따라, 아름다운 외모 덕분에 그녀는 중학교와 고등학교에서 많은 인기를 얻게 되었다. 여러 번의 미인대회에서 우승했고 체조팀의 팀장을 맡기도 했다. 하지만 바로 그 시점에, 어렸을 때 자신의 부모로부터 방치되었던 것에 대한 보상으로서 그녀 안에 자기애가 형성되기 시작했다.

결혼 초반에 캔디스는 자신에 대한 부풀려진 관점, 책임을 회피하려는 경향, 그리고 존경을 담은 관심에 대한 강렬한 욕구와 같은 극심한 자기중심성을 나타내기 시작했다. 그녀는 남편과 함께 집안일을 하거나 식사를 준비하는 일에 동참하기를 거부했다. 그녀 자신도 높은 봉급을 받음에도 불구하고, 후안이 집안 소비의 압도적인 부분을 담당하고 그의 수입에서 청구서를 지불할 것을 주장했다. 또한 그를 그의 형제들, 조카와 부모들로부터 절연시키려고 노력했다. 동시에 그녀는 끊임없이 자신을 희생자로 묘사하고 후안이 자신의 약점이라며 비난했다. 다른 말로 하자면, 항상 그에게서 단점을 발견했고 자신의 약점에 대해서는 살피지 않았다.

캔디스는 두 사람이 함께하는 삶의 모든 측면을 자신이 통제하지 못하게 될 때마다 후안에게서 거리를 둠으로써 수동-공격적인 방법으로 분노를 표하곤 했다. 후안이 그녀의 거리를 두는 행동을 지적할 때마다 그녀는 분개함으로 반응했고 그의 둔감함을 비난했다. 그녀는 자신의 자기애적 행동에 대해 그에게 결코 사과하려 하지 않았다.

부부관계 치료자와 후안이 그녀의 이기적인 행동을 지적하고 그들 사이에서의 변화를 요구할 때마다, 그녀는 이를 개인적인 비난으로 받아들였고 자신의 약점을 살피는 것을 거부하곤 했다. 상담을 받는 동안 후안이 캔디스의 원가족에 대한 슬픔과 불신 그리고 그녀의 자기애적 갈등을 이해하려 하고, 결국 그녀를 용서하려고 노력했다. 캔디스를 용서함을 통해 자신의 분노를 억누를 수 있는 능력은 후안이 자신의 심각한 감정적인 스트레스를 다룰 수 있도록 도와주었다.

캔디스는 3년 뒤 후안을 떠났고, 후안을 완전히 차단해 버렸다. 후안은 그녀의 이런 행동이 자신을 통제하려고 하는 자기애적 시도임을 볼 수 있었다. 후안은 캔디스가 자신이 그녀에게 다시 고개를 숙이고 들어올 것이라고 기대한다는 것을 알 수 있었다. 그는 그러지 않았다. 대신 그녀가 부부 상담을 지속하기를 거절하자 그는 이혼 신청서를 접수했다. 후안이 이혼과정을 밟는 동안, 그는 캔디스가 그녀의 부모와 겪었던 건강하지 못한 경험들, 그녀의 자기애적 성격의 형성, 그리고 그녀가 의도적으로 결혼을 등한시하면서 겪어왔을 고통을 매일 떠올리며 용서연습을 했다. 이런 이해와 깨달음들은, 후안의 말로 하자면, "그녀에 대한 나의 마음을 너그럽게" 했다. 그는 이런 극도의 부당함으로부터의 고통을 견딜 수 있었고, 그 고통을 자신이 캔디스를 비난하는 것에 대한 변명으로 사용하지 않을 수 있었다. 모든 이혼과정이 마무리된 뒤, 후안은 그가 언급한 것처럼 용서를 "나를 망가뜨리는 스트레스의 가능성으로부터 나를 보호"하는 것으로 받아들이게 되었다.

이젠 정말 그의 결혼생활이 끝이 났고 예전의 관계로 다시 돌아갈 희망이 없다는 것을 받아들이는 것이 그가 적응해야 할 중요한 부분이었다. 용서는 후안의 분노를 덜어주었고, 이 결혼에는 더 이상 희망이 없다는 것을 받아들이는 매일의 연습이 그가 슬픔을 견디는 데 도움이 되었다. 이러한 매일의 수용 연습의 한 예는 다음과 같다. "나는 이 관계에 더 이상 어떠한 희망도 없음을 받아들이려고 노력한다. 나는 이것이 끝났다는 것을 받아들인다."

정서적으로 소원한 배우자

살아가면서 경험하는 수많은 어려움들은 배우자들로 하여금 정서적으로 친밀하고, 서로 사랑하고, 지지하며, 잘 소통하는 것을 어렵게 만들 수 있다. 우리는 남편들보다는 아내들에게서 이런 불평을 더 자주 듣는데, 이러한 문제는 부부관계에서의 상당히 심각한 외로움, 불행, 그리고 낙심을 가져올 수 있다. 이 심각한 부부문제의 주된 원인은 자신도 모르게 이같은 갈등을 겪었던 자신의 부모를 따라하는 것에 있다. 이는 특히 남편들의 경우 정서적으로 소원했던 아버지의 모습을 그대로 따라가는 경우가 많은데, 이는 낭만적인 사랑, 건강한 의사소통, 그리고 부부간 우정을 위해 자기를 희생하는 것에 어려움을 겪는다. 또한 결혼관계에서 거리를 두는 사람은 오래 경험해 온 두려움, 그리고 자신이 부적절하다는 느낌을 극복할 필요가 있음이 제시되었다(Goldberg & Goldman, 2008). 한 연구는 친밀함에 대해 어려움을 느낀다고 보고한 남편들일수록 덜 협조적이고 책임감이 낮은 반면 더 공격적이고 반항적인 것으로 평가되었다(Kilmann, Finch, Parnell, & Downer, 2013).

Amato Booth, Johnson, Rogers(2007)는 1980년과 2000년에 진행된 부부관계 연구의 분석을 통해 부부간의 별거가 증가한다는 것을 제시하였다. 2000년도의 커플들은 1980년도의 커플들에 비해 함께 식사하고 함께 친구를 방문하고 함께 레저활동을 하고 자신들의 집에 대한 일을 함께 하는 경우가 더 적은 것으로 나타났다.

연구자들은 1980년에서 2000년에 이르기까지 결혼관계에서의 상호작용이 서서히 감소한 것이 향후 부부간의 행복을 낮추고 부부관계의 불안정성을 상당히 증가시킨다고 제시하였다(Amato et al, 2007). 배우자와 함께 보내는 양질의 시간이 부부관계의 우정을 높이고 부부관계 내의 스트레스 감소 및 외로움으로 인한 부정적인 영향으로부터 관계를 보호하는 데에 필수적이다(A. J. Hawkins, Willoughby, & Doherty, 2012).

자신이 가지고 있는 분노를 드러내는 것에 대한 저항을 극복하고 나면 이들은 삶에서 배신의 경험으로 인한 분노를 해결하는 용서치료의 작업에 기꺼이 참여한다. 따라서 부모나 배우자에 대한 용서연습을 매일 함으로써 부부관계의 스트레스를 줄이고, 상대 배우자가 요구하는 정서적 친밀함을 제공하기 위해 열심히 노력할 것이다. 이러한 분노의 해결은 부부관계에서 정서적으로 더 많이 베풀고 사랑할 수 있는 힘을 가져다 준다. 이는 인지행동치료와 함께 진행될 때 더욱 효과가 있다.

거리를 두는 남편

헬렌은 부부 사이에서 느끼는 심각한 외로움으로 인해 우울증이 생겼다고 믿었고, 이 때문에 치료를 찾아 왔다. 남편인 마이크는 마음으로는 그녀를 사랑했지만 육체적으로 친밀하게 대하거나 말로 사랑을 표현한 적이 거의 없었다. 그녀 또한 부모에게서 애정을 거의 느끼지 못하며 자랐다. 우울증으로 인해 그녀는 늘 피로를 느꼈고 자녀와 가정을 돌보는 것을 등한시하기 시작했다. 고등학교 시절의 옛 친구와 재회하여 외로움을 달래려고 했고 외도를 했던 것으로 여겨졌다. 헬렌은 결국 큰 죄책감을 느꼈고 결혼관계를 개선하려는 동기가 생겨나게 되었다.

마이크는 부부상담 회기에서 헬렌이 가정과 자녀를 돌보는 일에 무책임하기 때문에 자신의 분노는 정당하다고 말했다. 일단 그녀의 모습은 우울증으로 인한 증상, 그리고 남편을 향한 수동-공격적 분노의 표현으로 해석되었다.

마이크는 원가족과의 관계에서 생겨난 자신의 약점을 살펴보려고 하지 않았다. 그는 대부분의 면에서 아버지를 훌륭한 롤모델로 생각했기 때문에, 사실은 자신이 어렸을 때 아버지가 조금 더 애정을 보여주며 긍정적으로 대해주길 바랐음을 인정하기에는 오랜 시간이 걸렸다. 시간이 지날수록 그는 자신의 아버지가 사랑 표현에서 매우 제한적이었고, 그런 아버지의 모습을 따라 했기 때문에 아내에게 세심하게 대하는 것이 어렵다는 것과 아내에게 필요한 것이 무엇인지를 깨닫게 되었다. 마이크가 아버지에게 느낀 어린 시절과 청소년기의 분노를 살펴보는 데에는 오랜 시간이 걸렸다.

마이크는 아버지를 향한 무의식적인 분노가 아내를 사랑하는 것을 방해하는 주된 원인임을 깨달았고 용서연습을 통해 결혼생활을 개선하려고 노력했다. 상담에서 그는 어린 시절의 자신의 모습을 그려보며, "아버지, 나는 당신을 이해하고 싶어요. 그리고 어머니와 저에게 더 많은 애정과 칭찬으로 따뜻하게 대해 주지 않았던 것을 용서하고 싶어요."라고 생각하게 하는 인지적 용서연습을 시작했다. 그런 다음 아버지와 대화하는 것을 상상하게 했다. "나는 당신의 약점이 아니라 훌륭한 자질들을 모델로 삼고 싶어요. 당신처럼 정서적으로 소원하고 싶지 않아요." 마이크는 자신의 아버지가 보인 관계 양상은 할아버지를 모델링한 결과였으며 의도적으로 자신의 가정에 악영향을 미치려는 것이 아니었음을 깨달았다.

마이크가 아버지를 용서하고 그와는 다르게 행동하도록 노력함을 통해 아버지에게서 습득하였던 자신의 약점에서 자유로워지기 시작했다. 그는 점차 헬렌에게 다정하게 말하고 칭찬할 수 있게 되었으며, 이 과정 동안 그녀에게 사과하고 자신의 무관심 때문에 받은 상처에 대한 후회의 말도 하게 되었다.

동시에 헬렌은 자신이 가진 분노를 해결하기 위해 힘든 노력들을 이어 갔고 자신에게 거리를 두는 남편을 이해하고 용서하기 위해 매일 노력했다. 그녀는 더 이상 마이크에게 수동-공격적인 방식으로 분노를 보이고 싶지 않았다. 분노를 내려놓는 방법인 용서가 결혼생활을 개선하는 데에 도움이 될 수 있다는 설명을 듣고 그녀는 용서를 시도하기로 약속했다. 먼저 용서하는 것에 대해 생각하는 인지적 용서 연습을 하였으나, 진짜 용서하는 것처럼 느끼지 못했다. 그러나 마이크의 가족 갈등에 대해 점차 이해하게 되고 그가 다르게 행동하려고 노력하는 모습을 보면서 그녀는 깊은 연민을 느끼게 되었고 정말로 용서를 원하게 되었다.

헬렌은 또한 자기 자신도 어린 시절 정서적으로 소원했던 부모에 대한 분노를 해결하지 못했기 때문에 마이크에게 과민하게 분노로 반응했음을 깨닫게 되었다. 헬렌의 아버지는 3살 때 어머니가 돌아가신 뒤 위탁 가정에서 자랐다. 용서치료를 통해 헬렌은 아버지를 이해하고 용서하기를 시도하였다. 과거용서 연습을 하는 동안 자신을 어린소녀라고 생각했다. "아버지, 저는 당신이 가진 어린 시절의 상처 때문에 나에게 정서적으로 소원했다는 것을 이해하고 용서하고 싶어요." 과거의 상처 때문에 갖게 된 아버지와 마이크에게 대한 분노를 해결하자 그녀의 분개함도 줄어들었다. 그녀의 분노가 줄었기 때문에 남편도 아내에게 가까이 다가가 자신을 표현하는 것이 더욱 안전하게 느껴졌다.

마이크와 헬렌이 갈등과 관련된 분노를 해결하는 데에는 오랜 기간의 치료가 필요했다. 부부간에, 그리고 부모를 대상으로 용서를 하는 것이 심리치료에 성공적으로 작용하였고 결혼관계가 개선되는 결과를 가져다 주었다.

치료의 심화단계를 통해 서로에 대해 더 깊이 이해하게 되었고 신뢰도 커져갔다. 두 사람은 배우자가 의도적으로 상처를 주려고 한 것이 아니라, 원가족과의 해결되지 않은 감정적 갈등 때문이라는 것을 깨닫게 되었다. 또한 결혼생활의 초반에 긴장상태를 이끌었던 자신들이 가진 약점을 더욱 민감하게 보게 되었다. 부부사이의 갈등을 더욱 평화롭고 긍정적으로 해결할 수 있다는 큰 자신감을 갖게 되었고 결혼생활에 대한 희망을 품게 되었다. 마침내 용서가 부부간의 의사소통과 사랑을 지키는 중요한 도구가 되었다.

많은 남성들이 아버지와의 문제에 직면했을 때 많은 저항을 한다. 그들 대부분은 마이크와는 다르게 아내와 자녀들에게 악영향을 미치는 정서적으로 거리를 두는 행동들에 대해 자신과 아버지와의 관계의 영향을 살펴보려고 하지 않는다. 이런 경우, 아버지에 대한 분노를 파헤칠 수 있게 촉진하는 방법은 다른 남성들이 그들의 아버지로부터 어떻게 부정적으로 영향을 받아왔는지, 그리고 이런 통찰이 어떻게 정서적으로 헌신할 수 있는 능력과 더불어 아버지에 대한 용서를 이끌어 올 수 있는지를 살펴보는 것이다.

거리를 두는 아내

월터는 35세의 남성으로 수면의 질과 인지능력을 개선하기 위해 다양한 항우울제를 복용해야 했을 정도의 심각한 우울증을 다루기 위해 치료를 찾아 왔다. 가족사를 살펴보면 그가 결혼생활에서 매우 외로웠다는 것을 알 수 있었다. 월터는 아내가 가면 갈수록 애정 없이 자신을 대했던 어머니와 비슷하게 행동한다고 불평하였다. 그는 여전히 아내를 사랑하고, 만일 이혼한다면 아직 어린 두 자녀에게 매우 나쁜 영향을 미칠 수 있기 때문에 부부관계를 놓고 갈등하였다.

그의 아내 수전은 9년 전 태어난 첫 아이의 출산 이후부터 부부관계가 악화되었다고 생각했다. 그녀는 당시 산후 우울증을 겪었지만 적절한 치료 없이 지나갔다고 생각했다. 수전도 역시 부부관계가 정서적으로 소원한 것에 대해 속상해 하고 있었다. 그녀는 스스로에 대해 만족하고 월터에게 정서적으로 따뜻하게 대하는 것 모두에 상당한 어려움을 겪고 있음을 인정했다. 그렇지만 동시에 그가 가진 분노가 자신으로 하여금 이런 거리를 유지하게 한다고 생각했다.

수전은 높은 수준의 통찰력을 가지고 있었기 때문에 비판적이고 냉혹했던 어머니와의 해결되지 않은 갈등이 있었음을 인식하고 있었으며, 이것들을 해결하고자 하는 동기를 가지고 있었다. 그녀는 어머니가 자신에게 감정적인 지지를 해 준 적이 결코 없었으며 앞으로도 그러할 것임을 알고 있었다. 어머니에 대한 분노에 대해 어떤 조치를 했는지 물었을 때, "나는 가능한 한 그 분노를 깊게 묻어두려고 노력했어요."라고 답했다. 그러나 그녀는 이렇게 감정을 부정하는 것이 관련된 분노나 슬픔으로부터 자신을 자유롭게 할 수 없다는 것을 직관적으로 깨닫고 있었다.

이들은 모두 자신의 마음속에 있는 많은 분노에 대해 인식했고 이를 극복하고자 동기부여되어 있었다. 용서에 대해 설명하자, 부부관계에서 기꺼이 활용할 것을 결정했다. 월터에게는 아내에 대해 인내를 가지고 그녀가 어머니로부터 습득한 약점을 용서하는 것을 생각하도록 노력하라고 하였다. 수전에게는 어머니를 향한 분노에 대한 과거용서 연습을 사용해보도록 하였다. 그녀에게 매일 "엄마, 엄마가 나에게 더 많은 사랑을 주는 존재가 아니었던 것을 이해하고 용서하고 싶어요."라고 생각하는 어린 소녀라고 스스로를 생각하게 했다.

그녀의 어머니가 매우 통제적이었고 까다로웠기 때문에, 수전은 어머니를 용서과정의 작업단계에 참여시키고 싶어하지 않았다. 대신 사이코드라마 기법을 사용하여 앉아 있는 어머니를 상상하고 다음과 같이 말해보도록 하였다.

> 엄마, 내가 어렸을 때 엄마가 나에게 무관심했던 것과 통제적인 방법으로 대했던 것이 너무 싫었어요. 엄마가 나에게 엄마로서 얼마나 실망스러웠는지는 도저히 다 표현할 수가 없어요. 나는 엄마처럼 행동하고 싶지 않아요. 엄마에 대한 나의 분노를 떨쳐버리고 싶어요.

그리고 비록 원하지는 않았지만, 어머니를 용서하고 싶어한다고 생각하도록 노력하곤 했다. 수전에게 이 용서의 작업단계는 매우 어려웠다. 그녀는 "이 일은 제가 살면서 해본 일 중에 가장 어려운 일이에요. 하지만, 원만한 결혼생활을 원한다면 엄마를 향한 분노를 떨쳐내야 한다는 것을 알고 있어요."라고 이야기했다. 그녀는 자신의 어머니를 감정적으로 불안했던 한 여성으로 보기 시작했고 덕분에 용서의 작업에서 부분적으로나마 앞으로 나아갈 수 있었다.

월터와의 용서작업에서는, 그가 아버지에 대해 이야기할 때 그의 분노가 수면 위로 드러났다. 그의 아버지는 늘 모든 가족구성원과 어느 정도의 거리를 유지했다. 월터는 자신이 아내가 거리를 두는 것에 때로 과민하게 반응했었던 것이 어린 시절 아버지에게서 느꼈던 것과 비슷한 아픔 때문이었음을 이해하게 되었다. 부부상담에서 각 배우자에게 자신을 가장 크게 실망시킨 부모에 대한 분노를 해결하도록 하는 것은 도움이 된다. 이 단계에서 수전과 월터는 각자에게 상대방의 용서를 구하고 자신들의 행동을 개선할 것을 약속하였다. 수전은 "월터, 내가 우리 엄마처럼 행동한 것과 화내며 과민하게 반응한 것을 용서해 줘요."라고 말했다. 월터는 수전의 사과를 수용한 후, "내가 성마르게 행동한 것과 나의 아버지에 대한 분노를 당신에게 향하게 한 것에 대해 나를 용서해주오."라고 말했다.

이들의 분노는 차차 줄어들었다. 그러나 월터는 수전에게 "나는 당신이 내게서 디시 멀이지고 우리 사이에 벽을 쌓을까 불안해요. 그래서 당신을 신뢰하는 것이 두려워요."라고 말했다. 그가 그녀를 편안하게 받아들일 수 있기까지는 수개월의 시간이 필요했다. 그렇지만 그녀가 더 따뜻하고 헌신적으로 변하는 것을 보자, 월터는 방어를 내려놓는 것을 점차 편안하게 느끼게 되었다. 수전은 어머니에 대한 분노를 해결하고 자신의 롤모델이었던 어머니와 매우 다른 방식으로 행동하기 위해 노력하면서 사랑과 애정을 훨씬 더 잘 표현할 수 있게 되었다. 다행스럽게도 그녀는 자신의 이모가 정서적으로 여유있는 건강한 롤모델이 될 수 있음을 발견하였고, 지속적으로 이모의 모습을 배우기 위해 노력했다. 이 부부는 그들의 관계를 더 풍성하게 하기 위해 매일 그리고 매주 둘이서 함께 보내는 시간을 더 많이 가졌다. 수전은 어머니와의 고통의 시간들을 지워내는 데에 큰 어려움을 겪었지만, 이모와의 관계를 새롭게 형성한 것이 큰 도움이 되었다.

통제적인 남편

임상 경험으로 볼 때, 거리를 두거나 애정이 없는 배우자에 대한 용서가 통제적인 배우자를 용서하는 것보다 쉬운 과업이었다. 그 이유는 후자의 배우자가 보통 더 엄격하고 오만하기 때문이다. 또한 지배적인 배우자가 치료에 훨씬 더 저항적인데, 그 이유는 심각한 무의식의 감정적 갈등으로부터 스스로를 방어하고 있기 때문이다. 지배적인 배우자는 자신이 성공적으로 지배하고 있는 배우자에게 자신의 분노가 미치는 파괴적인 영향을 보통 인식하지 못하며, 결혼생활의 모든 부분이 원만하다고 느끼는 것으로 조사되었다(Goldberg & Goldman, 2008). 지배적인 배우자가 치료에 참여할 때 종종 초반에 강박적으로 치료자를 통제하려는 시도를 하는데 이것이 치료를 매우 어렵게 하기도 한다.

통제행동을 하는 가장 일반적인 원인은 통제적인 부모를 롤모델로 둔 것, 중독의 결과로 엄청난 스트레스와 외상이 있는 어린 시절과 청소년기를 보낸 것, 부모가 매우 자기애적이거나 화가 많은 것, 어린 시절의 방임 또는 자기애적 성격 특성의 결과이다.

통제적인 배우자들에게 과도한 분노를 내려놓도록 돕고 감정적 갈등을 해결하도록 하는 것은 상당히 어렵다. 그 이유 중 하나는 이런 사람들의 대부분이 어린 시절과 청소년기에 부모와의 관계에서 겪은 외상 때문에 타인을 신뢰하는 데에 필요한 기반이 매우 약하기 때문이다.

대부분의 경우, 통제하는 배우자에게 자신들이 수년 동안 얼마나 많은 상처를 받아왔는지 부인할 수 있다. 그렇지만 갈등이 해결되고 나면, 배우자가 가진 통제 욕구의 근원을 확인하려고 한다. 이런 경우 통제적인 배우자의 약점을 지적하면서 자신감을 갖고 적극적인 태도를 취하게 될 가능성이 높다. 작업단계에서 통제를 받아 마음이 상한 사람이 행동에서 상당한 변화를 보이기까지 꽤 오랜 시간이 필요할 수 있기 때문에 인내가 필요하다. 또한 지배적인 행동은 주기적으로 반복되기 때문에 통제자를 반복하여 용서하는 것은 보통 어려운 일이다.

지배적인 배우자를 용서하는 것이 그 사람의 무감각한 대우를 용인하고 신뢰하기로 결심했음을 의미하는 것은 아니다. 용서는 그보다는 분노의 스트레스를 없애고 배우자가 더 강하게 자기 주장을 펼치도록 하며 자기 자신과 자녀들을 보호하기 위해 필요한 중요한 결정을 하게 하며 부부관계를 개선시키는 데에 도움이 될 수 있다. 마지막으로 배우자가 통제적인 행동을 포기하려 하지 않는 경우, 별거를 고려해 볼 것을 제안할 수도 있다. 이는 단지 몇몇 배우자에게 통제의 강압적인 욕구를 개선하려는 노력에 동기부여되도록 하기 위함이다.

제드는 28세의 기혼남성으로 아내를 몹시 통제하며 비판할 뿐 아니라 지배하였다. 그는 아내의 일상 동안 그녀가 어디에 있는지 알려고 했으며 그녀의 가까운 친구나 가족 관계를 제한하려고 했다. 그의 아내 바이올렛은 남편이 자신을 존중하기 않기 때문에 진이 빠져 있으며, 불안하며 우울했고, 결국 이 때문에 치료에 찾아 왔다. 제드는 오랜 기간 동안 부부 상담에 참여하기를 거부했으며 바이올렛이 별거와 이혼으로 위협한 뒤에야 참여하기로 했다.

처음에 제드는 자신의 분노와 행동에 대해 바이올렛을 비난했다. 자신의 원가족과의 갈등을 검토해 보는 것에 대해 매우 저항적이었으며, 결혼관계에서의 스트레스를 바이올렛과 그녀의 가정배경 탓이라고 비난하였다. 임상 경험을 통해 보면 부부갈등 치료의 개방단계에서의 저항이 개인 심리적 장애의 치료에 대한 저항보다 더 높다는 것을 알 수 있다. 제드는 수개월 동안 치료에 오는 것을 꺼려했고 아내와 치료자에 대한 통제를 유지하고자 했기 때문에 치료작업에서 거의 아무것도 하지 않았다.

바이올렛은 치료에서 아무 작업도 하지 않는 것에 대해 그를 비난했고 부부갈등에 대해 노력하지 않는 한 헤어지겠다고 위협했다. 제드가 자신이 가진 신뢰의 어려움과 분노가 결혼 갈등의 주요 원인이라는 것을 받아들이는 데는 수개월이 걸렸다. 그때까지 그는 아내에게 치료를 끝내도록 강요했고, 이런 강요가 실패하면 결혼생활의 스트레스를 아내의 탓으로 비난했으며, 자신의 약점을 방어하기 위해서는 유머를 사용했으며, 치료자의 조언에 따르지 않음으로써 대부분의 회기를 통제하려고 했다.

바이올렛은 제드가 수개월간 변화를 위한 동기가 없어 보였기 때문에 그에 대한 자신의 분노를 다루는 데에 꽤 어려움을 겪었다. 그녀는 결혼생활의 유익을 위해 그를 용서하는 것을 생각하는 인지적 용서연습을 통해 분노를 해결하려고 했지만, 용서하려는 느낌이 전혀 들지 않았다. 그러나 이런 수준의 용서가 그에게 더욱 자기주장을 할 수 있게 하는 그녀의 능력을 제한하지는 않았다. 그가 통제하려고 할 때 적절한 방법으로 자신의 분노를 표현할 수 있었다. 그녀는 그에게 주기적으로 "조금 더 나를 존중하고 감정적으로 세심하게 대해 주세요."라고 말하곤 했다. 이런 사례의 치료 중에 치료자가 통제적인 내담자에게 분노를 느끼는 것은 드문 일이 아니다. 사실, 치료자는 회기 중 또는 회기 이후에 이런 내담자를 용서하는 것을 통해 더 많은 것을 배울 수 있다.

제드는 별거의 위협 때문에 마침내 매우 통제적인 어머니 그리고 어머니와 비슷한 방식으로 자신을 대했던 여러 명의 누나들이 있는 가정에서 자랐다는 것을 인정하였다. 그는 자신의 어머니와 누나들이 그러했던 것처럼 강인한 아내에 의해 통제를 받는 것에 대한 무의식적인 두려움이 있었을지도 모른다는 것을 마지못해 인정했다. 이런 여성들에 대한 현재의 분노를 인정하지는 않곤 했지만, 자신을 어린 소년으로 상상하며 다음의 문장을 반영해 보는 인지적 용서 연습을 하였다. "내가 어릴 때, 집에서 나를 통제하려는 시도들이 너무나 싫었어요. 그리고 나는 어머니와 누나들을 용서하고자 노력하고 싶습니다."

다시 한 번 그는 용서작업에 완전히 참여하지 않는 방식으로 상당한 저항을 드러냈다. 그는 집안을 돌보는 일, 함께 있는 시간, 레저 활동과 같은 함께 즐기는 삶의 많은 측면들을 계속 통제하려고 했다. 그리고 그런 시도들이 성공하지 못했을 때, 종종 분노하면서 과민하게 반응했다. 신뢰에 투자할 수 있는 능력은 제한적이었고, 치료자와의 관계가 상당히 안전하다고 느끼기 전까지는 용서를 위한 힘든 작업들은 시작하지 않았다. 치료자는 그와 신뢰를 쌓기 위해 자신은 제드를 통제하길 원치 않으며 바이올렛의 대리인도 아님을 반복해서 말하곤 했다. 또한 치료자는 제드에게 그가 어린 시절에 마음을 상하게 한 사람들에 대한 분노를 해결하지 않는 한, 남은 생도 그들에 의해 통제될 수도 있을 것이라는 수년간의 임상작업에 기반을 둔 관점을 설명해 주었다. 치료자는 그들을 용서하지 않는 한, 바이올렛과의 신뢰와 편안한 관계를 즐길 수 없는 자신에게 상처를 준 사람들에게 갇힌 과거의 죄수로 남아 있게 될 수도 있음을 말해 주었다. 과거에 의해 통제를 받을 수 있다는 두려움이 제드로 하여금 깊은 분노를 내려놓고 아내를 신뢰하려는 노력을 하게 하도록 동기부여하였다.

그는 어머니에게 받는 통제의 압박을 피하기 위한 방법으로 놀이나 체육활동에 가능한 한 많은 시간을 보내면서 청소년기에 집을 멀리했음을 이해하게 되었다. 그리고 성인기가 되자, 아이들을 위한 여행 스포츠 팀, 육상이나 운동에 강박적으로 참여함으로써 유사한 방식으로 부부관계에서도 무의식적으로 집을 멀리하고 있었다.

제드는 자신의 아내가 자신을 통제하려는 욕구가 없는 신뢰할 만한 여자라고 매일 자신을 상기시키면서 신뢰를 키워갔다. 신뢰가 쌓이자 수년 동안 자신의 아내를 향하여 잘못 표출되어 왔던 어머니와 누이에 대한 분개를 내려놓을 수 있게 되었다. 다른 통제자들과 마찬가지로 제드가 통제를 포기하고 취약한 위치가 되는 것에 양가감정을 가졌기 때문에 회복과정은 필연적인 강렬한 말다툼과 헤어짐의 위협이 오가는 수년간의 폭풍과 같은 시간이 있었다.

바이올렛은 이 기간 동안 그의 통제행동이 드러나는 것을 볼 때마다 과민하게 반응하지 않도록 매일 제드를 용서하는 노력을 하였다. 제드는 심화단계에 이르러 바이올렛을 더욱 신뢰하게 되었고 그녀를 향하여 많은 사랑을 느끼게 되었다. 더욱이 그는 자신의 아내에게 상처를 준 모든 방법들에 대해 후회하였고, 더욱 존중하는 방식으로 아내를 대할 것이라고 약속했다.

통제하는 아내

데이브는 53세, 마샤는 50세로 두 사람 모두 재혼이었고, 결혼 수개월 후 부부관계의 말다툼 때문에 치료에 찾아 왔다. 데이브는 자신의 아내가 끊임없이 자신을 비난하는 것과 삶의 모든 부분을 통제하려는 강박적인 욕구처럼 보이는 것 때문에 미칠 것 같다고 불평하였다. 데이브는 완전히 낙담한 상태였고 새로 시작한 이 결혼생활을 포기하는 것에 대해 언급했다. 마샤는 이에 동의하지 않았고 자신의 비난은 완전히 정당한 것이라고 주장했다. 그렇지만 마샤는 첫 남편이 다른 여성 때문에 자신을 배신한 것과 비판적이었던 자신의 어머니 때문에 데이브를 신뢰하는 것에 어려움이 있음을 차차 이해하기 시작했다.

데이브가 용서치료의 이점과 개념을 이해하는 데에 더욱 수용적이었기 때문에, 그에게 먼저 아내에 대한 강한 분노를 해결하는 데에 용서치료를 시도해 보도록 했다. 마샤는 자신의 분노를 파헤치는 것에 저항적이었지만, 결국 전 남편에게서 받은 상처에 대해 과거용서 연습을 해 보는 것에 동의하였다. 그녀는 분노가 자신을 통제하는 것을 원치 않았고, 용서가 데이브와의 신뢰를 재건하고 사랑 관계에 반드시 필요하다는 것을 알았기 때문에 분노를 해결하고자 하는 동기의 수준이 높았다.

마샤는 자신의 어머니가 야기한 배신의 고통을 동시에 용서하고 있었기에, 전 남편을 용서하는 데에 큰 어려움을 겪었다. 그녀의 전 남편으로 말하자면, 그녀는 "나는 그에게 온전히 나 자신을 주었지만 그는 나를 이용했고 직장의 다른 여자를 따라 떠났어요. 그를 용서하는 것을 생각한다는 것 자체가 너무 어려워요. 그는 나에게 한 짓 때문에 벌받고 고통받아야 해요."라고 말했다. 그러나 마샤는 다음과 같이 말하며 용서라는 매우 어려운 작업을 하는 데에 전념하였다.

> 나는 상처받을 것이 두렵다는 이유로 다시는 같은 방식으로 그가 나를 통제하게 하고 싶지 않아요. 나는 내 삶에서 자유로워지고 싶어요. 데이브는 믿을 수 있는 사람이고 나는 그를 통제해야 할 필요가 없어요.

전 남편에 대한 분노가 줄어들면서, 그녀는 데이브가 자신의 첫 남편이 그랬던 것처럼 아주 혹독하게 자신을 배신할 수도 있을 것이라고 두려워했고 이 두려움이 통제의 욕구를 일으켰다는 것을 인식할 수 있었다.

마샤가 매일 자신이 데이브를 신뢰하길 원하고 통제하는 것은 원치 않는다는 것, 데이브에게 자신의 통제에 대한 강박적인 욕구에 대해 용서를 구하고, 그를 더욱 존중하기를 원한다는 것을 반영하는 개입법도 부부관계를 개선시키는 데에 도움이 되었다. 분노가 줄어들고 신뢰가 쌓이면서 두 사람간의 사랑도 더욱 강해졌다.

배우자의 외도

배우자의 외도로 인해 부부가 상담을 받고자 나오는 경우 또한 적지 않은데, 이는 분노, 슬픔, 두려움, 죄책감 등으로 인한 심각한 정서적 고통을 경험하고 있거나, 상담을 통해 문제를 정직하게 마주하고 자신들의 관계를 회복하기 원함이다. 인터넷 포르노의 과도한 사용은 배우자가 다른 여성이나 남성을 통해 행복과 성적 만족감을 찾는 부부간의 가상적 외도의 트라우마를 증가시켰다. 이런 행동들은 상대 배우자에게 외도로 경험된다. 온라인 외도 또한 소셜 네트워크, 특히 페이스북을 통해 증가하고 있다(Cravens, Leckie, & Whiting 2013). 용서치료를 포함해 부부의 인터넷 외도문제를 다루기 위한 여러 치료 프로그램들이 개발되어 왔다(Hertlein & Piercy, 2012).

최근의 문헌들은 배우자의 외도로 인한 심각한 배신의 고통과 관련된 화, 분노와 불신을 다루는 데 있어 용서의 효과적인 역할을 제시하고 있다(Enright & Fitzgibbons, 2000; Gordon, Baucom, Snyder, & Dixon, 2008). 외도로 인한 분노를 해결하기 위해 가장 먼저, 그리고 반드시 해야 하는 일들에는 외도를 한 배우자가 전적으로 솔직한 태도를 갖는 것, 분별없이 행했던 모든 행동들을 완전히 시인하는 것, 진심으로 사과하는 것, 그리고 주요한 촉발 갈등을 찾기 위해 자기에 대한 인식 수준을 높이는 것이다. 상대 배우자의 경우 외도한 배우자가 명백한 후회와 함께 자신의 외도를 야기한 갈등들을 이해하고 그에 대한 작업에 전념하는 모습을 보일 때에만 신뢰를 회복할 수 있다. 이러한 갈등들은 외로움, 불안정한 감정, 이기심, 과도한 포르노의 사용, 또는 스트레스 등을 포함한다. 한 연구에 의하면 외도를 경험한 부부들은 서로에게 충실했던 부부들에 비해 더 높은 정도의 헤어질 확률, 부정직함, 신뢰와 관련된 논쟁, 자기애를 보였고 혼자 보낸 시간이 많은 것으로 나타났다(Atkins, Yi, Baucom, & Christensen, 2005).

외도한 배우자가 자신의 잘못된 행동을 솔직히 드러내고 변화하기로 결정하지 않는다 하더라도 용서는 배신의 고통에 대처함에 여전히 도움이 될 수 있다. 그러나 배우자들은 외도한 상대 배우자가 자신의 잘못을 인정하고 변화하겠다고 결정하는 등의 필수적인 일들을 이행하기 전까지는 다시 신뢰하기 위해 노력하는 것을 시작하지 말아야 한다. 이는 외도를 한 배우자가 상당히 자기애적이거나 지배적일 때 일어나는데, 이런 부부관계의 경우 예후가 좋지 않은 경우가 많다. 이와 같은 관계에서는 자신의 주장을 건강하게 전달하는 능력이 필수적으로 요구된다. 외도를 한 배우자가 변화에 대한 진실된 결심을 보이지 않는다면, 별거와 이혼이 고려되어야 한다.

부부 사이의 외도는 가장 강력한 형태의 분노를 야기하여 격렬한 언어나 외도한 배우자를 구타하는 것과 같은 난폭한 자극이나 공격적 행동에 이르기도 한다. 강렬한 슬픔, 불신, 불안정성에 의해 일어나는 분노는 배우자와 결혼생활에서의 중요한 변화와 함께 천천히 감소하고 오랜 기간에 걸쳐 용서하는 노력이 필요하다.

많은 배우자들은 극심한 배신감 때문에 인지 또는 감정적 용서를 하지 못한다. 이러한 경우에 믿음이 있는 사람에는 영적인 용서를 사용해 볼 수 있다. 내담자는 아마도 "나의 화, 분노, 슬픔과 두려움에 대해 무력합니다. 나는 이것들을 주님께 맡기길 원합니다."라고 생각하거나 "주여 제발 이 분노를 가져가 주세요."라고 말할 수 있을 것이다. 또한 용서의 작업은 외도를 한 배우자가 감정적 민감성이나 행동 및 태도에서의 변화를 보여주므로 신뢰관계를 서서히 쌓아가면서 촉진될 수 있다.

작업단계에 걸쳐 치료 회기의 안팎에서 종종 강렬한 분노가 표출된다. 동시에 외도를 한 배우자가 주기적으로 후회의 말을 하고(온당하게 그리고 복수를 위한 무기가 아닌), 용서를 구하고, 외도를 이끈 갈등을 해결할 수 있게 될 것이라는 자신감을 표현하는 것이 중요하다.

부부 사이에서의 심각한 외로움 때문에 외도가 발생하였다면, 외도한 사람은 배우자보다 더 크게 분노하고 있을 수도 있다. 외로움을 많이 느낌 사람은 더 많은 애정, 사랑, 존중, 그리고 칭찬으로 서로 소통하지 못하는 것 때문에 배우자에게 상당한 분노를 품고 있기 때문이다. 이런 경우, 용서에 더 어려움을 느끼는 사람은 외도를 저지른 사람일 것이고, 그의 배우자의 경우에는 부부관계에서 감정 및 존중을 표현하는 능력을 높이는 데에 더 많은 치료작업이 필요할 것이다.

Reed와 Enright(2006)의 연구결과는 부부간 외도의 치료에 대한 동기를 부여하는 요인을 설명하고 잇다. 감정적인 학대를 받았지만 용서치료에 참여한 여성이 그렇지 않은 사람들보다 우울증, 분노, 외상후 스트레스장애, 불안, 그리고 자존감에서 유의미하게 더 많은 개선을 경험했다는 것이다. 임상경험 역시 부부 사이의 외도를 야기하는 감정적 갈등을 해결하는 데에 용서치료가 상당히 도움이 된다는 것을 보여준다.

이혼분노

이혼과정을 겪는 배우자, 자녀들 및 가족구성원들은 높은 수준의 스트레스, 슬픔, 분노와 불안을 주기적으로 경험한다(Emery, 1990). 이 분노는 강렬할 뿐 아니라 배우자와 자녀들에게 악영향을 미칠 수 있다. 분노관리 기술훈련이 특히 매우 복잡한 갈등 이혼(Lebow, 2008)뿐 아니라 부모 따돌림(parental alienation)에도 중요한 것으로 나타났다. 자녀양육과 방문에 대한 오래된 갈등은 관련된 모든 사람은 물론, 특히 아동에게 유난히 악영향을 미친다(Kelly & Emery, 2003).

비록 많은 배우자들이 기분을 상하게 하는 상대와 멀어지는 것에 안도감을 느끼기는 하지만 종종 외상후의 과정을 겪기도 하는데, 이는 부부간의 배신에 대한 기억과 그에 따른 강한 분노감정과 관련된 것일 수 있다. 어떤 사람들은 증오와 복수 충동 때문에 허우적대기도 한다. 관련된 모든 사람뿐 아니라 사회 전체를 위하여 이런 폭력적인 충동을 해결하는 것은 중요하다. 이혼과정 동안 분노를 다룰 수 있는 능력은 감정적 건강을 유지하는 데에 매우 도움이 된다.

부모가 갈등 중에 있을 때에 자녀들은 정신운동초조(psychomotor agitation)를 나타낼 수 있고, 부모가 서로를 비난하는 것을 듣게 되면 보통 깊은 상처를 받는다. 부모가 별거와 이혼과정 중에 용서를 고려하는 주된 이유가 바로 자녀에게 미치는 분노의 악영향 때문이다. 분노 해결을 장려하는 또 다른 이유는 이전 배우자에 대한 분개함 때문에 미래의 관계가 손상되는 것을 막기 위해서이다. 이혼과 관련된 분노의 원인은 많다. 2012년 이혼을 한 886명의 미네소타 주민들에 관한 연구에서, 응답자의 53%가 이혼결정에 기여한 주요 원인을 함께 대화하지 못하는 것이라고 했다. 이들의 55%는 관계가 소원해진 것, 34%는 불충분한 관심과 외도를 또 다른 원인이라고 응답했다(A. J. Hawkins, Willoughby, & Doherty, 2012). 이런 갈등들은 배우자에게 분노를 일으킨다.

버지니아 대학교에서 이혼한 가정을 대상으로 진행한 연구에서는 응답자의 50%가 자신들이 타인에 비해 더 어려운 어린 시절을 보냈다고 생각했으며(부모가 결혼관계를 유지하고 있던 성인들의 경우는, 14%인 것과 비교), 28%는 아버지가 자신을 사랑했는지에 대해 확신이 없었다(부모가 결혼관계를 유지하고 있던 성인들의 경우, 10%인 것과 비교, Emery, 2004).

이혼가정의 아동과 용서자에게 미치는 용서의 이점도 연구를 통해 증명되었다. 10세에서 13세의 자녀를 둔 30명의 이혼 또는 영구적 별거상태의 어머니들을 대상으로 한 횡단 연구에서, 전 배우자가 그들에게 저지른 범죄를 용서한 사람들을 용서하지 않은 어머니들과 비교했을 때, 전자의 경우 불안 및 우울, 처벌적 양육의 정도가 낮았으며 정신건강 및 긍정적 가족관계의 수준은 더 높았다(Burkholder, Enright, & Klatt, 2013).

특히 이혼과정이 복잡하고 어려웠던 경우, 분노를 내려놓는 것이 매우 힘들기 때문에 짧은 시간에 인지 및 감정적인 용서를 할 수 있는 배우자들의 수는 매우 적다. 배우자가 결혼생활을 유지시키기 위해 충분한 노력을 하지 않았다고 믿기 때문에 많은 사람들이 억울해 하고 분노한다. Glenn(2006)의 연구가 이런 관점을 뒷받침한다. 그는 텍사스대학교의 조사연구소에 의해 진행된 국가적 조사에서 이혼한 응답자들의 1/3만이 자신 및 배우자가 결혼을 유지하기 위해 충분히 노력했다고 답했음을 발견하였다. 용서가 그들에게 필요하지만 불가능하다고 보는 관계에서는 영적 용서연습을 하는 것(이미 언급된)이 효과적일 수 있다. 이런 연습은 치료자의 지지 하에 상대방에 대한 분노를 주기적으로 표현하는 것과 함께 진행된다. 마지막으로 항우울제가 몇몇 내담자들에게 강력한 배신의 분노와 슬픔을 줄이는 데에 도움이 될 수 있다.

안타깝게도, 많은 내담자들이 관계가 끝난 후 수년 또는 심지어 수십년 동안 전 배우자에게 주기적으로 매우 극심한 화와 분노를 느낀다. 종종 이런 분노의 실제 대상이 아닌 중요한 타인에게 잘못 분노하고 있다는 것을 인식할 때 매우 죄책감을 느끼게 될 수 있다. 이런 분개함을 해결하는 것이 애정 있는 관계를 유지하는 것 뿐 아니라 개인의 건강에도 필수적이다. 이혼가정의 부모들은 또한 용서과정을 통해 자신의 자녀들이 이혼과 관련된 분노를 해결하도록 도울 수 있다.

로재너는 보기 드물게 이기적이었던 전 남편 니크와 6년간의 결혼생활 끝에 이혼을 했다. 그가 자신보다는 지배적인 어머니에게 훨씬 더 충실했기 때문이었다. 그녀는 더 이상 그를 향한 분노가 없다고 생각했었다. 그러나 로재너는 자신에게 둔감하거나 존중해주지 않는다고 느끼면 누구에게든지 강하게 분노하며 과민하게 반응하곤 한다는 것을 발견하였다. 이런 경험들이 그녀가 니크에 대한 많은 양의 분노를 부인해 왔다는 것을 알 수 있게 하였다. 그녀는 그를 향한 분개를 완전히 극복하지 못했음을 인식하였다. 용서에 대한 설명을 듣고 난 후, 자신의 대처전략이 효과가 없었다는 것을 인정하였고, 용서에서 얻을 수 있는 이점을 분명히 이해했다. 용서치료 과정에 참여하면서 그녀는 니크에 대해 연민을 느끼는 자신을 발견하였다. "그는 결코 어머니의 통제에서 자유롭지 못할 것이고 남은 생애를 자신의 어머니처럼 이기적으로 행동하고 통제하려 들 거예요."라고 말했다.

로재너는 니크와 함께 한 6년 동안 많은 상처를 받아왔기 때문에 더 이상 감정적인 삶에 그가 부정적인 영향을 미치는 것을 원치 않았다. 전 남편을 용서하는 데에 전념하면서 그녀의 기분은 훨씬 더 안정되었고 과민하게 분노하는 횟수도 훨씬 적어졌다. 일반적으로 감정적인 측면에서 전 배우자들의 통제를 끊고자 노력하는 많은 사람들은 이와 같은 경험을 하게 된다.

결혼관계의 수동-공격적 분노

많은 결혼관계에서 분노는 주로 수동-공격적인 방법으로 표현된다. 이런 경우 한 사람이 상대에게 자신은 분노하지 않은 척하며 은밀한 방법으로 분노를 터뜨리며 수동적으로 행동한다. 이런 유형의 사람들은 스스로를 이해력이 있고 애정이 넘치는 것으로 묘사하고, 동시에 분노는 분명히 드러나지 않는 방법으로 표출한다.

결혼관계에서 수동-공격적인 분노가 표현되는 가장 고통스러운 방법은 사랑을 주지 않는 것이다. 이들은 또한 종종 마치 자신이 피해자인 듯이 행세하면서 부부관계의 대화를 무시하거나, 반응하지 않으며, 중요한 문제나 일을 미루고, 무책임하게 행동한다.

흔히 수동-공격적 분노의 피해자는 자신이 은밀한 분노를 받고 있음을 알아채지 못한다. 이런 양상의 분노를 받고 있는 피해자는 종종 불안, 슬픔, 분노, 그리고 다양한 정신신체증 증상들이 있다고 말한다. 피해자들은 늘 좌절감을 느끼거나 화가 난 것처럼 보이기 때문에, 다른 사람들이 보기에 더 화를 내는 사람으로 잘못 인식되고 있을 수 있다. 동시에 수동-공격적인 배우자들은 스스로를 차분하고 느긋한 사람으로 그리려고 노력한다.

수동-공격적 분노는 확인하기에 어려울 수 있고, 사람들은 자신이 이런 방식으로 분노를 표현한다는 것을 인정하지 않으려고 할 수 있다. 이러한 유형의 수동적 분노를 인식할 수 있는 한 가지 방법은 결혼생활에서 수동-공격적 분노가 표현되는 일반적인 방식을 배우자와 함께 살펴보는 것이다.

이런 사람들은 고도로 교묘하고 방어적일 수 있기 때문에 개방단계가 매우 까다로울 수 있다. 이들은 종종 자신들이 수동적 행동을 통해 분노를 표현한다는 것을 인정하기를 꺼려한다. 저항에도 불구하고 개방단계에서 드러난 내용들을 기반으로 내담자들에게 인지적 용서를 권유한다. 예를 들어, 이런 분노의 원인이 통제적이거나 둔감한 부모일 수 있다면, 그들을 용서할 것을 권할 수 있을 것이다. 많은 사람들이 태만하거나 통제적인 부모를 향한 해결되지 않은 분노가 있고, 이를 무책임하고 둔감한 방식으로 행동하므로 결혼관계에서 부적절하게 표현한다. 특히 수동-공격적 행동이 주기적이고 명확하게 나타날 때 이런 인지연습은 분노를 줄이는 결과를 가져올 수 있다.

배우자를 통제하거나 거리를 유지하는 데에 수동-공격적 분노를 사용하는 것을 즐기거나 수동적인 방식으로 반항하는 데에 즐거움을 느끼기 때문에 용서하지 않는 배우자들도 있다. 이런 부부관계를 유지하는 사람들은 분노를 멈추기를 거부하기 때문에 별거와 이혼을 겪은 경우도 있다.

학대하는 배우자를 용서하는 것의 한계

많은 사람들이 폭력적인 분노를 일으키는 기본적인 갈등을 해결하기 위해 노력하기를 꺼려한다는 것은 안타까운 일이다. 분노를 느끼는 것이 스스로를 강하다고 느끼게 하고 배우자에 대한 잘못된 통제감을 가져다주며, 누군가를 처벌하는 데에서 즐거움을 느끼기 때문에 분노하는 것을 멈추고 싶어하지 않는다. 상대 배우자들은 이런 학대 분노로부터 스스로를 보호하는 가장 효과적인 방법을 결정해야 한다. 보통 학대로부터 보호명령을 법원에 구하거나 부부간 별거와 이혼으로 대응하는 것이 가장 많다. 이런 개입의 본질은 학대자가 이런 분노를 해결하는 데에 전념하도록 만드는 것이다. 분노한 배우자가 극도로 충동적이고 폭력적인 행동을 한다는 것이 증명된 경우, 반드시 학대받은 배우자와 자녀를 보호하기 위한 선택과 시기를 고려하여 신중하게 개입을 계획해야 한다.

이베트는 극도로 분노를 표출하는 남편 모건에게 오랜 기간 피해를 받았다. 그는 말로써 학대할 뿐 아니라, 밤에는 꿈을 꾸는 척 가장하여 신체적인 학대도 하였다. 종종 그녀를 침대 밖으로 밀어내고 "꿈꾸는" 동안 때렸다. 수개월의 치료를 통해 마침내 모건은 어린 시절 어머니가 자신을 매우 힘들게 했고 거의 항상 비판적이었다는 것을 인정할 수 있었다. 어머니는 중증의 심장병을 핑계로 그를 통제하려 했고, 그가 복종하지 않으면 자신은 결국 심장마비를 일으켜 죽게 될 것이며, 그것이 그의 책임이라고 빈번히 말했다. 그는 비록 어머니와의 관계에서의 어려움들을 인정하긴 했으나, 어머니와의 해결되지 않은 분노가 있다는 것과 그것이 이베트를 향하여 잘못 표출되고 있다는 것은 인정하지 않았다.

모건의 저항에도 불구하고 그에게 결혼생활의 유익을 위해 어머니를 용서하는 작업을 해보도록 권유했다. 그가 어머니를 용서하려는 노력을 하지 않는다는 것이 명확해지자, 이런 과정을 할 수 없는 이유는 아내를 통제하기 위해 분노에 의존하기 때문임을 설명하였다. 그리고 아내는 어머니처럼 당신을 통제하기를 원치 않고, 신뢰할 수 있는 사람으로 보도록 노력할 것을 권유했다. 이베트에 대한 신뢰를 키우기 위한 시도들은 그의 행동에서 어떠한 변화도 일으키지 못했다. 그는 단순히 아내를 믿는 것이나 어머니에 대한 분노를 해결하기를 거부했고, 언어 및 은밀한 신체적 학대를 계속했다.

그의 학대행동은 이베트에게 더 큰 피해를 주기 시작했고, 결국 우울증의 증상이 나타났다. 그 시점에서 치료자는 그녀에게 별거를 고려해 보라고 조언하였다. 그녀는 이 조언을 거절했고 치료는 종료되었다. 미래의 어떤 시기에 이베트가 조금 더 자기 주장을 할 수 있게 되고 모건이 어머니에게 가진 분노를 버리고 아내와의 신뢰를 쌓을 수 있도록 제안했던 기술들을 사용해 보게 되기를 바라는 수밖에는 없다.

기타 가족관계의 용서

용서는 부부치료의 치료 역할에 더하여, 이외의 다양한 가족관계에서 갈등과 분열을 만들어내는 과도한 분노를 줄이고 해결하는 데에 도움이 될 수 있다(DiBlasio, 1998). 특히, 불편하고 상처 받은 형제자매, 부모, 그리고 배우자의 가족과의 관계에 도움이 될 수 있다.

형제자매간의 용서

형제자매 관계에서 나타나는 과도한 분노는 종종 부모를 향한 해결되지 못한 분노 중에서 주로 아버지에 대한 분노가 형제나 자매에게 잘못 전달된 결과이다. 이와 같은 적대적 감정을 부적절하게 표현하는 것은 종종 어린 시절에 시작되어 성인기의 삶까지 이어질 수 있다. 화가 난 형제자매가 자신을 가장 실망시킨 부모를 용서하는 작업과 잘못 전달된 분노에 정신외상을 입은 형제자매에게 용서를 구하므로 형제자매 관계를 치유한다. 정신적인 충격을 받은 형제자매는 좋은 관계를 갖기를 원하고 서로 용서를 하고 신뢰를 키우기 위해 노력하는 반응을 할 것이다. 또한 부모는 자녀들에게 다른 발달단계에서 분노하는 형제자매 및 부모관계에 용서 연습을 권해볼 수 있다.

통제하는 친척과 용서

배우자 가족과의 관계의 주요 갈등원인은 성인이 된 결혼한 자녀를 통제하려는 것이고, 이는 종종 비판적인 행동으로 시작된다. 이런 어른들은 손자들뿐 아니라 사위나 며느리를 향해 비판적인 행동을 하기도 한다. 이런 행동들이 부부관계의 스트레스를 가져오고 가족 간의 갈등을 증가시킨다. 많은 사람들이 통제적인 부모를 바로잡지 않는 배우자에게 배신당한 느낌을 받는다.

배우자의 가족들에게 자기 주장을 하고 용서하는 것은 부부관계에 도움이 된다. 그러나 이들을 용서하는 것이 신뢰할 수 있음을 의미하는 것은 아니다. 실제로 통제적인 사람은 행동을 바꾸려는 동기가 아주 낮기 때문에 기꺼이 행동을 바꾸려는 모습을 보이지 않는 한, 마음이 상한 사람들은 어느 정도의 기간 동안은 의도적으로 그 사람들로부터 거리를 유지할 필요가 있다. 존중하는 태도를 보이고 비난을 없애는 변화를 하지 않는 한, 그들을 신뢰하거나 환영할 수 없다고 분명히 설명하고 몇 년간은 이런 태도를 취해야 할 수도 있다. 통제적인 배우자의 가족들을 용서하려는 주기적인 노력을 통해 그들로부터 받는 감정적인 영향력을 깨뜨리고 자신을 강화시킬 수 있게 한다.

화를 내는 친인척과 용서

화가 나 있거나 통제적인 부모를 향한 분노는 무의식적으로 상대 배우자의 부모, 형제에게로 잘못 향하게 될 수 있다. 게이브는 무례하고 화가 난 태도로 자신을 대했던 사위 이반이, 어린 시절 그의 아버지에게 학대를 받았다는 것을 치료를 통해 확인하였다. 이반이 과민하게 분노하며 반응하자, 게이브는 다음과 같이 답했다.

> 나는 네가 어린 시절의 상처 때문에 네 아버지에게 가졌던 분노를 해결하지 못했으므로, 나에게 분노하며 과민하게 반응한다고 생각한다. 나는 네가 아버지를 용서하려고 노력한다면, 우리의 관계도 개선될 것이라고 생각한다.

게이브는 초반에 분노와 부인으로 반응했다. 그러나 이반의 생각이 종종 그의 머릿속에 퍼졌다. 얼마의 기간이 지나자 그의 조언에 따라 어린 시절 자신에게 상처를 준 아버지를 용서하려고 노력하기 시작했다. 그 결과 장인과의 관계는 더욱 안정되고 건강해졌다.

결혼 전 예방용서

부부관계 갈등의 주요 원인이 어린 시절 정서적 고통을 가한 부모와의 해결되지 않은 분노가 배우자에게 무의식적으로 잘못 전달되는 것이기 때문에, 결혼 전

갈등 예방을 위한 용서연습이 분노와 갈등으로부터 결혼생활을 보호하는 데에 도움이 될 수 있다(Fitzgibbons, 1986). 자신을 가장 좌절시켰던 부모에 대한 용서치료 작업을 시작하는 커플들은 미래의 결혼생활을 보호하는 이점을 얻을 수 있다. 미리엄은 아버지의 포르노 중독과 과도한 분노 때문에, 결혼생활에 대한 신뢰의 감정적인 기반이 약하다는 것을 깨달았다. 아버지를 용서하려는 노력의 결심이 예비 신랑인 애론을 신뢰할 수 있는 노력에 더욱 자신감을 갖게 해 주었다. 우리는 결혼준비 프로그램의 필수적인 요소로 예방적 용서연습을 고려하도록 한다.

미래를 향하여

다양한 장애에 대한 치료에 커플치료가 중요한 역할을 한다는 것(Lebow, Chambers, Christensen, & Johnson, 2012), 그리고 심리치료자들의 70%가 커플을 치료한다는 것(Orlinsky & Ronnestad, 2005)이 연구를 통해 증명되었다. 심리치료에 관한 *Consumer Reports*의 한 연구에 의하면, 커플치료가 소비자 만족에서 가장 낮은 등급에 속했다(Seligman, 1995). 이는 치료훈련에 대한 통제가 이뤄지지 않은 것이다.

부부관계가 좋지 못한 것이나 별거 및 이혼의 주된 원인 중의 하나인 과도한 분노를 다루는 데에 있어서 용서치료를 활용하는 것이 정신건강 전문가들에게 도움이 될 수 있다. 용서치료가 배우자와 부모 및 중요한 타인과의 관계에서 얻은 상처 때문에 나타나는 분노를 직접적으로 줄여주기 때문에 부부간의 갈등을 낮추고, 더욱 만족스러운 관계를 만들며, 부부관계의 신뢰와 사랑을 높이고 자녀를 보호하는 효과적인 심리치료의 접근법이라는 것을 뒷받침하는 연구와 임상 경험들이 늘어나고 있다.

제 III 부

용서치료에 있어서 교육, 측정, 심화하기

제12장
용서교육

마리아는 부모 아래에서 안정적으로 성장했다. 마리아는 매우 우수한 학생이었고, 4년제 대학을 졸업하였으며, 보수가 괜찮은 직장에서 일하고 있다. 그녀는 분명 감정의 기복을 겪어 왔으나 정신적 외상 경험은 없다. 그녀는 자신에 대한 위해를 다루는 사소한 측면으로서만 용서를 경험해 왔다. 현재 마리아는 서른 다섯살이며 그녀의 남편인 커트는 갑작스럽고 예기치 않게 이혼을 요구해 왔다. 마리아는 남편의 갑작스러운 요구에 전혀 준비되지 않은 상태였다. 그녀는 용서하기 원하지만 어떻게 해야 하는지는 모른다. 그녀는 상처가 깊고 용서의 경험에 전혀 익숙하지 않기에 감정의 치유로 나아가는 길을 걷는 것이 힘들게만 느껴진다. 서른다섯이라는 나이에 내면의 혼란을 겪게 될 때, 만약 그들이 이전에는 전혀 실천해본 적이 없다면 사람들은 어떻게 용서에 이르는 길을 찾을 수 있을 것인가? 이는 이미 체력이 약해진 서른 다섯 살의 마라톤 선수에게 다시 뛰도록 하는 일과 같다. 이러한 상황에 대하여 가장 좋은 방법은 여러 해에 걸쳐서 용서를 훈련하는 것이다.

마리아와 같은 사례들로 인하여, 우리는 아동 및 청소년들이 용서란 무엇이며 어떻게 용서로 나아갈 수 있는지에 대해 어린 나이부터 배울 수 있게 하기 위하여 용서교육을 시작하였다.

용서교육의 원리

우리는 용서교육을 고안하며 여덟 가지의 원칙을 고려했다.

1. 학습은 가정 또는 교실과 같이 스트레스가 없는 환경에서 행해져야 한다.
2. 아이(child) 자체가 아닌 이야기 안의 주인공에 초점이 맞추어져야 한다. 아이는 먼저 이야기의 주인공 간에 갈등이 있음을 보게 된다. 그 다음, 아이는 갈

등을 해결하거나 다루는 데에 많은 방법이 있으며 용서가 그중 하나임을 알게 된다. 다음으로, 아이는 용서가 부당한 상황을 직접적으로 해결하지 않음을 본다. 오히려 용서는 부당함의 결과를 다루는 방법이라는 것을 알게 된다.

3. 아이가 무엇이 용서이고 무엇이 용서가 아닌지에 대해, 그리고 대인관계 갈등의 본질(누군가가 나쁘게 굴 때 상대방은 상처받게 된다는 점)을 이해한다면 아이는 용서로 나아가는 길, 즉 "어떻게 용서하는지"에 대하여 탐험할 준비가 된 것이다. 아이로 하여금 먼저 다른 사람(이야기 주인공)이 용서를 해 나가는 과정을 보게 함으로써 아이는 모델링을 할 수 있게 된다.
4. 이제는 아이가 자신에게 실질적인 위해를 가한 누군가를 용서하고자 노력하기 시작하는 때이다. 먼저 자신을 화나게 한 작은 위해행동(예: 운동장에서 밀쳐진 것)을 떠올려 보고 시간이 지나고 나서야 더욱 심각한 불의에 대해 다루는 것이 가장 좋은 방법이다.
5. 아이들이 용서에 대해 배워감에 따라, 교육은 발달적인 관점에서 진행되어야 한다. 이를 통해 우리는 먼저 이야기 주인공이 위해를 가한 다른 주인공을 용서하는 것을 아이들이 보게 될 것이라 생각한다. 그리고 나서 아이는 이야기 주인공이 각각의 위해행동에 대해 다른 주인공을 용서할 수 있는지에 대해 추론하기 시작하며, 아마도 주인공이 똑같은 사람을 반복적으로 용서하는 것을 보며 용서가 여러 상황에 걸쳐 일반적으로 일어날 수 있음을 배우게 된다.
6. 이러한 발달적 순서에서 다음 단계는 이러한 일반화가 다양한 사람들에게 적용될 수 있으며, 따라서 여러 유형의 위해행동을 나타낸 다양한 사람들을 용서할 수 있음에 대해 배우는 것이다.
7. 그리고 나서 청소년기에 이르면 "나는 용서하는 사람이 될 수 있다"라는 더욱 성숙한 생각을 하게 된다. 다시 말해, 용서는 단순히 행동적 측면만을 지닌다기보다는 행동을 넘어 자아와 정체성의 일부로서 한 개인의 내면화된 반응일 수 있다는 점이다. 이 지점에서 이러한 도덕적인 덕목이 발달하기 시작함에 따라 용서에 대한 바람이 더욱 안정적이고 열의를 쏟는 대상으로 발달하게 된다. 이는 아리스토텔레스가 "사랑의 덕목(the love of the virtues)"이라고 불렀던 것이다.
8. 마지막으로, 이러한 발달 경로는 지역사회 내의 다른 사람들에게 용서를 나누고자 하는 동기에 이르게 된다. 예를 들면, 청소년들은 심리치료사 또는 가족

들에게 용서가 무엇인지, 사람들이 어떻게 용서를 하는지, 그리고 용서를 제대로 이해하고 실천했을 때에 용서가 자신과 다른 사람들에게 주는 혜택이 무엇인지에 대해 얘기하는 과제를 수행할 수도 있다.

용서교육의 과학

용서교육은 과학적 증거에 의해 뒷받침되는가? 우리는 단기적 그리고 장기적인 목표를 가지고 있다. 단기적으로는, 정서적 건강에 위협을 줄 정도로 충분히 심각한 부당함으로 인해 고통받은 아이 안에 있는 분노를 줄이는 것이다. 이는 평가가 가능하다. 장기적으로는 두 가지 목표를 달성하고자 한다. (a) 용서가 현재는 성인이 된 당시의 학생으로 하여금 불화와 분열을 일으키는 분노 없이 안정적이고 의미 있는 관계를 구축하도록 돕는다는 것과 (b) 용서가 지역사회 안의 다른 사람들의 고유한 가치를 더욱 깊게 바라보게 하는 역할을 한다는 점을 가르치는 것이다. 현재로서 우리는 단기적 목표만을 연구할 수 있으며 앞으로 이에 대해 논하고자 한다.

용서교육 교육과정

프로그램의 핵심은 용서가 이야기라는 매체를 통하여 교육된다는 점이다. Seuss 박사의 '*Horton Hears a Who*', '*Horton Hatches the Egg*', '*The Sneetches*', 그리고 '*Yertle the Turtle*'과 같은 이야기들을 통하여, 아이들은 갈등이 발생했을 때에 부당한 대우를 다루는 폭넓은 선택지가 있다는 것을 배운다. 중재의 매뉴얼은 세 파트로 나뉘어져 있다. (모든 용서교육 커리큘럼 안내서는 국제 용서 연구소 웹사이트에서 사용가능하다. http://www.internationalforgiveness.com).

첫째, 교사는 용서에 대해 언급하지 않고서 용서의 기저에 있는 특정한 개념(모든 사람의 고유한 가치, 친절, 존중, 관대, 그리고 선행)을 간단하게 소개한다. 두 번째 파트에서 아이들은 이야기를 듣게 되는데, 이야기의 주인공들은 부당하게 행동한 다른 이야기 주인공에게 고유한 가치, 친절, 존중, 관대, 선행(또는 반대인 불친절, 무례, 각박함)을 통해 용서의 다양한 예시를 내보인다. 세번째 파트에서는, 아이들이 원하는 한도 내에서 다섯가지 원리(고유한 가치, 친절, 존중, 관대, 선행)를 자신에게 상처를 준 사람을 용서하는 데 적용해볼 수 있도록 돕는다.

이 절에서 보고된 모든 용서교육 관련 연구 및 보고서는 국제 용서 연구소 웹 사이트에서 전문을 읽을 수 있다(부록 참조).

초등학교 연구: 북아일랜드 벨파스트

우리는 용서교육을 처음 실행할 곳으로 북아일랜드의 벨파스트를 선정하였는데 그 이유는 다음과 같다. (a) 해당 지역에는 아일랜드계 가톨릭과 영국계 개신교 주민 사이에서 수세기 동안 논쟁과 갈등이 있었고, (b) 벨파스트는 영국에서 가장 빈곤한 지역이었기 때문이었는데 이 점이 아이들의 삶에 또 다른 스트레스를 더하였고(Enright, Gassin, & Knutson, 2003), (c) 영어가 구어와 문어에서 모두 공용어로 사용된다는 점에서 번역과 관련된 문제가 없었고, (d) 미국에서 넘어오는 첫 기항지이기 때문에 우리가 다른 지역에도 시작하게 될 경우 그 여정을 수월하게 만들어 주기 때문이었다.

우리는 1학년 학급(영국학제로는 3학년에 해당)을 실험조건 또는 대기 통제조건(wait-list control condition)으로 무선할당하였다. 실험집단의 학급은 3개였고 통제집단은 4개의 학급이었다. 실험집단에는 36명, 그리고 통제집단에는 57명의 아이들이 배정되었다(Enright, Knutson Enright, Holter, Baskin, & Knutson, 2007).

교사들은 심리학자들로부터 용서의 심리학에 익숙해지도록 훈련받았다. 교사들에게는 용서의 의미에 대한 설명, 사람들이 어떻게 용서하는지, 그리고 어떻게 지침서를 활용하는지에 대한 내용이 포함된 교육과정 지침서가 배부되었다. 프로그램은 일주일에 한 시간씩 17주 동안 진행되었다(주수는 특정 학년에 따라 달라질 수 있다).

Beck 아동용 분노 평가척도가 평가에 활용되었는데 교육 직전에 시행하였고 교육이 끝나고 난 이후 한 달 뒤에 다시 시행하여 추후평가를 하고자 하였다. 분노 평가척도 문항은 구두로 각 학생들에게 개별적으로 제시되었다. 통계분석은 학급 수준이 아닌 개별아동 수준에서 시행되었는데 그 이유는 우리가 학급 전체로서의 변화보다는 개개인의 심리적 변화에 관심이 있었기 때문이었다. 우리는 실험집단에 속한 학생들의 분노가 통제집단에 비하여 통계적으로 유의한 수준에서 더 많이 감소했음을 발견하였다. 임상적 관점에서 실험집단은 분노에 대한 임상적 분기점

(clinical cutoff) 수준을 넘기기 시작했으며(Beck, Beck, & Jolly, 2001) 이후 중재가 이어지며 평균범위로 들어오게 되었다.

벨파스트의 3학년(Primary 5 in the United Kingdom)을 대상으로 한 연구에서 우리는 6개학급을 실험집단 및 통제집단에 무선할당하였다. 본 연구에서는 실험조건에 35명, 통제조건에 49명의 학생이 할당되었다. 앞선 연구와 유사한 연구과정이 반복되었다.

이 15주 프로그램의 주요한 이야기 중에는 *The Velveteen Rabbit*(M. Williams, 1958)과 *Rising Above the Storm Clouds*(Enright, 2004)도 포함되었다. 아이들은 처음에 용서의 정의와 나쁘게 행동하는 사람들까지도 포함하는 모든 사람의 고유한 가치에 중점을 두었다. 용서는 화해의 개념과 구분되도록 하였는데, 이는 아이들이 용서의 의미를 해를 가할지도 모르는 폭력적인 사람과 관계를 맺는 것으로 오해하지 않게 하기 위해서였다.

다음으로 교사들이 용서와 구분하여 선행이 지니는 다른 측면들을 제시하였다. 즉, 용서의 맥락 안에서 선행(善行)의 내용이 뒤를 이었다. 후반부의 일곱 번의 회기는 초반의 여덟 번의 회기에서 배운 내용을 적용하여 아이들에게 부당하게 대한 누군가를 용서하는 법을 가르치는 데에 중점을 두었다. 앞선 중재에서와 마찬가지로, '무조건성'이라는 개념이 프로그램의 중심적인 내용이었다. 즉, 아이가 모든 사람의 무조건적인 가치를 보는 것처럼, 심지어 부당하게 행동한 사람들도 결국엔 가치 있게 대우받아야 하는 사람들인 것이다.

우리는 1학년(영국학제 3학년)보다 연령이 높은 표본을 대상으로 했기 때문에 분노 측정도구뿐만 아니라 용서 측정도구(Enright Forgiveness Inventory for Children)와 Beck Depression Inventory for Children 또한 포함시킬 수 있었다. 실험의 결과, 실험집단에서 분노와 심리적 우울감이 통계적으로 유의하게 감소하였고, 통제집단의 학생들에 비해 상처를 준 사람에 대한 용서 수준이 더욱 증가하였다.

초등학교 연구: 위스콘신 주 밀워키

우리는 위스콘신 주 밀워키 도심 지역을 본 연구의 두 번째 장소로 정했다. 밀워키는 미국 내에서 가장 인종적으로 분리된 도시 중 하나이며 빈곤과 인종 간 갈등이 있는 곳이기 때문이었다(Holter et al., 2008). 밀워키 도심에서는 세 가지 연구가 진행되었다(Holter, Magnuson, Knutson, Knutson Enright, & Enright, 2008). 우리는 밀워키의 1학년, 3학년, 5학년 학급을 교사가 용서교육 커리큘럼을 실시하는 실험조건 또는 용서교육 시행 전에 1년을 기다려야 하는 통제조건으로 무선할당하였다. 1학년 연구에서 우리는 열 개 학급을 실험집단 또는 통제집단에 무선으로 배정하였다(실험집단 75명, 통제집단 44명). 3학년에서도 열 개 학급을 실험집단 또는 통제집단에 무선으로 배정하였다(실험집단 36명, 통제집단 42명). 5학년에서는 여덟 개 학급을 두 조건에 무선배정하였다(실험집단 40명, 통제집단 39명).

분석에는 아동의 학년(level)을 다시 활용하였는데(벨파스트 연구에서처럼 학급을 사용하진 않았다), 우리는 실험집단 중 3학년을 제외한 1학년과 5학년에서 통제집단보다 통계적으로 유의하게 분노가 감소하였음을 확인하였다. 3학년에서는 양 집단에서 모두 분노수준이 통계적으로 유의하게 감소하였다.

훈련된 심리전문가가 아니라 학급 교사들이 중재를 시행하였다는 점을 생각해 볼 때 우리는 희망을 발견할 수 있었다. 교실에서 용서치료를 처음 가르치는 지도교사에 의해서 유의한 결과가 얻어질 수 있다. 연구의 결과가 높은 동기수준을 지니고 용서치료에 자발적으로 응한 성인들과 대등하게 비교할 수준이라는 점도 주목할 만하다. 즉, 아이들이 이 프로젝트에 참여하기로 동의하였다고 할지라도, 우리는 그들이 용서를 경험하기 원하며 아동보다 훨씬 높은 수준의 인지복잡성을 지니고 과업에 임한 성인들만큼 동기부여가 되어 있으리라고는 생각하지 않는다.

중학교 연구: 위스콘신 주

위스콘신 주의 농촌지역에 위치한 한 중학교의 학교상담사가 15주 동안의 용서치료 교육을 받는 실험집단과 로저리안 지지 상담(Rogerian support counseling)을 받는 통제집단에 위기청소년들을 무선으로 배정하였다(Gambaro, Enright, Baskin, & Klatt, 2008). 상담은 집단 수준에서 실행되었다. 각 집단의 표본 크기는 8명으로 시작하였으나 중도탈락을 포함하여 최종적으로 실험집단에 다섯 명, 통제집단에 일곱 명으로 구성되었다.

참가자 선별을 위하여 세 가지 준거가 사용되었다: (a) 학생들은 상태-특성 분노표현척도(State-Trait Anger Expression Inventory-2; Spielberger, Jacobs, Russel, & Crane, 1983)에서 높은 분노 수준의 기준값보다 높아야 했고, (b) 교사들에게 학업 실패의 위험에 처한 학생들 중 다른 효과적인 처치를 받지 않은 학생들을 선별하도록 요청하였으며, 그리고 (c) 실험에 참가하기 위해서 모든 학생들은 다른 사람으로부터 받은 중대하고 깊은 상처를 지니고 있어야 했다. 참가자 대부분은 가족에서 경험한 부당한 경험에 대해 보고하였다. 예를 들어, 폭력적인 아버지, 형제의 자살, 성폭행, 그리고 반복되는 언어적 학대 등이었다.

상담사는 매뉴얼화된 용서치료 중재를 사용하였다(*Strengthening Families*, International forgiveness Institute [http://www.internationalforgiveness.com]에서 찾아볼 수 있음). 통제조건에서 상담사는 20년 이상 학교에서 시행해 온 로저리안 지지 상담을 수행하였다.

결과는 실험조건에 우호적인 방향으로 두 집단 간 통계적으로 유의미한 차이를 나타냈다. 즉, 용서수준은 증가하였고, 학교 품행문제는 감소하였으며, 자립심과 학업 성취 및 교사와 부모에 대한 긍정적 태도가 증가하였다. 이러한 결과는 4개월 뒤의 추후 측정에서도 지속되었다. 진전이 있었던 부분 중 하나의 예로, 학생들의 학업성취도는 평균적으로 낙제점에 가까운 D^+ 수준에서 시작하였다. 그 다음 학년도의 추후 측정에서 통제집단의 학생들은 여전히 학업 실패의 위험에 놓여 있었던 반면, 용서치료 상담을 받는 학생들의 학업성취도는 평균 C^+로 향상되었다.

이는 작은 농촌학교에서 집단상담 형태로 이루어진 작은 표본의 연구였음에도 불구하고, 대부분의 연구 변인에서 결과가 일관되었고 집단간 차이가 사후 측정과 추후 측정 모두에서 일관되게 큰 총 효과크기의 차이가 나타났다는 점에서 주목할 만하다. 우리가 처음에 했던 생각은 미성취 청소년들은 너무 빈번하게 정서적인 혼란을 겪어서 학업에 대한 집중과 흥미가 없다는 것이었다. 그 내적인 혼란스러움을 알지 못한 채로 그들을 "문제학생"으로 간주하는 것은 그 학생들이 더 깊은 심리적 어려움을 겪게 할 뿐이다. 반면에 정서적인 어려움을 겪는 미성취 학생들이 친절하지 못하게 대우받았던 그들의 이야기를 나눌 기회를 가지고 용서를 실천한다면, 그들은 분노를 흘려보내고 학교 활동에 더욱 집중할 수 있는 기회를 가지게 된다. 이 경우는 바로 이런 일이 일어난 것으로 보인다.

청소년 여학생 연구: 한국

Park, Enright, Essex, Zahn-Waxler, Klatt(2013)는 Gambaro와 동료연구자들

(2008)의 연구를 확장하였다. 더 큰 표본, 두 가지 세팅, 그리고 두 명의 중재하는 사람으로, 한국에서. 연구는 공격적 성향을 지닌 여성 폭력피해자(12세에서 21세)와 어느 참가자가 또래와의 관계에서 공격성을 나타내거나 또는 공격성에 노출되었는지에 집중하였다. 우리가 이 집단을 선정한 이유는, 만약 용서가 분노를 감소시킬 수 있다면 참가자들은 중재 이후에 다른 사람에게 공격적인 행동을 보이지 않을 것이기 때문이었다. 또한, 참가자들은 학교폭력을 당해 왔기 때문에 그들은 자신들을 괴롭힌 이들을 용서해야 할 필요가 있었는데, 그 과정을 통해 피해자들의 심리적 건강을 향상시키고 학업 성취 및 대인관계를 개선할 수 있을 것이기 때문이었다.

전문자격증을 가진 여성 심리학자와 용서치료에 대하여 4년간 연구를 지속해 온 여성 박사학위 후보자가 진행을 맡았다. 심리학자는 연구의 가설에 대해 알지 못한 상태였고 용서치료 및 스킬 스트리밍(이후에 기술될 통제절차를 일컬음) 접근에 대한 선호가 없음을 진술하였다. 두 시설은 서울의 사회경제적 지위가 낮은 지역의 한 중학교와 경기도의 청소년 교정시설이었다.

모든 참가자들은 세 가지 방법을 통해 각각 공격적 폭력피해자로 확인되었는데, 자기보고, 사회측정법(sociometric)을 통한 또래 평정, 그리고 교사 평가였다. 중학교에서 48명의 학생과 교정시설에서 24명의 참가자가 공격적 폭력피해자의 기준에 부합하였으며 세 실험조건 중 하나에 무선으로 배정되었다. 첫 번째 집단은 이 책의 4장에 나오는 과정모델에서 이야기의 주인공들이 네 가지 단계를 통해 용서작업을 하는 교육과정 지침서를 사용하였으며, '용서는 선택이다(Enright, 2001; *Forgiveness is a Choice*)'라는 책이 지침서로 사용되었다. 첫 7주 동안 참가자들은 그들을 부당하게 대한 이들에게 집중하였다. 마지막 5주 동안 참가자들은 그들이 부당하게 대한 사람들과 그들에게 공감대를 형성하는 것에 집중하였다. 두 번째 집단은 통제집단으로서 공감, 타협, 적극적 자기통제, 그리고 관점 채택과 같은 주제를 담은 스킬 스트리밍(skill streaming) 활동을 교육받고 연습하였다. *Skillstreaming the Adolescent* (A. P. Goldstein & McGinnis, 1997) 책이 사용되었다. 세 번째 집단은 어떠한 중재도 없는 통제집단이었다. 용서치료집단과 스킬 스트리밍 소집단은 일주일에 한 번씩 12주 동안 진행되었다.

무선배정을 통해 생성된 여섯 개의 소집단이 있었는데 각 기관별로 세 집단이었다. 각 집단의 참가자 수는 여덟 명이었다. 중재자 효과를 피하기 위하여 한 세팅에서는 심리학자가 용서치료 프로그램을, 박사과정생은 스킬 스트리밍 프로그램을 실행하였다. 다른 세팅에서는 서로 역할을 바꾸어 프로그램을 실행하였다. 연구팀의 세 연구자가 중재의 충실도를 확인하였는데, 지침서대로 중재를 전달하는 데 있어서 두 중재자의 상대적인 기술을 평가하였다. 그 결과, 두 진행자가 지침서에 명시된 대로 교육과정을 진행하였음을 확인하였다.

모든 참가 중학생들이 전체 프로그램을 수료하였다. 교정시설의 참가자 중 아홉 명은 추후측정을 완료하지 않았다.

사전, 사후, 그리고 8주 추후 측정이 다음의 측정변인들에 대하여 이루어졌다: 용서, 공감, 분노, 적대귀인(hostile attribution), 비행(자기보고 및 교사보고), 공격성(자기보고 및 교사보고), 그리고 한국어, 영어, 수학 성적에 대한 교사보고. 용서에 대한 측정에서 모든 학생들은 특정적인 부당한 경험으로부터 받은 상처를 보고하였는데, 교정시설의 청소년들이 부모로부터 받은 깊은 상처를 보고한 반면에(유기, 친족 성폭행), 대부분의 경우는 주로 또래친구들에 의한 것이었다(나쁜 소문 퍼뜨리기, 거짓말하기, 훔치기).

자료 분석에 있어서 표본 크기를 증가시키기 위하여 두 개 세팅의 자료 구분을 무효화하였다. 두 시설 간의 측정이 상응할 만하다는 것을 보장하기 위하여 두 세팅에서 세 번의 측정시기에 걸친 용서 변인을 분석하였으며 어떠한 차이도 발견되지 않았다. 세팅의 주효과를 확인하기 위하여 학교(교정시설 및 중학교)가 집단 내 변인으로 포함되었다. 어느 정도 예상할 수 있듯이 사전 및 사후측정에서의 분노, 공격성(자기보고 및 교사보고), 그리고 비행(학생 및 교사보고) 수준에서 학교 간 전반적 차이가 있었다. 자기보고 비행 변인에서는 사전 및 추후 측정에 걸쳐 학교 간 차이가 관찰되었다.

용서치료 집단의 참가자들은 스킬 스트리밍 및 무처치 통제집단과 비교하여 사전 및 사후 측정에서의 용서, 공감, 영어성적, 그리고 국어성적에서 유의미한 증가를 보였으며, 분노, 적대귀인, 자기보고 공격성 및 비행에서 유의미한 감소를 나타냈다. 사전 측정과 8주 추후 측정에서는 용서, 공감, 적대귀인, 그리고 자기보고 비행에 있어서 같은 양상의 결과가 확인되었다. 성적은 추후 측정에 포함되지 않았다. 용서집단과 스킬 스트리밍 집단 간의 추후측정 점수로 효과크기를 계산한 결과 용서, 공감, 분노, 적대귀인, 그리고 국어성적에서의 효과크기가 크다고 해석할 수 있는 수준으로 나타났다.

Gambo와 동료들(2008)의 연구와 유사하지만 더욱 큰 표본크기를 바탕으로 본 연구는 심리적 안녕감(그리고 자기보고식 행동 안녕감)과 학업성취가 동시에 향상됨을 보여주었다. 아마도 용서는 심리적 적응의 어려움과 학교에서의 학업성취 사이에서 매개변인의 역할을 하는 것으로 보인다. 이러한 가설은 앞에서 살펴본 두 연구의 결과가 제안하는 앞으로의 탐구에 있어 가치 있는 내용이라고 할 수 있다.

이 장에 기술된 일곱 개 연구의 결과를 고려해 보면 용서치료 교육은 교육 현장에서 실행할 만한 가치가 있는 것으로 보인다. 지금부터는 이러한 용서치료 교육이 어떠한 방식으로 실행에 옮겨질 수 있는지에 대해 설명하고자 한다.

용서교육의 실행

우리는 이 절에서 정신과 의사, 임상가, 상담사, 그리고 사회복지사와 교사 및 부모를 위한 의견을 제시하며, 도움전문가를 위한 내용부터 시작하고자 한다.

용서교육의 임상적 실행

상담사, 임상가, 그리고 사회복지사는 내담자 개별적으로 또는 집단을 대상으로 쉽게 용서교육을 실행할 수 있다. 용서교육을 시작하고자 한다면 관심이 있는 도움전문가 누구라도 국제 용서 연구소 웹사이트(http://www.internationalforgiveness.com)에 있는 미국심리학회(APA) 승인 평생교육 과목을 고려해 볼 수 있다. 해당 내용은 본서에 제시되는 용서치료의 내용을 바탕으로 한다.

교사와 심리학자 그리고 사회복지사들은 모든 용서교육 교육과정 지침서를 사용할 수 있다. 지침서의 개괄적인 설명에 명시되어 있듯이, 4세에서 18세까지 이르는 연령대에 대하여 용서에 초점을 둔 치료적 만남의 기초를 형성하는 책과 질문들이 있다.

우리는 도움전문가들이 아동 및 청소년에게 용서의 정의(용서란 무엇이며 용서가 아닌 것은 무엇인지를 포함하여), 모든 사람들의 고유한 가치, 자비, 고통을 참는 것, 그리고 고통의 의미를 발견하는 것과 같은 중요한 개념을 소개하는 도구로서 각 이야기들을 활용할 것을 권유한다. 내담자가 해당 회기의 기본적인 개념을 이해하고 난 뒤에, 도움전문가는 그 개념들을 내담자가 고유하고 특수하게 부당함을 경험했던 상황에서 직접적으로 적용해 보도록 진행할 수 있다.

교사-부모 간 용서 워크숍

학교상담사를 용서교육의 강사로 하였던 Gambaro 외 동료연구자들(2008)과 Park과 동료연구자들(2013)의 연구를 제외하고는, 현재까지 용서교육 프로그램은 학급 교사에 의해 실행되어 왔다. 학급 교사(그리고 부모들이 이러한 미팅에 쉽사리 포함되곤 한다)는 대개 2시간에서 길게는 종일 진행되는 워크숍에 참석하여 처음으로 용서라는 용어에 대해 탐색하게 된다. 이 용어가 여러 종교와 문화권에 걸쳐 만연해 있기 때문에, 또한 지역사회 수준에서 필수적으로 다뤄지거나 토론의 대상이 되고 있지 않기 때문에, 교사들은 (그리고 십중팔구 부모들) 용서에 대한 각양각색의 폭넓은 생각을 가지고 워크숍에 오게 된다. 예를 들어, 일부는 용서를 범죄 또는 그에 상응할 만한 행위를 눈감아주는 것으로 생각하는 반면 어떤 이들은 나쁜 짓을 한 사람과 화해하는 것이라고 생각한다. 또 다른 이들은 나쁜 짓을 한 사람에 대해 도덕적 선을 베푸는 것 없이 단지 분노의 감정을 보내주는 것이라고 여긴다. 워크숍을 통해 교사들은 용어 자체에 대해 다른 사람들과 토론할 시간을 가지고, 고대에서부터 현대에 이르기까지 철학자들이 용서를 어떻게 정의하는지에 대해서 알아가게 된다.

다음으로는, 교사와 부모들로 하여금 자신을 부당하게 대했고 감정적으로 상처를 주었던 사람에 대해 생각해보게끔 한다. 그리고 나서 우리는 "안내된 사적 성찰(guided private reflection)"이라고 부르는 방식을 통하여 각 교사 및 부모가 하나의 사건에 대해 한 명의 사람을 용서하는 과정을 시작하도록 한다. 우리는 *Forgiveness Is a Choice*(Enright, 2001) 책을 안내된 성찰의 지침서로 사용한다. 우리는 각 교사가 책을 읽고 워크숍을 끝마칠 때까지 용서의 과정을 계속해 나가도록 독려한다. 안내된 사적 성찰에는 집단토론이 없는데 이는 우리가 본 활동이 개별적으로 이루어지기를 바라기 때문이다. 각 교사는 더욱 사적인 공간에서 워크숍 진행자와 개인이 지니고 있는 걱정 및 우려에 대해 자유롭게 이야기할 수 있다.

우리가 교사와 부모들이 학생들에게 용서를 가르치기 전에 먼저 누군가를 용서해 볼 것을 요청하는 이유는 용서를 실제로 해 본 사람이 용서를 가르치는 최고의 교사가 될 수 있다고 생각하기 때문이다. 아래의 예를 고려해 보자. 만약 누군가가 어린 아이들의 축구 코치를 선발하고자 한다면, 다른 모든 조건이 동일할 때 축구를 전혀 해 보지 않은 사람보다 축구경기를 해 본 사람을 발탁하고자 할 것이다. 경기를 해 본 사람은 내부자로서의 지식을 지니고 있다. 그렇기에 "먼저 용서하라, 그리고 용서를 가르치라"는 합당한 접근이라 할 수 있다.

안내된 사적 성찰에 뒤이어, 우리는 교사들에게 다양한 용서교육과정 지침서와 관련된 자료들을 소개한다. 이제 지침서에 대하여 개괄적으로 기술하고자 한다.

용서교육 교육과정: 개괄적 기술

교육과정 지침서는 적어도 중학교 학령에 이르기까지는 모두 특정한 형식을 따른다. 각각의 지침서는 위에서 언급되었듯이 교재와 이야기를 포함하고 있으며 학생들은 안전한 환경에서 용서를 둘러싼 개념들을 배울 수 있다. 앞서 언급된 바와 같이, 모든 용서교육 교육과정 지침서는 국제 용서 연구소 웹사이트에서 이용할 수 있다(http://www.internationalforgiveness.com). 제공되는 모든 수업은 우리가 "주요 개념"이라고 부르는 내용으로 시작된다. 예를 들어, 어느 특정 수업이 모든 사람의 고유한 가치에 대해 다루고 있다고 생각해 보자. 우리는 이 목표를 서술하고 강사를 위해 용어를 정의한다. 뒤이어 "일반 목표"가 나오는데, 강사는 여기에서 학생들이 이 수업을 통해 무엇을 배울지에 대해 구체적으로 감을 잡는다. 예를 계속 들자면 고유한 가치는 다른 이야기 주인공들에게 불친절한 등장인물들을 포함하여 모든 사람들이 가치를 지니고 있음을 보는 것을 포함할 수 있다. 다음으로, "행동 목표"는 강사와 학생이 "일반 목표"를 성취하기 위하여 참여하는 실제적인 활동에 대해 다룬다. 이는 Seuss 박사의 *The Sneetches*를 읽고 Sneetches의 각기 다른 공동체가 그들의 허리에 얼마나 많은 별이 있는지에 따라 어떻게 다른 사람의 고유한 가치를 보는 데에 실패했는지에 대한 일련의 질문들에 답해보는 것일 수도 있다. 다음은 "준비물" 목록이 뒤를 잇는다. 이러한 지침들은 강사가 학습을 달성하기 위해 준비물을 구입하고, 지역 도서관을 방문하고, 책과 DVD를 주문할 것을 요구한다. 우리는 강사를 위해 한 지침 안에서 사용되는 모든 준비물을 목록화한다. 강사가 필요한 준비물을 잘 분별할 수 있도록 우리가 국제 용서 연구소를 통해 이용 가능한 모든 책의 요약을 정렬해 두었음을 참고하라. 이 요약들은 우리의 교사 지침서에 있는 특정한 용서 교훈들에 초점을 두고 있다. 자원이 부족한 지역사회에서 강사는 비용이 들지 않고 활용할 수 있는 책의 요약을 보고 첫 강의를 하고, 그리고 나서 재정이 준비될 때 실제 책을 사는 방안을 고려할 수 있어야 한다.

다음은 강사를 위해 아이들의 학습을 돕기 위해 무엇을 해야 하는지를 설명하는 "과정"이다. 그리고 나서 그 날의 이야기와 특정한 학습내용에 맞추어진 "토의 질문"이 제시된다. 마지막으로, 강사가 학습을 토의 질문에서 더 확장하고 싶은 경우를 위해 "활동"란이 있다.

학년이 올라감에 따라 학생들은 더 긴 지문을 읽게 되며(예: 그림책이 아닌 이야기책), 토의 질문은 더욱 도전적인 답을 요구한다(예: 8학년[13세]에서 고유한 가치의 개념을 논함에 따라 모든 사람을 지구촌가족으로 여기는 것).

용서교육의 전반적 목표

우리의 매우 중요한 목표는 학생들이 용서의 이해와 실천에 대한 그들의 심리적, 철학적, 그리고 신학적 교양이 자람에 따라 용서의 덕목을 갖춘 사람으로 성장하도록 하는 것이다. 강사들은 용서교육을 특정 문화에서 도덕적으로 선한 것으로 여겨지는 세계관 및 종교적 관점과 거리낌 없이 연관지을 수 있어야 한다. 전반적 목표는 학생들이 용서에 대한 전문지식을 갖추어서 성인이 된 그들에게 중대한 갈등이 발생했을 때 건전한 정서적·관계적 건강을 유지하는 방편으로서 용서의 보호를 받을 수 있도록 학생들을 준비시키는 것이다. 학생들이 성숙해지고 성인으로 자라감에 따라, 아마도 그들은 용서를 가족, 직장, 그리고 다양한 지역사회 환경에 적용함에 따라 더욱 평화로운 세상을 만드는 데에 기여하게 될 것이다.

들여다보기: 중학교와 고등학교 저학년을 위한 학교폭력예방 교육과정

당신을 비롯한 독자들이 용서교육 교육과정 지침에 대해 보다 잘 이해할 수 있도록 돕기 위하여 우리는 중학교 및 고등학교 저학년 학생들에게 적합한 학교폭력예방 교육과정 지침에 대한 내용을 보여주고자 한다. 이 용서교육 교육과정의 핵심은 학교폭력 가해자 자신들도 집, 학교, 또는 다른 곳에서 가해를 당했다는 점에 있다. 부당한 대우를 받는 것은 큰 분노를 일으켰고, 이제는 더 약한 상대를 향하고 있다.

보통 학교폭력예방 프로그램들은 가해자의 정서적 상처에 거의 초점을 두지 않는다. 대신에 현재의 추세는 폭력행동에 대한 행동수정에 주력하는 것인데, 이는 가해학생들의 내적 상처를 도움전문가들이 볼 수 없도록 가린다. 우리는 이 교육과정을 통하여 그러한 관점을 바꾸길 희망한다. 우리는 내적인 상처 및 행동을 치유해주는 것과 위해를 주는 행동을 수정하는 것 사이에서 양자택일의 접근을 제안하는 것이 아니다. 두 접근법이 모두 필요하다. 우리의 접근은 가해를 가하는 학생들을 다루는 데 있어서의 빈 틈을 채우고자 함이다.

학교폭력예방 지침은 다음 여덟가지 수업을 담고 있다.

수업1: 나 화났어!

수업2: 내면의 분노를 잠재우는 방법: 용서

수업3: 나를 비웃지 마세요: 고유한 가치를 탐험하기

수업4: 새로운 시각으로 보기: 고유한 가치를 지닌 존재

수업5: 마음을 어루만지기: 자비심을 키우기

수업6: 고통을 감내하기: 다른 사람에게 전가하지 않기

수업7: 용서에 대한 모든 생각들을 함께 정리하기

수업8: 타인에게 관대해지기: 관대함을 경험한 당신, 당신도 관대해져라

지침서의 내용을 가르치거나 또는 치료적 환경에 활용하는 데 필요한 모든 자료 및 준비물은 지침서에 포함되어 있다(국제 용서 연구소의 웹사이트에서 활용 가능: http://www.internationalforgiveness.com). 즉, 이야기들 역시 지침서 안에 적혀 있다. 이야기들의 요지는 다음과 같다. 조셉은 지금 이모인 버니스와 함께 살면서 어려움을 겪고 있다. 그의 분노는 학교의 다른 사람들에게 옮겨져 나타나기 시작한다. 버니스가 잠재적으로 심각한 질병을 지닌 채로 병원에 갈 때에 조셉은 이모에 대한 그의 마음이 부드러워지는 것을 알게 되고, 그의 분노와 다른 곳으로 옮겨진 분노를 인식하고, 용서를 배우며 한 인간으로서 성숙해지기 시작한다. 교훈은 그의 초기 혼란스러움과 분노에서부터 버니스와의 위기상황으로, 그리고 또 궁극적으로는 그의 용서로 옮겨 간다.

수업 1은 학교폭력의 가해학생들이 과거의 부당한 경험으로부터 비롯된 큰 분노를 품고 있음을 보여준다. 이 수업은 학교폭력의 가해학생들로 하여금 그들이 상처 입었던 이야기들을 꺼낼 수 있도록 해 준다. 이는 학생 및 내담자들에게 종종 놀라운 경험이 되는데, 그들은 어떠한 경우에도 이에 대한 질문을 받아본 적이 없기 때문이다. 수업 2에서는 용서에 대한 의미를 탐색한다. 수업 3과 4에서는 고유한 가치가 소개된다. 조셉 이야기뿐 아니라 피터 폴 앤 메리가 녹음에 참여한 학교

폭력예방노래 "나를 비웃지 마세요"에 대해 배운다(나를 비웃지 마세요, 나를 놀리지 마세요, 내 고통을 즐거워하지 마세요, Shamblin & Seskin, 1998). 이 노래는 학교폭력의 충격적 실상을 들여다보고 알리기 위해 만들어졌다. 요점은 학교폭력에 관여함에 있어서 학생 및 내담자들이 스스로가 학교폭력의 피해자이기도 가해자이기도 했음을 보게끔 하는 것이다. 그럼에도, 학교폭력의 가해학생이나 피해학생을 비롯한 모든 사람들은 고유한 가치를 지니고 있다. 수업 5에서 수업 7까지는 분노의 대상이 되는 사람들에 대한 연민의 개념과 고통을 감내하는 것에 대한 개념의 발달을 포함하여, 용서의 과정을 지속해 나간다. 수업 8은 학생 및 내담자들이 겪을 수 있는 도전적인 상황에 대해 다룬다. 이제 타인을 용서하는 관대함이 학생에게 생겨났기 때문에, 다른 곳으로 옮겨진 분노를 멈추는 데 있어서 그러한 타인에 대한 관용을 확장해 나갈 때이다. 우리는 학교폭력을 저지르는 학생들이 처음으로 타인을 용서하는 부드러운 마음을 경험할 때 학교폭력의 많은 부분이 줄어들 것이라고 생각한다.

용서 공동체로서의 가족

용서교육이 꼭 상담실이나 학교에서만 있어야 하는 것은 아니다. 용서교육은 우리가 '용서 공동체로서의 가족'이라고 부르는 것처럼 가정에서도 행해질 수 있다. "용서 공동체"라는 것은 용서라는 덕목(정의를 비롯한 다른 모든 덕목들을 포함하여)을 가꾸어 나가고 완성하기 위하여 토론, 실천, 상호 지지, 그리고 용서의 보존을 시간에 걸쳐서 해 나감으로써 용서를 인간관계 내에서의 의식적이고 의도적인 부분으로 만들고자 하는 체계 전반에 걸친 노력을 하는 어떠한 집단이라도 포함한다. 용서 공동체는 용서를 촉진하고, 그 조직 안에서 목표를 이루기 위해 필요한 체계를 만들어 나가고, 그리고 미래 세대를 위해 이 목표를 지켜나가고자 하는 공통된 목표를 추구하는 개인들이 모인 곳이라면 어디라도 실현될 수 있다.

용서 공동체로서의 가족이 지니는 요점은 다음과 같다.

1. 우리는 개인 내에서뿐 아니라 가족단위 내에서도 용서 덕목의 이해와 실천이 증대되는 것에 관심을 가진다.
2. 가족구성원들에게 용서의 이해와 실천이 증가하기 위해서 용서의 덕목은 가족 내에서 반드시 긍정적인 규범으로 확립되어야 한다. 이를 위해서는 부모가 이

덕목에 가치를 두고, 이에 대해 긍정적으로 얘기하며, 그리고 가족 안에서 정기적으로 용서하고 용서를 구하는 모습을 보일 필요가 있다.

3. 가족의 각 구성원들에게 용서의 이해와 실천이 증가하기 위하여 용서의 덕목은 연령에 적합하고 아이들 및 부모의 흥미를 끄는 자료와 함께 반드시 가정에서 교육되어야 한다.
4. 아이들이 성인이 되었을 때 자기의 가족에 용서의 덕목을 전승할 수 있는 힘을 키워주고자 한다면, 부모는 인내심을 가지고 용서의 이해, 실천, 그리고 교육을 해나가야 한다.

이러한 목표들을 달성하기 위한 하나의 방법으로 가족 용서 모임에 대해 간단히 기술하고자 한다.

가족 용서 모임

부모는 가족 토의를 위한 시간과 공간을 따로 내어 두는 것이 좋다. 우리는 부모가 최소한 일주일에 한 번 가족들을 함께 모아서 용서에 대하여 차분하게 토의를 하도록 권한다. 또 다른 방법으로, 아래 지침에 제시된 질문들과 함께 식사시간에 용서에 대해 토의해 볼 수도 있다. 부모는 용서가 잘못을 눈감아주거나, 잊어버리거나, 또는 화해하는 것과 같지 않으며 또한 용서는 정의와 밀접하게 연관되어 작용한다는 점을 숙지하고 있어야 한다.

가족 용서 모임에서 활용될 수 있는 질문들은 다음과 같다.

- 누군가를 용서한다는 것은 어떤 의미입니까?
- 오늘 또는 이번 주에 당신에게 특별히 친절하고 다정했던(loving) 사람은 누구입니까?
- 기분이 어땠습니까?
- 다른 사람이 당신에게 정말 다정하게 대했을 때, 그 사람에 대해 당신은 어떻게 생각했습니까?
- 다른 사람이 정말 다정하게 대했을 때, 당신은 그 사람에게 어떻게 행동했습니까?
- 오늘 또는 이번 주에 당신에게 특별히 부당하거나 불친절하게 대한 사람이 있

습니까?

- 그런 불친절한 대우를 받았을 때 기분이 어땠습니까?
- 당신은 어떤 생각을 했습니까?
- 처음에 당신은 어떻게 행동했습니까?
- 당신을 부당하게 대한 것에 대해 그 사람을 용서하고자 노력했습니까?
- 용서를 한다는 것은 어떤 느낌입니까?
- 당신은 용서를 할 때 어떤 생각이 듭니까?
- 특별히 당신에게 부당하게 행동한 사람을 생각할 때 그 사람에 대해 어떤 생각이 듭니까?
- 용서하고 나서 그 사람에게 어떻게 행동했습니까?
- 아직 용서하지 않았다면, 그 사람을 용서하는 첫 번째 단계는 무엇입니까?(친절하게 대하기로 결정하는 것, 용서에 전념하는 것, 그 사람을 가치 있는 사람으로 볼 수 있도록 작은 방법부터 시작하는 것)
- 당신에게 불친절하게 행동한 누군가를 용서하는 것에 있어서 당신이 어려움을 겪는 부분은 무엇입니까?
- 다시 말해, 용서에 대해 어떤 점이 어렵습니까?
- 당신에게 용서에 대해 쉬운 점은 무엇입니까?

부모는 자신들이 모든 답을 알아야 할 필요는 없다는 점을 기억해야 한다. 나아가, 깊은 상처와 함께 심각한 부당함이 있다면, 용서가 즉각적으로 일어나기보다는 인내와 가족의 지지를 바탕으로 시간을 두고 진전해 나가야 할 것이다.

용서교육 프로그램을 실행하는 부모에 대한 연구

부모 주도의 용서 개입의 효과를 평가하는 작은 규모의 예비 연구가 부모들과 3학년 자녀(나이 8-9세, 영국 초등학교 5학년)들을 대상으로 북아일랜드의 벨파스트에서 실행되었다(Magnuson, Enright, Fulmer, & Magnuson, 2009). 실험집단의 부모들은(5명) 자녀들에게 용서를 가르치기 위하여 교육과정 지침서(*A Parent's Guide to Forgiveness Education*; Knutson, Enright, & Litts, 2010)를 사용하였고, 통제집단의 부모들은(5명) 자녀들과 함께 미술 활동에 참여하였다.

용서교육 교육과정은 가정에서 부모가 실행하도록 설계된 14회 수업의 용서교육 프로그램이었다. 각각의 수업은 용서에 대한 이해를 심화시키는 이야기, 가족 토의, 활동을 통해 용서에 대해 배울 수 있게끔 45분의 시간으로 구성되었다. 예를 들어, 수업 1은 고유한 가치의 중요성에 초점을 둔다(이 장의 앞에서 다룬 바 있다). 이 가치는 얻어지거나 없앨 수 없으며, 능력, 건강, 소속 집단, 부, 다른 외적 특성에 기대지 않는다. 부모가 *Sarah, Plain and Tall*(MacLachlan, 1985) 책의 처음 세 개의 장를 읽고 나면, 부모와 아이는 "무엇이 사람들에게 깊은 가치를 주는가?"와 같은 몇 가지 토의 질문에 관여한다. 마지막으로, 부모와 자녀는 부모가 자녀에게 봉제인형을 주는 활동에 참여한다. 부모와 자녀는 함께 고유한 가치의 주제와 관련하여 봉제인형에 대해 생각해 보게 된다. 예를 들어서, 그들은 인형의 재질, 크기, 전반적 외형으로 인해 그 인형이 가치가 있는지에 대해 탐구한다. 인형을 위한 "집"을 만들어주고 나서, 부모와 자녀는 이제 인형이 쉴 곳이 있기 때문에 더 가치 있는지에 대해 탐구한다. 깊은 가치에 대한 다른 질문들도 다루도록 한다.

통계분석 결과, 통제집단 부모에 비하여 자녀들에게 용서를 가르친 부모에게서 그들에게 나쁜 행동을 한 사람에 대한 대인 간 용서가 유의미하게 증가했음이 나타났다. 즉, 자녀들에게 용서를 가르침으로써 가장 많은 혜택을 받은 것으로 보이는 이들은 부모들이었다. 실험집단의 부모들은 1개월 뒤의 추후 측정에서도, 307문항의 Enright 용서검사(Enright Forginess Inventory of 307)에서 이전에 보고했던 기준보다 더 높은 평균점수를 나타냈다. 이 책의 제Ⅱ부에서 보았듯이, 부모의 분노는 자녀의 정서적 건강에 영속적인 영향을 끼칠 수 있다. 자녀들에게 용서를 가르치는 것은 부모의 분노를 줄여주는 것으로 보인다. 자녀들은 이미 학교에서 용서교육을 받고 있었기 때문에 그들의 용서에 있어서 추가적인 이득은 발견되지 않았다.

분쟁이 잦은 지역사회에서 평화를 위한 용서교육

우리는 전세계적으로 분쟁이 잦은 지역에서 평화를 위해 일하는 사람들이 겪는 어려움을 다루며 이 장을 마치고자 한다. 이미 기술하였듯이, 우리는 2002년에 북아일랜드 벨파스트를 시작으로 이 주제를 위해 일해 왔다. 25년이 넘는 시간 동안 용서라는 도덕적 덕목에 대해 연구해 오면서, 우리는 용서교육이 평화라는 퍼즐을 맞추는 데 빠진 중요한 한 조각임에 대해 확신하게 되었다. 전략적 평화 구축을 위해 용서를 활용하는 작업에는 적어도 여덟 가지의 가정이 있다.

1. 사람들 간의 갈등은 사람들의 내면과 직접적으로 연관되어 있다. 과도한 분노를 지닌 사람들은 분쟁을 일으킨다. 분노가 단독으로 분쟁의 기폭제를 한다는 것이 아니라, 요점은 분노가 종종 이 과정에서 무시되고 있다는 점이 분명하다.
2. 개인의 내적 갈등은 그들 스스로에게 분노를 일으키면서 다른 사람에게도 전염된다. 이는 한 사회적 집단 안에서 내적으로는 계속 자라나고 밖으로는 타인에게로 분출되고 마는 과도한 분노의 병폐로 많은 사람들이 고통받게 될 때까지 이어진다.
3. 한 사회의 기반 구조를 바꾸는 데에 경제적 및 사회적 재구조화가 효과적임에도 불구하고, 사람들의 마음의 내적 세계에 분노가 남아 있다면 이는 사회 안에서 진정한 평화가 실현되는 것을 저지할 수 있다. 다시 말해서, 분쟁이 길어지도록 하는 사람들 간의 갈등이 여기에 해당한다.
4. 용서는 정의에 초점을 둔 프로그램들을 대체한다기보다는 보완한다.
5. 용서가 학교, 가정, 또는 종교 기관에서 충분히 실천되어 왔을 때, 내적인 분노를 줄이거나 없앨 수 있어야 한다. 사람들은 사회 기반을 다시 세우고 평화 속에서 공생하는 것을 수용할 수 있어야 한다. 즉, 사회 안에서 합의가 이루어진 다음 단계에서 용서는 특히 효과적일 수 있다.
6. 용서 프로그램이 효과적이기 위해서는 **용서**라는 용어에 대해 명확한 정의를 지니고 있어야 하며 **잘못을 눈감아주기**(excusing)와 같은 유사하지만 분명하게 구분되는 다른 용어들과 혼동되지 않아야 한다.
7. 용서 프로그램이 효과적이기 위해서는 사람들이 용서를 배우고, 그들의 일상에서 용서를 실천하고, 용서에 대한 배움과 실천을 자녀들에게 전승해줄 수 있도록 수년에 걸쳐 지속되어야 한다.
8. 만약 한 사회가 과거에는 분쟁이 일반적이었지만 이제 평화로 나아가고자 한다면, 용서교육은 의지를 지닌 몇 명의 참가자들에게만 국한될 것이 아니라 사회 전체에 스며들어 있어야 한다. 다시 말해, 용서가 평화를 주도하는 데에 힘을 보태고자 한다면 고립되거나 개인에게 국한되지 않아야 하며 반드시 지역사회의 일부가 되어야 한다.

용서교육에 기반하여 평화를 위하는 우리의 프로그램은 빈곤과 폭력으로 인해 고통받는 지역사회 안에 존재하는 사회적 그리고 개인적 불만에 대해 답할 수 있는 가능성이 되어준다. 우리는 일관되게 용서를 도덕적인 덕목으로 이해하며 접근한다. 이는 학교 내에서 과도하게 많은 수업시간을 차지하지 않으며 준비물 또한 대부분의 학교에서 충당할 수 있는 수준이다. 앞서 언급하였듯이 우리의 과학적 탐구는 용서교육이 아이들의 정서적 건강을 보호할 수 있음을 보여준다. 용서교육은 아이들의 분노가 누그러짐에 따라 아이들에게 대인관계와 학업 성취의 측면에서 건강하게 발달할 수 있는 기회를 준다.

도전적 질문: 용서교육이 문화를 위협하는가?

과학적인 접근만이 용서교육의 타당성을 나타내는 것은 아니다. 통계적 유의성은 우리가 이것을 정말 해야 하는지를 묻는 질문에 답해주지 않는다. 이 접근에 내재된 위험이 존재하지는 않는가? 아마도 가장 강한 반대의견은 용서교육의 교육자들이 특정한 문화를 바꾸고 있다는 점일 것이다. 비판의 내용은 다음과 같다. 우리는 모든 수단을 통하여 문화를 물려 받으며, 우리는 심지어 우리와 용서교육의 존재로 인해 일어날 수 있는 그 미묘하고도 부정적일 수도 있는 변화에 대하여 알지 못한다. 예를 들어, 용서는 영적 철학과 신학에 그 기원을 두고 있다. 용서교육의 도입이 실제적으로 영적 철학에 대한 문화를 바꾸게 될 것인가? 이를 위해 우리가 해야 할 올바른 일은 무엇인가?

우리는 우리의 접근이 아이들을 가르치는 교사와 부모들로 하여금 모든 교육을 담당하게 함으로써 우리 사회의 문화적 그리고 종교적인 미묘한 차이들을 보존한다는 것을 인식해야 한다. 이는 문화구성원들이 자유롭게 선택하고 완전히 전념하기로 한 상태에서 진행되는 것이다. 둘째로, 문화는 결코 정적인 용어가 아니다. 문화의 본질 중 하나는 문화란 언제나 변화하기에 역동적이라는 점이다. 용서교육이 바뀌어서는 안 되는 문화를 바꿀 수도 있는 새로운 방법으로 도입되고 있다고 말하는 것은 문화에 대해 오해하는 것이다.

용서와 함께하는 미래

세계의 분쟁지역에서 우리는 적어도 두 세대의 학생들이(24년 비전) 용서를 도입하고 매년 학생들에게 발달적인 도전의 증가와 함께. 중고등학교(secondary school)를 끝마치기까지 학생들은 용서라는 용어에 대한 이해에 있어서 견고한 토대를 지니고 있어야 하고, 용서하는 것과 용서받는 것의 뉘앙스를 알아야 하며, 이를 어떻게 다시 지역사회에 돌려줄 수 있을지에 대한 방법에 대해 알고 있어야 한다. 우리는 그들이 친구관계, 가족관계, 그리고 지역사회 내 여러 모임 안에서 다른 사람에게 용서의 개념과 적용에 대해 소개함으로써 받은 것을 지역사회에 되돌려주고자 할 수 있다는 점에서 희망을 품고 있다.

이 학생들이 어른이 되고 나면 모든 사람들이 고유한 가치를 지니고 있음을 보기 시작할 수 있을까? 사람들이 어디에서 태어났는지, 무엇을 믿는지, 그들의 피부색이 무엇인지에 따라 “다른 한 쪽”에 서서 그들을 폄하하는 것은 누군가의 고유한 정체성에 있어서 모순이 아닐까? 용서는 연습하기 어려운 덕목이며 부당함 앞에서 이를 실행하는 것은 도전적인 일이지만, 평화를 위한 근거 있는 희망을 준다. 아마도 이제는 더 많은 교사 및 부모와 협력하여 용서교육을 훨씬 더 많은 아이들의 마음 속으로, 그리고 그 아이들을 통해 그들의 지역사회 속으로 가져갈 때가 된 것 같다.

제13장
대인 간 용서 측정도구

이 책을 통하여 살펴보았듯이, 좋은 심리치료와 평가를 시작하기 위해서는 명확한 정의를 아는 것이 중요하다. 환자가 용서하는 과정을 심리치료사가 돕고자 한다면 그들은 용서란 무엇이며 사람들이 어떻게 용서로 나아가는지에 대하여 충분히 이해해야 한다(Enright, 2012). 한 사람이 어느 정도로 타인을 용서했는지에 대해 심리치료사가 초기평가를 하고자 한다면 용서의 정의를 정확하게 반영하는 좋은 척도를 가지고 있어야 한다. 결국, 예를 들어 선별 평가에서 한 환자가 부모 중 한 사람을 마음 깊이 용서하지 못하고 있다는 사실이 확인된다면 그 환자가 부모에 대해 어느 정도 용서를 하는 상태일 때와 비교하여 심리치료는 다른 지점에서 시작하게 될 것이다.

이 장에서는 우리가 임상 목적으로 개발한 다섯 종류의 대인 간 용서 측정도구를 개괄하고자 한다. 이 중 네 개는 성인 및 청소년을 위한 것들이다. 다섯 번째 측정도구는 아동을 위해 개발되었다. 첫 번째로 기술할 척도는 용서 측정도구에 있어서 표준이라고 할 수 있는 Enright 용서척도(the Enright Forgiveness Inventory)이다. 이 척도는 Mind Garden(http://www.mindgarden.com)에서 구매할 수 있다. 이 척도의 사용을 지지하는 폭넓은 연구들이 있다. 최근 성인용으로 개발된 다른 세 조율의 다른 측정도구, 즉 용서 조망 평정척도, 개인적 용서척도, 용서지표양식 등은 "용서하는 삶(*The Forgiving Life*)"(Enright, 2012)에 전체 내용이 공개되어 있다. 아동용으로는 Enright 아동용 용서척도가 있으며 국제용서연구소 웹사이트(http://www.internationalforgiveness.com)의 판매처에서 이용할 수 있다.

각 도구에 대한 기술로 넘어가기 전에 우리는 용서가 상태용서(state forgiveness)와 특성용서(trait forgiveness)로 불리는 개념으로 분화되면서 이 분야의 연구가 발전해 왔음을 언급하고자 한다.

상태 및 특성 용서의 주제들에 대한 생각

상태 및 특성과 같은 용어를 용서에 적용하여 사용함에 있어서 특별히 주의할 필요가 있는데, 그 이유는 이러한 용어들을 성격이론에서 차용해 왔기 때문이다. 용서란 성격의 한 형태라기보다는 도덕적 덕목이다. 그렇기에 이러한 구분("상태" 및 "특성")이 용서의 개념을 정확하게 포착해내지는 못한다. 우리가 이 사실을 언급하는 이유는 용서란 이와 같은 이분법으로 나눠질 수 없고 그래서도 안 되기 때문이다. 이러한 이분법은 용서에 두 가지의 특정한 형태가 있음을 암시한다. 즉, 하나는 특정한 사건 및 인물(상태)에, 다른 하나는 용서하고자 하는 일반적인 경향성(특성)에 초점을 둔다.

아리스토텔레스가 약 2,350년 전에 이미 이야기하였듯이, 우리가 결국 이 덕목에 관심을 가지고, 실천하고자 하고, 기본적으로 하나의 인간으로서 이를 개인의 정체성의 일부로 형성해 나가면서 용서의 덕목을 성숙시켜 나가기 시작하는 것은 특정한 불의를 저지른 특정한 사람을 용서(현재로서 **상태용서**로 이해되고 있는 용서)하는 데에 있다. 그러므로 **상태용서**와 **특성용서**라는 두 개념은 사실 용서라는 덕목이 성숙해가는 과정의 연속선상에 놓여있는 것으로 이해할 수 있다.

또 다른 주의할 점으로, 현재 심리학에서는 특성용서가 다양한 상황 속에서 다양한 사람들에게 용서라는 도덕적 덕목을 나타내고자 하는 전반적인 경향성을 측정한다고 간주한다. 앞서 언급한 것처럼 용서를 하는 전반적 경향성보다도 용서가 표현될 수 있는 더 나은 방식들이 있다(두 가지의 예가 있는데, 이 덕목에 대한 애정과 이 덕목을 개인의 정체성의 일부로 삼고자 하는 마음이 있다). 더 나아가, 특성용서에 대한 측정은 대개 개인이 어떻게 용서를 하는지와 실제 삶의 상황 속에서 용서하고자 하는 의지가 직접적인 연관성을 가질 수도, 그렇지 않을 수도 있는 가설적인 상황에서 일어난다. 일례로, 우리가 하나의 지침으로서 용서의 심리학 안에 있는 현재까지 알려진 방법을 사용하여 "상태" 신체건강과 "특성" 신체건강을 평가하고자 한다고 가정해 보자. 상태 신체건강을 측정하기 위해 우리는 사람들에게 현재 그들의 운동습관에 대해 직접적으로 물어볼 수 있을 것이다. 특성 건강을 측정하기 위해서 우리는 그들에게 가설적 상황을 제시하고(친구가 권유한다면 당신은 수 마일을 달리겠습니까? 당신의 연인 또는 배우자가 당신에게 웨이트리프팅 프로그램을 권한다면 하시겠습니까?) 연구 참가자들이 "예"라고 답한다면 그들이 가설적인 저편의 세계보다 실제 세계에서 도전에 직면할 때, 그들이 실제로는 소파에 앉아 있다고 할지라도 우리는 그들에게 높은 점수를 주었을 것이다.

아리스토텔레스의 철학적 지혜를 따라서 우리가 특성용서를 보다 정확하게 평가하고자 한다면 우리는 용서하는 방식으로 일관적으로 행동할 동기와, 용서의 덕목에 대한 열망과, 그리고 용서하는 사람이 되려는 마음이 실제 삶 속의 다양한 상황에서 용서하려는 경향성을 넘어 개인의 정체성의 일부인지에 대해 측정할 필요가 있을 것이다.

Enright 용서척도

Enright 용서척도(Enright Forgiveness Inventory: EFI)는 이 책의 제2장에서 소개한 용서의 개념에 바탕을 두고 있다. 이 척도는 연구 목적으로 사용하거나 내담자의 특정 인물에 대한 현재 용서수준을 평가하기 위해 사용될 수 있다. 앞서 언급하였듯이 본 척도는 Mind Garden에서 출판하였으며 해당 웹사이트에서 구매할 수 있다(http://www.mindgarden.com). 위스콘신 대학교 매디슨캠퍼스에서 이 척도를 고안할 때 우리는 용서가 응답자가 경험한 개인적 불의(personal injustice)의 맥락에서 이루어진다고 간주하였다(Subkoviak et al., 1992, 1995를 참고하라). 용서를 할 때, 참가자는 자신에게 부당하게 대한 사람에 대한 긍정적 정서, 인지, 행동의 수준에 대해 보고한다. 또한 참가자는 자신에게 부당하게 대한 사람에 대하여 적어도 일정 수준까지는 부정적 정서, 인지, 행동이 부재함을 나타내 보여야 한다. 용서를 평가할 때에 연구자들은 응답자의 진솔한 용서의 시작(overture)과 가짜용서(pseudoforgiveness) 또는 그릇된 반응을 반드시 구분해야 한다. 따라서 훌륭한 용서 측정도구는 잘못을 묵과하거나, 잘못을 그저 눈감아주거나, 일어난 일을 부인하는 경우를 반드시 배제시킬 수 있어야 한다. 그렇지 않으면, 용서가 일어나고 있기 때문이 아니라 그 또는 그녀가 문제를 전혀 인식하지 못함으로 인해 응답자가 "나는 더 이상 분노하지 않는다" 또는 "나는 그 사람을 좋아한다"와 같은 문항에 동의하게 될 수 있기 때문이다.

우리는 여덟 명의 대학원생 및 두 명의 교수(이 중 한 교수는 측정 전문 교수이다)와 2년이 넘는 시간 동안 세미나를 통해 함께 용서의 개념을 공부하고 연구하며 작업해 왔다. 이 기간 동안 공부하면서 우리는 앞서 언급된 여섯 개의 하위척도(부정적 정서, 인지, 행동의 부재 및 긍정적 정서, 인지, 행동의 존재)를 반영하는 잠재문항들을 만들었다.

다음으로 패널들은 각 여섯 가지의 하위척도에서 용서를 가장 잘 나타내는 것으로 보이는 25개의 문항을 결정하였다. 예를 들어, "나는 복수할 방법들에 대해 생각해 본다"의 문항으로 나에게 해를 끼친 사람에 대한 부정적 인지의 존재를 평가하였다. 그리고 나서 150개의 문항은 (1) **전혀 동의하지 않는다**에서 (6) **완전히 동의한다**까지의 6점 리커트 척도로 구성되었다. 점수가 높을수록 부당하게 행동한 사람에 대한 용서의 수준이 더 높다. 문항분석을 통한 목표는 점수의 범위가 60점에서 360점 안으로 들어오도록 문항 수를 각 하위척도 당 10개씩 총 60개로 줄이는 것이었다.

용서 문항을 고려하기에 앞서, 참가자들은 질문지의 표지에서 누군가 그들에게 부당하게 대하여 상처받았던 가장 최근의 경험이 언제인지 묻는 질문에 응답하였다. 평가의 정확한 본질이 아주 선명하지는 않게끔 우리가 EFI를 참가자들의 "태도척도"로 명명했다는 점을 주의하라. 이 표지에는 인물과 사건에 대한 일련의 문항들이 그 뒤를 잇는다. [그림 13.1]에서 이 표지와 해당 인물에 대한 용서의 정서, 행동, 그리고 인지 영역에 대한 문항의 예시들을 볼 수 있다. 부정적 내용으로 구성된 모든 문항("나는 그 사람에게 분노한다")들은 역으로 채점되었다. 참가자들이 질문지의 본질에 대해 확신할 수 없도록 **용서**라는 단어는 척도의 어디에서도 언급되지 않았다.

다섯 문항의 가짜용서 척도가 질문지의 끝에 포함되었고 60개의 문항과 별도로 채점되었다. 이 척도는 응답자의 잘못 묵과하기, 눈감아주기, 그리고 부인하기와 같은 예시들을 평가하기 위해 포함되었다. 일반 규칙으로서, 이 척도에서 20점 또는 그보다 더 높은 점수를 기록한 경우의 데이터는 대부분의 경우 해당 응답자가 진정한 용서를 보여주고 있지 않다고 판단하여 차후의 분석에서 제외되었다. 우리는 20점이 될 때 참가자가 평균적으로 다섯 개의 모든 문항에 '동의'한다는 것을 나타내기 때문에 이 값을 기준점으로 설정하였다. 가짜용서 척도의 예시 역시 [그림 13.1]에서 확인할 수 있다.

이 척도는 만 14세 이상의 응답자에게 적합하다. 이 척도의 언어적 특성으로 인하여 14세 이하 또는 읽기에 어려움이 있는 사람들에게는 이후에 기술할 아동용 Enright Forgiveness Inventory(EFI)의 사용을 고려할 수 있다.

태도 척도

우리는 살아가면서 종종 가족, 친구, 학교, 직장, 또는 다른 곳의 사람들로부터 부당하게 상처를 받곤 합니다. 누군가가 당신에게 부당하고 깊은 상처를 주었던 가장 최근의 경험을 떠올려 보십시오. 잠시 동안 그 일이 있었던 사건에 대해 마음속에 그려 보십시오. 상처를 준 사람과 그로 인해 무슨 일이 일어났는지 바라보십시오.

그 사건이 일어났을 때 당신은 얼마나 깊이 상처를 입었습니까?

상처받지 않았다　　조금 상처받았다　　꽤 상처받았다　　대단히 많이 상처받았다

누가 당신에게 상처를 주었습니까?

아이　　배우자　　친척　　동성의 친구　　이성의 친구　　고용주　　기타: ____________

그 사람이 살아 있습니까?

네　　아니오

그 사건이 일어난 지 얼마나 오래 되었습니까?(일 또는 주 단위의 숫자를 적어 주십시오)

________ 일 전　　________ 달 전　　________ 주 전　　________ 년 전

그 사람이 당신에게 상처를 줬을 때 어떤 일이 있었는지 간략하게 서술해 주십시오.

____

____

____

____

이제 그 삶에 대한 당신의 현재 태도에 대한 일련의 질문에 응답해 주십시오. 과거에 지녔던 태도가 아니라 현재의 태도에 대해 평정해 주십시오. 모든 응답은 비밀이 보장되므로 솔직하게 응답하여 주십시오. 감사합니다.

정서 문항의 예시

이 문항들은 그 사람에 대한 당신의 현재 느낌 또는 감정에 대한 내용입니다. 각 문항을 통해 그 사람에 대한 당신의 실제적인 느낌을 평가해 보십시오. 각 문항에서 당신의 현재 느낌을 가장 잘 설명하는 적절한 반응에 표시해 주십시오. 문항을 빠뜨리지 않도록 주의해 주십시오. 감사합니다.

그림 13.1 ▎Enright 용서척도(60문항). Enright 용서 척도 지침서(pp. 45-50) 로부터 발췌(R. D. Enright와 J. Rique, 2004). Copyright 1994 by Robert D. Enright.

나는 그 또는 그녀에게 ________ 느낌을 느낀다. (각 문항에 응답할 경우 제시된 단어를 빈 칸에 대입하십시오)

	전혀 동의하지 않는다	동의하지 않는다	약간 동의하지 않는다	약간 동의한다	동의한다	매우 동의한다
1. 따뜻한	1	2	3	4	5	6
2. 부정적인	1	2	3	4	5	6
3. 친절한	1	2	3	4	5	6
4. 행복한	1	2	3	4	5	6
5. 적대적인	1	2	3	4	5	6

정서 하위문항은 총 20개 문항으로 이루어져 있음(긍정적 정서 10개, 부정적 정서 10개)

행동 문항의 예시

이 문항들은 그 사람에 대한 당신의 현재 행동에 대한 내용입니다. 각 문항을 통해 그 사람에게 어떻게 행동하는지 평가해 보십시오. 각 문항에서 당신의 현재 행동을 가장 잘 설명하는 적절한 반응에 표시해 주십시오. 문항을 빠뜨리지 않도록 주의해 주십시오. 감사합니다.

그 사람에 대해 나는 ________ 한다. (각 문항에 응답할 경우 제시된 단어를 빈 칸에 대입하십시오)

	전혀 동의하지 않는다	동의하지 않는다	약간 동의하지 않는다	약간 동의한다	동의한다	매우 동의한다
21. 우정을 보임	1	2	3	4	5	6
22. 회피	1	2	3	4	5	6
23. 무시	1	2	3	4	5	6
24. 방치	1	2	3	4	5	6
25. 도움을 줌	1	2	3	4	5	6

행동 하위문항은 총 20개 문항으로 이루어져 있음(긍정적 행동 10개, 부정적 행동 10개)

인지 문항의 예시

이 문항들은 그 사람에 대해 당신이 현재 어떻게 생각하는지에 대한 내용입니다. 각 문항을 통해 마음속에 그 사람에게 어떤 생각을 가지고 있는지 생각해 보십시오. 각 문항에서 당신의 현재 생각을 가장 잘 설명하는 적절한 반응에 표시해 주십시오. 문항을 빠뜨리지 않도록 주의해 주십시오. 감사합니다.

그림 13.1 (계속)

나는 그 사람이 ________ 고 생각한다.
(각 문항에 응답할 경우 제시된 단어를 빈 칸에 대입하십시오)

	전혀 동의하지 않는다	동의하지 않는다	약간 동의하지 않는다	약간 동의한다	동의한다	매우 동의한다
41. 비참하다	1	2	3	4	5	6
42. 악하다	1	2	3	4	5	6
43. 끔찍하다	1	2	3	4	5	6
44. 좋은 사람이다	1	2	3	4	5	6
45. 존경할 만하다	1	2	3	4	5	6

인지 하위문항은 총 20개 문항으로 이루어져 있음(긍정적 사고 10개, 부정적 사고 10개)

가짜용서 문항

당신이 평정한 사건과 사람에 대해 생각할 때에 다음 질문들을 고려해 보십시오.

	전혀 동의하지 않는다	동의하지 않는다	약간 동의하지 않는다	약간 동의한다	동의한다	매우 동의한다
61. 지금 생각해 보면 당시 전혀 문제가 없었다.	1	2	3	4	5	6
63. 그 사람이 내게 한 행동은 전혀 잘못되지 않았다.	1	2	3	4	5	6
65. 그 사람의 행동은 정당했다.	1	2	3	4	5	6

구인타당도 문항

마지막 문항은 다음과 같습니다. 당신이 태도척도에 평정했던 해당 사람을 당신은 얼마나 용서했다고 생각하십니까?

전혀 용서하지 않음 과정 중에 있음 완전히 용서함

________ ________ ________ ________ ________

그림 13.1 (계속)

또 다른 중요한 점으로, EFI의 도입 문단은 특정 집단에 맞추어 변경될 수 있다(현재 연인 또는 배우자, 과거의 연인 또는 배우자, 또는 자기 자신; 예를 들어 Meneses & Greenberg, 2011; Watson et al., 2012를 참조하라). 본 척도의 신뢰도 및 타당도는 이러한 변경에 의해 영향을 받지 않는다.

초기 연구(Subkoviak et al., 1992, 1995)에서 우리는 EFI 최종 60개 문항 판을 위한 문항을 다음과 같이 선별하였다. 첫째, 우리는 개별 문항과 각 문항이 속하는 하위영역의 점수의 상관을 분석하였다(정서, 행동, 인지). 즉, 우리는 정서 영역의 50개 문항의 총합을 구하고 각 문항의 점수를 그 영역에서 뺀 뒤, 해당 영역 안에서 나머지 49개 문항과 개별 문항의 상관을 구했다. 각 선별된 문항은 각 영역 점수와 .65 이상의 상관을 나타냈다. 그리고 나서 우리는 개별 문항과 Crowne-Marlowe Social Desirability Scale(Crowne & Marlowe, 1960) 총점의 상관을 분석하였다. 각각의 선별된 문항과 사회적 바람직성(social desirability)의 상관계수는 .17 이하였다. 여기에 여섯 하위척도(부정적 정서, 긍정적 정서, 부정적 인지 등) 내에서 각 영역과 사회적 바람직성과의 상관 기준에 부합하는 10개의 가장 좋은 문항을 선별하고자 하는 제약이 더해졌다. 그 결과, 본 척도는 이론상 내적 동질성과 사회적 바람직성에 대한 응답 편향에 영향을 받지 않는다고 할 수 있다.

이 초기 연구는 394명의 참가자를 대상으로 평가하였는데, 그중 여자는 204명이었고 남자는 190명이었다. 절반이 대학생이었고(평균 나이: 만 22.1세) 나머지 절반은 학생과 같은 성별의 부모 중 한 사람이었다(평균 나이: 만 49.6세). EFI와 사회적 바람직성 외에도, 참가자들은 새로운 척도의 타당화를 위하여 다른 다양한 측정도구에 응답하도록 요구되었다(Subkoviak et al., 1995에 기술되어 있음). 늘 가장 마지막에 주어지는 "당신은 당신이 태도 척도에서 떠올린 그 사람을 어느 수준까지 용서하였습니까?"라는 질문을 통해 EFI의 구성타당도를 검토하였다.

〈표 13.1〉은 미국에서 표집된 표본에 대하여 Cronbach의 내적 합치도(internal consistency) 계수와, EFI와 해를 끼친 사람에 대한 용서를 측정하는 단일문항 값의 상관분석 값의 예를 보여준다. EFI의 내적 합치도는 매우 높게 나타났다. 구성타당도 역시 높았다. 모든 단일문항 척도가 그렇듯이 용서에 대한 단일문항 검사 역시 상관값을 최대 약 .70 정도로 제한한다. 여러 연구에 걸친 상관분석은 EFI가 분명하게 다른 구인들이 아니라 용서를 측정하고 있음을 나타낸다.

〈표 13.2〉는 미국이 아닌 다른 문화권에서의 표본에 대한 내적 합치도 추정치

표 13.1 미국 표본에 대한 Enright 용서척도(EFI)의 신뢰도 및 타당도

연구	표본 수	Cronbach's α	EFI와 용서질문 개별문항의 상관
Subkoviak et al.(1995)	394[a]	.98	.68
Gassin(1995)	19[b]	.99	.74
Wilson(1994)	118[c]	.97	.64
Sarinopoulos(1996)	219[d]	.99	.60
Holeman & Myers(1998)	63[e]	.98	.60
Gisi & D'Amato(2000)	51[f]	.99	
Butler & Mullis(2001)	394[g]	.98	
Konstam et al.(2001)	148[h]	.98	
Orcutt et al.(2005)	163[i]	.99	
Orcutt(2006)	182[j]	.99	
Orcutt, Pickett, & Popo(2008)	178[k]	.99	
Lee & Enright(2009)	80[l]	.99	
Baskin et al.(2011)	112[m]	.98	
Poston et al.(2012)	66[n]	.99	

주: 빈 칸은 해당 자료가 없음을 의미함.
a. 여성 204명 남성 190명, 표본의 절반은 대학생(평균=만 22세), 다른 절반은 학생들의 동성 부모(평균=만 50세); b. 여성 15명 남성 4명의 고등학생(추정 평균=만 16.5세); c. 성적 학대를 겪은 여성(평균=만 40세); d. 여성 57명 남성 62명, 표본의 절반은 대학생(평균=만 21세), 다른 절반은 학생들의 동성 부모(평균=만 49세); e. 여성 63명(평균=만 38.12세); f. 남성 21명 여성 30명(평균=37.4세); g. 성인 394명; h. 남성 13명 여성 135명(평균=34세); i. 남성 66명 여성 163명(대부분 만 24세 미만); j. 여성 182명(평균=만 19.3세); k. 남성 54명 여성 124명(대부분 만 21세); l. 남성 80명(평균=만 36.9세); m. 특수아동 부모 112명; n. 남성 17명 여성 49명(평균=29.2세).

와 구성타당도 상관값들을 나타낸다. 초기의 여섯 개 입력치는 위스콘신 대학교 매디슨캠퍼스의 우리 연구실에서 가져왔다. 우리는 EFI의 높은 내적 합치도와 구성타당도를 다시금 확인하였다. 본 척도는 다양하고 폭넓은 문화적 환경에서 타인을 용서하는 수준에 대한 측정도구로 활용될 수 있을 것으로 보인다. 이 척도의 다양한 문화에 걸친 높은 내적 합치도와 구성타당도를 고려하여 연구자 또는 임상가가 누군가를 용서한 정도에 대해 지수를 응답자로부터 얻고자 할 때 사용하기를 권한다.

제15장에서 우리는 덕목으로서의 용서의 본질에 대한 생각을 제기하는데, 본 절을 이에 대한 기대감과 함께 마치고자 한다. 〈표 13.2〉의 다문화적 증거들은 용서가 다양한 문화에 걸쳐서 어떠한 공통적인 특성을 가지고 있음을 나타낸다. 각각의 문화는 분명 용서를 다른 수준과 방식으로 표현할 수도 있다. 하지만 참가자들

표 13.2 세계 다양한 문화권에서 Enright 용서척도(EFI)의 신뢰도 및 타당도

문 화	표본 수	Cronbach's α	EFI와 용서질문 개별문항의 상관
	Enright & Fitzgibbons(2000) 데이터		
오스트리아	376[a]	.98	.78
브라질			
표본 1	200[b]	.98	.74
표본 2	399[c]	.98	.70
이스라엘	164[d]	.98	.71
대한민국	326[e]	.97	.68
대만	321[f]	.97	.68
	다른 자료의 데이터		
잉글랜드(Maltby et al., 2004)	320[g]	.91	
남아프리카(Allan et al., 2006)	134[h]	.82	.66
스위스(Allemand et al., 2007)	180[i]	.95	
벨기에(Orathinkal, Vansteenwegen, Enright, & Stroobants, 1996)	787[j]	.98	.73
홍콩(Hui & Chau, 2009)	56[k]	.98	
이스라엘(Hantman, 2010)	133[l]	.58	
이스라엘(Hantman & Cohen, 2010)	225[m]	.90	
대만(Lin, 2010)	36[n]	.96	
시에라리온(Doran, Kalayjian, Toussaint, & Demucci, 2012)	63[o]	.91	
이란(Fayyaz & Besharat, 2011)	151[p]	.95	

주: 빈 칸은 해당 자료가 없음을 의미함.

a. 남성 190명 여성 186명, 표본의 절반은 대학생(평균=만 23세), 다른 절반은 학생들의 동성 부모(평균=만 52세); b. 남성 100명 여성 100명, 표본의 절반은 대학생(평균=만 22세), 다른 절반은 학생들의 동성 부모(평균=만 49세); c. 남성 200명 여성 179명의 고등학생(평균=만 15세); d. 남성 100명 여성 54명, 표본의 절반은 대학생(평균=만 23세), 다른 절반은 학생들의 동성 부모(평균=만 52세); e. 남성 161명 여성 165명 표본의 절반은 대학생(평균=만 21세), 다른 절반은 학생들의 동성 부모(평균=만 51세); f. 남성 151명 여성 170명 표본의 절반은 대학생(평균=만 21세), 다른 절반은 학생들의 동성 부모(평균=만 49세); g. 남성 153명 여성 167명(평균=만 33.7세); h. 남성 63명 여성 71명(평균=54세); i. 남성 51명 여성 129명(평균=만 27.6세); j. 성인 787명(추정평균=만 45.5세); k. 남 28명 여 28명의 아동(평균=만 11.8세); l. 성별과 나이를 보고하지 않은 유대인 대학살 생존자(Holocaust survivors); m. 남성 81명 여성 144명(전원 만 60세 이상); n. 남성 4명 여성 32명의 대학생(평균=만 21세); o. 남성 35명 여성 24명, 4명은 성별을 보고하지 않음(평균=만 27세); p. 남성 50명 여성 98명, 3명은 성별을 보고하지 않음(평균 나이 보고되지 않음. 전원 성인)

이 태도 척도를 대상으로 다른 사람을 용서한 정도를 평정하였을 때, 표에 데이터가 제시된 각 문화에서는 용서 질문과 EFI 총점 간에 높은 상관이 나타났다. 적어도 현재까지 보고된 문화권에서 EFI에서 사용된 단어들은 동서양 문화권과 북반구 및 남반구 모든 사람들에게 다양한 종교에 걸쳐서 용서의 개념을 명백하게 전달한다. 우리는 용서가 다양하고 깊은 문화적 해석에 종속되는 일종의 관습이기 때문에 한 문화적 맥락으로부터 다른 문화로 전치시켰을 때 용서의 개념이 제대로 인지될 수 없다는 명제에 대해 의구심을 가진다.

중국에서는 EFI가 용서가 아닌 관용을 평가한다는 주장은 무엇인가?

최근에 우리 동료 중 한 사람이 국내 학술대회에 참가하였는데 여기에서 Hanson(2005)이 캐나다에서 작성한 석사학위논문에 대해 광범위한 토론이 있었다. 저자는 EFI가 중국에서는 용서가 아닌 관용을 평가하고 있다는 주장을 제기하였다. 대학교 학생들에게 본 척도의 의향이 무엇인지에 대하여 평정하게끔 함으로써 이와 같은 결론이 도출되었다. EFI가 용서가 아닌 관용을 평가하는 것으로 의견이 일치되었던 것이다. 따라서 Hanson은 중국 문화권에서 본 척도의 타당성에 대해 의문을 제기하였다.

우리는 그의 결론에 대해 대한 반박 내용으로 네 가지를 제시한다. 첫째, Hanson이 지적하였듯이 중국 학생들은 유교사상에 의거하여 용서보다는 관용의 개념에 훨씬 더 많이 노출되어 있다. 그래서 그들이 판단을 할 때에 그러한 방향으로 편향이 되었을 수 있다. 둘째, 좋은 척도는 본래 그 의향이 참가자들에게 명료하지 않기 마련이며 그 외에도 사회적 바람직성이 결과에 혼동을 주는 요소가 되었을 수 있다. 앞서 지적하였듯이, 도구를 구성하는 초기 과정에서 우리는 의도적으로 사회적 바람직성과는 관련이 없고 용서에 대한 단일문항과는 강한 관계를 지닌 문항들을 선별하였다. 셋째, 〈표 13.2〉에서 대만에서 보고된 연구 결과는 참가자의 EFI 점수와 EFI에서 떠올린 사람을 용서한 정도 간에 명백하게 높은 상관을 나타낸다(단일 문항을 사용한 경우). 대만과 중국이 각각 전통적이고 단순화된 고유한 중국어를 사용한다고 할지라도 두 언어는 그럼에도 불구하고 다르기보다는 유사하다고 볼 수 있으며, 두 문화의 사람들은 서로의 언어를 이해할 수 있다. 넷째, EFI의 문항 중 "다정한(tender)"과 "보살피는(caring)" 것을 느끼고 다른 사람을 "애정 어린

(loving)" 사람이라고 보는 것은 관용(상대를 존중하며 오래 참아주는)과는 거의 관련이 없으며 용서와 더욱 밀접한 관련이 있다. 만약 누군가가 관용을 베풀되 용서하지 않는다면, 그 사람은 이러한 문항들에 높은 점수를 보이지 않음으로써 EFI와 용서 질문의 개별 문항 간에 상관을 낮추게 될 것이다. 우리는 여기에서 Hanson의 논문지도위원들이 아무런 의심없이 그의 결론에 호도되지 않도록 그의 주장에 대해 비평하였다.

용서 조망 평정척도

이 척도와 뒤이어 등장할 두 척도는 연구목적으로 사용하기 위한 근거가 없다. 이 척도들은 임상적 목적으로 고안되었다. 용서 조망 평정척도는 내담자들이 삶의 발달과정에 걸쳐 분노의 범위를 조망할 수 있도록 돕는 일에 요긴하다. 본 척도는 특히 복잡한 외상 경험을 지닌 내담자들에게 유용할 수 있다.

많은 사람들이 현재 연인 및 배우자와 같은 용서해야 할 한두 사람을 마음에 품고 상담 및 심리치료에 온다. 하지만 우리가 경험한 바로 사람들은 수십년 전의 분노를 가지고 오며, 지난 세월들 간의 여러 사건들로부터 오는 그 분노는 현재의 관계에 영향을 준다. 이 특정 척도는 내담자들이 큰 그림을 보고 그들에게 부당하게 대했던 모든 사람들을 나열하여(가장 덜 위해를 끼친 사람으로부터 가장 크게 위해를 가한 사람까지) 치료적 과정을 보조하도록 돕는다. 이 다음은 보통 "누구부터 용서해야 하나요?"라는 질문이 나온다. 조망 척도는 심리치료사와 환자 모두가 이를 질서정연한 방식으로 결정할 수 있도록 돕는다.

용서 조망 평정척도는 먼저 환자가 다음 범주에 걸쳐 부당하게 대했던 사람들을 조사할 것을 요구한다. 즉, 원가족, 과거의 결혼 및 동반자 관계, 현재 가족, 학창시절, 자녀 또는 양자의 학창시절, 직장생활, 종교단체, 지역사회 내의 사람들이 범주에 해당한다. 이러한 범주는 모두 제8장 "용서하는 삶"(Enright, 2012)에 상세하게 기술되어 있으며 해당 장에서 척도 전체를 확인할 수 있다. 환자는 각 범주 아래에 해당하는 사람의 이름을 적는다(폭행범과 같이 신원을 알 수 없는 경우 그 사람에 대한 묘사를 적음). 다음으로 환자는 부당함의 정확한 본질에 대해 기술한다. 우리는 용서하는 삶의 제8장에서 22가지 종류의 다른 부당함에 대하여 기술하였다. 예를 들어 감정적으로 떠나 있는 것(함께 지내지만 그 마음이 떠난 것, 사랑에 대한 표현이 아예 거의 없는 것), 과도한 괴롭힘(도를 넘은 장난), 그리고 잘못된 의사결정(해를 끼치는 결정들) 등이 있다. 환자가 삶 속에서 용서해야 할 특정한 사람 및 부당했던 사건을 정하고 나면, 이제 상처의 정도에 대해 초점을 둔 양식을 작성하게 된다. 이 양식은 0-10점 척도로, 전혀 상처받지 않은 상태부터 극심한 상처 및 정서적 상처에 이르는 범위를 가진다.

임상가와 환자는 가장 적게 상처를 준 사람부터 가장 심각한 정서적 상처를 준 사람에 이르기까지 사람들을 목록으로 만들어 나열한다. 이 지점에서 특히 "중간" 정도로 상처를 준 사람에서부터 "심각한" 단계의 상처를 준 사람을 대상으로 Enright 용서 척도 또는 이후에 기술될 개인적 용서 척도(Personal Forgiveness Scale)를 실행할 수 있다. 이는 용서치료를 시작하기 전에 정서적으로 받은 상처에 대한 단일 문항 평가가 정확한지에 대해 확실히 하기 위해서다.

개인적 용서 척도

개인적 용서 척도는 EFI의 단축형 척도로서 60개 문항이 아닌 18개 문항으로만 이루어져 있다. 이 척도 또한 사회적 바람직성 또는 다른 잘못된 방식이 아니라 용서하는 방식에 대한 실제적인 반응의 정확성을 점검하기 위해 3개의 가짜용서 문항을 포함하고 있다. 본 척도는 임상가가 내담자에게 상처를 준 여러 사람에 대한 정보를 수집하고자 할 때 특히 유용하다. 전체 척도에 대한 기술은 책 용서하는 삶(Enright, 2012)의 제9장과 부록 C에 수록되어 있다. 본 척도는 내담자가 용서하고자 하는 여러 명에서 다수에 이르는 사람들을 확인하고자 할 때 유용하게 사용될 수 있다. EFI를 반복적으로 여러 번 시행하는 것은 해당 척도의 문항 수가 많기 때문에 실용적이지 않다. 이 18개 문항의 척도는 빨리 완료할 수 있으며 정서적, 인지적, 행동적 영역에 걸쳐 상처를 준 사람에 대해 반복적으로 조망할 수 있도록 해준다. 문항 수가 적기 때문에 이 척도를 연구 용도로 추천하지는 않는다. 문항의 수가 적을수록, 척도의 신뢰도가 감소하는 경향이 있기 때문이다. 신뢰도가 낮을수록, 과학적 관점에서의 타당도 또한 감소한다.

개인적 용서 척도는 EFI와 같이 내담자가 각 문항을 1점에서 6점까지(**완전히 동의하지 않는다**에서 **완전히 동의한다**까지) 평정하도록 한다. 점수의 범위는 18점(낮은 용서 수준)에서 108점(높은 용서수준)에 분포한다. 총점이 63점 또는 그 이하인 경우 해당 사람은 용서치료에 적합할 수 있는 후보자이다. 우리는 용서의 반응을 암시하는 명제에 내담자가 평균적으로 동의하지 않다고 판단되는 63점을 기준점으로 설정하였다.

한 번 환자가 이 작업을 완료하면, 임상가와 환자는 용서가 별로 필요하지 않은 사람에서부터 가장 필요한 사람에 이르기까지 사람들을 함께 나열한다. 우리는 환자에게 가장 상처를 적게 준 사람부터 시작해서(우리가 제시하는 63점의 기준점 또는 이보다 낮은 점수에 한하여) 상담이 진전됨에 따라 상처를 가장 많이 준 사람까지 진행해 나가기를 권유한다. 우리가 이 방식을 권하는 이유는 화가 머리 끝까지 차오를 정도는 아닌 사람에 대하여 용서의 과정을 배우는 것이 더 쉽기 때문이다. 내담자가 한 번 용서의 과정을 배우고 나면 자신에게 심각한 상처를 준 사람에 대해 용서하는 일이 더 쉬워질 것이다.

우리는 내담자가 먼저 조망 척도를 작성한 다음 개인적 용서 척도를 활용하여 다양한 방법으로 관리해 나갈 것을 권유한다.

용서지표 양식

이 양식은 마음속에 적어도 한 명의 상처를 준 사람을 떠올리고 용서치료를 시작한 이후에 사용할 수 있다. 이 지표 양식은 내담자가 이 책의 제4장(또한 책 용서하는 삶[Enright, 2012]의 제11장과 부록 D에서 척도 전체를 확인할 수 있음)에 기술된 20개의 지표(이 책에서는 유닛으로 부름) 중 하나를 어느 수준까지 숙달했는지를 측정한다. 이는 임상가와 내담자가 진전도를 관찰하고 과정모델의 다양한 유닛에 새롭게 초점을 맞추도록 격려하는 데에 도움을 줄 수 있다. [그림 13.2]에서 이 양식의 예시를 제시하였다.

만약 한 사람이 현재 용서의 작업단계에 있고 재구조화의 문제에서 어려움을 겪고 있다면, 연구자 또는 임상가는 이를 측정할 수 있어야 한다. 어느 사람은 현재 단 하나의 유닛만 작업할 수 있는 반면에, 다른 누군가는 과정모델의 두 가지 유닛을 동시에 작업할 수 있다. 두 개의 다른 유닛을 작업하는 사람이 이 유닛들에 대해 전혀 어려움을 겪지 않으면서 천천히 그리고 부드럽게 나아갈 수 있는 반면에, 하나의 유닛을 작업하는 다른 누군가는 대단히 어려움을 겪을 수도 있다. 그러므로 (a) 현재 어느 유닛 또는 유닛들을 작업하고 있는지와 (b) 그 사람이 현재 다

용서지표 양식

해당 인물이 속하는 사회적 집단(원가족, 직장 등). [사회적 집단에 대한 더 상세한 내용은 용서하는 삶(Enright, 2012) 제8장 예시 1번에서 확인할 수 있음]: ____________________

인물(할아버지, 상사 등): ____________________

부당한 사건(예: "정서적 방임(Absent, Emotionally)", "과도한 분노(Anger, Excessive)", "무시(ignoring)" 등): ____________________

개방단계(Uncovering Phase)

1. 당신은 스스로의 분노를 다루는 것을 회피해 왔습니까? 다시 말해, 여전히 분노(또는 좌절 및 슬픔을 비롯한 다른 감정들)의 크기를 부인하고 있습니까? "0"=당신은 분노를 마주하기를 완전히 회피하고 있다, "10"=당신은 분노를 더 이상 조금도 회피하지 않는다.
4. 그 분노가 당신의 건강에 영향을 주고 있습니까? "0"=매우 심각한 정도로 건강에 영향을 주고 있다, "10"은 건강에 전혀 영향을 주고 있지 않다.

결정단계(Decision Phase)

11. 용서하기로 결정하기. "0"=나는 나에게 부당하게 대했던 사람에게 해를 입히고 싶지 않다고 전혀 확신하지 않는다; "10"=나는 나에게 부당하게 대했던 사람에게 해를 입히고 싶지 않다고 완전히 확신한다.

작업단계(Work Phase)

13. 연민(compassion)에 대하여 작업하기. "0"=아니다, 나는 그 사람에 대해 일말의 연민도 없다; "10"=그렇다, 나는 그 사람에 대해 깊은 연민을 느낀다.
14. 고통을 받아들이기. 이것이 의미하는 바는 당신이 부당함의 고통을 받아들이고 그 고통을 심리적으로 되돌리고자 하지 않는 것입니다. 나아가, 당신이 그 고통을 다른 사람에게 전가하지도 그들에게 상처를 주지도 않는 것을 뜻합니다. "0"=나는 나의 고통을 전혀 감내하고 있지 않으며 그렇기에 고의가 아니라 할지라도 내 고통으로 인하여 다른 사람에게 상처를 줄 수도 있다. "10"=그렇다, 나는 고통을 받아들이는 것이 무엇을 의미하는지 이해하고 있으며 나의 고통으로 인해 다른 사람에게 상처를 주지 않는다.

발견단계(Discovery Phase)

16. 고통의 의미를 발견하기. 이것은 행동이라기보다는 통찰이다. "0"=나는 그 사람에게 받은 고통에서 어떠한 의미도 발견하지 못하고 있다. "10"=나는 충분한 숙고를 거쳤고 그 사람이 내게 행한 고통 중에서 큰 의미를 발견했다.
17. 고통은 무의미하다; "0"=아니다, 나는 다른 사람을 용서하거나 용서를 받을 필요가 없었다. "10"=나는 충분한 숙고를 거쳤고 그 사람이 내게 행한 고통 중에서 큰 의미를 발견했다.
20. 용서의 자유를 발견하기. 여기서 말하는 것은 당신은 정서적 안도감을 느꼈으며, 가능하다면 그를 통해 심지어 관계를 회복하게 될 수도 있습니다. "0"=아니다, 나는 용서의 자유를 경험하지 않았다; "10"=그렇다, 나는 용서의 엄청난 자유를 경험했다.

그림 13.2 ❙ 용서 지표 양식의 기술(20문항)

루고 있는 유닛 또는 유닛들의 난이도에 대해 식별하는 것이 중요하다.

우리는 내담자가 상담에서 다루고 있는 각 사람과 각각의 부당함에 대해 이 양식을 작성할 것을 권한다. 이 양식은 내담자가 특정 사람에 대해 용서하는 일을 해나감에 따라 주기적으로 작성해야 한다. 특정인에 대하여 이 양식을 작성하는 횟수는 이 특별한 치료적 과정의 기간에 따라 변할 수 있다. 우리는 적어도 매 3주마다 한 번씩, 그리고 내담자가 용서를 한 번 할 때마다 본 양식을 작성할 것을 권장한다. 만약 이 양식이 내담자가 특정한 지표에 어려움을 겪고 있다고 나타낸다면, 아직 다루지 않은 다른 사람에 대한 용서를 시작하기 전에 그 부분을 다시 논의하는 것이 가장 좋다(마음속에서 같은 사람에 대하여).

Enright 아동용 용서 척도

Enright 아동용 용서 척도(EFI-C)는 30개 문항의 EFI 아동용 척도이다. 본 척도는 만 6세에서 12 또는 13세 아동에게 적합하며, 아동의 읽기 능력에 따라 60개 문항의 EFI가 적합할 수도 있다. 이 척도는 연구 및 임상적 선별의 목적에 모두 사용될 수 있다. 본 척도는 http://www.internationalforgiveness.com에서 구할 수 있다.

아동은 다른 누군가에 의해 부당하게 상처를 받은 사건에 대해 기술한다. 10개의 문항은 사고와 관련되고, 다른 10개는 행동과 관련되며, 마지막 10개의 문항은 감정과 연관된다. 아동은 응답함에 있어서 질문자의 도움을 받게 되는데 이들은 네 개의 원을 보여준다. 즉, 강한 동의를 의미하는 큰 초록색 원 (0), 약한 동의를 의미하는 작은 초록색 원 (1), 약한 부정을 의미하는 작은 빨강색 원 (2), 강한 부정을 의미하는 큰 빨강색 원 (3)이다. 질문자는 각 문항을 아동에게 글자 그대로 읽어주고 각 문항에 대한 응답을 표시한다. 이 척도는 해당 아동의 읽기 능력에 따라 임상가가 아동에게 각 문항을 읽어주는 도움 없이도 주어질 수 있음에 유의하라.

30개의 문항 중에서 15개는 긍정적 문항이며 15개는 부정적 문항이다. 각 긍정 및 부정적 문항들은 역채점을 고려하여 따로 채점된다. 결과적으로 점수의 범위는 0점(용서수준이 낮음)에서 90점(용서수준이 높음)에 분포한다. [그림 13.3]에 예시 문항들이 있다.

내적 일관도를 나타내는 Cronbach's alpha 계수는 높았다. 예를 들어, 북부 아일랜드 벨파스트 지역의 8-9세 84명의 아동 표본에서 신뢰도 계수는 .94였으며

Enright 아동용 용서 척도

사전검사의 요점은 아동이 반응에 대한 초록색과 빨간색 원에 대해 익숙해지도록 하는 것입니다. 아동에게 응답지에 있는 큰 초록색 원, 작은 초록색 원, 큰 빨간색 원, 작은 빨간색 원을 보여 주십시오. "이 초록색 원과 빨간색 원이 보이나요? 초록색 원은 '네'를 의미하고 빨간색 원은 '아니오'를 의미합니다. 그렇죠? 여기에서 초록색은 제가 하는 말에 대해 그렇다, 동의한다를 뜻하고 빨간색은 아니다, 동의하지 않는다를 뜻해요. 큰 초록색 원은 제가 하는 말에 '정말 정말' 동의한다는 뜻이고 작은 초록색 원은 조금 동의한다는 뜻이에요. 작은 빨간색 원은 제가 하는 말에 조금 동의하지 않음을 뜻하고 큰 빨간색 원은 "정말정말" 완전히 동의하지 않는다는 뜻이에요. 알겠죠? 한번 해 볼까요?"

[응답지를 보여줌]

질문 1. "아이스크림은 맛있나요? 정말 그렇다고 생각하는지(큰 초록색 원을 가리키며), 조금 그렇다고 생각하는지(작은 초록색 원을 가리키며), 조금 그렇지 않다고 생각하는지(작은 빨간색 원을 가리키며), 정말 아니라고 생각하는지(큰 빨간색 원을 가리키며) 표시해보세요"(아동에게 표시하도록 함).

질문 2. "넘어져서 무릎이 다치는 일이 재미있나요?"(지시사항을 반복적으로 알려줌). 아동이 빨간색 원을 가리키는지 확인하십시오. 그렇지 않다면 세 번째 질문을 해 보십시오: "누군가가 당신에게 소리를 지르면 행복한가요?"

주의: 본 내용은 구술 면담입니다. 아동에게 모든 지시사항 및 문항을 읽어주어야 합니다.

아동의 나이: ______ 학년: ______ 성별: ______

총점: ______

다른 사람이 당신의 기분을 정말 아주 안 좋게 만들었던 때를 기억해 보세요. 그 사람이 어떤 행동을 했는지 생각해 보세요. 지금 마음 속에서 어떤 일이 벌어지는지 느껴 보세요. 그 일이 당신의 기분을 얼마나 나쁘게 만들었나요?

_____ 아주 나쁨 _____ 조금 나쁨 _____ 나쁘지 않음 _____ 전혀 나쁘지 않음

당신을 그렇게 느끼도록 만든 사람이 누구인가요? ____________

그 사람은 지금도 살아있나요? 네 ______ 아니요 ______

얼마나 오래 전에 그 일이 일어났나요?(며칠, 몇 주, 또는 몇 달 전인지 생각해 보세요)

_________ 달 전 _________ 주 전 _________ 일 전

그 일이 지금도 일어나고 있나요? 네 ______ 아니요 ______

그렇다면 지금 저에게 얘기해 보세요(아동이 말하는 내용을 녹음하도록 함).

[지금도 상처를 겪고 있는 아동의 경우 아동으로 하여금 현재의 문제에 대해 이야기하도록 함]

그림 13.3 ▍Enright 아동용 용서 척도

질문자용: 각 문항의 각 문장을 온전하게 읽으시오.
이 문항들은 그 사람에 대한 지금 느낌에 대한 내용이에요 [해당되는 사람의 이름을 언급]. 각 문장에서 그 사람에 대한 실제 느낌을 얘기해 주세요. [아동의 응답을 녹음]

나는 그 사람에게 _________ 느낌을 느낀다.
(각 문항에 응답할 경우 제시된 단어를 빈 칸에 대입하십시오)

	맞아요!	조금 맞아요	조금 아니에요	아니에요!
1. 행복한				
2. 나쁜				
3. 멋진				
4. 화가 나는				

주의: 이 장의 리커트 형식은 질문자가 아동의 응답을 기록하기 위한 것임

질문자용: 각 문항의 각 문장을 온전하게 읽으시오.

이 문항들은 그 사람에 대해 어떻게 행동하고 있는지에 대한 내용이에요. 질문에 대답하면서 그 사람에 대해 어떻게 대하고 행동하고 있는지 얘기해 주세요. [아동의 응답을 녹음]

당신은 _________ 하겠습니까?
(각 문항에 응답할 경우 제시된 단어를 빈 칸에 대입하십시오)

	맞아요!	조금 맞아요	조금 아니에요	아니에요!
17. 그 사람을 멀리하다				
18. 그 사람에게 잘해주다				
19. 복수하다				
20. 함께 뭔가를 하다				

주의: 이 장의 리커트 형식은 질문자가 아동의 응답을 기록하기 위한 것임.

그림 13.3 (계속)

질문자용: 각 문항의 각 문장을 온전하게 읽으시오.

이 문항들은 그 사람에 대해 어떻게 생각하는지에 대한 내용이에요 [해당되는 사람의 이름을 언급]. 그 사람에 대해 지금 마음 속에 어떤 생각들이 있는지 생각해 보세요. [아동의 응답을 녹음]

당신은 그 사람 [해당되는 사람의 이름을 언급] 이 ____________ 고 생각하나요?
(각 문항에 응답할 경우 제시된 단어를 빈 칸에 대입하십시오)

	맞아요!	조금 맞아요	조금 아니에요	아니에요!
21. 나쁘다				
22. 좋은 사람이다				
23. 친절하지 않다				
24. 다른 사람들을 배려한다				

몇 가지 질문을 더 제시하자면 다음과 같다.

	맞아요!	조금 맞아요	조금 아니에요	아니에요!
31. 일어난 일로 인해 괴로웠나요?				
32. 감정적으로 상처를 받았나요?				
33. 그 사람이 한 일이 옳다고 생각하나요?				
34. 당신은 그 사람 [이름을 언급]을 용서했나요?				
35. 용서가 무엇인지 알고 있나요? 무엇인지 설명해 주세요(질문자는 응답을 기록하여야 함).				

한 사람이 다른 사람을 용서하는 이야기를 한 번 만들어 보세요.
(질문자는 여기에 응답을 기록하여야 함)

그림 13.3 (계속)

(Enright et al., 2007), 벨파스트 지역에서 역시 8-9세 아동으로 구성된 소규모 표본을 대상으로 실시한 연구에서는($N=10$) 신뢰도 계수가 .96이었다(Magnuson et al., 2009). 미국의 중학생들을 대상으로 한 적은 표본의 또 다른 연구에서($N=12$) 신뢰도 계수는 .94 였으며(Gambaro et al., 2008), 미국의 중학생을 대상으로 한 큰 표본의 연구에서($N=616$) 신뢰도 계수는 역시 .94였다(Flanagan et al., 2012). 타당도의 경우, 개인 및 학급 수준에서 무선배정을 통한 용서교육 중재 이후에 학생들이 EFI-C에서 점수의 향상을 통하여 제시되었다(Enright et al., 2007; Gambaro et al., 2008). Flanagan 외 연구자들(2012)은 또래 맥락에서 EFI-C와 긍정적인 심리적 적응 및 학교폭력 행동에 대한 관계를 보고하였다.

용서 측정의 미래

이 분야에서 추후의 측정도구 개발에 대한 생각과 함께 본 장을 마치고자 한다. 우리는 새로운 용서 척도의 개발을 고려 중인 사람들에게 먼저 이러한 질문들을 던져볼 것을 권장한다.

- 새로운 척도가 필요한 이유는 무엇인가?
- 새로운 척도가 이전 척도들의 오류를 바로잡고 있는가?
- 이전 척도들의 결함이 (a) 정의(definition) 및 운용(operationalization)에 대한 것인가, (b) 척도 자체의 구조에 포함되는가, 또는 (c) 척도의 측정적인 속성에서 관찰되는 것인가?
- 새로운 척도는 이러한 결함을 어떻게 정정할 것인가?
- 현재의 결함을 바로잡는 것을 넘어, 새로운 척도는 이전의 척도가 지니지 못한 정의, 척도 구조, 또는 측정적 속성에 무언가를 더하는가?

용서의 의미는 다양한 학문 내에서 발견되어야 하지만 현재는 여러 학문분야의 학자들이 균형을 맞춰 얘기하고 있지 않다. 용서는 신학, 철학, 심리학, 사회학, 그리고 사회사업(social work), 의학, 정신의학, 임상심리학과 같은 다양한 응용 직업군에서 적용될 수 있다. 우리는 연구자들이 이러한 다양한 관점에서의 용서의 의미를 알기를 권유한다. 용서의 다각적인 속성과 깊은 의미에 대한 연구자의 이해를 통해 용서의 중요한 구인을 측정하기 위한 더욱 정확한 척도의 개발을 도울 수 있다.

제14장
용서에 회의적인 관점들

용서라는 단어가 처음 제시되었을 때, 공포와 분노의 감정과 함께 앨리스의 눈은 커졌다. 그녀와 더 분석을 해보았을 때, 그녀는 용서가 정의를 좌절시키는 것이라고 받아들였고 또 그녀를 아프게 했던 남자로부터 취약하게 만든다고 믿었다. 그녀는 용서치료에 대해 회의적인 비판들에 대해 많이 알고 있었고, 또 그 때문에 용서치료를 계속하기를 두려워했다.

치료사는 용서치료를 받으러 오는 몇몇의 내담자들의 박식함에 대해서 아마도 놀랄 것이다. 용서는 철학 그리고 자조의 한 주제이며 몇 십년 전부터 유명해졌다. 결과적으로 수많은 논문과 책들 그리고 대중을 위한 자료을 통해 용서에 대해 알 수 있게 되었다. 하지만 불행하게도 모든 출판물들이 모두 정확하거나 깊이가 있는 것은 아니다. 그래서 몇몇의 내담자들은 그들이 읽었거나 들었거나 워크샵이나 세미나를 통해서 배운 잘못된 정보를 가지고 치료를 받으러 온다. 그러면 내담자 및 환자의 용서에 대한 생각을 재교육해야 하는 일이 치료사의 일 중 일부가 되는 것이다.

비록 회의적인 관점들이 어려운 개념을 이해하는 데 도움이 되지만 용서에 대한 대부분의 의심들은 잘못된 이해에서 오는 것들이다. 이러한 오해들은 이해를 돕지 못할 뿐만 아니라 오히려 방해한다. 이 장에서는 두 가지 이유에서 이러한 회의적인 관점들을 살펴 보고자 한다. 첫째는 치료사들이 내담자들의 회의적인 관점을 예상하게 하게 함이고, 둘째는 치료사들이 이 주제에 관한 개인적인 의심을 검토해보도록 하게 함이다. 이러한 검토는 용서하는 것이 무엇을 수반하는지에 대한 이해를 깊게 하고 치료사들이 내담자 및 환자에게 용서가 적합한지 아닌지를 결정하는 데 도움을 줄 것이다.

부당함에 대한 약하고 열등한 반응으로서의 용서

이러한 논의의 기본적인 요지는 용서하는 사람이나 용서받는 사람이 중요한 것을 잃게 될 수 있다는 것이다. 그래서 처음부터 바로 용서를 하는 것은 좋지 않다는 것이다.

약자로서의 용서자

19세기 말에 니체(1887)는 아주 흥미로운 주장을 했는데 용서를 하는 사람은 용서 말고는 다른 의지가 없는 나약한 사람이라는 것이다. 예를 들어, 앨리스가 감정적으로 거리가 있고 말로써 학대를 가하며 도의는 있지만 가족의 필요에 대해 신경쓰지 않는 그녀의 남편인 데렉을 계속해서 용서하는 것이 나약하다는 것이다.

니체(1887)에 따르면 대부분의 용서에 대한 예시들은 위와 같은 것이다. 어디에도 화풀이할 곳이 없는 용기가 없는 사람들이 용서를 하는 것이다. 만약 앨리스가 도덕적으로 강건했다면 그는 데렉에게 공정한 해결을 위한 그녀의 권리를 주장했을 것이다. 이것은 용서하는 것에 반대되는 방법이다. 그 이유는 용서하는 사람의 품성에 대해 의문을 제기하고 그러므로 전체적인 용서에 대해 의구심을 갖게 된다. 우리는 이러한 Trainer(1984)의 심리학적 연구결과들로 니체의 주장을 반박하려 한다. 그녀의 성인 연구 참가자들에게 가해자들을 용서하려는 동기에 대해 인터뷰를 진행했다. 그리고 몇몇의 사람들은 실제로 용서의 속성들에 대해 잘못 이해했고 또 그 의미들을 왜곡했다.

예를 들어, Trainer(1984)는 한 그룹을 단지 갈등을 마무리하는 수단으로 용서를 하는 방편으로 용서하는 사람(expedient forgivers)으로 분류했다. 그들은 Hunter (1978)의 가짜로 용서하는 사람들의 설명과 다르지 않게 가해자들에게 어느 정도의 겸양과 적대심을 유지했다. 다른 말로 하자면 '용서하는 것'은 자유로워지기 위한 행동이 아니고 한 사람을 만성적인 분노에 묶어 놓는 일이다. 아마도 이것은 니체가 19세기에 설명했던 그러한 패턴일 것이다. Trainer의 과학적인 연구에서 다른 한 그룹, 즉 내재적 용서자(instrinsic forgivers)는 도의적인 것과 상관없이 용서했던 그룹이다. Trainer는 내재적 용서자 그룹이 다른 그룹보다 더 적은 분노가 나타나는 것을 알아냈다. 만약 앨리스가 이런 방식으로 용서한다면, 데렉을 향한 분노가 줄어들 것이다.

요약하자면, 방편으로 용서하는 사람들은 겉으로는 진짜 용서처럼 보이지만 그렇지 않은 길을 가고 있는지도 모른다. 가장 큰 차이점은 그들은 외재적인 이유들, 즉 직장을 유지하거나 자신만을 지키려는 것 때문에 타인을 용서하는 것이다. 진실되게 용서하는 사람들은 외적인 결과들에 상관없이 도의적인 이유들 때문에 용서를 한다. 그런 용서들은 후퇴나 약함이 아니라, 진실된 용기와 힘이다.

나약한 자로서의 용서받은 자

니체 철학과는 반대로, "나는 너에게 빚졌어"와 같이 용서를 받는 것은 용서받는 사람을 나약하게 만드는 것이라는 경고도 있다(Augsburger, 1981; Cunnigham, 1985). 어떤 잘못을 한 사람을 교묘하게 조종하기 위해서 용서하는 자는 사실 용서를 하는 것이 전혀 아니다. 계속에서 보상을 요구하는 관계에서 관대함과 도의적 사랑이 있을 수가 있겠는가? 도덕적 규제가 부재할 뿐 아니라 용서하는 사람이 용서받는 사람에게 "선물"이라는 것을 상기시켜주면서 처벌의 해로운 형태가 관계를 지배하게 된다.

열등한 자로서의 용서하는 자

누군가가 빠르게 용서를 할 때, 그래서 그가 적당한 시간 동안 분노를 표출하는 것을 대충 얼버무리고 넘어갈 때, Murphy(1982, 2005)가 말한 것처럼 그 사람은 자기존중을 보여주고 있지 않은 것이다. 그러나 Murphy의 염려는 용서하는 것 그 자체에 있는 것이 아니라 그 과정을 방해하는 것에 있다. Murphy와 그에 동의하는 사람들은 용서하는 과정에서 분노를 처리하는 공간을 만들어 놓는 한 용서함으로써 곤란에 처하는 경우는 없다고 말한다.

열등한 사람으로서의 용서받는 자

비록 용서하는 사람이 가해자를 지배하려고 하지 않는다고 해도, 가해자는 용서받는다는 것에 기분이 좋지 않을 수도 있다(Droll, 1985; O'Shaughnessy, 1967 참조). 데렉은 앨리스가 자신을 용서함으로써 자신보다 도덕적으로 우위에 있다고 생각할 수 있다. 그러나 제1장에서 얘기한 것과 같이 앨리스는 데렉에게 그녀의 선물에 대해 말해 줄 필요는 없다. 비록 데렉이 그녀의 용서에 대해 의심을 해봐야겠지만, 앨리스가 딱히 무엇을 잘못한 것은 아니다. 데렉의 반응과 상관없이 그녀의 선물은 계속해서 선물로 남아있게 된다. 만약 한 아이가 크리스마스 아침에 선물로 양말을 받았다고 운다면, 이 아이가 양말 대신에 유명한 컴퓨터 게임을 원했다고 해서 양말이 선물이 되지 않는 것일까?

자기를 소외시키는 용서

용서의 심리학에 대한 초기 박사과정 졸업 논문을 쓴 Droll(985)은 인간 본성은 용서가 허락하는 것보다 더 공격적이라는 흥미로운 주장을 내놓았다. 용서를 하는 사람들은 자신의 본성을 좌절시키거나 심지어 해를 가한다. 그러나 우리는 안정적인 가족들을 붕괴시키는 적대심이 인간의 상태에 근본적으로 좋은 것에도 반하는 것인지 의문이다. 용서가 중요한 관계들을 회복시킬 수 있기 때문에 실제로는 소외와는 반대되는 것이다(Enright & the Human Development Study Group, 1991).

가해자를 존중하지 않는 용서

용서에 관한 하나의 주장은 어떤 한 사람이 다른 사람에게 상처를 받았을 때 분노를 표출하는 것이 가장 좋은 방법이다라고 하는 것이다. 왜냐하면 이 방법으로 상대방에게 자신이 심각하다는 것을 알려주기 때문이다. 만약 용서가 화를 내는 과정을 가로막는다면 용서를 하는 사람은 상대방을 진지하게 생각하지 않는다는 것이고, 그 말은 존중하지 않는다는 말이다. 니체(1887) 또한 이 주장을 받아들였다. 하지만 우리는 용서가 화를 내는 것을 포함하고 있지 않다는 이 주장의 기본 가정에 동의하지 않는다. 한 사람이 용서를 할 때, 그는 분노와 함께 용서를 시작한다.

우리는 또한 화를 내는 것이 존중으로 가는 단 하나의 길이라는 것에 동의하지 않는다. 만약 한 사람이 분노를 하루가 아닌 이틀에 걸쳐 가라앉힌다면 그것은 존중이 없다는 뜻일까? 과연 어느 때에 분노를 그만 표출하는 것이 상대방이 존중을 받는다고 느끼게 하는 것일까? 니체(1887)는 답을 내어 놓지 않았다. 만약 한 사람이 분노를 영구화시킨다면, 분명 그는 상대방을 존중하지 않는 것이다.

분노에 관한 사례

니체의 사상 다음으로 철학자 Murphy(2005)는 분노를 위한 사례나 그가 말하는 "학대를 받았을 때 드는 보복"의 사례를 설명하려고 노력했다. 그는 학대를 받은 사람이 범죄를 저지른다면, 그 행동은 이후의 학대로부터 자신을 지키는 것이라고 강조했다. 그러나, 그의 글에서 두 용어, 즉 분노와 공정성 찾기를 한 번도 구별해서 쓰지 않았다. 왜 사람은 더 도덕적인 대안인 지속적인 공정성 찾기를 할 수 있음에도 불구하고 병든 의지(분노의 정의)를 행사할까? 아마 이 두 용어를 구별하고 대조하는 것을 어려워하는 잘 속는 사람들은 위험에 빠질 수도 있다. 결국, 개인이 학대를 피하기 위해 얼마나 큰 분노 혹은 보복을 행사해야 하는가? 화가 나거나 두려울 때 이런 악덕을 행사하는 것은 자신을 보호하려는 한 사람이 다시 원래의 가해자로부터 용서를 받아야 하는 부당성을 야기시키는 것처럼 보인다. 개인은 공정성 찾기가 가능할 때, 분노가 문제해결 전략이라는 매우 강한 사례를 만들어야만 할 것이다. 이러한 사례는 있었던 적이 없다.

상처에 대한 과민증을 유발하는 용서

철학자 Downie(1965)와 심리학자 Droll(1985)은 용서를 연습하는 사람이 경시나 작은 상처에 더욱 심각하게 반응할 수 있다는 도전적인 가능성을 제시했다. 용서자가 자신이 당한 부당한 행위들을 면밀하게 분석하기 시작하면서, 그는 판단력을 잃을 수도 있을 것이다. 그러나, 진심으로 용서하는 사람들은 원래의 범죄를 더 정확하게 보려고 한다. 용서자가 가해자와 그 범죄를 정확하게 이해하려고 노력하면서, 진정한 용서가 과민증을 바로잡는 것처럼 보인다.

불공정의 형태로서의 용서

다음에서 논의되는 네 가지의 논의는 용서가 훼방놓는 공정성라고 비난한다. 물론 이러한 비난이 만약 사실이라면 심각하게 여겨질 수 있다. 그 이유는 공정과 용서가 양립할 수 없다는 것을 내포하기 때문이다. 그리고 개인이 공정 혹은 용서, 둘 중에 하나만을 선택하게 된다.

용서는 공정을 영속시킨다

니체가 Trainer(1984)가 말한 내재적 용서(intrinsic forgiving)라기보단 갈등을 무마하기 위한 수단으로서의 용서(expedient forgiving)라고 불렀을 것을 설명하면서 니체 사례를 과장시켰다고 가정해보자. 이것은 도덕적 쇠약함에 관한 니체의 요점을 무효화시키진 않는다. 그 이유는 앞서 앨리스의 예시에서처럼 내재적 용서자(intrinsic forgiver)는 반드시 그녀의 권리를 공정한 결과를 위해 행사할 필요는 없기 때문이다. 앨리스는 아마 데렉을 본질에서부터 용서하고 데렉과 같이 평소와 같이 사업을 진행할 수 있을 것이다. 용서는 아마 분노를 가라앉힐 것이지만, 데렉이 다툼에서 이길 것이므로 용서는 정말 쓸모가 없는 휴전상태를 만드는 것일 뿐이다. 앨리스는 비난받아 마땅한 상황에 기여하게 될 뿐이다.

위의 논의에 대한 중요한 반론은 우리가 제3장에서 본 것처럼 진정한 용서와 화해는 다르다는 것이다. 한 사람이 용서를 할 때, 그가 가해자와 화해를 할 수도 있고 안 할 수도 있다. 만약 앨리스가 진심으로 용서한다 해도 그녀가 데렉으로부터 정당한 대우를 요구할 수 있어야 한다. 만약 그녀가 추구하는 것이 인정을 베푸는 것이라면, 사실 그녀는 용서를 먼저 하고 그 다음 공정한 결과를 기도해보아야 한다. 그 이유는 그것이 화가 나서 무턱대고 밀고 나가는 것보다 더 좋은 결과를 가져올 수 있기 때문이다.

용서에 대해서 반대하는 주장도 바로 앨리스와 데렉의 상황의 경우를 염려한다. 앨리스가 계속해서 학대를 하는 남편을 용서한다고 가정해보자. 그러면 그녀가 더 큰 학대를 받을 수 있게 되지 않을까? 만약 그녀가 용서에 대해 잘못 이해하고 화해와 혼동한다면, 맞다. 그녀는 더 가혹하고 위험한 학대에 노출될 것이다. 그러나, 그녀가 용서는 불공정한 것에 대한 내적이고 도덕적인 반응이고 화해는 두 사람의 동의가 있어야 한다는 것을 알게 된다면 맹목적으로 화해할 필요가 없어진다.

만약 데렉이 참회나 도움을 구하려는 의지가 없는 화해를 주장한다면 누구도 이것을 화해라고 말하지 못할 것이다. 만약 앨리스가 진심으로 용서하고 화해하지 않기로 결심한다면 그녀는 아마 자신의 건강을 위해서 중요한 한 걸음은 나아갔다고 할 수 있을 것이다. 만약 그녀가 데렉을 용서하지 않는다면 그녀와 그녀의 아이들에게 영향을 줄 수 있는 혐오의 덫에 걸려 살아가게 될 것이다.

그렇다면 정말 용서는 불공정을 지속시킬까? 우리는 이제 가짜 화해가 용서에 관한 모든 철학적인 논쟁의 원인이라는 것을 알 수 있다. 가해자가 자신의 가해를 이해하고 변화할 의지를 보여주지 않는 이상 가짜로 화해하는 것은 그 자체로는 용서가 아니고 또 다시 폭력적인 관계로 돌아가는 것이다

과학은 용서가 결혼생활에서 심리적이고 신체적인 공격성을 예측한다고 말하는가? 이 책에서 다루어진 모든 철학적인 논의에도 불구하고, McNulty(2011)는 결혼생활에서의 용서가 부정을 영구화한다는 관점을 지지하는 과학적인 근거를 찾았다고 주장했다. 예를 들어, 이 연구에서 파트너 중의 한 명이 다른 한 명에게 아주 소중한 소포를 택배로 부쳐달라고 요구했는데 그 파트너가 그것을 까먹었다고 생각해보자. 그리고 1에서 7까지의 스케일 중에서 물건을 부탁한 파트너가 상대방을 용서할 의지가 얼마나 되는지 물어 보았다. 우리는 이 연구 결과에 대해 4가지의 비판을 제기할 수 있다. 첫째, 그 질문지는 5개의 문항으로 된 아주 짧은 질문지였다. 둘째, 질문들은 모두 실제 결혼 상황이 아닌 가정의 상황에 대해서 질문했다. 셋째, 오직 그 가정적인 상황에서 오직 한 상황만이 외도에 관한 심각한 상황이었다. 그리고 마지막으로 질문지는 용서에 대한 정의를 논하지 않고 상대방을 용서할 것인가에 대해 간단하게 물어봤을 뿐이었다. 그 소포를 까먹은 배우자는 고의로 택배를 보내지 않은 것이 아니다. 하지만 바람을 피는 행동은 고의적인 것이다. 다시 말해서, 몇몇 연구 참여자들은 진정한 용서를 눈 감아 주는 것이나 참는 것과 혼동할 수 있다. 이것은 참가자에게 용서에 대한 의미를 물어 보았다면 해결되었겠지만, 그렇지 하지 않음으로써 발생한 심각한 오류이다. 이 결과는 그 용서라는 단어를 눈 감아 주는 것 혹은 참는 것으로 이해하고 그 질문지에 점수를 높게 받은 사람이 추가적인 폭력에 시달릴 수 있다는 것을 보여준다. 다시 말해, 눈 감아 주는 사람들은 용서를 한 후에 공정한 해결책을 찾지 못할 수도 있다.

용서는 사회정의를 바꾸어 놓는다

아마도 용서에 대한 지나친 초점은 사회가 범법행위가 나쁘다는 견해를 부정하면서 범죄자들을 가석방시키고, 새로운 형태의 사회적 불공정을 도입시킬 수 있다. M. Lewis(1980)와 Roberts(1971) 같은 철학자들은 이런 문제들을 제기했다. 가장 큰 문제는 사람들이 용서를 법적 자비와 혼동한다는 것이다. 배심원들은 학대를 받은 사람들이 아니다. 이론적으로 용서를 하는 대상을 향한 개인적인 가해를 떠나

서 법적 용서는 발생할 수 있다. 용서는 언제나 개인적인 상처가 발생한 맥락 안에서 발생한다. 그러므로, 비록 개인이 주기적으로 용서를 한다고 해도, 배심원이나 판사의 능력에 따라서 그러한 결정들이 이루어져서는 안 된다.

용서는 개인의 정의를 방해한다

비록 사회적인 정의가 용서와 공존할 수 있지만 용서자가 특정한 권리를 포기하는 것이 아니지 않은가? 예를 들면, 어느 한 사람은 배심원인 동시에 공정을 찾을 수 있다. 결국에는 용서하는 사람은 어느 정도의 권리를 포기해야 한다. 만약 앨리스가 용서를 하기로 했다면, 그녀가 데렉을 관대하지 않게 대한다고 해도 그녀는 여전히 참을 것이다.

우리는 개인의 권리를 공동체의 권리 혹은 가족의 권리로부터 구분해야 한다(Yandell, 1988, p. 9 참조). 앨리스는 그녀가 용서를 할 때 그녀의 별거 수당의 권리를 포기하지 않아도 된다. 아마 그녀가 포기할 만한 것은 데렉의 섬세하지 못함에서 비롯된 고통들에 대한 보상에 대한 권리일 것이다. 그렇지 않으면 그녀는 그녀 자신을 위해서 용서도 하고 벌도 줄 것이고 이것은 아주 모순적인 상황이 될 것이다(Yandell, 1998). 그러면 이러한 자신의 권리에 대한 포기가 용서를 비도덕적으로 만드는 것인가? 우리는 아니라고 생각한다. 그 이유는 그 사람이(이번 사례에서는 감정적인 손상에 대한 보상) 신중하게 권리를 포기했기 때문이다. 앨리스의 상황에서는 이것이 데렉에게 선물처럼 다가올 수 있다. 이 상황에서의 선물, 즉 앨리스가 권리를 포기한 것은 비도덕적이지만은 않다. 그 이유는 진정한 선물을 주는 것은 비도덕적이지 않기 때문이다. 앨리스가 용서를 하기로 선택했다는 전제 하에, 그녀는 데렉이 공정하지 않았다는 것을 인지한 채로 도덕적인 범위 안에서 용서를 하는 것이다. 게다가 용서의 의도가 아이들과 그녀로 하여금 성장하게 할 것이고 이것은 전혀 비도덕적인 것이 아니다.

용서는 용서하는 사람에게 무엇이 올바르고 올바르지 아닌지를 불명확하게 한다

J. Safer(1999)는 용서가 권리를 침해하는 데 큰 역할을 한 가족의 기능장애의 한 사례를 발표했다. 중년의 두 부모는 그들의 성인 딸에게 그녀의 오빠가 성적으

로 학대를 한 것에 대해 용서하고 잊어버리기를 요구했다. 물론 그 딸은 그 범죄를 부인하고 경시하려는 부모의 태도에 아연해했다. 이 부모들은 그 범죄의 심각성을 잘 모르는 듯해 보였다. 그들은 현실의 왜곡과 아들을 보호하기 위한 그리고 딸을 억압하기 위한 시도로 용서를 딸에게 요구했다.

만약 J. Safer(1999)가 위의 사례가 사람들이 고의로 용서의 의미를 왜곡해서 사용하는 가짜 용서라면 우리는 위의 사례에 대해 전혀 문제를 갖지 않을 것이다. 그러나 Safer는 위의 사례를 진짜 용서의 위험으로 묘사했다.

우리의 경험으로, 진정한 용서는 사람들에게 불공정한 것들을 볼 수 있도록 돕는다. 한 개인이 부인을 그만 두고, 무슨 상황들이 일어났는지 조사하게 되고, 일정 기간 동안의 분노를 가진 후에, 그는 상대방의 행동이 틀렸거나 공정하지 않다고 분류하게 된다. 그러나 앞 사례에서의 나온 부모들은 아들의 잘못을 경시했다. 그들은 가짜 용서를 무기로 사용했다. 확실히, 치료사들은 내담자 및 환자가 가지고 있는 왜곡된 생각들에 대해 알고 있어야 한다. 내담자가 왜곡할 수 있기 때문에 치료사들은 진짜 용서를 비난해서는 안 된다.

요약하자면, 용서는 정의를 방해하는 것이 아니다. 용서하는 행동은 불공정을 지속시키거나 사회정의를 막지 않는다. 용서는 처벌을 하려는 시도들을 좌절시키지만 이것은 실제로 가해자에게 선물로 다가가고 용서자에게는 잠정적으로 분노를 해방시킨다. 용서를 하는 데에는 네 가지 어려움들이 있는데 그것들을 한번 살펴보고자 한다.

논리적으로 불가능한 용서

칸트는 학대를 받은 사람들이 불공정한 것들에서 벗어날 수 없기 때문에 용서가 불가능할 수도 있다고 말했다. 학대가 발생했으면, 용서자가 그 학대로부터 자유로워질 수 있도록 할 수 있는 것이 아무 것도 없다. 그리고 용서는 용서자로부터 학대를 지우려고 하지만 허사로 끝난다. 그래서 용서는 소용이 없다. 그러나 North (1987)가 말한 것처럼, 용서는 학대를 지우는 것이 아니라 그 학대의 영향을 바꾸는 것이다. 용서는 틀린 것에 대한 반응이지 그러한 학대가 없었던 것처럼 만들어주는 마법이 아니다. 용서자는 용서를 하는 데에 있어서 관계를 왜곡시키는 영향들을 바꾸려고 노력한다.

여성은 용서를 하는 데에 있어서 남성들에 의해서 지배된다

여성들은 남성들에 비해 더 자주 용서를 하라고 요구받는다. 심지어 이 장에서의 사례에서도 앨리스가 용서를 하는 사람이다. 자립 서적들 또한 여성들을 대상으로 하고, 연구들 또한 때로는 여성들을 대상으로 한다. 용서는 여성들에게 남성의 부당함들을 참아내라고 요구하지만 남성들에게는 여성들의 부당함을 참아내라고 요구하지 않는다. 그러므로 용서는 성 갈등에서의 힘의 불균형을 유발한다. Lamb(2002) 또한 이 부분을 강조했다.

만약 임상가들과 연구자들이 오직 남성들 혹은 여성들에게만 주의를 기울인다면 이러한 논의는 도움이 될 것이다. 하지만 실제로는 선구적인 연구들과 개입들은 남성과 여성들을 모두 고려했다. 예를 들어, Al-Mabuk, Enright, Cardis(1995)는 대학생 남녀 그들이 받은 상처에 대해 용서하기를 교육했다. 심리학에서 출간된 용서에 관한 첫 실증 연구에서도 남녀 모두를 포함하고 있다(Enright, Santos, & Al-Mabuk, 1989). 비록 몇몇의 자립 서적들이 여성들을 대상으로 한 것들이지만 대부분은 남녀를 대상으로 한 서적들이다(Smedes, 1984, 1996을 살펴 보라). 낙태 후 감정적인 영향에 대한 연구(Coyle & Enright, 1997)와 관상동맥질환과 연관된 연구들은 남성만을 대상으로 했다. 약물 재활 연구(Lin, Mack, Enright, Krahn, & Baskin, 2004)와 성인 아동 알코올 연구(Osterndorf, Enright, Holter, & Klatt, 2011)은 남녀 모두를 포함했다.

용서에 있어서 여성을 대상으로 하는 것은 성 편견이라는 논쟁에는 특정한 가정이 들어 있다. 이 논쟁은 가해자가 용서를 이용해서 용서자를 통제하려 한다는 것을 암시한다. 만약 용서하는 것이 자동적으로 화해로 이어진다면 이러한 논쟁에 무게가 더 실렸을 것이다. 그러나 우리는 이미 가해자를 용서하는 것과 화해하는 것은 분리된 사안이라고 알고 있다. 이 논쟁은 우선 용서와 화해가 동일하다는 잘못된 가정을 가지고 있다.

만약 개인이 선택해서 용서를 하고 또 정신적이 문제의 주체로부터 분리될 수 있으면 여성에만 초점을 맞춘 것은 실제로 성 편견일 것이다. 그러나 실제로 용서 치료와 연구는 남녀 모두를 대상으로 한다.

특정한 범죄들을 용서해서는 안 된다

용서에 반하는 이 생각은 용서자가 용서할 수 있고 용서할 수 없는 것들을 통제하는 데 있어서 초점이 맞춰졌다. 예를 들어 우리들 중에 한 명이 연수회를 하는데 참가자 중 한 명이 아주 흥미로운 질문을 하기 위해 연수회를 잠시 멈췄었다. 한 아버지가 16살의 딸과 별거 중에 있었고 그 이유는 딸이 성 관계를 맺고 있기 때문이었다. 그리고 논쟁이 시작됐다. 현대사회에서 우리는 모두 혼전성교를 범죄라고 하지 않는다. 만약 그 아버지가 딸을 용서하게 된다면 딸의 행동이 범죄가 아님에도 범죄라고 여겨지게 된다. 여기서 질문자는 발표자에게 "당신은 그 아버지에게 계속해서 딸을 용서하라고 장려할 것인가요?"라고 물었다.

이것은 아주 훌륭한 질문이다. 왜냐하면 그 질문에 대답을 어떤 식으로 하든 누군가는 기분이 상할 것이다. 거기에는 기분을 상하게 할 적어도 세 가지 반응들이 있다. 첫째, 만약 누군가가 치료사가 딸의 행동으로 인해 상처 받은 아버지가 딸을 용서하도록 장려해야 한다고 말한다면 그는 딸의 관점에 있는 사람들에게는 편협하게 보일 수 있다. 한 쪽은 딸의 행동을 악의라고 받아 들이고 한 쪽은 그렇지 않기 때문에 그는 편협하다고 보일 수 있다. 둘째, 만약 누군가가 딸이 잘못한 것이 없으므로 아버지가 딸을 용서하도록 장려하지 말아야 한다고 대답한다면 그는 아버지의 관점에 있는 사람들에게는 편협하게 보일 수 있다. 셋째로 만약 누군가가 딸이 의도적으로 아버지가 불쾌하게 생각하는 행동을 해서 아버지가 딸을 용서하는 것을 장려하지 않아야 한다고 말한다면 그것 또한 역시 딸을 옹호하는 입장에서 편협하게 보일 것이다. 그럼 누가 이 질문에 대답할 수 있을까?

우리의 대답은 이러했다. 만약 딸이 성 행동 대신에 은행을 털었다고 가정해 보자. 그럼 그 아버지는 딸이 안긴 아픔을 용서해야 할까? 아마 모두가 용서가 적절하다는 것에 동의할 것이다. 혼전성교가 옳고 그름을 논의하는 것을 떠나서 청중들은 아버지로 하여금 딸을 용서하게 해야 한다고 생각했다. 다시 말해서 그곳에서 청중들이 아버지의 용서를 통제하고 있다는 느낌을 받았다.

그리고 우리는 물었다. "만약 그들의 가치가 당신의 가치와 맞다면, 당신은 그들은 비난하지 않은 채로 그들이 용서하도록 허용할 것인가?" 물론 대답은 '아니오' 였다. 그 이유는 많지 않은 사람들이 지배하려는 것처럼 보였기 때문이다. 그러면 만약 그 아버지가 이성적이고 또 청소년이 성관계를 맺는 것이 부적절하다고 보는 관점을 가졌다면 그리고 만약 딸의 행동이 아버지로 하여금 임신이나 에이즈의 문제로 걱정을 가지게 한다면 아버지가 딸을 용서하도록 장려하는 것은 이성적인 것이 아니지 않은가? 아마도 그 아버지는 먼저 어떠한 문제로 딸을 용서해야 하는지를 먼저 결정해야 할 것이다. 아마도 아버지는 딸이 그동안 의사소통을 자주 하지 않은 것이나 가장의 말에 반대한 것을 용서해야 할지도 모른다. 만약 딸이 남자친구와 성 관계를 지속한다면 그 아버지는 과거의 가장 문제시되었던 특정한 사건들을 먼저 용서하기 시작해야 할까?

비록 모든 청중들이 자신들은 용서를 할 거라고 하지 않았지만 아버지로 하여금 딸을 용서하기로 하는 것에 동의했다. 몇몇의 청중들은 만약 자신이 아버지였다면 용서하지 않을 것이라고 했다. 그 이유는 딸의 행동은 계속 진행 중이었고 앞으로도 계속해서 자신들을 괴롭힐 것이기 때문이라고 했다.

이 논의의 교훈은 오늘날의 사회에서는 무엇이 화내게 하고 아닌지를 구분하는 데 있어서 어려움이 있다는 것이다. 사람들은 자신들이 깨닫지 못한 채 자신들은 용서하지 않을 일들에 대해서 다른 사람에게 용서하기를 바란다. 이것은 통제의 개념을 아주 살짝 비틀어 놓은 것이 아닌가? 아마도 용서하는 사람이 이성적이고 가짜 용서를 하는 것이 아니라면 용서를 할 때 어떤 부분을 용서하고 싶은지 결정해야 한다.

소극적인 용서

철학적인 관점에서보다 심리학적인 관점에서의 도덕적인 비판을 얘기하는 것이 아니라 용서를 부정적으로 묘사하는 것이 마지막 논의이다. 이 논의의 요점은 용서가 항상 부당한 일을 당한 다음에 시작된다는 것이다. 용서는 부당한 일이 일어나는 것을 방지하는 것도 아니고 수동적인 형태의 의사소통과 행동일 뿐이라는 것이다. 우리는 한 가지 질문이 떠올랐다. “어떻게 이런 불완전한 세상에서 부당함을 어떻게 효과적으로 막을 수 있을까?” 어떠한 의사소통 형태도, 문제해결 전략들도 모든 부당함들을 막을 수 없었다.

게다가 우리는 용서가 부당한 일을 당한 다음에 따라온다고 해서 수동적으로 보여질 이유가 무엇인지 생각해 보아야 한다. 누군가가 분노를 극복하기 위한 노력(가해자를 동정하려는 노력)에 대해서 생각해볼 때, 그는 용서를 수동적이라고 생각하기 어려울 것이다. 마지막으로, 가해자가 용서를 받음으로써 아마 변화할 수도 있다는 것과 그런 형태의 부당성을 적게 일어나게 하는 것은 불가능할 것인가? 이러한 사례들에서 용서가 정의와 부당함의 문제보다 먼저 발생하기도 하고 심지어 추후의 학대를 막는 역할을 하기도 한다.

추신: 우리는 그동안 단순하게 비평가들의 의견에 귀 기울이지 않았나?

심리학자 Lamb(2002)은 이 장을 비평가들을 멸시하는 장이라고 주장했다. 하지만 우리는 그의 주장에 정중하게 반대한다. 우리는 비평가들의 관점에 반대하는 논의들을 펼쳐왔지만 그 논의들은 멸시와는 다르다. 우리는 용서치료를 비판적으로 보는 Lamb과 다른 비평가들에게 이의를 제기했을 뿐이다. 우리의 논의 중에 어떤 부분들이 흠이 있는지 알려주고 그러한 부분들을 고쳐주길 바란다. 우리는 교대로 반론을 세기할 수 있는 권리가 있다. 오늘날까지 이런 비평가들은 진짜 용서에 대한 것 말고 다른 것들에 대해서 비판을 하는 것처럼 보인다. 우리는 어떠한 논박에 대해서든지 그리고 회의론자들 사이에서의 논리적인 착오처럼 보이는 애매한 표현들마저 드러내는 것일 것이다(여기에서는 용서와 같이 두 가지의 다른 용어를 사용하는 것이다). 우리가 이렇게 하는 이유는 비평가들이 자주 섣부른 용서나 가짜 용서, 그리고 묵과들에 대해서 비판하고 또 그것들을 진짜 용서라고 부르기 때문이다. 물론 진짜 용서는 그것들과 다르다. 우리는 이런 부분을 교정하는 것에 있어서 열려 있고, 학자들이 우리의 이의에 대답해 주길 소망한다.

제15장
용서의 도덕적·철학적·종교적 기원

이 책을 읽고 있는 학자들은 용서의 의미에 대하여 더 깊이 연구해야 하는데, 이는 용서라는 개념은 우리가 지금까지 묘사한 것보다 더 풍부한 의미를 담고 있기 때문이다. 여러분이 만약 용서에 대하여 연구한다면, 그 개념에 대한 피상적인 조작화를 해서는 안 된다. 용서에 대한 더 깊은 이해는 더 온전하고 의미 있는 연구로 나타날 것이다. 임상가들은 용서의 다양한 측면에 대하여 알고 용서에 대해서 생각할 때 몇 발 앞서가며 내담자를 도와줄 수 있어야 한다.

내담자들은 이 책에서 다루는 내용들을 포함하는 용서에 대한 자신만의 관점을 가지고 있을 것이다. 본 장은 이러한 내담자들이 용서와 관련한 세계관에 대한 개방단계에서의 고찰을 고통과 용서에 대한 그들 자신의 철학적 가정 및 종교적 신념과 통합시키도록 도울 것이다.

우리는 도덕 덕목으로서의 용서의 의미에 초점을 맞추어 제2장과 제3장에서 제시된 용서의 정의를 정제하여 수정하며 이 장을 시작할 것이다. 그리고 나서 용서의 정의를 보강해주는 고대의 관점과 현대의 철학적 관념을 살펴볼 것이다.

철학을 통해 정제된 용서의 정의: 용서는 도덕 덕목인가?

MacIntyre(1984)와 Simon(1986)의 책이 출간된 이래, 도덕 덕목 연구에 대한 활발한 논의가 이어져 왔다. 두 사람 모두 덕목의 구조에 대한 아리스토텔레스의 분석을 바탕으로 논의를 전개했다. 우리는 용서가 덕목에 해당하는지 확인하기 위해 아리스토텔레스의 정의에 대한 Simon의 해석을 살펴보도록 하겠다. 여기에는 여덟 가지 중요한 쟁점이 있다.

1. **선(善)으로서의 덕목.** 도덕 덕목은 사람의 성품에 중심을 두고 있기 때문에 개인

의 선의에 대한 것이다. 지금까지 살펴 본 바와 같이, 용서의 초점은 사람에 대한 무조건적인 존중과 도덕적인 사랑의 필연적인 원리와 함께 선행의 중요한 원리에 맞춰져 있다. 용서의 정의에는 연민이라는 도덕적 감정과 관용의 표현이 담겨 있다. 이 모든 자질들은 그것들이 적절하게 이해되고 행해질 때 인류의 안녕에 대한 것으로 선에 속한다고 할 수 있다.

2. **성향으로서의 덕목.** 누군가가 인격적이라고 하거나 덕을 행한다고 할 때, 그 사람은 선을 행하고 싶어하고 용서를 하는 경향이 있다. 그 사람은 용서를 하고 싶어하고, 용서를 하고자 하는 의욕이 있어야 한다. 다른 말로 표현하자면, 사람은 단지 부모나 치료자가 지지한다고 해서 용서를 하는 것이 아니다.
3. **도덕적인 사람은 자신이 무엇을 하는지 이해한다.** 도덕적 관점에서 용서를 하는 사람은 용서가 도덕적이고 선한 것이라고 이해한다. 그 사람은 반드시 자신이 원하는 것이 무엇인지를 알아야 하는데, 이것은 왜 자신이 용서가 선한 것이라고 생각하는지에 대한 합리적 원칙에 의해 결정되어야 한다.[1] 이는 용서를 하는 사람이 윤리학자처럼 이러한 합리적 원칙에 대해 의식적인 진술을 가지고 있어야 한다는 것을 의미하지는 않는다. 그러나 그 사람은 용서와 관련된 도덕적 선에 대한 인식을 가지고 있을 것이다.
4. **도덕적인 사람은 덕을 실천한다.** 누군가가 인격적이라고 하거나 덕을 보인다고 하는 것은, 그 사람이 이러한 자질을 실천을 통해 보일 때다. 용서자가 용서를 한다. 그러나 용서를 하는 사람이 항상 같은 방법, 즉 같은 노력과 같은 속도로 용서를 하는 것은 아니다. 관련된 상황과 사람이 그때의 용서의 질을 결정한다.
5. **도덕적인 사람은 덕의 표현에 있어서 완벽할 필요는 없다.** 완벽하게 덕을 행하는 사람은 드물다. 도덕적 자질을 완성하고 변화되어 가는 데는 시간이 걸린다. 용서라는 덕목을 받아들이고 지속적으로 용서를 한다면, 그 사람은 40세일 때에 비해서 60세에 용서를 더 잘 할 수 있는 사람이 될 것이다.
6. **사람들은 각각 다른 수준의 미덕을 보인다.** 어떤 덕목이든, 사람들은 각기 다른 수준에서 그 덕목을 소유하고 있다. 우리는 Enright 용서 척도를 사용한 우리의 연구들을 통해 용서가 하느냐 마느냐 하는 문제가 아니라는 것을 알고

---

1 Y. R. Simon(1986, p. 105) 참조.

있다(13장 참고). 다시 말해, 용서하는 데 있어서 개인들의 정도의 차이가 존재한다.

7. **진실한 덕의 표현은 극단을 피한다.** 덕의 진실한 실행은 아리스토텔레스가 말한 중용 안에서 표현된다. 그것은 왜곡이 될 만큼 지나치게 적거나 많게 표현되지 않는다. 예를 들어, 용서를 하는 사람은 분노를 포기한다는 생각(부정적 극단)이나 용서라는 이름으로 신체적으로 학대하는 사람과 무슨 수를 써서라도 같이 살아야 한다는 생각(용서의 긍정적 한도를 넘어서는 극한) 사이에서 수동적으로 흔들리지 않는다.
8. **도덕적인 사람은 일관되려고 노력한다.** 진정으로 덕을 행하는 사람은 비슷한 상황에서 한결같기 위해 노력한다. 어떤 사람이 형제가 예정된 모임에 한 시간 늦게 온 것을 용서했다면, 그 사람은 비슷하게 늦게 온 모르는 사람 또한 용서하려고 노력한다. 물론, 서로 매우 다른 상황 속에서 사람들을 비슷한 방식으로 용서하려고 노력은 하겠지만 그것이 성공적이지는 않을 수 있다. 예를 들어, 약속에 늦은 형제를 용서하는 것은 여러 해 동안 지속적으로 자신을 학대해온 부모를 용서하는 것과는 크게 다를 것이다.

요약과 문제 제기

지금까지 살펴본 바에 따르면 용서는 도덕 덕목의 기준에 부합하는 것으로 보인다. 즉, 용서는 상기한 여덟 가지 기준에 모순되는 것 없이 분명하게 해당되는 것을 볼 수 있다. 그럼에도 불구하고 우리는 여기서 두 가지 문제에 봉착한다. 만약 용서가 덕목이라면, 그리고 덕을 표현하는 것이 선한 것이라면, 지금 우리는 용서가 의무라는 견해를 만들어낸 것이 아닌가? 그렇다면, 부당한 대우를 받은 모든 사람들은 자신이 도덕적인 사람으로서 남고자 할 때 반드시 가해자를 용서해야만 하는 것이다. 그렇게 되면 용서는 개인의 선택이라는 개념은 사라지는 것이다.

우리는 이 문제에 대한 두 가지 대답을 가지고 있다. 첫 번째로, 어떤 덕목들은 **필요 이상의 것**으로 분류할 수 있다. 다시 말해, 어떤 덕목들은 선한 것이긴 하지만 동시에 마땅히 해야만 하는 의무 이상의 것이라는 말이다. 가난한 사람들을 위한 자선이 좋은 예가 될 것이다. 만약 어떤 사람이 5천원을 가지고 가난한 사람에게 줄지 아니면 그 돈으로 가족이 먹을 것을 살지를 결정해야만 할 때, 자선을 하지 않는 것을 비도덕적이라고 할 수는 없을 것이다. 자선을 행하는 것은 반드시 해야만 하는 필수적인 행위를 넘어서는 것이다. 용서 또한 이와 같은 성질의 덕목이다. 적절하게 용서를 표현할 때 그것을 도덕적 선이라고 할 수 있지만, 많은 경우에 용서를 하지 않는 것이 비도덕적인 것은 아니다. 용서를 하고자 하는 사람일지라도 현재는 용서에 대한 생각을 품기엔 너무 화가 나 있거나 두려운 상태일 수 있다. 달리 표현하자면, 어떤 덕목들에 대해서는 선택이라는 것과 도덕성이라는 것이 함께 적용될 수 있는 것이다. 물론 용서를 도덕적 원칙에 입각한 결정이라고 보는 사람들은 본인 스스로 용서를 의무로 지키려 하겠지만, 그렇다고 해서 그들이 모든 사람에게 반드시 용서를 해야 한다고 주장할 수는 없다.

우리가 당면한 두 번째 문제는 도덕적 판단을 내리는 데 있다(Lapsley, 1996 참고). **도덕적 판단**이란 다른 사람들의 성품을 바탕으로 그들에 대한 견해를 형성하는 것이다. 치료자로서 우리가 주의하지 않으면 우리는 내담자들에게 용서 척도를 작성하도록 주거나 그들이 용서를 하지 않겠다고 하는 것을 볼 때 그들을 판단할 수 있다. 도덕 덕목의 모든 심리학적 적용은 이렇듯 내담자를 판단하게 할 위험이 있는데, 이는 당연히 내담자를 판단하지 말라는 심리치료의 주요 원칙과 상반되는 것이다. 도덕 덕목의 적용 이면에 내담자에 대한 판단이라는 위험이 언제나 도사리고 있음에도 불구하고, 용서가 필요 이상의 것이며 언제나 상처받은 사람의 선택이라는 지극히 중대한 견해를 의지할 때 우리는 그 위험을 피할 수 있고 합리적으로 제거할 수 있다고 믿는다.

새로운 개념

용서가 도덕 덕목의 표현이라면, 그리고 그 표현이 선한 것이라면 용서에 대한 심리학적 관점이 바뀌게 된다. 우리는 앞서 용서가 기술, 대처 전략, 결단으로 이루어진 개념이라고 소개했으나 이제 우리는 용서에 대한 이해를 심화해야 한다. 만약 도덕 덕목의 실행이 어떤 사람의 성품에 관한 것이라면 용서는 최소한 부분적으로나마 그 사람 자체와 연관된 자질일 것이다. 심리학적 용어를 사용하자면, 용서라는 행위는 결국 그 사람의 정체성의 일부를 형성할 것이다. 왜냐하면 그 사람이 용서를 행하고, 그것이 선한 것임을 알고, 용서가 자신의 밖에서 독립적으로 존재하는 특성이 아니라는 것을 깨달을 것이기 때문이다. 설사 그 사람의 밖에 존재하는 것이라 할지라도 그것은 그 사람의 일부인 것이다. 이제 용서는 단지 사람들이 행하는 행동에 그치는 것이 아니라 도덕적 자아의 일부가 된다(Lapsley(1996)의 도덕적 자아의 심리 참고). 그리고 이것이 사실이라면 용서치료는 최소한 부분적으로나마 상처를 준 사람을 향해 선을 표현함으로써 내담자의 성품과 정체성을 변화시키려는 의지적인 시도인 것이다.

철학에 근거한 용서의 정의에 대한 추가적 개선

우리는 철학을 바탕으로 용서에 대한 네 가지 견해를 아래와 같이 추가하고자 한다.

1. **이차적인 용서가 가능하다.** Jaeger는 그녀의 딸을 죽인 살해범을 용서했다(Jaeger, 1998). Jaeger 본인이 신체적으로 상해를 당한 것은 아닌데, 그녀에게 용서를 할 권리가 있는가? Brakenhielm(1993)은 직접적으로 자신을 해치지 않은 사람에 대한 익명의 용서와 개인적 용서를 구분한다. 익명의 용서는 자신이나 자신이 사랑하는 사람을 해치지 않은 사람을 용서하는 것이다. 예를 들어 와이오밍에 사는 사람이 플로리다에서 벌어진 살인사건에 대해서 듣고 살해범을 용서하는 것이다. 개인적 용서는 Jaeger의 사례와 같이 자신이 사랑하는 사람을 해친 이를 용서하는 것이다. 물론 그 살인사건은 그녀의 딸이 당한 것이기 때문에 결국 Jaeger가 딸을 대신해 용서를 할 수는 없을 것이다. 하지만 Jaeger 또한 살해범을 용서할 수 있는데 이는 피해자의 엄마로서 살인범에게 직접적인 고통을 받았기 때문이다. Brakenhielm에 따르면, 사적인 관계라는 특성이 사랑하는 사람의 이차적인 경험과 그로 인한 고통에 대한 용서가 가능하게 한다.2
2. **용서가 의무로 여겨지는 경우.** 용서가 필요 이상의 것이라는 견해에는 두 가지 예외가 있다. 첫째, 몇몇 종교는 다른 사람을 용서하는 것을 의무로 보고 있다. 예를 들어, Landman(1941)과 Shapiro(1978)는 유대교인들에게 특정 상황

2 Brakenhielm의 견해에 대한 추가적인 논의에 대해서는 Enlight(1997)를 참고할 수 있다. 몇몇 사례를 통해 우리는 언제 익명의 용사가 적합한지를 알 수 있다. 예를 들어, 멀리 있는 나라의 독재자가 굶주린 주민들에게 음식을 주지 않는다면 이에 대한 글을 읽는 독자가 분노할 수도 있고 용서할 수도 있다.

에서의 용서는 의무적인 것이라고 주장했다. 특별히 동료 신자가 회개하고 용서를 구할 때 그렇다. 몇몇 기독교 교파는 신적인 용서와 인간의 용서 간의 상호작용에 대한 완전한 이해가 이루어진 경우, 용서를 도덕적 의무로 여긴다(마태복음 18장 21-22절; Vine, 1985, p. 251 참고).

둘째, 셰익스피어의 베니스의 상인에 등장하는 유대인 고리대금업자는 가혹할만큼 많은 돈을 채무자에게 끊임없이 요구하며 자비를 베풀지 않는데 여기서 그의 무례함이 드러난다. 현대의 예로, 레이의 돈 5천원을 훔치고 슬퍼하는 에그네스가 있다고 하자. 그녀가 원금과 이자를 돌려주고 레이의 용서를 조용히 기다리고 있다. 그녀는 최소 10번 거의 빌다시피 하며 용서를 구했다. 3년이 지난 후에도 레이는 묵묵부답이었고 그녀를 차갑게 대했다. 이때 레이는 아리스토텔레스가 말한 중용의 원칙을 벗어나는 극단적인 형태의 분노를 보여주고 있다고 할 수 있는데, 이해와 연민의 균형이 없는 것이다.

우리는 용서를 하지 않는 사람이 시간이 지난 후 지금이 용서를 하기에 적기였다는 것을 깨달을 수 있다는 것을 알아야 한다. Simon(1986)에 따르면 사람들은 주로 "실용적인 지혜"에 영향을 받는데, 그것은 사람들이 언제 용서를 실행할지를 알 수 있도록 도와주는 것이다. 더 많이 행할수록 실용적인 지혜가 개발된다.[3]

3. **가해자는 사과할 필요가 없다.** Adams(1989), Haber(1991), Griswold(2007)와 같은 이들은 이에 대해 동의하지 않을 수 있지만, 우리는 용서가 무조건적일 수 있다고 주장한다. 이는 타인에게 도덕적인 사람이 될 것인지는 개인의 선택이기 때문이다. 누군가가 다른 사람에게 선물을 주고 싶은 마음이 간절하다면 어떤 상황에서도 그것을 막을 것은 없다. Griswold는 선물에도 보답이 있다고 주장할 수 있겠지만, 모든 선물에 보답이 따르는 것은 아니다. 부모가 아이에게 생일날 장남감을 주거나 독지가가 노숙자들을 위한 지역 자선단체에 기부하는 경우를 생각해보라. 또한 용서가 상대방의 사과 또는 관련된 반응에 달려있다는 견해는 일부 내담자들을 두 번 고통스럽게 할 수 있다. 바로 가해자의 행동에 한 번 상처를 받고, 가해자가 사과할 때까지 자유롭게 용서치료를 시작하지 못하거나 계속하지 못한다는 데서 또 한 번 고통을 당할 수 있는 것

3 Y. R. Simon(1986, p. 106) 참조

이다. 무조건적인 용서의 가능성에 대한 논의는 Holmgren(1993)의 책에서 찾아볼 수 있다. Griswold의 주장에 대한 답변으로는 무조건적인 용서의 필요성을 포함하고 있는 Cowley(2010)와 Moody-Adams(2010)의 책을 참고하기 바란다. 우리는 Cowley의 무조건적인 용서가 현실적인 필요를 위한 것이라는 주장에는 동의하지 않는다. 그 대신, 사랑을 하고 자비심을 갖는 것이 그 자체로 선하기 때문에 상황이나 용서하는 사람의 현실적인 필요, 또는 다른 이들의 반응과 상관없이 무조건적인 용서가 이루어진다고 본다.

4. **가해자가 잘못을 의도했다는 전제는 필요하지 않다.** 이 관점은 Downie(1965)의 개념을 바탕으로 한 것으로, 우리는 경험을 통해 많은 사람들이 자신들의 행동으로 다른 사람에게 상처를 주려는 의도를 갖고 있지는 않았다는 것을 알 수 있었다.[4] 우리의 임상경험은 특별히 부부관계와 가족들 안에서 이것이 사실이란 것을 보여줬다. 만약 운전을 할 때 주의를 기울이지 않는 프레드가 프리다의 차를 박고 그 결과 프리다의 다리가 부러졌다면, 그녀가 프레드를 용서할 수 없다고 하는 것은 부당해 보인다. 용서하는 사람은 이성적으로 잘못된 행동을 판단한다는 우리의 정의를 고려할 때, 프레드가 사고는 단지 실수였다고 주장하더라도 프리다가 그는 더 주의를 기울였어야 했다고 판단한다면, 용서를 할 것인지 안 할 것인지는 프리다의 결정인 것이다.

용서의 정의에 대한 방어: 고대의 관점

고대로부터 전해져 온 문헌들, 특히 유대교인, 기독교인, 회교도, 힌두교와 불교 신자들의 관점들은 용서는 도덕적인 권리와 잘못이라는 맥락 안에서 이루어진다는 것을 보여준다. 용서는 분노를 줄어들게 하고 연민의 마음과 도덕적 사랑이 늘어나게 하며 궁극적으로는 개인의 변화를 가져오는 것으로 그려진다.

도덕적 권리와 잘못

유일신 전통의 유대교, 기독교, 회교 신앙들은 신의 용서를 인간의 잘못 또는 죄에 분명하게 연결짓는다. 사실 용서는 잘못을 저지른 인간들과 화목의 관계를 회

4 O'Shaughnessy(1967)와 Murphy(1982)는 이 부분에 대해서 우리와 동의하지 않았다.

복하기 위한 거룩한 하나님의 특별한 반응이다. 히브리인의 성경에서 46번 나온 Salah 라는 단어는 사람들에게서 죄를 제거하는 신을 일컫는 말이다(Vine, 1985). 고대 히브리 문화에서 동물희생의 복잡한 제도는 죄에 대한 속죄물을 바치는 것으로 인간의 회개를 동반했다(성경의 레위기 참고). 그리고 사람들이 신으로부터의 자비를 경험했듯이 그들 또한 다른이들에게 자비를 베풀어야 했다(Newman, 1987; Shapiro, 1978).

기독교 성경에 22번 기록된 용서를 나타내는 고대 그리스 단어 aphiemi는 사람들의 회개와 그리스도의 구속사건을 통한 용납이 이루어진 후, 하나님이 죄를 제해버리고 사람들과의 하나됨을 다시 이룬다는 의미를 가지고 있다. 성경에 쓰여 있듯이 용서받은 기독교인은 다른 사람을 용서할 것으로 기대된다(마태복음 18장 21-22절 참고).

회교도의 주된 가르침이 담긴 경전인 코란에서 알라는 모든 죄를 사해주고 용서해주는 신으로 묘사된다(Williams의 번역본 50페이지 참고, 1961). 그리고 이러한 용서는 신자가 믿음을 가지고 회개를 하고 선을 행할 때 주어진다. 유대교와 기독교 신앙과 상반되게 회교에서는 죄의 혐오스러움을 보이기 위한 피의 제물을 필요로 하지 않는다. 하지만 유대교와 기독교 전통에서와 같이 회교도 또한 알라의 도덕적 표현을 따라야 한다(Williams의 번역본 참고).

힌두교도들을 위한 지도서인 바가바드 기타는 용서의 중요성을 옳고 그름의 맥락에서 설명한다. 예를 들어, 불의에 대한 싸움인 전쟁 이후에 사람들을 상담할 때, 바가바드 기타는 구체적인 상황을 명시하지는 않았으나 특정 상황에서는 용서를 하는 것이 좋다고 가르친다(Prabhupada, 1984, p. 528).

철학적 체계인 불교에는 용서로 번역되는 특정 단어는 없으나, 불교의 설화들은 연민에 대한 미덕을 분명히 보여준다. 불교의 한 수도승의 이야기를 예로 들 수 있다. 자신의 첩들이 수도승의 가르침을 듣고 있는 것을 보고 화가 난 왕은 그 수도승을 묶고 채찍질했다. 하지만 거의 죽게 된 상황에서도 그 수도승은 왕에 대한 분노를 보이지 않았으며 오히려 왕이 건강하기를 빌었다(Tachibana, 1926, p.136). 불교도들이 그 왕은 잘못을 한 것이 아니라 무지한 것이었다고 할지라도, 불교설화들에 나타나는 이러한 이야기들이 잔혹함이 용서와 연민에 선행하는 것으로 그려지는 다른 종교의 이야기들과 다르지 않다는 데 주목할 필요가 있다. 또한 우리는 용서가 불교도들에게 낯선 단어가 아니라는 것을 알아야 한다. 불교 용어인 자애는 용서의 의미를 아우르고 있다. 티벳 불교의 지도자인 달라이라마는 1989년 노벨평화상을 수상했는데, 이후 그는 강연에서 끊임없이 용서의 중요성에 대해 언급했다. 일례로 그는 한 연설에서 교육자 및 관련자들이 평화, 사랑, 용서에 대해 함께 논의하기 위한 회의를 가져야 한다고 피력했다(Donato, 1989). 그 이후 달라이라마는 용서에 대한 책을 쓰기도 했다(Dalai Lama & Chan, 2005).

분노의 감소와 선행의 증가

고대 전통이 설화를 통해 용서를 보여줄 때, 이야기들은 예외 없이 용서하는 사람이 분노를 버리고 그 대신 자선을 베푼다는 내용을 포함하고 있다. 성경의 고전적인 이야기에서 요셉이 그의 형들을 용서하는 것을 생각해보라(창세기 37-45). 가정에서 편애 받던 요셉을 질투한 형들은 그를 이집트에 노예로 팔아 넘겼다. 많은 세월이 지난 후 그들이 다시 만났을 때, 형들은 요셉을 알아보지 못했지만 요셉은 형들을 분명히 알아봤다. 요셉은 기근을 피해 먹을 것을 찾기 위해 이집트를 방문한 형들을 잡아 두었는데, 이를 통해 처음엔 요셉도 분노로 힘들어 했다는 것을 알 수 있다. 결국 요셉은 연민의 울음을 터뜨렸고 그들의 형을 끌어안으며 음식을 얻게 해준다. 분노를 버리는 것은 용서로 얻어지는 결과의 반쪽에 불과함을 볼 수 있다.[5]

성경에 나오는 탕자에 대한 이야기도 비슷하다. 아들에게 버림받은 아버지는 멀리서 돌아오는 아들을 보고 무조건적인 사랑을 보여줬다. 사랑과 친절은 용서를 동반했다. 앞서 소개한 불교의 수도승에 대한 이야기에서도 수도승은 왕의 고문에 의해 죽어가면서도 왕에 대한 자애를 보였다.

생각, 감정, 행동의 상호관계

유대교와 기독교 성경은 용서를 구성하는 사람들의 다양한 반응들 사이의 상호작용을 잘 보여준다. 신명기 6장 5절을 생각해보라. 유대인들은 온 마음과, 온 영혼과, 온 힘을 다해서 하나님을 사랑하라고 명령 받았다. 마음은 감정의 자리, 지혜의 정신, 행동의 힘이라고 할 수 있다. 비슷한 구절인 마가복음 12장 13절 또한

5 요셉이 형들의 회개나 사과 없이, 조건없이 용서했다는 부분에 주목할 만하다. 이 이야기에서 형들이 후회한 것은 그들이 잡혔기 때문이었지 오래전 요셉에게 잘못했기 때문이 아니었다.

기독교인들에게 모든 마음, 혼, 뜻, 힘을 다해 하나님을 사랑하라고 말한다. 고대의 저자들은 현대의 우리와 같이 사람을 심리적으로 구분된 부분들로 나누려고 하지 않았다. 또한 하나님에 대한 사랑은 사람에 대한 사랑으로 확대되었다(레위기 19:18; 마가복음 12:31).

변 화

요셉은 형들에 대한 분노가 그들에 대한 사랑으로 변하고 끊어졌던 관계가 사랑의 관계로 새로워지는 변화를 경험했다. 돌아온 탕자의 아버지 또한 아들과 새로워진 관계를 경험했다. 불교의 수도승은 비록 왕과의 변화된 관계를 갖지는 않았지만, 억울한 마음이 없는 분노의 초월을 경험했다.

용서의 정의에 대한 방어: 현대철학의 관점

현대철학은 도덕적 문제들에 대하여 대체로 일치하는 의견을 내지 않는다. 그럼에도 불구하고 용서의 본질에 대하여는 많은 철학자들이 상당한 부분에서 합의를 보이고 있다. 〈표 15.1〉에 정리된 철학자들의 서술을 살펴보자. 용서에 대한 우리의 정의와 North(1987)의 정의에서 나타난 바와 같이 용서는 분노의 포기와 선행이라는 요소를 포함한다. Downie(1965) 또한 용서를 선행의 원리와 동일시했으며, 이는 용서가 도덕적 사랑으로 표현되었을 때 특별히 그렇다고 할 수 있다. 용서의 관계적 특성은 North와 Downie 모두의 관점에서 나타나고 있다.

Hughes(1975), Twambley(1976), Lewis(1980)는 용서의 두 가지 특징, 즉 적대감과 분노를 버리는 것과 가해자를 향한 평등하고 친절한 태도 및 도덕적 사랑을 갖는 것을 강조했다. 도덕적 사랑으로 표현된 선행의 원리는 Kolnai(1973-1974)의 철학에서 찾아볼 수 있다. Richards(1988)는 가해자를 향한 부정적인 감정을 분노로만 제한할 수 없으며, 가해자에 대한 불쾌감은 여러가지로 표현될 수 있다고 강조한다. Holmgren(1993)은 용서가 연민이라는 선의의 감정과 관련되어 있다는 데에는 동의했지만 잘못한 사람에 대한 무조건적인 존중에 대해 중요한 견해를 소개했는데, 무조건적인 존중을 갖는 것은 가해자 또한 사람이며 모든 사람은 선의를 가

표 15.1 인간관계에서의 용서에 대한 철학자들의 서술

<table>
<tr><td>
Downie(1965)
상처는 아가페 관계를 단절시키는 것과 관련되고 용서는 그 관계의 회복과 관련된다. … 아가페는 다른 사람들을 단지 지각이 있는 존재로서가 아니라, 더 나아가 합리적이며 도덕적 규율을 따를 수 있고 도덕적 가치를 추구하는 사람으로 대하는 것이다. 용서를 하는 사람이 할 수 있는 것처럼 말이다. 용서를 하는 사람은 자신과 용서받는 사람 사이에(최소한 자신의 편이라도…) 남아 있는 장벽을 영구히 제거해야 하고 상대방에 대한 신뢰를 새롭게 해야 한다(p. 133).

Kolnai(1973-1974)
내가 더 도덕적일수록 나는 더 용서하는 경향을 보일 것이다. 이것은 매우 단순한 것인데, 용서는 의미 있는 맥락에서 이루어지는 자선 또는 자비의 정교한 행위이기 때문이다(p. 104).

Hughes(1975)
용서는 마땅히 가질 수 있는 적대감의 소거이며 그 자리를 더 친절한 태도로 대체하는 것이다. 그것은 용서가 높이 평가되게 하는 중요한 결과를 가져오는데, 바로 가해자가 다시 고개를 들 수 있게 해주고 내적으로는 자신의 회한을 잠잠하게 할 수 있게 해주는 것이다(p. 113).

Twambley(1976)
당신은 상대방의 행동에 대해서 분개할 권리가 있다. 그를 용서할 때, 당신은 그 권리를 포기하는 것이고 당신의 관계를 평등의 가치에 맞게 조정하는 것이다(p. 9).[a]

Lewis(1980)
[키에르케고르의 개념들을 기반으로 Lewis는 다음과 같이 이야기 했다] 용서는 "사랑하라"는 계명을 언급하지 않고는 이해될 수 없다. 용서는 자신의 태도, 복수와 앙갚음에 대한 욕구, 모욕과 분노의 고통을 포기하기로 동의하는 것을 의미한다(pp. 242-243).

North(1987)
우리가 용서를 하려고 할 때, 우리의 분노는 분노할 권리를 부인함으로써 극복되는 것이 아니라 잘못을 한 사람을 연민, 자비심, 사랑을 가지고 보려고 노력함으로써 극복될 것이다. 비록 그 가해자는 연민, 자비심, 사랑을 받을 권리를 의도적으로 버렸더라도 말이다(p. 502).

Richards(1988)
잘못을 저지른 누군가를 용서하는 것은 그 사람을 향한 모든 부정적인 감정, 그것이 어떠한 감정이든지 가해자가 저지른 잘못에 기반한 것일 때 그 감정들을 포기하는 것이다(p. 79).

Holmgren(1993)
피해자의 용서는 가해자에 대한 가치 있는 이해와 용납, 그리고 연민을 가져다 준다(p. 345).
</td></tr>
</table>

진실한 용서의 상태에 이른 사람은 가해자가 뉘우치는지 여부와 상관없이 가해자를 실수를 저지르고 잘못을 한, 그러나 여전히 가치 있는 인간이라고 생각한다(p. 348).
더욱이, 그들의 본질적 가치를 고려하여 그들을 향해 취할 적절한 태도는 존중이다(p. 349).

Yandell(1998)

용서는 사람들 사이에 일어나는 도덕적으로 중대한 과정이다. 이것은 용서가 즉흥적으로 일어날 수 있다는 것을 부정하는 것은 아니다. 이론적으로 즉흥적인 행동으로 취해진 용서는 용서 과정의 최소한의 허용치로 이해될 수 있다(p. 35).

Roberts-Cady(2003)

나는 용서에 대하여 다섯가지 주장을 하겠다: (1) 용서는 용서받은 행동이 잘못되었다는 주장과 관련된 것이다; (2) 용서는 잘못이 아니라, 잘못을 저지른 사람을 어떻게 보는지에 대한 변화와 관련된다; (3) 용서는 용서를 받는 사람의 가치에 따라 조건적으로 이루어져서는 안 된다; (4) 용서는 감정과 행동 모두에 관련된 것이다; (5) 용서는 잘못한 사람을 변화시킬 수 있고, 그렇게 함으로써 이후의 잘못을 방지할 수 있다(p. 293).

Inazu(2009)

피해자가 잘못한 사람을 용서할 때, 잘못된 행동에 의해 초래된 폭력을 되갚지 않는다. 때문에 용서는 근본적으로 비폭력적인 행위이다.(p. 312)
잘못한 사람에 의해 발생한 피해는 취소될 수 없기 때문에, 용서의 모든 행위는 용서가 아니면 갚을 수 없는 빚을 없앤다는 의미에서 무한한 가치를 지닌다…. 개인적인 용서는 보통 다른 사람들과 공유된다(p. 313).[b]

Hughes(2010)

용서는 잘못한 사람과 부당한 취급을 당한 사람이 관계된 양자관계이다. 용서는 피해자가 잘못을 인정하되 그 과실을 지나감으로써 피해자와 가해자의 지위에 변화를 가져오는 것이다. 개인들간 또는 집단간 용서가 가능하기 때문에, 용서의 양자관계를 상정한다고 해서 보편적 개념인 용서가 두 사람 사이에서의 용서만을 설명하는 것은 아니다.

주: 페이지 번호는 원출처를 나타낸다. “Interpersonal Forgiveness Within the Helping Professions: An Attempt to Resolve Differences of Opinion,” by R. D. Enright, D. L. Eastin, S. Golden, I. Sarinopoulos, and S. Freedman, 1991, *Counseling and Values, 36*, pp. 84-103. Copyright 1991 by Wiley. Adapted with permission.
a. 용서는 선물과 같은 특성을 갖는다. b. 용서는 주로 사적인 행위가 아닌, 집단적 행위이다.

질 수 있기 때문이라고 했다. 그러므로 용서를 하는 사람은 가해자를 무조건적으로 존중할 수 있다는 것이다. Holmgren이 “본질적 가치(intrinsic value)”를 강조한 것 또한 주목할 만한데, 이는 우리의 정의에서 사용한 “본질적 가치(intrinsic worth)”와

동일한 개념이다.[6]

〈표 15.1〉에 열거된 다른 철학자들이 그랬던 것처럼 Yandell(1998)도 용서를 도덕적 영역에 속한 것으로 설명했다. 하지만 그는 용서가 때로는 즉흥적으로 이루어질 수 있다는 독특한 입장을 취했다. 이 견해를 지지하는 사례도 보고된 바 있다(Ten Boom, Sherril, & Sherrill, 1971). Roberts-Cady(2003), Inazu(2009), Hughes(2010) 모두 용서를 하는 사람에게 긍정적 변화가 일어난다는 것과, 어떤 경우 용서를 하는 사람과 받는 사람 사이의 관계가 변한다는 것을 언급했다. 이와 같이 그들은 도덕적 사안으로 용서에 대한 논의를 이어왔다. Inazu와 Hughes의 최근 연구들은 개인 대 개인의 용서를 넘어서서 집단과 공동체가 주체가 되는 용서에 대해 탐구하기 시작했다.

이쯤에서 임상가들은 용서의 도덕적 측면을 설명하기 위해 우리가 살펴본 심도 있는 논의가 용서치료와 얼마나 관련이 있는지, 또한 내담자들이 용서에 대해 그만큼 깊이 이해할 필요가 있는지 궁금할 것이다. 용서의 정의는 이상향을 표현한 것이고, 사람은 불완전하기에 그 이상에 도달하는 사람은 드물다. 그러나 진실한 용서의 정의는 모든 사람의 목표를 보여준다. 그것은 분명 많은 사람들이 이르지 못할 목표이지만, 이러한 목표가 없다면 용서의 의미가 내담자나 치료자가 바라는 대로 쉽게 퇴색할 수 있다. 그러한 상대주의는 반드시 배격되어야 하는데, 그렇지 않고 여러 가지 사유가 만연할 때 혼돈이 있을 것이다.

도덕적 감정의 문제

우리가 이미 살펴본 바와 같이, 고대 유대교와 기독교의 용서에 대한 이해는 용서가 상처를 준 사람을 향한 총체적인 반응으로 감정, 생각, 행동, 그리고 영적 자질의 상호작용이라는 것을 쉽게 받아들인다. 현대철학은 이러한 상호작용에 대하여 덜 명확하다. 임마누엘 칸트의 네 가지 사유를 생각해보자. 첫째, 도덕적 원리들은 도덕성을 결정하는 데 기본이 된다. 그 원리들은 합리적인 생각에서 나오기

---

6 Holmgren(1993)의 "본질적 가치"라는 개념은 용서와 사람에 대한 칸트의 분석에 뿌리를 두고 있다. 우리의 개념은 용서와 사람에 대한 피아제의 인지적 분석을 바탕으로 나오게 됐다 (Enright & the Human Development Study Group, 1994). 우리의 분석은 독립적으로 실행되었으나 동일한 결론을 낳았다.

때문에 사람들의 인식이 도덕성을 결정짓는 기초가 된다. 둘째, 칸트는 도덕적 반응의 감정적 측면을 일종의 진열장 장식으로 여겼다(Sherman, 1990). 누군가 친절을 베풀며 웃을 때, 그 행동의 도덕적 속성을 결정짓는 것은 친절하겠다는 의지이지 웃음이 아니다. 셋째, 감정은 일관되지 않을 수 있으며, 때로는 도덕적 반응을 방해할 수도 있다. 어떤 사람이 물에 빠져 죽어가는 아이를 구해야만 할 때, 자신의 생명을 잃게 될까 두려워하는 것을 예로 들 수 있다. 넷째, 감정은 수동적이다. 사람들은 화가 나거나 걱정을 하려고 의도하거나 바라지 않는다. 이러한 감정들은 반작용이라고 할 만큼 수동적이다(Sabini & Silver, 1987). 도덕은 수동적이지 않고 의지적이며 적극적이다.

칸트의 입장에 동의하거나 거부하는 것은 매우 중요하며 과소평가될 수 없다. 만약 우리가 칸트가 옳다고 결론 내린다면, 우리는 인지치료만을 사용할 것이다. 또한 우리의 평가도구들은 생각과 행동에 관한 질문들을 담고 있겠지만 감정에 대한 질문은 없을 것이다.

우리는 칸트의 입장에 반하는 네 가지 대답을 가지고 있다. 첫째, 칸트는 도덕의 중심에 합리적으로 결정된 원리들이 있다는 탁월한 주장을 했다. 20세기의 많은 도덕 발달에 관한 연구들은 합리적 행동의 중요성에 초점을 맞추고 있다(Kohlberg, 1969; Piaget, 1932). 그러나 합리성만으로 완전한 도덕, 특히 선행의 이행과 표현의 측면에 있어서 온전한 도덕을 성취할 수 있을까? 클래런스는 마르다의 무신경한 발언에 상처를 받았다. 클래런스는 그녀에게 "당신은 그렇게 하지 말았어야 했어요."라고 말했다. 만약 마르다가 자기 자신의 무신경함을 인식했다면 그 말에 동의했을 것이다. 하지만 그녀는 클래런스의 말에서 어떤 지지도 긍정도 느끼지 못할 것이다. 그의 말에는 감정이 없었으며 있다 해도 심각한, 아마도 차갑기까지한 표현이었다. 클래런스의 말에서 선행은 찾아볼 수 없었다. 반면에 클래런스가 "당신은 그렇게 하지 말았어야 했어요. 하지만 그래도 나는 당신을 대단히 사랑해요."라고 했다고 하자. 감정에 초점 맞춰진 두 번째 문장은 마르다에 대한 완전히 다른 태도를 전달한다. 앞서 제시한 클래런스의 말은 두 사람의 관계를 더 멀어지게 만들 수 있는 반면, 두 번째 말은 둘의 관계를 보수할 수 있을 것이다. 감정과 떨어진 원리(무신경하면 안 된다는)만을 담은 표현이 완전하다고 하는 것은 이상해 보인다. 감정의 표현이 문장에 들어가야 하는 건 아니라고 말하는 것 또한 이상하게 들린다

(도덕적 감정 전달을 위한 언어의 사용에 관하여 B. Williams, 1973을 참고).[7]

두 번째로, 감정이 진열장의 장식에 불과하다고 주장하는 것은 도덕, 특별히 선행이 공정성뿐 아니라 타인을 향한 지지를 전달한다는 것을 놓치고 있는 것이다. 다시 한번 예를 들어보자. 클래런스의 2살짜리 아들인 코리는 실수로 자신의 엄지 손가락 위에 차 문을 세게 닫았다. 한 시나리오에서 클래런스는 도덕적 원칙에 입각한 합리적인 부모로서 의무감을 가지고 아들에게 걸어가서 왼손으로는 피가 멈추게 하도록 아들에게 손수건을 줄 것이고, 오른손으로는 보험 중개인에게 전화를 건다. 다른 시나리오에서 클래런스는 아들에게 뛰어가 아이를 안고, 의무감뿐 아니라 또한 사랑에서 나오는 진심어린 걱정을 표현한다. 의무는 유일한 도덕적 반응이 아니며, 경우에 따라 적절한 감정이 결여되어 있을 때 의무는 도덕으로써 충분하지 못할 것이다.[8] 우리의 요점은 의무에서 나온 행동이 존경할 만한 경우가 수없이 많다 하더라도 예외는 있다는 것이다. 자동차 문 사고의 예시에서 나타난 선행과 같은 경우들이 지대한 예외가 될 것이다(선행과 관련한 감정과 원리의 상호작용에 대해서는 Sherman, 1990을 참고하라).

셋째, 칸트는 두려움에 찬 구조대원이 아이를 구하기를 거부하는 예에서 어떻게 감정이 때때로 정의를 방해할 수 있는지를 설명하며 중요한 진술을 했다. 이런 예가 타당하기는 하지만 선행의 구체적인 사례를 적절히 다루지는 않고 있다. 우리는 칸트의 주된 목적은 의무를 타당화하는 것이었다는 것을 기억해야 한다. 도덕적 표현으로서의 선행은 의무를 넘어서는 것이며 칸트의 예시들에 깔끔하게 들어맞지 않는다. 사랑과 배려심이라는 동기 없이 해마다 인내하며 인도의 극빈자들을 위해 무료급식소에서 일하고, 후하게 자선을 베풀며, 호스피스 시설을 세우는 사람들을 상상하긴 쉽지 않다. 의무만으로 사람들이 해를 거듭해가며 이러한 활동을 하게 할 수 있을까? 만일 일부 사람들은 그럴 수 있다고 하더라도, 대부분의 사람들이 도덕 원리와 관련된 감정들 없이 그러한 선행을 계속할 수 있을까?

네번째로, 모든 철학자들이 감정의 중요성을 거부하는 것은 아니다. Simon (1986)과 우리의 도덕 덕목에 대한 분석의 근간을 형성한 아리스토텔레스의 기본적

---

7 우리는 도덕에 관한 의사소통시 모든 문장에 감정에 초점을 맞춘 언어가 사용되어야 한다고 주장하는 것은 아니다. 그러나 목표가 선행, 자비, 사랑에 대한 정확한 소통이라면, 그러한 언어가 사용되는 것이 사용되지 않는 것보다 나을 것이다.

8 합리성과 신실하고 표현된 걱정의 차이는 아마도 도덕적 추론의 과학적 연구에 관한 Kohlberg (1969)와 Gilligan(1993)의 정의와 배려심 논쟁의 핵심에 있을 것이다.

인 정의는 열정을 분명하게 명시하고 있다. 우리는 화나 분노의 표현을 통제할 수 있다. 많은 치료자들이 슬픔, 화, 분노 및 여타의 감정을 적절히 표현하는 방법을 배워야 함을 강조하고 있지 않은가? 이러한 감정들을 적절히 표현하는 법을 배우기 시작한 사람 가운데 심리적 고통의 상당한 경감을 인지하지 못한 사람이 있을 수 있을까? 칸트가 믿었던 것과 같이 감정이 수동적이지 않다는 것은 분명하다. 우리는 감정에 대한 의지적 통제를 어느 정도 가지고 있다. 칸트의 견해에 동조하는 철학자들(Sherman, 1990)을 포함해서 철학자들은 도덕의 영역에서 감정, 인지, 행동이 독립적 성질의 것들이라는 견해를 떠나고 있다(Sabini & Silver, 1987 참고).

용서에 대한 정의의 해체

용서에 대한 우리의 정의의 변형이 1991년 이래로 출판되어 왔다(Enright & the Human Development Study Group, 1991). 우리는 그 변형된 정의가, 또는 그보다 나은 정의가 나온다면 그것이 얼마나 오래 지속될지 의문이다. Enright, Freedman, Rique(1998)는 용서가 "정의의 변화"의 피해자가 될 것이라고 예측했다. 다시 말하자면, 여러 세대의 학자들을 거쳐가며 용서의 개념이 인식하지 못하는 사이에 왜곡될 것이다. Erikson(1968)이 자신이 제안한 자아 정체성이라는 개념에 대해 언급한 바와 같이, 과학자들은 개념을 조작화할 때 특별히 그것을 이해하기 어려울 때 항상 본래의 의미를 보존하지는 않는다. 과학계에서 학자들이 1968년 소개된 개념과 더 이상 유사하지 않을 정도로 그의 개념을 조작화하는 것을 볼 때 자아 정체성에 대한 그의 진술은 예언적이었다고 할 수 있다.

만약 이러한 의견이 옳다면, 용서에 대한 우리의 정의와 고대와 현대철학을 바탕으로 한 진술이 시간이 지남에 따라 출판 문헌에서 알아볼 수 없을 정도로 변할 것이라고 예상된다. 특별히 저자들이 선행연구들을 면밀히 살피지 않을 경우 더욱 그러할 것이다. 우리가 이러한 논의를 하는 것은 용서에 관한 최근의 자기개발서와 사회과학 저술들의 몇몇 저자들이 앞선 문헌들을 그리 많이 연구하지 않는다는 것을 보여주고 있기 때문이다. 적어도 사람들이 기존의 개념들을 자신의 연구에 통합시키지 않고 각각 용서의 정의를 다시 만들고 있는 것이다.

만약 용서에 대한 정의가 과학철학자인 Lakatos(1978)가 제시한 합리적인 생각에 따라 변한다면 우리는 개의치 않을 것이다. 과학적인 맥락에서 의미에 대한 불일치가 생길 때, Lakatos는 다음의 질문들에 대한 대답을 고려해야 한다고 권고했다. 기존의 정의에 명백한 모순이나 문제가 있는가? 기존의 오래되고 결점이 있는 정의를 바로잡을 새로운 정의가 있는가? 새로운 관점이 통합되면서 어떤 새로운 정보가 추가되는가? 새로운 관점을 추가하면서 생기는 새로운 모순이나 문제가 있는가? 만약 이러한 방식으로 정의를 바꾼다면 혼란을 피할 수 있을 것이다.

그러나 만약 용서연구 분야가 몇 십년 전 Arendt(1969)가 몇몇 학문 분야에서 목격한 것과 같은 방식으로 발전한다면, 혼란은 불가피한 것이다. 그녀는 "독창적인 학문"(p. 30)에 대한 강박적인 분투가 생겨나면서, 몇몇 분야에서는 학자들이 새로운 것을 만들어낼 여지를 만들기 위해 기존의 지식을 파괴할 정도에 이르렀다며 통탄했다. 치료자들이 용서의 분야에서 이렇게 한다면, 그들은 내담자들의 건강을 대가로 그렇게 하는 것이다.

우리가 제14장에서 살펴본 바와 같이, 용서 연구의 영역에서 정의의 변화는 이미 시작되고 있다. 용서 연구가 발전해가면서, 용서라는 용어가 정확하게 이해되고 사용될 만큼 용서치료가 치료자와 내담자들에게 보다 의미 있게 될 것이다.

제16장
내담자와 치료사의 유산

이제는 다음의 세 가지 주제에 대해 생각해 볼 때이다. 용서는 무엇인가(최종 성찰로서), 우리의 내담자는 누구이며, 우리는 심리치료사로서 누구인가. 이 장에서의 우리의 의도는 아주 작은 것으로, 당신의 삶을 변화시키는 것이다.

마지막 성찰: 용서란 무엇인가?

아리스토텔레스는 그것이 정의든 용기든, 용서이든, 도덕적 덕목 중 어느 것에 있어서도 능력을 개발하는 데는 시간이 걸린다고 말했다. 다시 말해 우리는 성숙해짐에 따라 그 미덕에 대한 통찰력을 천천히 얻는다. 이 책의 저자인 우리도 동일하다. 세월이 흐르면서 우리는 용서하는 것이 하나의 불의에 대해 우리에게 상처를 준 사람에 대한 행동 이상의 것을 포괄한다는 것을 서서히 깨닫기 시작했다. 또, 우리는 그것이 많은 범죄에 대해 많은 사람들을 용서하는 것 이상의 것임을 깨닫기 시작했는데, 더 깊은 의미에서 용서하는 것은 모든 사람들이 타고난 가치를 가지고 있다는 이 생각을 진지하게 받아들이기 시작하는 것이다. 우리가 사람들을 보는 렌즈는 넓어지고 깊어진다. 우리는 세상의 고통에 더 잘 적응하게 되고, 지구상의 모든 사람들이 어떻게 해서든 상처 입는다는 것을 깨닫기 시작한다. 이것을 안다는 것은 우리가 가족과 교류하든지 혹은 슈퍼마켓의 피곤해 보이는 계산원과 교류하든지, 이 사회 전반에 걸쳐 더욱 자비로운 존재가 되는 것이다.

그렇다면 용서하는 것은 다른 이들이 우리에게 부당한 짓을 했든 아니든 그들을 섬기는 자신을 확장시키기 시작하는 것이다. 즉, 우리의 세계관은 때때로 놀라울 정도로 크게 변한다. 우리는 이것을 친족 성폭행 생존자 연구에서 보기 시작했다. 참가자들이 그들의 외상으로부터 정서적 안정을 경험한 후, 그들 중 다수는 다른 친족 성폭행 생존자들을 위한 치료사가 되는 것에 관심을 표명했다. 그들은 무언가를 돌려주고 싶어했다. 이것은 용서에서의 새로운 모습의 일부에 불과하다. 왜냐하면 우리는 삶의 목적의 변화뿐만 아니라 인생 전체의 변화에 대해 말하고 있기 때문이다. 세상의 깊은 상처를 보기 위해 자신의 세계관을 바꾸는 것은 직업과 타인과의 모든 다른 상호작용에 대한 지침이 될 수 있다. 용서하는 사람의 마음은, 말하자면, 더욱 부드러워진다. 당신의 내담자들에게 이런 일이 일어날 수도 있고, 당신에게도 일어날 수도 있다.

그렇다면 용서란 무엇인가? 보다 깊은 수준의 하나로 우리는 이렇게 말할 것이다. 용서하는 것은 우리를 섬기지 않을 사람들을 섬기는 것이며, 이것보다 더 깊이 용서하는 것은 우리를 사랑하지 않을 사람들을 사랑하는 것이다. 우리는 이러한 정의를 받아들일 준비가 되지 않은 사람들에게 이것에 대한 모든 반대 의견을 되풀이하고 싶지 않다. 우리는 여기서 아리스토텔레스를 기억해야 한다. 용서를 바라보는 이 방법에 도달하기까지 우리에게는 수십년이 걸렸고, 마침내 우리는 해냈다. 우리는 이미 내장된 안전장치를 가지고 있었다. 용서는 묵과하거나 잊거나 화해하거나 정의를 창 밖으로 내던지는 것이 아니다. 이 보호의 관점에서 보면, 우리는 용서하는 사람들에게서 섬기는 자의 마음이 드러나는 것을 본다. 당신의 내담자들은 용서치료의 혜택을 누릴 수 있는 이 길을 멀리 볼 필요가 없다.

동시에, 우리는 이제 용서를 적어도 다섯 가지 측면에서 보호막으로 본다. 용서하는 사람은 (a) 우리 자신의 정서적 건강, (b) 가해자 인간의 존엄성, (c) 관계(상대방이 화해하기를 원한다면), (d) 자신의 분함으로 인해 영향을 받을 수 있는 가족, 친구, 동료들, (e) 지역사회에 스며들어 사람들을 분리시키고, 경제를 침체시키는 등 지속적인 분노로 인해 영향을 받을 수 있는 지역사회 공동체를 보호한다. 결국, 끊임없이 논쟁하는 지역사회는 관광객 달러를 받지 못하고, 정부는 비록 미묘하게라도, 높은 폭력률을 가진 지역사회를 종종 외면한다.

용서하는 것은 섬기고, 사랑하고, 보호하는 것이다.

우리의 내담자는 누구인가?

기꺼이 치료를 받으러 오는 각 내담자들은 자신의 삶에서 무엇인가를 바꾸기 위해 용기 있는 선택을 해왔다. 그들은 다른, 더 나은 사람이 되기 위해 자신을 개방하고 있다. 용서는 이것을 할 수 있는 일관되고 실제적인 기회를 제공한다. 내담자들이 용서할 때, 다른 사람들, 심지어 자신들을 섬기고, 사랑하고, 보호하지 않을 사람들을 실제로 섬기고 사랑하고 보호하려는 잠재력이 성장한다. 치료가 거의 끝나갈 무렵, 당신은 임상가로서 내담자들과 함께 이 현실을 숙고하는 데 어느 정도의 시간이 걸릴 수도 있다. 그들은 너무나 아픈 상처를 안고 당신에게 찾아왔기 때문에 처음에는 오직 그 상처에만 초점을 맞출 수 있다. 어떤 사람들은 심지어 그 상처로 스스로를 정의했을지도 모른다. "나는 잘못을 저지른 사람이다.", "나는 고통 속에 있는 사람이다.", "당신은 고통을 받고 그리고 당신은 죽는다."(이혼 전에 큰 고통에 빠진 한 사람은 실제로 우리에게 그 진술로 그의 삶을 정의했다.)

환자는 그가 입은 상처보다 훨씬 더 크다. 용서는 환자들이 상처를 보는 가장 도움이 되는 방법 중 하나이다. 그들은 심리적인 의미에서 일어설 수 있는 기회를 가지고 있으며, 그들이 직면했던 심각한 부당함에도 불구하고 그들은 다른 사람들, 심지어 자신들에게 잔인했던 사람들을 섬기고 사랑하며 보호하며 자라왔다는 것을 깨달을 수 있는 기회를 가지고 있다. 이것이 우리가 환자들이 용서할 때 자존감이 성장한다고 생각하는 한 가지 이유다. 그들은 이제 자신이 타인에 의해 던져질 수 있는 어떤 부당함보다도 강하다는 것을 깨닫는다. 그들은 과학적으로 뒷받침된 잔인성에 대한 해독제, 즉 용서라는 것을 배우고 수용했다는 것을 알고 자신있게 미래를 만날 수 있다.

이러한 통찰력이 그 혹은 그녀에게서 사실로 받아들여질 정도로 성숙할 때, 이제는 훨씬 더 폭넓은 관점을 취하고 유산에 대해 이야기할 때가 될 수 있다. 우리가 죽을 때 이 세상에 남겨두는 것이 유산이다. 우리는 북아일랜드의 벨파스트에서 2002년부터 용서교육을 도왔다. 한 가지 놀라운 통찰은 마치 우리가 여전히 1525년도에 존재하는 것처럼, 분노가 400년을 지나서까지도 어떻게 그렇게 쉽게 세대를 통과하여 살아있을 수 있는가 하는 것이다. 수세기 동안 분노를 지속하는 것은 그다지 어렵지 않은 것 같다. 하지만, 사랑은? 그것은 수세기나 수천년 동안 지속될 수 있는가? 만약 그렇다면, 어떻게 그렇게 될 수 있을까?

우리에게 사랑은 분노에 의해 단락되지 않고 한 세대를 통해 전해질 수 있는 것처럼 보인다. 용서는 현재 살고 있는 곳에서 분노를 멈추게 하고 바이러스처럼 새로운 숙주를 찾지 못하게 하기 때문에 세대를 거쳐 지나간 사랑의 통로다. 용서는 화를 멈추게 할 수 있고, 그래서 상처와 부당한 대우에서 비롯된 불의의 전염을 막을 수 있다. 용서는 악을 파괴할 수 있다. 그것은 그 사람이 상처를 입은 것과 같이 상처를 입히기보다는 섬기고 사랑하고 보호하는 것으로 그렇게 할 수 있다. 용서는 악의 효과도 파괴할 수 있다. 섬김, 사랑, 보호는 건강하지 않은 감정과 관계를 활성화시키고 그것들을 건강하게 긍정적으로 변화시킬 수 있다. 우리의 연구는 1990년대 초부터 이것을 반복해서 검증하였다.

만약 이 모든 것이 사실이라면, 당신의 내담자들은 그들이 죽을 때 이 세상에 더 많은 사랑을 남길 기회를 갖게 된다. 상처와 원망의 유산을 남기는 대신 그들은 사랑을 남길 수 있다. 이를 위한 그들의 수단 중 하나는 용서이다. 이는 가족 및 우정을 나누는 다른 사람들에게 지속적으로 실행되고 주어진다. 당신은 어떻게 생각하는가? 내담자가 당신과 치료적 만남을 떠날 때, 당신의 내담자는 새로운 관점과 삶의 목적을 가진 새로운 사람으로 떠날 것인가? 당신이 그들이 용서할 수 있도록 도왔고, 용서가 자신, 타인 및 사회에 어떤 영향을 미치는지 더 큰 그림에 대해 성찰했기 때문에 그들은 내면에서 성장하는 새로운 사람을 인식하게 될 것인가? 이런 접근법을 통해 치료적 만남에서 벗어나는 건강한 새로운 의미를 생각해보라. 당신을 만난 그들은 이제 앞으로 십년, 백년, 천년 동안 지속될 수 있는 세계 봉사, 사랑, 보호에 대한 서비스를 제공할지도 모른다. 만약 이것이 너무 이상적으로 보인다면, 우리는 벨파스트에 대해 다시 한 번 숙고해보라고 당신에게 권면한다. 만약 분노가 세대를 통해 전수될 수 있다면, 섬김, 사랑, 그리고 보호는 왜 안 되는가? 우리는 이렇게 긴 견해를 내담자들이 고려해볼 수 있도록 제시할 의무가 있다고 생각한다. "죽으면 무엇을 남기고 갈 것인가?" 이 질문은 대답할 가치가 있다.

당신은 치료전문가로서 누구인가?

자, 이제 우리가 직업을 돕는 것에 있어서 우리 자신에 대해 비슷한 질문을 할 때이다. 우리는 경험을 통해 용서치료를 개인의 다양한 제공물에 통합하는 것이 직업에 활기를 불어넣을 수 있다는 것을 안다. 예를 들어, 우리는 마약 재활시설에서 사람들을 상담하는 전문가와 함께 일해 왔다. 그는 20년 이상의 전통적인 약물 중독 치료방법을 경험했다. 용서치료를 발견했을 때, 그는 내담자들로부터 긍정적인 결과를 보면서, 그의 경력을 새롭게 하는 질적으로 새로운 패러다임을 발견했다. 다른 사람들의 삶을 변화시키면서 그의 삶은 변화되었다.

이것은 드문 일이 아니다. 예를 들어, 용서교육을 가르친 교실 교사들을 생각해 보자. 2007-2008년부터 2011-2012년까지, 우리는 매년 5월에 중앙 도시 밀워키의 교사들에게 그 5년 중 4년 동안 평가서를 전달했다. 우리는 교사들에게 용서교육 프로그램의 다양한 측면을 평가해 줄 것을 요청했다. 그 해 동안 107건의 응답 중(설문의 익명성 때문에 우리가 판단할 수 없는 일부 중복된 교사들과 함께) 93%의 교사들이 용서교육을 가르친 결과 더 나은 사람이 되었다고 보고했다는 것을 알게 되었다. 대부분의 교사들은 학년 중 일부를 용서하는 것에 몰두했기 때문에 사람으로서 성장했다. 이러한 평가에 대한 자세한 내용은 국제권한협회 웹사이트에서 확인할 수 있다(http://www.internationalforgiveness.com/data/uploaded/files/Teacher%20Evals%20Four%20Year%20Averages.pdf 참조). 이것은 또한 임상가들에게도 일어날 수 있다. 용서치료에서 내담자들과 함께 일할 때, 당신의 긍정적인 변화에 대해 열린 자세를 가져라. 한 사람으로서 발전하면서, 죽을 때 이 땅에 무엇을 남겨두고 떠날 것인가? 환자가 용서의 길을 걷도록 도와줌으로써 더 많은 섬김과 사랑, 보호를 남겼을 것인가?

당신이 치료사로서 용서치료의 효력을 확신하지 못한다면, 우리는 당신에게 도전할 것이 있다. 그것에 대한 당신의 가장 큰 비판은 무엇인가? 비판이 제3장이나 제14장에서 이미 논의된 것인지 살펴보자. 당신은 우리가 용서를 더 잘 이해하는 데 도움이 될 수 있는 정당한 비판을 할지도 모른다. 다른 한편으로는 더 깊이 탐구할 가치가 있는 오해를 할 수도 있다.

우리 각자는 이제 용서란 무엇이고 그렇지 않은 것은 무엇인지 확고히 할 수 있는 기회를 갖게 되었고, 환자들에게 용서를 선택할 수 있는 기회를 줄 수 있게 되었다. 그들이 자비와 연민의 세계에 마음을 열면, 당신도 그 세계에 마음을 열고 있는 것이다. 이것은 다른 사람들에게 남겨질 수 있고, 당신의 유산이 될 수 있다.

요 약

이 책을 아홉 개의 요점으로 요약해보자.

1. 용서는 그 본질에 있어서 하나뿐이고 적어도 역사가 기록된 이래 그렇게 되어 왔다. 그 가장 깊은 단계 중 하나에서 용서하는 것은 우리에게 사랑을 주지 않는 사람들에게 일부러 사랑을 주는 것이다.
2. 아리스토텔레스가 말하는 용서라는 사건은 문화, 종교, 그리고 다른 환경적 수

단을 통해 여과된다. 가해자의 사죄를 기다릴 것인가가 하나의 예다. 전문가들을 용서에 따라 이러한 변이들에 적응시키고 내담자들의 입장을 존중할 필요가 있다. 물론 그러한 수용에는 예외가 있다. 예를 들어, 우리는 한 마르크스주의 혁명가가 가난한 사람을 억압하는 자를 사랑하기 위한 최선의 방법은 억압자를 죽이는 것이며, 따라서 그의 악을 끝내는 것이라고 말하는 것을 들은 적이 있다. 그러나, 더 큰 악으로 악에 대항하는 것은 너무 터무니없기 때문에 어떠한 논평도 요구하지 않는다. 우리는 상식이 우리에게 그것이 옳지 않다고 말할 때 어떤 주어진 관점도 받아들이지 않는다.

3. 용서하는 길에는 자신의 분노에 맞서고, 용서란 무엇인지 알고, 가해자를 재구성하고, 가해자에 대한 동정심을 갖고, 고통받은 것에서 의미를 찾는 것과 같은 몇 가지 근본적인 도전들이 포함된다. 다시 말하자면, 이 길은 문화, 종교, 용서에 대한 친숙함, 그리고 용서의 실천, 가해자가 누구인지, 불의의 심각성, 그리고 사건이 얼마나 오래 전에 일어났는지에 따라 달라질 것이다.
4. 용서치료는 다양한 정신질환에 적용될 수 있는데, 이는 건강하지 않은 분노가 이러한 장애의 일부이기 때문이다. 분노가 감소하면 다른 증상도 감소하는 경향이 있다.
5. 어떤 사람이 용서하고 그의 분노가 줄어들면, 성격은 긍정적으로 변하기 시작할 것이다. 이러한 인격의 성장에는 자존감, 희망, 인내심, 자신감이 포함될 수 있는데, 이는 불의는 패배와 같지 않다는 것이다.
6. 용서의 실천을 통해 인격적으로 더욱 깊이 성장하는 사람은 사랑의 미덕을 더욱 깊고 충만하게 발전시키기 시작할지도 모른다.
7. 환자들은 세상에 분노보다 더 많은 사랑을 의도적으로 남기는 유산을 연구할 수 있는 기회를 갖는다.
8. 임상가인 당신이 이런 종류의 변화를 보고 내담자들이 용서하는 것을 돕는다면 당신은 더 용서하는 사람이 될지도 모른다.
9. 그런 일이 있을 때, 여러분은 다음과 같은 즐거운 질문에 대해 숙고할 기회를 갖게 된다. 이제 나의 유산은 무엇인가? 내가 죽으면 이 세상에 무엇을 남기고 갈 것인가?

우리는 여기서 책을 끝낸다. 이제 당신의 유산에 집중해야 할 시간이다.

부록 및 참고문헌

• 부록 및 참고문헌은 출판사 유원북스의 홈페이지에서 볼 수 있습니다.

uwonbooks.com → 커뮤니티 → 자료실 → 용서치료 자료

색 인

ㅈ

저자들에 관하여

Robert D. Enright 박사는 1976년 미네소타 대학에서 교육심리학 박사학위를 받았다. 그는 심리학자로서 1978년부터 위스콘신-매디슨 대학교의 교육심리학 교수로 재직 중이다. 그는 북아일랜드의 벨파스트와 같은 분쟁지역 내의 학교에서 용서교육 자료를 개발하고 교사들이 학생들에게 용서교육을 할 수 있도록 돕는 국제용서연구소의 창립 이사이다. 또한 1985년부터 용서와 그 효과에 대한 과학적 연구팀의 리더였으며, 타임지는 그를 "용서의 선구자"라고 불렀다. 그는 6권의 책을 포함해 130여 권의 출판물을 집필했다. Enright 박사와 그의 동료들은 친족성폭행 생존자들, 약물 재활 중에 있는 사람들, 호스피스, 학대받는 여성들을 위한 보호소, 그리고 병원의 심장외과 등 다양한 곳에서 용서의 길을 개발하고 연구했으며 그의 용서작업은 국내외 신문, 잡지, 라디오 및 텔레비전 프로그램에서 논의되어 왔다.

Richard P. Fitzgibbons 박사는 1969년 템플 대학교 의과대학에서 의학 학위를 받았으며 1976년 펜실베니아 대학 병원과 필라델피아 아동 지도 센터에서 정신의학 훈련을 마쳤다. 그는 Aaron T. Beck과의 훈련에서 인지치료 연구에 참여했다. 현재 그는 필라델피아 외곽의 사립 병원의 이사이다. 1976년부터 용서치료를 사용하였으며 1986년에는 심리치료에서 용서의 사용에 관한 중요한 논문을 썼다. Fitzgibbons 박사는 학교 장면, 가족 및 결혼장면에 있는 아동, 청소년, 성인의 과도한 분노를 해소하기 위해 40년 넘게 부부, 정신건강 전문가, 교육자, 기업 및 교회지도자들에게 용서치료에 대한 많은 발표를 해왔다. 더불어 많은 라디오와 TV 프로그램에 출연하여 용서치료를 통해 과도한 분노의 치료법에 대해서 논의해왔다.

역자 소개

신성만

현재 한동대학교 상담심리학과 교수로 재직 중이다. 미국 위스콘신대학교(University of Wisconsin-Madison)에서 심리학 석사학위를, 보스턴 대학교(Boston University)에서 재활상담학 박사학위를 받고 하버드의과대학 켐브리지병원 정신과에서 연구원을 역임했다. 미국심리학회, 미국상담학회, 한국상담학회, 한국심리학회, 한국기독교상담심리학회, 한국가족협회 등에서 활동하면서 한국 중독상담학회장, 한국 중독심리학회장을 역임했다. (공)역서로 「실존적 인간 중심 치료」, 「정서 도식 치료」, 「동기강화상담(2, 3판)」, 「행동중독」, 「정신재활」 등이 있다.

조성봉

현재 한동대학교 상담심리학과 조교수로 재직 중이다. 부부가족치료(Marriage & Family Therapy)를 전공했으며 미국 오리건 대학교(University of Oregon)에서 석사학위를, 플로리다 주립대학교(Florida State University)에서 박사학위를 각각 취득했다. 부부/부모, 아동 및 가족들을 위한 근거기반 치료 모델의 실천에 관심을 갖고 연구와 수퍼비전을 진행하고 있다. 한동대학교 상담센터 센터장으로 일하고 있으며 한국가족치료학회, 한국부부가족상담연구학회 등에서 활동하고 있다.

김준영

미국 노스다코타대학교(University of North Dakota) 사회복지학과 조교수로 재직 중이다. 서울대학교에서 사회복지학 석사학위를, 미국 케이스 웨스턴 리저브 대학교(Case Western Reserve University, CWRU)에서 사회복지학 박사학위를 취득했다. 박사 공부를 하며 The CWRU Center on Trauma and Adversity에서 통계분석가 및 데이터매니저로 일했다. 임신 중 마약물을 이용하는 여성에게 태어난 자녀들의 전생애 발달 및 트라우마의 세대 간 전이를 중심으로 연구하고 있다. (공)역서로 「정신재활」, 「불안장애 치료를 위한 동기강화」 등이 있다.

김이삭

현재 미국 오마하의 네브라스카 대학(University of Nebraska at Omaha)에서 상담학과 조교수로 재직 중이다. 서울대학교 교육학과에서 교육상담 전공으로 석사학위를 취득하였고, 펜실베니아 주립대학교에서 상담자 교육(Counselor Education) 박사학위를 수료했다. 펜실베니아 주립대학의 Herr Clinic에서 상담자 및 슈퍼바이저로 활동하였다.

정정운

현재 미국 포트헤이스 주립대학교(Fort Hays State University)에서 상담학과 조교수로 재직 중이다. 미국 시러큐스 대학교(Syracuse University)에서 석사학위로 정신건강상담을 전공했으며 아이오와 대학교(University of Iowa)에서 상담자 교육학 박사과정을 수료했다. 정신건강과 재활, 학교상담과 같은 다양한 상담세팅에서 상담을 했으며, 다문화교육, 문화적응, 자기효능감, 중독에 관한 연구를 진행하고 있다.

류리나

현재 미국 버지니아주에 위치한 Healing Tree Clinic, LLC의 디렉터이자 상담치료사로 일하고 있다. 한국 한동대학교에서 학사, 고려대학교에서 석사, 미국 Purdue University에서 상담심리학 박사학위를 취득했으며, 아메리카 대학교(American University)에서 인턴십을 수료했다. 미국에 거주하는 한인 상담심리학자들을 중심으로 한 한국심리학자 네트워크(Korean Psychology Network, KPN)의 Communication committee chair를 맡고 있다.

김재영

현재 위스콘신대학교 메디슨캠퍼스(University of Wisconsin-Madison)에서 재활심리학 박사과정에 재학 중이다. 한동대학교에서 상담심리와 사회복지학을 전공했으며, 동 대학원에서 상담 및 임상 심리학 석사학위를 취득하였다. 한동대학교 학생상담센터 연구원, 정신장애인 사회복귀 기관인 클럽하우스 직원으로 일했다. (공)역서로 「정신재활」이 있다.

이아람

현재 뉴욕 시라큐스 대학교(Syracuse University)에서 상담 및 상담교육 박사과정에 재학 중이다. 한동대학교에서 사회복지 및 상담심리 학사, 뉴욕 시라큐스 대학교(Syracuse University)에서 임상상담 석사학위를 취득했다. (공)역서로 「동기강화상담 입문」, 「불안장애를 위한 동기강화상담」이 있다.

현정인

현재 콜로라도주 Aurora Mental Health Center에서 Licensed psychologist로 주로 성인 심리치료를 하고 있다. 콜로라도 내 한인들을 대상으로 개인 상담 센터도 운영 중이다. 미국 일리노이 휘튼칼리지(Wheaton College)에서 임상심리학 석사, 캘리포니아 바이올라 대학교(Biola University) 내 로즈미드(Rosemead) 심리대학원에서 임상심리학 석사, 박사학위를 취득했다.